K를 생각한다

K-를 생각한다

90년대생은 대한민국을 어떻게 바라보는가

임명묵 지음

SIDEWAYS

차례

제2장 K-방역이 말해주는 것

제3장 민족주의와 다문화에 관하여

제4장 대한민국 386의 일대기

제5장 입시, 그리고 교육의 본질

서문

"낡은 것은 죽어 가는데도 새로운 것은 아직 탄생하지 않았다는 사실 속에 위기가 존재한다. 바로 이 공백 기간이야말로 다양한 병적 징후들이 출현하는 때다."

—안토니오 그람시

2020년은 분명 혼란한 해였다. COVID-19의 지구적 확산은 그동안 당연하게 여겨지던 수많은 상식들을 뒤흔들었다. 상품과 사람의 자유로운 이동은 물론이고, 단순히 학교에서 학생들이 모여서 수업을 듣는 것조차도 이제는 더 이상 당연한 것이 아니라 특별한 것이 되었다. 게다가 바이러스의 확산은 단순히 보건 문제에서 끝나는 것이 아니었다. 엄청난 유동성 증대와 자산가치 상승, 그에 비례하는 불평등의 확산, 통제에 대한 공포와 음모론의 확산, 거대한 정치적 양극화, 원격 문화의 발전과 제도화에 이르기까지 수많은 변화가 팬데믹에 의해 파생되었다. 그리하여 사람들은 팬데믹이 남긴 혼란이 백신과 집단 면역 이후에도 지속될지, 아니면 이것이 그저 일시적인 사건이 될지를 초조하게 지켜보게 되었다.

그러나 돌이켜 생각해보면, 팬데믹의 진짜 의미는 그 자체로 혼란을 만든 것이 아니라 이미 충분히 혼란한 추세를 더욱 급격하게 만들었다는 데 있었다. 과거의 뉴스만 둘러봐도 그 이전에도 세계는 굉장히 혼란했다는 건 쉽게 알 수 있다. 2018년에 본격화된 미국과 중국의 무역전쟁은 2019년에 아예 양국의 분리를 의미하는 디커플링*으로 발전했다. 이미 그 아래에서는 틱톡이라는 정체불명의 중국산 SNS가 확산되면서 미국의 젊은 세대를 사로잡는 변화가 일어나고 있었고, 이는 곧 정치적 문제로 비화되었다.

2017년에는 비트코인으로 대표되는 암호화폐 대란이 있었다. 암호화폐가 무엇인지도 모르는 수많은 사람들이 열정적으로 이 시장에 뛰어드는 광경은 충분히 혼란했다. 2016년에는 2010년대의 가장 중요한 정치적 사건들이라고 할 만한, 영국의 브렉시트와 미국의 도널드 트럼프 당선이 있었다. 기존의 정치적 이분법을 뛰어넘는 포퓰리즘 세력의 급격한 약진은, 그걸 지켜보는 누가 되었든 앞으로의 세상이 더 혼란해질 것이라는 불길한 예감을 심어 주었다.

물론 2016년도 혼란의 시작은 아니었다. 2020년의 COVID-19가 혼란의 시작이 아닌 것처럼 말이다. 그 이전에도 지구적 세력으로서 중국의 부상, 세계 포퓰리즘 운동의 본산으로서 러시아의 등장과 서구 사회를 향해 모스크바가 개시한 정보전, 영원히 갈 것 같던 아랍 독재 정권의 붕괴와 전 지구적 지하드jihād를 외치는 IS의 건국 같은 사건들이 있었다. 이 혼란의 근원이 2008년 미국의 서브프라임 위기든, 어쩌면 1991년 소비에트 연방의 해체든 간에, 지금의 시대가 몹시

---

* 한 나라의 경제가 다른 국가나 세계 경제의 흐름과는 달리 독자적인 경제 흐름을 보이며 탈동조화되는 현상을 가리킨다.

혼란한 시대이며 그 시대가 개막된 지 상당히 오래되었음은 꽤나 명백해 보인다.

한국이라는 혼란

한편, 한국의 부상은 이처럼 혼란했던 2010년대의 세상에 또 하나의 혼란을 더했다. 이 주장을 의아하게 여기는 이들이 분명 있을 것이다. 한국이 대체 무엇이라고 세계에 혼란을 더한단 말인가? 그러나 그 중요성을 어찌 평가하든 분명 한류韓流의 확산으로 시작된 한국의 부상은 세계를 더 혼란하게 만들었다.

지난 200년간 문화적 패권을 유지한 세력은 서구였다. 서구 안에서의 주도권을 둘러싸고 피 튀기는 투쟁이 있었지만, 어쨌든 진정한 문화적 중심이 서유럽이나 북아메리카의 도시들이라는 것을 부정하는 사람은 없었다. 20세기 후반에 고도성장을 이룩한 일본이 나름의 유행을 일으키고, 1960년대 청년 저항 문화를 중심으로 인도나 중국의 영성을 찾는 흐름이 있었지만, 그 영향력은 분명 제한적이었다. 비서구에는 서구의 문화적 패권을 우려하는 일군의 지식인들이 있었지만, 오히려 그런 생각을 가졌다는 것 자체가 서구와 비서구 사이에 존재하는 어떤 우열을 당연한 질서처럼 받아들인다는 의미였다.

한류의 확산과 한국의 부상은 그런 질서를 흔들었기에 세상을 더 혼란하게 만들었다. 처음부터 이를 주목하는 사람은 많지 않았지만, 스마트폰을 쥐기 시작한 동남아시아나 라틴아메리카의 청소년들이 한류를 받아들이는 것에서 이미 그 조짐은 시작되었다. 비서구 국가의 문화가 지역적 경계를 뛰어넘고 자체적인 중심을 형성한 것은 전례를 찾기 힘든 일이었다. 그리고 나아가 그 문화가 세계 문화의 진정한 중심이라고 여겨지는 서구에서까지 반향을 일으켰을 때, 그제야 사람들은 세상이 무언가 다른 방식으로 변했다고 느꼈다.

나는 방탄소년단이 신곡 〈다이너마이트〉로 빌보드 1위를 차지했을 때 몇몇 어른들과 나누었던 대화를 기억한다. 그들은 팝 음악의 전성기였던 1980년대를 생생하게 기억하는 이들이며, 그 시절 빌보드 차트 1위가 갖는 권위를 누구보다 잘 이해하는 사람들이었다. 많은 이들이 이렇게 말하곤 했다. "다들 방탄소년단으로 난리라길래 들어봤는데 나는 아직도 이게 왜 1위인지 모르겠어." 한국인들은 오랜 시간 동안 한국 문화를 보편적인 서구 문화에 비하면 무언가 특수하고 지역적인, 하위에 있는 문화라고 생각해왔다. 그렇기에 한국 문화의 부상은 심지어 당사자인 한국인들에게도 받아들이기 힘든 '혼란한' 현상이 될 수밖에 없었고, 세상이 더 알기 어려워지고 있는 증거 중 하나였다.

COVID-19 팬데믹으로 이런 인식상 혼란은 더욱 확대되었다. 바이러스가 처음 중국 밖을 벗어나 한국에 당도했을 때만 해도, 많은 서구인들은 이를 머나먼 아시아에서 발생한, 그다지 관심을 기울일 필요가 없는 사건 정도로 여겼다. 그러나 중국이 주도하는 고도로 연결된 네트워크를 통해 바이러스가 유럽과 북아메리카에 상륙하면서 상황은 완전히 뒤집혔다. 서구 국가들이 팬데믹에 의해 초토화되는 동안 동아시아 국가들은 짧은 위기를 견뎌내고 훨씬 빠른 속도로 상대적 안정을 되찾았다. 미국, 캐나다, 영국, 프랑스, 독일이라는 이름에 굉장한 권위를 싣곤 했던 사람들은 자신의 믿음을 대대적으로 수정하지 않을 수 없었다. 최종 해결책인 백신을 개발하는 데 있어서 서구 국가들은 여전히 그들의 역량이 대단함을 과시했지만, 한국인을 포함한 동아시아인들은 공공선을 창출해내는 그들의 독특한 사회 관리와 통제 방법론, 집단의식에 대하여 무언가 생각을 달리하게 되었다.

하지만 지구적 변화 속에서 한국의 부상이 갖는 의미는 여전히 우리에게 흐릿하다. 가장 근본적인 문제는 '지구적 변화'와 '한국의 부상'이라는 말 자체가, 여전히 우리에게 익숙하지 않은 낯선 현상이라는 것이다. 뉴스에서 읽을 수 있는 포퓰리즘의 확산, 러시아의 사이버 공격, 미·중 디커플링, 한류의 유행 같은 말들은 우리를 낯선 곳으로 몰고 가는 정체불명의 급류와도 같이 느껴진다. 급류가 우리를 어디로 데려가는지도 모르겠는데 급류의 정체가 무엇인지, 그 함의가 무엇인지에 대해 고민할 겨를이 있을 리가 없다.

그럼에도 만약 이 알 수 없는 세계를 조금이나마 이해할 길이 있다면, 그것은 우리가 어디에서 왔는지, 그리고 우리가 누구인지를 생각해보는 일일 것이다. 과연 무엇이 이 변화상들을 초래했으며, 한국 사회와 한국인은 대체 무엇이길래 이 변화 속에서 두각을 나타내는 것일까? 그리고 그런 변화들이 우리에게 끼친 영향은 무엇일까? 나는 이 책을 이런 질문들에 대한 나름의 답으로서 썼다.

지구적 변화로서 세계화와 정보화

먼저 배경으로 제시된 지구적 변화부터 살펴보자. 긴 시간축에서 보자면 지구적 차원에서 인간 사회의 변화는 여러 번 일어났고, 변화 그 자체는 인간의 진화와 늘 함께해온 법칙이었다. 그러나 여기서는 지난 40여 년 동안 말 그대로 지구 전역에 거주하는 모든 인간에게 급진적인 영향을 끼친 일련의 변화들에 집중했다. 이 변화를 추종한 가장 강력한 힘은 국경을 뛰어넘은 경제적·문화적 연결, 주권국가가 지닌 힘의 약화 등으로 상징되는 세계화와, 그것의 기술적 기반으로서 현실의 모든 것을 0과 1의 이진법 정보로 저장하고 그 정보를 빛의 속도로 전달하며 우리 서로를 전례 없이 연결되게 만든 정보화였다. 미국과 중국 사이의 태평양 네트워크를 중심으로 복잡하게 흩어지며 세계 각지를 연결하는 가치 사슬, 세계 어딘가의 가장 깊숙한 곳까지 파고드는 대중문화는 맹렬한 기세로 수많은 사람의 삶을 바꿔 놓았다.

인간 사회는 여전히 그 변화의 결과와 변화 자체와 씨름하고 있다. 가장 인상적인 현상으로는 주로 아시아에서 이루어진 거대한 도시화와 중산층의 부상, 그와 반대로 서구 세계에서 제조업이 쇠퇴하면서 벌어진 중산층의 쇠퇴가 동시에 일어난 것이었다. 이로 인해 강대국 간의 권력관계가 바뀌었고, 각 국가 내부의 정치도 급격한 변화를 맞이하게 되었으며, 그들이 갖고 있는 정치적·사회적 믿음 또한 완전히 바뀌었다.

이런 변화 속에서 주로 빈국 사람들이 부국으로 이동하는 국제 이주도 활발해졌는데, 1945년 이후 상대적으로 동질성을 유지했던 서구 사회는 이주민의 대규모 정착으로 훨씬 다양해졌다. 다양성은 서구 문화에 새로운 활력을 주기도 했지만, 동시에 문화적 이질성과 불안 또한 안겨주었다. 그 결과 몇몇 국가들에서는 이민이 정치적 쟁점으로 부상하여 포퓰리즘 세력의 토양을 마련해 기존의 정치 문법까지 뒤집히게 되었다. 2008년 금융위기 이래로, 세계화 자체는 멈출 기세 없이 심화되는 가운데 아래에서 세계화에 불만을 가진 이들은 세력을 결집하는 이중적 현상이 계속되었다.

정보화는 다양한 측면에서 세계화의 토대를 놓았으며 세계화의 효과를 더욱 강화했다. 인터넷을 통해서 단순한 고객 선호 응답부터 복잡한 설계 도면까지 모든 정보가 오갔다. 정보가 오가는 케이블이야말로 글로벌 가치 사슬의 물리적 기반이었다. 한편 정보화의 대상에는 인간 자체 또한 있었다. 이제 시스템은 인간의 행동을 이전보다 더 면밀히 파악할 수 있게 해주었고, 그 결과 특히 선진국에서 노동의 양상이 빠르게 바뀌었다. 고정된 일자리는 줄어들었고, 파편화된 임시직들이 늘어나며 생애주기상 불안은 더욱 커졌다. 그리고 정보화의 결과 선진국에서 주로 서비스업의 비중이 커짐에 따라 여성의 노동 진출 기세는 더욱 확대되었고, 이는 성 역할이나 가족 개념에 대한 사람들의 생각에 근본적 변화를 가져오게 되었다. 인터넷은 부국으로 유입된 이주민들을 본국과 연결시키는 도구이기도 했다. 이 강화된 연결 덕택에 그들은 자신들의 문화적 정체성을 더 강하게 지키면서 동시에 이주국의 문화를 본국으로 실어 날랐다.

2010년대는 1970년대 말부터 시작된 이 두 흐름이 심화되면서 어떤 변곡점을 통과하는 시기였다. 2007년 애플의 아이폰 출시 이래로, 스마트폰이 세계인 대부분의 손안에 들어오면서 정보화는 인류의 가장 미시적인 생활양식까지도 바꾸어버렸다. 데스크탑 컴퓨터가 유일한 컴퓨터이던 시절에 인터넷에 접속한다는 것은 오프라인에서 온라인으로 연결된다는 것을 의미했다. 인터넷 사용 양상에 기초해 생각해보자면, 사람들이 오프라인 세계와 온라인 세계를 분리해서 인식하는 것은 자연스러운 일이었다.

이런 구분은 스마트폰이 일상의 모든 순간을 온라인으로 만들면서 사라졌다. 수많은 기업들이 일상을 지배하는 이 기기에서 어마어마한 부와 권력이 창출될 것을 알아보고 조금이라도 더 많은 지분을 차지하고자 경쟁에 뛰어들었다. 스마트폰과 그 속의 어플리케이션들은 서구에서 과거 왕좌를 차지하던 전통적 산업들의 빛을 더 바래게 했고, 선진국에서 개도국으로 향하는 세계화의 힘에 날개를 달아주었으며, 이미 많이 벌어졌던 계층 간 격차를 더욱 벌려 놓았다. 그러나 스마트폰 자체의 힘은 이런 파급 효과들보다 어쩌면 더욱 큰일을 벌이고 있었다. 기업들이 스마트폰 속에 집어넣고자 만든 서비스들은 인간의 관계 맺는 방식, 정치적 사고를 형성하는 방식, 이야기를 즐기는 방식을 뒤흔들어 놓았다. 어찌 보면 2010년대에 서구 사회에서 터진 세계화에 대한 불만들이나 격화되는 정치·사회적 양극화는 정보화의 심화에 따른 반작용이라고 할 수 있었다.

심화된 정보화: 과잉 연결과 전능한 시스템

현재로서 말할 수 있는 심화된 정보화, 즉 스마트폰의 보급이 끼친 가장 큰 영향은 아마 두 가지인 것 같다. 첫째는 인간 사회의 '과잉 연결'이다. 더 대중적인 말로 '초연결'이라고도 할 수 있겠지만 최근 펼쳐지는 여러 양상을 보면 초연결보다는 과잉 연결이 현상을 잘 포착한 표현인 것 같다.

스마트폰을 통해 우리는 하루 종일 누군가와 재잘재잘 떠들게 되었고, 각종 플랫폼을 통해 타인들의 삶과 생각을 엿볼 수 있게 되었다. 이런 서비스들은 모두 연결, 소통, 비교, 인정 같은 인간의 사회적 욕망을 노골적으로 자극하는 것들이다. 스마트폰에 힘입어 많은 사람들이 소통하지 않던 사람과 소통하게 되었고, 비교하지 않던 사람과 스스로를 비교하게 되었다. 이런 연결은 우리의 사회적 삶을 풍요롭게 만들어주기도 했지만 동시에 이전에는 없던 새로운 사회적 스트레스를 키워 놓았다. 조직적으로 세계에 영향력을 행사하려는 집단주의적 충동, 화려한 삶을 사는 이들에 대한 질시 같은 것들이 대표적인 예이다.

이런 영향은 어렸을 때부터 스마트폰을 접하면서 지금의 초연결을 과잉 연결이 아니라 자연스러운 연결로 생각하게 된 청소년, 청년 세대에게 짙게 나타났다. 그러나 그 정도의 차이일 뿐이지 손안에 스마트폰을 쥐게 된 그 윗세대도 마찬가지의 영향에 노출되는 것은 필연이었다. 그들이 심리적 불안에 시달렸는지는 몰라도 적어도 정치적 혼란에 맞닥뜨리게 된 것은 분명해 보인다. 전문가의 권위 있는 견해가 부족주의적 충동에 의해 거부당하고, 상대편 당파라고 생각된 이들과 어떠한 대화도 거부하는 것은 과잉 연결 시대의 정치적 초상이 되었기 때문이다.

둘째로, 정치적 의미에서 정보화의 심화는 우리의 일거수일투족을 시스템에 노출시키는 결과를 초래했다. 이 두 번째 변화는 사회적이고 일상적인 차원의 첫 번째 변화보다 명시적으로 드러나지는 않고 있었으나 그럼에도 착실하게 진행되고 있었다. 스마트폰을 일상적으로 사용한다는 것은 말 그대로 우리의 일상을 어딘가에 기록으로 남기고 있다는 말이었다. 기업은 곧 어마어마한 데이터를 가질 수 있게 되었고, 우리의 숨겨진 욕망과 대화를 분석해 우리 자신보다도 스스로를 잘 아는 존재로 거듭났다. 물론 거대 기술 기업들이 특정 개인을 찍어서 감시하는 일이 일어난다고 말하는 것은 아니다. 그러나 시스템은 개인을 갈수록 더 잘 '읽어내고' 있으며, 우리는 높은 해독력을 지닌 시스템의 통제와 간섭을 경계하기보다는 자연스럽고 편안한 것으로 받아들이고 있다. 이것이 인간의 역량을 증진하는 것인지 아니면 제약하는 것인지는 여전히 확답을 내리기 어려운 문제다.

일상을 포괄하는 시스템의 문제는 기업에서 국가로 넘어오면 조금 더 심각해진다. 기업은 편의와 재미를 제공하는 서비스로 사람을 유혹해 자발적으로 품 안에 들어오게 하지만, 국가는 강제력을 통해 우리를 통제하며, 반대급부로 안정을 제공하여 개인을 달랜다. 국가와 개인 간의 이런 계약은 문명이 정보를 수집하고 처리하는 능력에 비례하여 국가 쪽이 더 큰 권한을 지니는 방향으로 움직여왔다. 물론 그런 해석에 반대한 사람들도 있었다. 인터넷이 등장하고 스마트폰을 통해 사람들이 상호 연결되었을 때, 많은 낙관론자들은 상호 연결된 시민들이 역으로 국가를 감시하고 빠르게 집단행동을 조직함으로써 더 폭넓은 자유와 민주주의를 쟁취할 수 있을 것이라고 내다보았다. 하지만 아랍 봉기가 대부분 비극으로 끝나고, 중국과 이란의 독재 정부가 인터넷을 오히려 통제의 수단으로 쓰면서, 2010년대를 거치며 낙관론은 빠르게 사라져갔다.

그래도 많은 서구인들은 여전히 자신들의 사회계약이 바뀔 일은 없을 것이라고 생각했다. 미국, 영국, 프랑스, 독일은 이집트, 이란, 중국 같은 비서구의 낙후한 독재국가가 아니라는 것이 그 근거였다. 하지만 2020년의 팬데믹은 상황을 완전히 뒤집었다. 정보 기술을 바탕으로 신장된 국가 역량을 적극적으로 투입한 동아시아 국가들이 자유를 희생해서 사회적 안정과 질서를 달성하는 것을 모두가 똑똑히 보았기 때문이다. 동아시아와 서구의 상반된 모습은 정보화의 심화가 국가와 개인 사이의 관계를 지역적 차원이 아니라 세계적 차원에서 뒤집을 수 있을지도 모른다는 가능성을 제시했다.

급류 속의 한국

이런 현상들이 바로 40년간 진행된 지구적 변화가 초래한 혼란의 편린들이며, 한국이 마주쳐야만 했던 도전들이었다. 세계화와 정보화를 마주치면서 한국은 엄청난 변화를 겪었다. 1980년부터 2020년까지 40년 동안 한국은 저임금 제조업을 육성하는 데 성공한 개발독재 국가에서 굴지의 기업집단을 여럿 지닌 민주국가로 탈바꿈하였다. 이런 위상 변화는 태평양 네트워크의 한가운데에서 세계화 게임을 적극적으로 수행한 덕택에 가능했다. 한국의 발전된 제조업과 서비스업은 세계화를 이끄는 미국과, 그를 통해 전례 없는 규모와 속도로 경제성장을 이룩한 중국 양측에서 모두 수혜를 입을 수 있었다. 한편으로 정보화는 기존 개발도상국 시절에 형성된 주류의 견고한 권위에 균열을 내는 결정적 기반이 되었고, 이후 보수적이었던 한국 사회는 더 다원적이면서 문화적 역동성을 갖춘 사회로 변모했다.

그러나 이런 긍정적 변화의 이면에서는, 그 어느 나라와 견주어도 모자라지 않을 정도의 급격하면서도 혼란한 변화가 전개되고 있었다. 한국 경제는 세계화에 올라탄 부분과 그렇지 못한 부분으로 사회를 이원화시켰으며, 그 이원화된 집단 사이의 불평등은 세대를 거치면서 더욱 심해지고 있었다. 한국 경제가 성장하고 신규 노동력들이 사회 하부에 공급되지 않기 시작되자 이주민들이 그 빈자리를 채우면서 정착했고, 시간이 지나며 이는 역동적 커뮤니티로 발전하며 지역의 풍경을 바꾸어 놓았다. 한편 시민들을 연결시키며 기존 질서에 균열을 낸 온라인 미디어는, 어느 순간부터는 시민들을 과잉 연결시키게 되었고, 이로 인해 집단 간 갈등이나 비교를 통한 좌절 등이 급속하게 퍼져나갔다.

이러한 심리적 변화 속에서 사회와 국가에 대한 불신이 들불처럼 번져나갔다. 한국은 2002년 월드컵 당시 민족주의로 세계를 놀라게 했으나, 10년이 지나자 자국이 지옥이라는 자조가 넘실대는 국가가 되었고, 또 언제 그랬느냐는 듯 독특한 자부심을 뽐내는 나라가 되기도 했다. 개인을 향해 뻗치는 국가의 힘은 이런 널뛰기에는 아랑곳하지 않고 기술의 힘을 빌려 어느 때보다 강해졌고, 그 힘은 위기 시에 가차 없이 사용되었다. 아마 이런 다대한 스트레스가 만들어낸 가장 큰 여파는 저출산이라는 말도 모자라고 사실상 무출산이라고 해도 손색이 없는 초유의 인구 충격일 것이다. 이런 인구 충격은 교육기관부터 시작하여 2020년대 한국 사회의 모든 영역에 막대한 영향을 끼칠 것이다. 이것이 바로 우리가 마주해왔고 마주하고 있는 변화다.

어쩌면 세계화·정보화와 조응하며 한국이 겪고 있는 이런 극단적 변화야말로 한류의 세계적 확산을 설명할 수 있는 키워드일지도 모른다. 한 사회가 어떤 '시대정신'을 고속으로, 집약적으로 겪으면서 의도치 않게 다른 이들에게 미래의 모습을 보여주게 된 것이다. 물론 한국이 세계화와 불평등의 심화, 이주민의 유입 같은 현상을 다른 서구 국가에 비해 더 심하게 겪었다는 것은 아니다. 그러나 몇몇 측면, 특히 현대사회를 주도하는 미디어라는 영역에서 한국은 분명 다른 국가들보다 변화를 심하게 겪은 것 같다.

한국인들은 정보화가 만들어낸 과잉 연결을 어떤 이유에선지 아주 열정적으로 받아들였고, 거기서 촉발된 에너지는 한국이 쌓아 올린 부, 국제적으로 뻗친 대기업 네트워크가 만나며 무언가 새로운 문화 현상을 만들어낸 것이다. 아마 이를 미래의 모습이라고 하는 데 큰 무리는 없을 것이다. 언제나 그렇듯 현재 엿볼 수 있는 미래의 모습은 사람들을 매혹하기도 하며, 불쾌감과 당혹감을 안겨주기도 한다. 이것이 세계 사회에서 한류가 얻고 있는 복잡한 이미지의 요체일 수 있을 것이다.

그렇다면 과연 한국 사회의 어떤 요소가 한국을 시대의 급류에서 맨 앞에 서게 한 것일까? 사회를 일원적으로 바라보고 모든 이들을 서열화하는 위계성, 그 피라미드 속에서 어떻게든 위계를 거부하고 상승하고자 하는 상향심, 모든 이들이 표준적인 대세를 따르고자 하고 남들도 대세에 따르게 만들고 싶어 하는 적극적 집단주의, 국가가 해주는 것이 없다고 불평하면서도 국가가 모든 것을 해줄 수 있다고 믿는 모순적 국가관, 도덕을 통해서 발언권을 획득해야 한다고 여기면서도 누구보다도 세속적 상향을 원하는 이중적 심리. 아마 한국 문화의 이런 요소가 세계화, 정보화라는 변화를 맞닥뜨려 이 사회에 무언가 유별난 결과물을 만들어내 이 사회를 '미래'로 끌고 간 것이 아니었을까 싶다.

하지만 이런 요소들은 일관된 서사와 분석을 제공해주지 않는다. 대부분의 경우 여전히 한국 문화의 특징이 무엇이고 그것이 이 시대 속에서 어떤 의미를 갖고 있는지에 대해서 뚜렷하게 답할 수가 없다. 한국은 언제나 서구를 바라보았기 때문에 오히려 자신에 대해서는 별 관심을 기울이지 않았으며, 반대로 보편적 지식을 제공하는 서구는 한국이라는 특수를 잘 몰랐기 때문에 어떤 언어로 이 사회를 설명해야 할지 감을 잡지 못했다.

K를 생각한다

이 책은 지금 우리가 겪고 있는 시대의 정체가 무엇인지를 한국이 겪은 변화를 통해서 미루어 보고, 그를 통해 다시 한국이란 무엇인지를 돌아보고자 하는 책이다. 'K'는 그런 의미에서 단순히 '한국적'임을 뜻하는 접두사는 아니다. 실제 접두사로서 대문자 K가 쓰였을 때, 그 단어는 아주 복잡한 의미를 갖게 된다. 그것은 세계 속에서 인기를 몰고 있는 (그러나 당사자들도 그 원인을 잘 모르는) 한국의 문화 콘텐츠를 찬사하는 말이 될 수도 있고, 개인의 권리를 억압하며 사회 전체적으로 고도의 편의를 보장해주는 국가의 동원 체제를 조롱하는 말이 될 수도 있다.

그런데 자국 문화의 세계적 유행과 고도의 동원 체제를 우리는 칼같이 분리할 수 있을까? 그것이 한국이라는 하나의 토양에서 나온 것이라면 우리는 이를 어떻게 받아들여야 할까? 다시 말해, K는 우리가 이 사회에 대해 느끼고 있는 자부심과 스트레스를 함축하고 있는 말이다. 자부심과 스트레스는 결코 분리될 수 없는 우리 자신들의 특질이다. 신체적 스트레스인 '매운맛'을 즐기는 것에서 기묘한 자부심을 느끼는 한국인들의 심리는, 대체로 다른 모든 사회, 문화 현상에도 적용될 수 있는 것이다.

K의 특성은 그 자체로 명쾌하게 이해되기보다는 어지러움을 더한다는 점에서 혼란한 이 시대에 아주 적합한 듯하다. 그리고, K에 함축되어 있는 상향의식, 위계의식, 속도 지상주의, 강력한 국가 역량 같은 것은 세계화와 정보화의 급류가 빚어낸 오늘날의 세계에 아주 적합한 것으로 보인다. 상기하였듯 이런 요소들은 K가 세계적으로 부상하는 기이하고 혼란한 현상을 낳기도 했다. 따라서 K를 이해한다는 것은 곧 오늘날의 세계를 이해하는 단서를 제공해줄 수 있으며, 반대로 오늘날의 세계를 알기 위해 노력하는 일은 우리 자신이 누구인지에 대해서도 알려줄 수 있을 것이다.

그렇다고 이 책이 명쾌하게 한국은 무엇이고 또 지금의 시대는 무엇인지에 대해서 논하고 있지는 않다. 그런 설명은 현재 나 자신의 역량으로는 할 수 없는 것이기도 하고, 지금 시작하기엔 너무 이른 이야기일지도 모르기 때문이다. 그래서 이 책에서는 한국 사회에서 논쟁적인 다섯 가지 주제를 통해서 K를 생각해보고, 또 세계적으로 진행된 현대사회의 변화에 관하여 이야기해보고자 한다. 이 다섯 가지의 주제는 그 자체로 일관되게 연결된 것은 아니다. 그러나 읽다 보면 지구적 변화와 한국의 기묘한 현실이라는 점에서 어딘가 끈끈하게 상호연관된 부분들을 찾을 수 있을 것이다.

첫 번째 글 '90년대생은 누구인가'에서는 한국에서 특히 정치적 논란을 낳고 있는 90년대생에 관하여 다루었다. 90년대생이 20대가 되고 이제 슬슬 30대로 나아가면서, 그들이 과연 이전에 비해서 특별한 세대인지, 특별하다면 무엇이 특별한지, 정말로 특별하기는 한 것인지에 대한 다양한 논쟁이 있어왔다. 그들은 세계화와 정보화가 가속하기 시작하던 1990년대에 태어났다는 점에서 세계적 변화에 어렸을 때부터 노출된 세대였다. 이 글에서는 그들이 마주해야 했던 21세기의 한국 사회와 그 속에서 그들이 정립했던 가치관과 세계 인식을 다룬다. 90년대생은 왜 그렇게 서로 반목하며, 또 그들이 주축이 된 콘텐츠는 어떻게 이처럼 급속한 발전을 이룬 것일까? 이 글은 스스로가 90년대생이기도 한 내가, 나 자신과 또래들을 바라보면서 던졌던 질문과 그에 대해 내린 나름의 답이기도 하다.

두 번째 글 'K-방역이 말해주는 것'은 COVID-19 팬데믹과 그에 대처하는 한국적 방법론인 'K-방역', 나아가 국가 전반에 대한 이야기다. 세계를 뒤흔든 팬데믹 속에서 한국은 분명 그들이 선망하던 선진국보다 훨씬 양호한 성과를 올리는 데 성공했다. 그러나 그 성공이 과연 어떻게 가능한 것인지, 그리고 그것이 더 거시적 차원에서 함의하는 바가 무엇인지에 대한 이야기는 찾기 어려웠던 것 같다. 사실 방역은 단순히 바이러스의 문제가 아니며, 정확히는 바이러스가 기생하는 인간을 잡아내는 국가의 역량에 관한 문제다. 뒤의 글에서는 세계화를 거치며 약화되었다고 믿어졌던 국가가 심화된 정보화를 거치며 어떻게 부활했고, 또 그 부활한 국가가 우리의 일상에 어떤 식으로 개입할 수 있을지 살펴보았다.

그다음 세 번째 글 '민족주의와 다문화에 관하여'에서는 국가 공동체의 문화적 기반으로서 민족과 민족주의를 다룬다. 사실 서구든 한국이든 민족과 민족주의에 관해서는 이미 많은 글이 나와 있다는 점에서 이 이야기는 식상한 소리처럼 들릴 수도 있다. 특히 20세기가 끝날 무렵부터 민족의 허구성을 고발하고 민족주의의 위험성을 경고하는 목소리가 큰 인기를 얻었기 때문에 더더욱 그렇다. 그러나 이 세 번째 글에서 나는 20세기 말의 논의를 반복하는 것보다는 오히려 구닥다리로 치부되었던 과거의 관점을 다시 돌아볼 필요가 있다고 말하고자 한다. 나아가 한국 사회라는 맥락에서 민족주의가 갖는 위상과 그 변화, 그리고 한국의 전통적 민족 관념에 결정적 변화를 야기할 이주민의 유입을 살펴본다. 이주와 다문화 현상에 관해서는, 이론적·객관적 분석보다는 나 자신의 경험을 포함하여 그들과 일상에서 긴밀하게 마주치고 접촉한 경험 및 상호작용을 보여주는 것에 집중했다.

네 번째 글 '대한민국 386의 일대기'에서 다루는 주제는 90년대생보다도 더 오래전부터 논란이 되었던 인구학적 집단이 386이다. 여기서는 386에 대해 먼저 탐욕스러운 기득권이나 민주화의 기수 같은 식으로 가치평가를 내리기보다는, 먼저 그들이 어떻게 세계를 인식하고 생각을 형성하게 되었는지 주목하고자 했다. 이를 위해서 필요한 것은 더 긴 시간축에서 그들의 형성과 발전을 바라보고, 더 넓은 지리적 범위를 훑으며 그들과 유사한 집단을 찾는 것이었다. 전후 세계의 변화와 탈식민화, 미소 냉전과 동아시아 경제의 부상, 제3세계에서 번져나간 민족해방운동은 386의 형성을 세계사적 맥락에서 이해할 필요가 있음을 보여준다. 21세기가 되었을 때, 그들은 변화하는 세계 속에서 한국 사회의 급속한 발전이라는 사건을 마주하여 어떤 면에서는 적극적으로 적응하고, 다른 면에서는 적극적으로 부적응하였다. 이런 차별적 적응 또한 굳이 따지자면 거시 역사적 추세의 반영이겠으나, 안타깝게도 그 결과는 한국 사회에 그다지 긍정적이지 않은 것으로 보인다.

마지막 다섯 번째 글 '입시, 그리고 교육의 본질'은 극히 한국적 현상으로서 특유의 입시제도와 교육을 다룬다. 한국에서 입시는 아주 뜨거운 감자와 같은 주제이며, 21세기에는 그 때문에 수차례의 교육개혁과 혼란, 수차례의 재조정이 국민적 관심사로 떠올랐다. 이 모든 과정은 고도로 경쟁적이고 출세 지향적인 한국 사회의 욕망과 구성원들이 그에 대해 느끼는 피로감, 교육은 마땅히 이래야 한다는 막연한 기대감이 섞이면서 벌어진 일이었는데, 그 최종적인 결과는 누구도 상상하지 못했고, 또 누구도 만족하지 못하는 현행 수시 제도의 확립으로 이어졌다. 그러나 누구나 알듯이 입시 자체는 더 광범위한 교육 문제 속에서 표면에 드러난 문제에 지나지 않는다. 따라서 그다음에는 교육 문제의 근원으로서 근대 교육제도의 성립과 변화, 그리고 20세기 후반과 21세기 동안 세계적 변화가 초래한 교육제도의 위기에 대하여 다룬다. 끝으로는 2001년부터 2021년까지 교육을 받아온 학생의 시선에서, 교육 자체가 처한 위기를 타개할 해결책에 대해 간략히 논해볼 것이다.

90년대생, 방역과 국가, 민족과 다문화, 386 세대, 입시와 교육. 이 주제들은 제 나름대로 K가 갖는 복잡한 의미를 형상화하고 있으며, 세계적으로 진행되고 있는 변화의 물결 한복판에 위치해 있다. 당연하게도 앞으로 이야기할 다섯 개의 주제만으로는 이 난해한 흐름과 한국이라는 불가사의한 사회의 참모습을 다루기에는 턱없이 모자라다. 다시 말하자면 그것은 감히 내 능력을 벗어나는 일이기도 하다. 그래서 나는 이 책에 실린 글들이 독자들에게 보다 다른 느낌으로 다가갔으면 한다.

20세기가 끝나갈 무렵, 에스파냐 출신의 사회학자 마누엘 카스텔은 과거 20여년간 정보화가 초래한 급격한 변화를 바라보며 21세기 세계를 전망하는 3부작짜리 대작인 『정보시대』를 저술했다. 그가 내다본 21세기는, 그의 표현대로 정보의 낙원이나 정보의 디스토피아가 아닌 '정보의 혼돈'이 지배하는 시대였다. 책의 말미에서 카스텔은 정보의 혼돈을 헤쳐나가기 위한 당부를 독자들에게 이와 같이 건넨다. "20세기에 철학자들은 세계를 변화시키려고 했다. 21세기에는 철학자들이 세계를 다르게 해석해야 할 때다."

그의 당부대로 세계는 그 뒤에도 엄청난 변화를 겪었고, 새천년의 여명기에 세계를 섣불리 바꿔보려고 한 사람들은 대부분 실패했다.

익숙한 것들이 낯선 것이 되는 혼돈의 세계에서, 먼저 우리가 해야 할 일은 아마 새로운 시대에 맞는 다른 시선을 갖추는 일일 것이다. 카스텔의 저술이 세계를 바라보는 시선을 다르게 하는 데 더할 나위 없는 도움을 주는 것처럼, 이 책 또한 그보다 훨씬 작은 범위에서나마 이 시대와 한국을 다르게 바라보는 데 일정한 도움이 되었으면 한다.

제1장

90년대생은 누구인가

그들은 어떻게 지금의 20대가 되었는가

"올해는 정부는 물론, 모든 국민이 세계화를 본격 추진하는 해가 되어야 할 것입니다. (…) 1995년을 우리 모두 '세계화의 원년'으로 만듭시다."

— 김영삼 대통령, 1995년 신년사 중에서

한국 사회에 울려 퍼지는 화두를 꼽을 때 '20대 현상'은 반드시 들어갈 것이다. 그러나 20대 현상에 대해 오가는 갑론을박은 무척이나 혼란하다. 혹자는 20대 현상이 아니라 '20대 남자 현상'을 지목한다. 여성에 대해 적대적인 일군의 남성 집단이 지금의 20대에서 상당한 비중으로 존재하고 여론을 형성하고 있다는 이야기다. '공정' 이야기도 빠지지 않는다. 개인주의 성향이 강하고 경제적 여건이 팍팍해진 20대들이 공정이란 가치에 민감해졌고, 공정과 평등에 대해 다른 관념을 갖는 기성세대와 충돌한다는 이야기다. 이에 대응해 누군가는 20대 현상이나 청년 세대론 자체를 부정하기도 한다. 지금 20대 현상이라 일컫는 이야기 대다수는 지금의 40대, 즉 X세대*가 출현할 때 이미 한 번쯤 나왔던 이야기의 반복일 뿐이라는 것이다. 이 주장에 따르면 소위 20대 현상은 새로울 것도 없고 실체도 없는 게으른 논의에 불과하다.

그래서 20대 현상에 대해 유일하게 확실한 것은, 어쨌든 '20대 현상'이라 불리는 무언가가 사회적으로 널리 논의가 되고 있다는 사실밖에 없을지도 모른다. 아마 이 글 역시 복잡하게 꼬인 90년대생에 관한 논의에 별 의미 없는 소음을 더하는 것일 수도 있겠다. 그렇지만 이 글이 1994년에 태어난 2021년의 20대 중 하나로서, 나 자신이 속한 세대와 우리를 둘러싼 시대에 대한 감상을 더하는 글이라면 그보다는 좀 더 의의가 있지는 않을까 하는 변명도 얹어본다.

20대 현상에 대해 논하려면 먼저 그 실체를 보다 명확히 규정할 필요가 있다. 처음 짚어볼 것은 지금의 현상이 '연령효과'인지 '세대효과'인지 가려내는 것이다.** 다시 말해, **'20대 현상'은 시대를 막론하고 한국의 20대 누구에게나 나타나는 현상인가?** 예컨대 2010년의 1980년대생들과 2020년의 1990년대생들은 같은 20대 현상을 공유했는가? 아니면 이는 '근래의' 20대인 1990년대생들에게만 한정 지을 수 있는 현상인가? 여기에 더해, 20대 현상을 특정 성별에 한정 지을 수 있는지의 문제도 더해진다. 두 번째 질문은 현상의 내용에 관한 것이다. 20대든, 90년대생이든, 특정 인구 집단이 다른 인구 집단과

★ 1960년대와 1970년대의 베이비붐 세대 이후에 태어난 세대를 가리킨다. 한국에서는 그중에서도 1990년대 초 만개한 도시 대중문화나 정보화 등을 받아들인 신세대의 특징을 지칭하는 말로 널리 사용되었다.

★★ 연령효과(age effect)는 생애주기(life course)에 따른 사회적 시간을 대변하며, 사회 구성원들이 겪는 보편적인 생애과정, 생애사건에 주목한다. 반면 세대효과(generation effect)는 특정 세대의 특정한 사회적·경제적·정치적 경험이 해당 세대의 의식을 형성하는 계기가 되는 과정에 주목한다. 더 직접적으로 말한다면, 시대 변화에 상관없이 20대나 40대가 보여주는 보편적 속성이 연령효과이며, 집단적 경험을 한 특정 세대의 특징이 시간이 흐르면서도 지속되는 것은 세대효과이다.

변별되는 특성을 보여준다 할 수 있는가? **그렇다면 어떤 점에서 2020년 현재의 20대는 다른 세대와 차이를 보이는가?**

첫 번째 질문에 대한 대답은 그래도 간단하다. 내 개인적인 인상은 작금의 '20대 현상'은 2020년 현재의 기준에서 20대인 90년대생들이 부상하면서 두드러졌다는 것이다. 즉, 연령효과보다는 세대효과가 강하다. 물론 인구의 특성이 1년 단위로 칼같이 변하는 것이 아니기에, 지금 30대 초반을 형성하는 80년대 후반생들도 90년대생들과 많은 것을 공유한다. 그러나 30대 후반인 80년대 초반생이나 그 위인 70년대생으로 가면 갈수록 90년대생과의 공통점은 옅어진다.

그렇다면 20여 년 전 X세대가 20대일 때 나왔던 이야기와 작금의 20대 현상론이 거의 유사하다는 지적에는 어떻게 답할 수 있을까? 여기에는 두 가지 답이 가능하다. 첫째, 형태적 유사성에도 불구하고 X세대와 90년대생이라는 두 세대 간의 차이는 생각보다 클 수 있다. 둘째, X세대의 특성으로 지적되었던 어떤 것들이 시대를 거치며 90년대생들에게서 더 강해졌다는 식의 설명도 가능할 것이다. 이런 이유로, 이 글에서는 앞으로 '20대 현상'보다는 '90년대생 현상'이라는 용어를 더 많이 사용할 것이다. 나는 90년대생이 30대가 되어서도 그들이 다른 세대에 대해 갖는 차이가 유지될 것이라고 보기 때문이다. 내가 이렇게 생각하는 이유는 뒤에서 더 자세히 다룰 것이다.

두 번째 질문은 답하기가 더 힘들다. 그래서 90년대생이 그 윗세대와 다른 점이 대체 무엇인가? 다른 점이 있다면 무엇이 그들을 다르게 만들었는가? 이에 대한 답은 사실상 '20대 현상론'의 실체와 원인을 다 설명해야지만 가능하기 때문이다. 어찌 보면 내용조차 제대로 합의되지 않은 '20대 현상론(90년대생론)'의 성격을 규정하고 분석하는 것 자체가, 이 난해한 현상에 대한 각자의 답 그 자체인 셈이다.

그러니 답을 먼저 내리기 전에, 이제 본격적으로 90년대생의 주요한 특징이 과연 무엇인지 얘기해보자. 모호한 인상과 숱한 갑론을박에도 불구하고 비교적 보편적으로 받아들여질 수 있는 90년대생만의 특징이라면 무엇이 있을까? 이를 규정하기 위해서는 2010년대의 10년을 들여다보아야 하는데, 이 10년 동안 90년대생들이 차츰 20대가 되어 사회의 전면에 등장하기 시작했기 때문이다. 따라서 2010년대의 20대들이 주도하여 일으킨 변화상은 90년대생들(당연히 그 인접 연령대도 포함)만의 특성을 보여주는 단서로 간주할 수 있을 것이다.

90년대생들의 전장: 온라인과 콘텐츠

여기서 내가 제시하고 싶은 것은 양면적인 두 가지 현상이다. **첫 번째는 온라인을 중심으로 사회갈등이 격렬해졌다는 것이다.** 물론 끓는 솥과 같은 한국 사회에서 갈등이 격하지 않았던 때는 이전에도 없었다. 그러나 2010년대에는 갈등의 장이 주로 온라인으로 옮겨갔으며, 온라인에서 급변하는 여론이 실제 세계에도 영향력을 행사하는 일이 심심치 않게 벌어졌다. 2010년대 펼쳐진 한국 사회의 논쟁을 훗날 돌이켜볼 때, 일베, 디씨인사이드, 트위터, '여초 카페' 등을 아예 논하지 않기란 거의 불가능할 정도로 온라인 커뮤니티의 위상은 이전과 비교해서 엄청나게 커졌다.

커뮤니티에 속한 숱한 이용자들이 다양한 주제를 두고 논쟁을 벌인 것 자체는 이전과 비교했을 때 근본적 차이라고 할 수는 없었다. 하지만 2010년대 중반부터는 남초 커뮤니티와 여초 커뮤니티 사이의 갈등이 첨예해지기 시작했고, 그 밖에 여러 소규모 커뮤니티도 포함된 온라인 집단들이 '화력'에 근거한 세력 싸움에 몰두하기 시작한 것은 새로운 현상이라 할 만했다. 이 같은 세력 싸움도 물론 이전부터 내려오던 경향을 계승한 것이었지만, 2010년대에 들어 이 갈등이 한층 격해지고 현실 세계에도 영향을 미치는 빈도가 늘었다는 것은 이전과의 중요한 차이였다. 증오와 혐오에 대한 논의가 급증한 것도 바로 이 무렵이었다.

두 번째 양면적인 현상은 한국의 대중문화와 콘텐츠 산업이 급격한 발전을 거듭해 세계적 수준에 올라섰다는 것이다. 요즘에야 K-팝 아이돌의 세계적 위상이 너무나 당연하고, 한국의 드라마와 영화도 세계 전역에서 인기를 얻고 있지만, 2010년만 하더라도 한국 콘텐츠의 위상이 10년 안에 세계적 수준에 올라설 것이라는 말을 진지하게 믿는 사람은 많지 않았다. 아이돌은 음악성 없는 상품 취급을 받기 십상이었고, 드라마는 자주 막장이라고 비난의 대상이 되었으며, 떠오르는 웹툰의 가능성에 주목하는 사람은 거의 없었다.

그러나 10년 만에 상황은 완전히 반전되었다. 한국 콘텐츠는 기존의 주요 시장이던 아시아를 넘어 세계 전역으로 뻗어나갔고, 온라인 플랫폼의 발전에 힘입어 웹툰과 웹소설 같은 콘텐츠 산업이 폭발적으로 발전했다. 이런 콘텐츠의 발전에 맞물려 한국이라는 국가 이미지 전반 또한 함께 상승했다. 서구나 일본 문화를 늘 의식해오던 한국이 반대로 '선진국' 문화 시장에서 입지를 확보한 것은 실로 놀라운 반전이었다.

그리고 대중문화와 콘텐츠가 급격한 변화를 겪었던 이 시기 또한 90년대생들이 20대로 부상한 때였다. 물론 봉준호나 방시혁이 90년대생은 아니듯, 모든 콘텐츠 산업의 성장을 90년대생의 진입으로 성장할 수 있는 것은 아니다. 하지만 아이돌에서부터 만화, 인터넷 방송에 이르기까지 90년대생들은 콘텐츠의 생산자이자 소비자로 막대한 영향력을 행사하기 시작했고, 연예 기획사, 방송국, 혹은 네이버와 같은 대형 플랫폼과 상호작용해 한국 콘텐츠의 트렌드를 형성하는 데 아주 직접적인 영향력을 행사한 것까지 부정할 수는 없을 것이다. 요컨대 그들은 2010년대 한국의 '콘텐츠 제국' 건설에 있어서 총사령부나 수뇌부를 맡지는 못했어도, 결정적 공헌을 세운 일선 정예부대 역할을 맡았다고 할 수 있을 것이다.

사회갈등의 격화와 콘텐츠 산업의 발전이라는 현상을 동전의 양면이라고 간주할 수 있는 이유는 2010년대에 발전한 **콘텐츠의 내용**에서 찾을 수 있다. 2010년대에 발전한 콘텐츠는 장르를 막론하고 상당한 강도의 갈등을 반영했다. 대중음악과 엔터테인먼트 영역에서 음원 차트나 오디션 프로그램은 팬덤과 기획사 간의 치열한 경쟁이 상시적으로 일어나는 곳이 되어 전장처럼 변모했다. 웹소설은 이전보다 '한국적' 색채가 짙어지면서, 위계를 거슬러 오르는 사회적 상승, 적대적 세계 속의 투쟁, 경쟁이 야기하는 스트레스에 대한 이야기를 담으며 독자들의 눈을 사로잡았다. 웹소설보다 정도는 약했지만, 웹툰 또한 유사한 흐름을 겪었다. 내용의 변화를 반영하는 것처럼 소비 양태의 변화도 발견되는데, 서로 대립하는 온라인 커뮤니티끼리 콘텐츠와 플랫폼을 둘러싼 갈등을 벌이며 실질적 영향력을 행사하려는 경향이 강해졌기 때문이다.

2010년대 전반에 걸쳐 발전한 한국의 대중문화를 한 단어로 요약하자면 그래서 **'투쟁'**일 것이다. 이 시기의 대중문화 콘텐츠에는 주제의식과 서사 구조부터 소비자들의 행태까지 일관된 투쟁 지향성이 관찰된다. 그리고 그 투쟁심이야말로 2010년대 한국 콘텐츠 산업 발전의 주된 연료였다. 투쟁심은 구성원들이 엄청난 에너지를 쏟아 산업이 고속 발전할 수 있게 만든 심리적 동기였다. 그들은 서사의 주인공이 투쟁하는 것에서 대리만족을 느꼈고, 소비자로서 투쟁에 참여한다는 데서 어떤 만족감을 느꼈다. 2010년대의 콘텐츠는 그런 면에서 90년대생 사이에서 격렬해진 사회갈등의 연장선상에 있었다. 아니, 어

쩌면 사회갈등의 격화가 반대로 콘텐츠 발전의 연장선상이었을지도 모른다.★

물론 이 두 현상, 격화되는 갈등과 투쟁적 방향으로 발전한 콘텐츠 사이에는 서로 전혀 관계가 없을 수도 있다. 심지어 다양한 진영 간의 세력 싸움이나 콘텐츠의 세계적 약진은 그것들을 둘러싼 사회적 환경의 변화와도 어떤 상관 없이 자체적으로 진화한 것일 수도 있다. 하지만, 90년대생이라는 특정 세대가 주도한 것으로 보이는 두 주요한 현상이 공히 같은 메시지를 표출하고 있다면, 이것을 90년대생이

★ 개별 콘텐츠가 투쟁적 양상으로 변해가는 과정은 또 하나의 글을 요구하겠지만 여기서는 이해를 돕기 위한 예시 정도로 갈무리하고자 한다. 출판 장르소설과 만화는 웹소설과 웹툰으로 옮겨가는 와중에 이런 변화가 두드러졌다. 소설의 경우, 「달빛조각사」와 같이 노력과 기연(奇緣)을 통해 빠르게 지위를 성취하는 내용이 이미 큰 인기를 끌고 있었다. 2010년대에는 본격적인 웹소설 시대를 알리는 「나는 귀족이다」나 「MEMORIZE」 같은 소설이 등장하였는데, 이후 작품 배경이 판타지 세계가 아니라 현실로 옮겨가거나 아니면 아예 적대적 세계에서 생존을 도모하는 내용이 주를 이루게 된다. 이는 더 직접적이고 이입하기 좋은 대리만족으로 직결되었다. 웹소설은 그 후 폭발적 발전을 겪으며 다양한 방향으로 분화해갔는데, 현실을 마치 게임처럼 플레이하며 생존과 빠른 지위 상승을 이루어낸다는 점에서는 같았다. 「템빨」, 「환생좌」, 「전생자」, 「나 혼자만 레벨업」, 「재벌집 막내아들」 등의 2010년대 인기작을 참조해보면 이런 흐름을 느낄 수 있을 것이다.

웹소설보다는 일반화가 다소 어려운 웹툰도 최근 이런 웹소설의 작법이나 분위기를 상당히 많이 흡수하고 있다. 사실 웹툰 또한 그 이전에도 유사한 흐름을 감지할 수 있었다. 이를 가장 잘 보여주는 것은 박태준 작가가 누리고 있는 엄청난 인기다. 박태준은 「외모지상주의」를 통해 자극적이고 투쟁적 내용, 지위 상승 등의 테마를 누구보다 잘 그려내면서 선풍적 인기를 끌었고, 2020년에 선보인 「인생존망」과 「싸움독학」에서는 더욱 발전된 작품을 통해 명실상부 네이버 최고의 인기 작가로 등극했다. 박태준뿐 아니라 2010년대 중·후반을 기점으로 이런 유의 작품들이 크게 늘었으며, 이는 일본 만화와는 다른 어떤 경향성이 만들어지고 있다는 신호였다. 여성 독자들이 주 소비층인 작품들에서도 마찬가지 경향을 확인해볼 수 있다. 또 아이돌로 대표되는 대중음악의 경우에는 팬덤 문화가 주류적인 문법으로 자리 잡으면서 투쟁성이 아주 격화되었는데, 조직적인 음원 반복 재생인 스밍('스트리밍'의 준말), 경쟁 상대로 인식되는 타 아이돌 그룹에 대한 공격 같은 여러 정치적 행위들은 투쟁적 소비문화를 보여준다고 할 수 있다.

라는 인구 집단이 보편적으로 겪은 어떤 거시적 변화에 대한 서로 다른 반응이라고 바라보는 것이 완전히 터무니없지는 않을 것이다. 이를 검증하기 위해서는 다대한 노력이 필요할 수도 있고, 어쩌면 검증을 굳이 시도할 필요조차 없을지도 모르겠지만 말이다.

그렇다면 90년대생이 주도한 온라인 공간은 왜 그토록 투쟁적이 된 것일까? 집단적 투쟁심이 모종의 압박을 통해 형성되는 것이라는 가정에 동의한다면, 그 투쟁심은 **그들이 겪었던 사회적 압박과 스트레스의 반영물**이라고 보는 것이 타당할 것이다. 즉, 90년대생들을 둘러싼 모종의 환경 변화가 그들에게 적대적으로 작용했고, 그로 인해 축적된 집단적 에너지가 90년대생을 투쟁적으로 만들었던 것이다. 이제 요점은 **"90년대생들을 투쟁적으로 만든 환경의 변화, 특히 압력은 무엇인가?"**로 좁혀지게 된다. 하지만 여기서 한 가지 의문이 들게 된다. 한국이 1인당 GDP 1만 달러를 달성했을 무렵에 태어난 90년대생들이 대체 무엇이 부족하고 무엇이 모자라서 '압박'을 느낀단 말인가? 급변하는 세계 속에서 그들도 무언가 변화를 겪은 것은 사실이겠지만, 21세기에 90년대생이 겪은 변화라는 것이 그들 윗세대가 겪었던 더욱 극심한 빈곤과 더욱 야만적 폭력에 비할 바가 되는 것인가?

이는 충분히 타당한 의문이다. 그러나 90년대생들이 압박을 느끼고 투쟁적이 되었다는 것은 객관적 현실의 문제가 아니라 그들 주관적 심리의 문제라는 것을 인식할 필요가 있다. 현실을 자기 식대로 해석하는 인간 심리의 주관성은 언제나 거시적 시간 속에서의 절대적 변화에 대한 감각을 무디게 만든다. 90년대생이 그 이전 세대보다 지표상 나은 것은 분명 부정할 수 없는 사실이다. 하지만 인간은 언제나 자신의 환경을 개인적으로 감각되는 수준에서만 인식하고, 그 인식을 통해 자신에게 주어진 시대를 이해한다. 이 때문에 절대적 지표의 영향력은 그 지표 안의 인간이 맞닥뜨린 심리적 문제에서 어느 정도는 제한될 수밖에 없는 것이다. 이는 90년대생뿐 아니라 모든 인간 개인과 집단의 심리를 이해하는 데 중요하다.

세계화의 물결과 이중경제체제의 도래

자, 서론이 너무 길었다. 그렇다면 대체 무엇이 90년대생들을 압박하여 집단적 투쟁성을 끌어올렸을까? 이를 알기 위해서는, 먼저 그들이 태어났을 무렵으로 돌아가볼 필요가 있다.

격동의 한국 현대사에서 안 그랬던 때를 찾기 힘들지만, 어쨌든 1990년대는 변화의 시대였다. 그 변화의 가장 큰 상징은 1997년의 IMF 금융위기였다. IMF는 한국인들이 40여 년의 세월 동안 성공의 공식으로 생각해온 방식을 전면 부정하고, 한국 사회가 새로운 시대 속에서 생존을 도모하기 위해서 또다시 달려야 한다는 엄혹한 진실을 알린 사건으로 인식되었다. 그러나 IMF가 한국 현대사의 획기적 분기점이긴 했어도, 유일무이한 사건까지는 아니었다. 1990년대는 세계사적 변화와 한국의 일국적 변화가 맞물려서 일련의 연속적인 흐름을 형성하던 시대였다. IMF는 그 일련의 흐름 속에서 솟아오른 가장 거대한 봉우리에 가까웠다. IMF 이외에도 한국은 군부 영향력의 퇴조와 민주화의 진전, 현대적 도시 문화와 소비주의의 급격한 발전, 본격적인 여성운동의 출현 같은 정치·사회·문화적인 변화를 맞이했다.

하지만 1990년대 한국이 겪은 변화 중 가장 깊게 영향력을 남길 변화는 태평양 연안 전역에서 일어나고 있던 거대한 경제적 변화, 바로 **세계화**였다. 세계화는 IMF 위기와 연관되어 인식되곤 했지만, 사실은 IMF 위기보다도 훨씬 큰 영향력을 미칠, 그야말로 전 지구적인 힘이었다. 1990년을 전후로 한 일련의 사건은 세계화의 속도를 크게 가속했다. 공산권이 해체되면서 국제 공산주의가 사실상 종언을 고하고, 정보통신 혁명으로 생산 공간의 급진적 재배치 또한 가능해졌다. 지구적으로 노동시장의 연결성이 증대되는 가운데, 선진국 고부가가치 서비스업과 개발도상국 단순제조업의 발달, 그리고 그에 수반되는 선진국 제조업의 쇠퇴가 이어질 것이었다. 그렇게 이미 10여 년 전인 1980년대에 시작되고 있던 세계화는 위의 정치적·기술적 돌파구가 열리면서 전광석화처럼 지구를 덮게 되었다.

세계화가 한국에 끼친 영향력을 실감하기 위해서는, 한국이 세기 전환기에 진정한 변화의 중심지였던 **중국에 바로 인접한 국가**라는 사실을 상기할 필요가 있다. 중국은 1978년에 개혁개방을 시작한 이래로 정치적 진통을 겪으면서도 꾸준히 세계시장을 향해 문을 열었고, 1990년대에는 세계화 게임의 가장 성공적인 플레이어로 부상했다.

그런 점에서 1992년의 한중 수교는 1992년에 일어난 또 다른 중요한 변화에 속한다. 이 해는 공교롭게도 중국의 덩샤오핑이 정치적 논쟁을 종결하고 중국의 개혁개방에 후퇴가 없을 것을 천명한 해이기도 했다. 중국 공산당은 정치적 안정을 위해서라도 자국의 농촌 빈곤 인구에게 발전의 과실을 안겨줄 필요가 있었기 때문이다. 하지만 수억의 농촌 인구를 자력으로 산업 노동자로 전환하는 것은 결코 쉬운 일이 아니었다. 그 과업을 수행하기 위해서는 자본·기술·소비시장이 필요했다. 다행스럽게도 셋을 모두 갖춘 외부 세계의 국가들이 중국의 문을 두드렸다. 정치적으로 안정되어 있고, 기업활동을 위한 지원이 확실하고, 질 높은 저가 노동력을 무한히 쓸 수 있다는 점에서, 투자 대상을 찾고 있던 선진 세계에 중국은 최고의 협력 파트너였다.

40년에 걸친 고도성장으로 소비시장은 몰라도 중국과 협력할 자본과 기술은 확실히 갖고 있던 한국이 그 기회를 놓칠 이유가 없었다. 곧이어 중국은 한국에서 생산되는 수많은 상품을 말 그대로 빨아들이며 2003년 한국 최대의 수출 시장으로 부상했다. 한중 수교 11년 만의 일이었다. 한국의 빠른 IMF 위기 탈출에는 바로 옆에서 엄청난 속도로 성장하는 거대 경제의 존재가 중요하게 작용했다. 마침 한국의 산업 발전 단계가 노동집약산업에서 중국과 경쟁하지 않고 무역과 투자를 통해 상호 이익을 확실히 누릴 수 있는 수준에 올라섰기에 가능한 일이기도 했다.

중국은 물론 한국 경제가 그 무렵 겪었던 이야기의 전부는 아니었다. 유럽, 일본, 북미라는 전통적인 파트너와의 경쟁과 협력 또한 물론 여전히 중요한 역할을 했다. 하지만 심지어 이들과의 관계나, 원자재 수출 '큰손'들과의 관계 역시 중국 경제의 부상과 직간접적으로 관련 있는 경우가 많았다. 그렇게 IMF 위기 10년 만에 한국은 1인당 GDP 2만 달러를 넘기면서 위기는 또다시 극복되었다.

그러나 이런 성공담을 들여다보면 분명 잘 알려지지 않은 이면이 존재했다. 중국이 임금 경쟁력으로 세계화 게임을 그토록 잘 수행했다면, 한국에서 그런 역할을 맡는 산업은 어떻게 되었는가? 그리고 세계화로 인해 국가 간, 기업 간 경쟁이 격화되었다면 사회 내부의 분위기도 변할 수밖에 없지 않았을까? 높은 경제성장률이 꾸준하게 나오고 사회 전반에 걸쳐 낙관적 분위기가 지배적이던 2000년대에도 이런 질문은 계속해서 제기되었다.

사실 답은 명확했다. 저부가가치 단순 제조업은 어느 정도 명맥을 이어갔음에도 많은 부분 구조조정이 되었고, 설령 살아남았다 하더라도 치열한 경쟁으로 인해 처우 개선을 바라기 힘들었다. 사회의 다른 영역과 속도를 맞추기가 근본적으로 힘들었던 이런 영역은 자연스레 인력난에 직면할 수밖에 없었고, 기회를 찾아온 저개발국 이주민이 한국인의 빈자리를 채우게 되었다. (이는 책의 3장인 '민족주의'에 관한 장에서 자세히 살펴볼 것이다.) 사실 이는 과거 한국이 저임금을 바탕으로 성장하고, 또 인력을 송출하면서 다른 선진국의 저임금 영역이 비명을 지르게 만든 것과 본질적으로 같은 구도였다. 중요한 것은 경제발전의 공간적 확산에 따른 자연스러운 결과로 이제 한국의 차례가 오고 말았다는 것이었다.

그 결과 2000년대를 거치며 한국에서는 특유의 **이중경제체제**가 자리 잡았다. 하나는 주로 재벌을 비롯한 대자본이 관여하는 영역인 고부가가치 제조업과 서비스업이었다. 이 영역은 중국을 비롯한 신흥개발도상국과의 협력에서 이득을 보는 것은 물론이고 선진국과의 경쟁에서도 밀리지 않는 주식회사 대한민국의 핵심이었다. 그러나 이 영역에 온전히 속할 수 있던 이는 소수였다. 훨씬 더 많은 이들이 속한 곳은 주로 국제시장보다는 국내시장을 향하고 있고, 저부가가치, 저임금 체계가 유지되는 두 번째 영역이었다. 두 번째 영역은 사실상 정치적이거나 문화적인 장벽으로 보호받고 있다 뿐이지 국제적 경쟁력을 확보했다고 보기 힘들었다. 이 영역은 저임금을 무기로 한 신흥 개발도상국과의 경쟁에서 밀릴 위기에 항상 노출되었고, 설령 국내에 산업을 존치한다 해도 고된 노동조건과 더 낮은 임금을 감내하는 이주노동자에 의존하는 정도도 커졌다. 한국어 구사가 결정적 조건으로 작용하는 저임금 서비스업이야말로 사실상 다수 내국인을 위한 유일한 보루로 남게 되었다.

세계화 이전, 국가 간 교류의 폭이 좁았을 때는 첫 번째 대외 영역과 두 번째 대내 영역의 격차가 훨씬 작았다. 세계시장을 상대해야 하는 이들도 공급 사슬, 혹은 서비스 구매 등 많은 영역에서 자국의 대내 영역에 의존할 수밖에 없었기 때문이다. 하지만 대내 영역이 경쟁에 개방되면서, 세계시장에서 서로 다른 위치를 점하고 있는 두 영역의 격차는 계속해서 커졌다. 이런 이중경제체제가 구성원들에게 심한 압박이 되었음은 자명하다. 2010년대에도 이 추세는 그칠 줄 모르고 확대되었다. 물론 이 기간 대외 영역의 성장에 힘입어 한국의 1인당 GDP는 곧이어 3만 달러를 돌파하기도 했다. 하지만 그 기간에 있던 일련의 추가적 변화는 한국 사회의 여유를 더욱 심각하게 앗아갔다. 2008년 미국발 금융위기가 불러일으킨 대침체, 하루가 다르게 바뀌어가며 가치 사슬의 상위를 노리는 중국의 부상은 한국 경제주체들을 더욱 가혹한 환경으로 몰아갔기 때문이다.

이것이 바로 변화의 물결 가운데서 태어난 90년대생들이 20대가 되어 직면한 경제 환경이었다. 물론 이런 변화를 90년대생들만 직면했다고 주장하는 것은 아니다. IMF 이후 70년대생들은 한국 사회의 엄청난 속도에 적응해야 했으며, 2000년대와 2010년대 초반까지 전 지구적 변화에 직접적 노출되었던 세대는 80년대생이었다. 최초의 20대론이라 할 만했던 '88만원 세대' 이야기가 80년대생을 대상으로 출간된 것은 그런 의미에서 시사적인 일이었다.

사실 20대의 90년대생이 마주한 경제 여건은 고유하다고 말하기는 힘들었다. 하지만 객관적 지표와 그것을 받아들이는 주관적인 심리라는 차원에서 90년대생의 여건이 더 큰 압박이었다고 말할 수는 있었다. 여기에는 앞서 언급했듯 2008년 금융위기와 중국의 부상으로 말미암은 환경의 악화가 있었다. 그들은 대외 영역에 들어가기는 더욱 힘들어졌고, 대내 영역에서는 더 격한 경쟁을 마주해야 했다.

여기에 더해 한국 사회가 변화에 기민하게 적응하지 못하며 인구와 교육의 미스매치 문제가 극심해졌다. 80년대 내내 하향하던 출생아 수는 잠시 90년대에 반등하고 이후 다시 급격한 하락을 거쳤다. 90년대생들은 한국 경제가 과거의 급격한 팽창을 뒤로하고 인력 의존, 특히 저임금 의존을 줄이는 그 순간에 태어난 최후의 대규모 세대가 된 것이다.

사실 인구수가 많은 것 자체는 약점이 아닐 수도 있었다. 이들이 경제 각 영역이 필요로 하는 적절한 교육과 훈련을 받아 인적자본을 형성할 수만 있다면 말이다. 그러나 한국의 경직적 교육제도는 변화하는 환경에 적응하는 데 도움이 되는 교육을 제공하지 못했다. (이는 책의 5장인 '입시'의 장에서 이야기할 것이다.) 과거 개발시대에 어느 정도 엘리트 교육을 염두에 두었던 고등학교-대학교 체계가 무분별하게 양적으로 팽창하면서, 지극히 무의미하고 낭비적인 교육과 그를 향한 경쟁에 사회적 자원과 구성원들의 시간이 허비되었다.

세계화에 맞닥뜨린 현실 속에서 그들은 공학적 지식과 실질적 기술을 익혀 대외 영역이나 고부가가치 영역을 노려야 했음에도, 많은 이들이 취업 경쟁력이 전혀 없는 학과에 진학하였다. 이런 교육을 받은 이들은 교육 수준에 따라 형성된 기대에 맞지 않는 저부가가치, 저임금 영역에 진입하거나, 아니면 국가로부터 보호받는 직장을 얻고자 또다시 무의미한 지식을 겨루는 경쟁에 몰두했다. 요컨대 인구 또한 일종의 설비라고 할 때, 한국 사회에서 90년대생들의 위치는 '부적절한 설비가 불필요하게 많은' 상황과 다를 바가 없었다. 다시 강조하자면 이런 문제는 80년대생도 겪었던 것이지만, 90년대생으로 왔을 때 더욱 심각해지면서 어떤 임계점을 넘었던 것으로 보인다.

피라미드의 무게: 계층화

90년대생들이 겪게 된 압박은 그들이 본격적으로 직면한 또 다른 현상인 계층화와 맞물리며 더욱 커졌다. 계층화 자체는 한국 경제의 고도화와 세계화가 맞물리면서 벌어진 자연스러운 현상이었다. 역사는 경제발전이 계층 분화를 자극하지 않고 구성원 간의 경제적 평등을 유지하는 경우가 극히 드물었다는 것을 알려준다.

그러나 한국에서 일어난 계층화는 한국 사회가 그 직전까지만 해도 세계에서 가장 평등한 사회 중 하나였다는 사실 때문에 특별했다. 1953년 한국전쟁이 끝난 시점에서, 식민통치와 해방 이후 토지개혁, 그리고 총력전에 가까운 내전을 겪으며 한국의 엘리트층은 사실상 쓸려나가다시피 했다.* 그 뒤에는 어떠한 특수한 문화적·역사적 관성이 작용해 한국에는 굉장히 특수한 사회적 공간이 탄생했다. 그것은 바로 **극도로 단일한 공간에서 모든 구성원들이 동일한 기준에 따라 서열화되는 사회**였다. 전쟁이 기존 사회의 칸막이를 파괴하고 출발점을 같게 만들어준 것은 그런 경쟁을 가능하게 해주었고, 또 정당화했다.

한국 사회의 이런 특성은 기존 사회의 틀이 상대적으로 많이 온존해서 여전히 사회가 복수의 분절된 집단으로 나뉘는 경향이 뚜렷했던 여타 선진국과는 구분되는 점이었다. 한국 사회의 계층화가 객관적 정도에 비해 구성원에게 심리적으로 큰 스트레스가 되는 것도 그 계층화가 이처럼 독특한 사회적 배경에서 진행되었기 때문이다. 바로 얼마 전까지 비슷한 공간에서 유사한 문화를 향유하던 사람들 사이의 거리가 갑작스럽게 멀어지게 되었으니, 체감상 느끼는 불평등 정도는 더욱 클 수밖에 없었던 것이다.

그리고 90년대생들은 대체로 그들의 부모가 되는 60년대생들 사이에서 본격적으로 계층 분화가 시작되었다는 이유로 1990년대 이후 한국의 급속한 계층화와 세습화를 가장 선명하게 마주할 수밖에 없었다. 사실 그런 면에서 90년대생들이 겪은 현상을 제대로 마주한 최초의 세대는 그들의 부모 세대인 60년대생이었다. 대학을 졸업하고 발전하는 대외 영역이나 국가의 보호를 받을 수 있는 양질의 일자리를 얻은 이들(소위 '386')과, 어떤 이유에서건 그렇게 하지 못했던 이들의

---

* 발터 샤이델, 조미현 옮김, 『불평등의 역사』, 에코리브르, 2017

격차는 90년대 이후의 변화를 겪으며 큰 폭으로 확대되었다.

이 두 집단의 격차는 2000년대 무렵에 들어서 뚜렷하게 가시화됐다. 전자는 수도권 아파트를 구매하고 자산가치 상승을 통한 이득을 볼 수 있었으며, 자신들의 소득과 정보망을 동원해 자녀에게 높은 인적자본을 마련해주고자 고군분투했다. (386의 세습에 관해선 책의 4장인 '386'의 장에서 논해볼 것이다.) 후자 또한 자신의 위치에서 나름의 노력을 하기도 하였으나 그 비율이나 정도는 전자에 비하면 미미했다. 한국에서 상층, 혹은 중상층을 향한 통로라고 생각되는 명문대 진학에서 두 집단의 투자 차이는 확연히 드러나 점차 교육을 통한 계층 재생산 경향도 공고해졌다. 2000년대와 2010년대를 거치며 부모의 사회경제적 지위는 자녀가 어떤 경제 영역에서 일하게 될지를 결정짓는 중요 변수가 되었고, 그 중요성은 점점 더 배가되기만 할 뿐이었다.

그러나 전자, 즉 유복한 중산층의 자녀들 또한 사태를 편하게 느낄 수는 없었다. 모든 안정된 사회가 겪는 엘리트 과잉생산 문제, 한국 교육의 미스매칭 문제, 고도로 위계적이고 경쟁적인 한국 특유의 사회 분위기는 이들에게도 전혀 예외는 아니었기 때문이다. 오히려 청소년기에 중산층 이상의 90년대생들은 기대치가 잔뜩 올라 있는 부모들의 요구에 맞춰 그 아래의 계층은 겪을 필요도, 의지도 없던 엄청난 학업 경쟁에 내몰리게 되었다. 더욱이 그런 경쟁에서 승리해 학력 자본을 획득하는 중요한 성취를 이루었음에도 불구하고 그들이 안정과 행복을 찾기는 힘들었다. 자신과 그 부모들이 투자한 자원 및 노력으로 인해 기대치가 너무 높아진 데 반해 상기한 2010년대의 변화는 그들이 고부가가치 영역에 신규 진입하는 것을 이전보다 더 어렵게 만들었기 때문이다.

따라서 중산층 이상의 90년대생이라고 해서 불안을 느끼지 않으란 법은 없었고, 학력이나 전공, 계층적 위치가 애매한 이들은 오히려 그 아래 계층의 90년대생보다 더 큰 심리적 불안에 시달리기도 했다. 마지막으로 이미 안정적 중산층 가정에서 편안하게 자라난 이들 또한 계층 격차에 따른 위화감을 느꼈다는 점도 그들의 심리적 건강을 위협하는 요인이었다. 중산층이든 중상류층이든, 사회적 공간이 단일하며 위계에 대한 인식과 상승의식이 극도로 강한 한국 특유의 사회 환경에서 그들은 언제나 자신들보다 상위 계층만 바라보게 되었던 것이다. 질시, 선망, 열등감의 감정은 결코 중산층을 비껴가지 않았으며, 오히려 상위 계층을 향한 그 감정의 크기는 여타 계층의 그것보다 더 크다면 클 수도 있었다.

따라서 20대가 되고 구직 활동에 나선 이들이 자신들의 '팍팍한 처지'를 비관하며 반대로 여유롭고 풍족한 삶을 즐기는 상층에 대한 분개를 키워온 것은 당연한 일이었다. 경제적 비관과 격차에 대한 불만이 2010년대가 되면서 임계를 넘었다고 볼 중요한 근거는 이 시기 '헬조선론'과 '수저계급론', '죽창론'이 인터넷 일각에서 출현해 전체 사회를 휩쓸 정도의 인기를 얻었다는 점에 있다.

'헬조선론'은 한국의 현실과 괴리된 민족주의적 자화자찬을 비꼬고 그것이 갖는 동원 기제로서의 속성에 냉소를 보내는 단어로 시작해서, 곧 '한국의 현실은 곧 지옥과도 같다'라는 의미 확장을 이루어내며 사회 전반으로 확산되었다. **'수저계급론'**은 날 때부터 물고 태어난 금수저, 은수저, 흙수저에 따라 인생의 모든 운명이 결정되며 그것을 뒤집기란 불가능에 가깝다는 체념의 정서가 담긴 말이었다. 소위 '금수저'에 대한 선망은 노동을 하지 않고 자산소득만으로 풍족한 삶을 영위할 수 있다는 '건물주'에 대한 선망과 궤를 같이했다. '무슨 일을 하더라도 결국에는 금수저 건물주가 최고다'라는 식의 말이 이 시기부터 본격적으로 유행했다.

'죽창론'은 계층 격차가 빚어내는 부조리를 사회를 완전히 파괴함으로써 쓸어버리겠다는 분개의 정서가 담긴 말이었는데, "이놈이고 저놈이고 죽창 한 방이면 모두 죽는다"라는 말을 그 핵심으로 삼고 있다. 이런 개념들은 인터넷 세계 일각에서 2014년을 전후로 한 시점에 동시다발적으로 유행했는데, 그 개념을 만들거나 최초 유통시킨 이들의 연령대를 알 수는 없지만 적어도 20대가 된 90년대 초반생들이 열렬한 환호를 보인 것만큼은 분명하다. 90년대생들이 2010년대에 경험하고 인식한 사회경제적 환경은 그 이전의 '88만원 세대'를 뛰어넘는 파괴적 정서를 만들어낸 것이다. 단적으로 88만원 세대라는 말은 요즘에 누구도 쓰지 않지만, 헬조선과 흙수저라는 말은 여전히 활발히 쓰이고 있지 않은가?

그러나 세계화와 한국의 사회, 경제적 변동만으로 90년대생 특유의 문화를 설명할 수는 없다. 비단 2010년대의 한국뿐 아니라 경제적으로 어려운 20대는 어느 사회에서나 투쟁적이고 폭력적인 경향이 있다. 사실 범죄율과 같은 여러 지표를 보았을 때 한국의 90년대생들은 그 이전의 한국인들보다 외부적으로 표출되는 투쟁성 자체가 훨씬 줄어들었다.

이는 시야를 넓혀 최근 수십 년간 한국 사회의 폭력 경향을 살펴보면 뚜렷하게 드러난다.★ 가장 대표적으로 그들의 부모 세대인 1980년대의 20대, 60년대생들은 대학가를 중심으로 조직화되어 각종 물리적 폭력을 사용하기를 서슴지 않았다. 70년대생들도 어느 정도 그런 전통을 이어갔다. 그렇지만 80년대생들이 전면에 올라서는 2000년대부터는 한국 사회에서 폭력 감수성이 매우 민감해지면서 급격한

★ 정은경, 「한국의 연령에 따른 범죄율에 대하여」, 형사정책연구원 《형사정책연구》 2012. 9. p.278 〈표 1〉 참조.

변화가 찾아왔다. 그 결과 90년대생들은 일정 강도 이상의 폭력에 노출된 마지막 세대가 되었고, 그들이 경험한 폭력은 이전 세대에 비하면 유의미하게 약한 것이 분명했다(다만 높아진 폭력 감수성에 비해 여전히 남아 있는 폭력적 문화의 잔재는 주관적으로 강한 스트레스가 되었을 수는 있다). 따라서 그들이 겪은 경제적 압박과 사회적 분노를 생각해보았을 때, 90년대생의 폭력성은 오히려 **유별나게 낮은 것**으로 보아야 타당할 것이다.

이 사실이 90년대생들의 투쟁성 자체가 사라졌다는 것을 의미하지는 않는다. 인간인 이상 압박을 받으면 투쟁심이 들고, 그것을 폭력적으로 분출하고자 하는 충동이 생길 수밖에 없다. 문제는 90년대생들이 태어날 무렵 세계화와 상호작용한 또 다른 거대한 사회적 변화가 진행 중이었다는 데 있었다. 바로 컴퓨터와 휴대전화의 확산으로 말미암은 사이버 공간의 기하급수적 팽창, 즉 **정보화**였다. 90년대생들이 겉으로 드러나는 폭력을 행사하지 않는 이유는 바로 여기에 있었다. 그들의 투쟁성과 폭력성은 물리적 공간을 벗어나서 사이버 공간으로 향하게 된 것이다.

90년대생들의 투쟁성이 사이버 공간을 향하게 된 것은, 그들이 이끈 특유의 현상인 '온라인 기반 사회갈등의 격화', '콘텐츠 산업의 투쟁적 발전'과 직접적인 연관을 맺고 있다. 사회적·경제적 압박으로 형성된 그들의 분노가 사이버 공간에 투사되면서 그들은 서로 갈등하고 반목했고, 불만을 해소해주는 강렬한 콘텐츠에 몰입하게 된 것이다. 그리고 그런 분노, 갈등, 불만의 에너지가 소용돌이치는 인터넷의 바다는 세계로 뻗어 나가게 되는 콘텐츠의 파도를 만들어냈고, 그 폭풍우 속의 90년대생들에게 이전과는 전혀 다른 종류의 기쁨과 스트레스를 안겨주게 된다.

정보화의 격랑:
콘텐츠와 커뮤니티

"그러나 인간 본성 가운데 환상적인 자질이 있다면, 일을 하고 싶은 욕망이 억눌렸을 때 극단주의와 편협한 태도가 고개를 들 수도 있지만, 다른 한편으로는 창의적 에너지의 물꼬가 터질 수도 있다는 점이다."
—에릭 호퍼, 『우리 시대를 살아가며』(정지호 옮김, 동녘, 2012) 중에서

정보화는 전 세대를 뒤덮은 흐름이었다. 이런 경향은 세계화와 마찬가지로 90년대생만이 직면했던 특성이라고 할 수는 없다. 인터넷이 만들어낸 변화는 세계화처럼 세대를 가리지 않고, 이 시대를 살아가는 누구에게나 직간접적으로 영향을 미쳤기 때문이다. 그러나 역시 세계화와 그에 수반된 계층화와 마찬가지로 90년대생이 정보화와 관련해서 특별한 점이 있었다면, 그들은 월드와이드웹www의 등장으로 질주한 정보화의 흐름을 아주 어린 시절부터 겪었다는 데 있었다.

물론 이것이 1990년생이라는 칼 같은 기준으로 갈리지는 않는다. 80년대 후반생과 90년대 초반생은 아날로그 시대를 뚜렷하게 기억하면서도 유년기 때부터 인터넷을 접했다는 데서 한 묶음이 될 수 있다.

90년대 후반생으로 가면 갈수록 아날로그에 대한 기억은 사실상 희미해지고, 대신 유년기 때부터 더욱 강력한 정보화의 무기인 스마트폰을 접했기에 2000년대 초반생과 더 유사한 면이 있다. 그러나 90년대를 거치면서 정보화가 유년기의 경험으로 밀고 들어오는 힘이 계속해서 강해지는 경향 자체는 부정할 수 없었다. 그리고 컴퓨터와 스마트폰에 더 어렸을 때부터 노출된 '디지털 원주민'일수록 그 공간을 이질적이지 않게 여기고, 사실상 일상과 하나로 느끼는 것은 당연한 일이었다.

90년대 초반생들은 주로 그들의 앞 세대인 80년대생들이 발전시킨 인터넷 문화를 유년기 때부터 빠르게 흡수하기 시작했다. 1994년생인 나는 2001년부터 2006년까지 초등학교를 다녔는데, 이미 이 무렵부터 '야후 꾸러기'를 비롯한 아동용 사이트와 각종 플래시 애니메이션, '엽기'로 대표되는 인터넷 '짤방 문화'를 접했다. 강풀이나 김풍으로 대표되는 웹툰의 초창기 형태도 초등학생 때 접했다. 그러나 이런 콘텐츠보다 더 중요한 것은 **사회적 상호작용의 공간이 사이버 세계에서도 창출되었으며,** 유년기부터 그에 몰두할 수 있게 된 데 있었다.

버디버디나 싸이월드는 현실의 사회관계를 온라인 공간에서 확장하는 플랫폼이었고, '방과 후'에도 이런 메신저와 커뮤니티는 바쁘게 돌아가곤 했다. 남자아이들은 온라인 게임이라는 공통의 콘텐츠를 통해 집단적 경험을 쌓기도 하였다. 여기에 더해 일부 아이들은 온라인 공간을 현실 공간의 연장선상으로 간주하는 것을 넘어 현실과 연관이 희박한 독립적 공간으로 간주하기 시작했다. 관계의 현실적 기반이 없음에도 불구하고 공통의 관심사를 매개로 모인 다양한 커뮤니티가 만들어지기 시작한 것이다.

이런 모든 흐름은 90년대생들이 너무 어려 온라인 공간을 접하기도 어려웠던 90년대부터 이루어지던 것이었고, 많은 문화가 80년대생들의 손에서 탄생한 것이었다. 90년대생들이 구별되는 점은, 대체로 2000년대에 이미 틀이 완성된 온라인 문화를 아주 어렸을 때부터 접했다는 것이었다. 온라인 문화와 전자기기에 대해서 유년기와 청소년기에 이미 획득한 익숙함은, 2010년대에 이전과는 규모를 달리한 새로운 정보화의 물결이 찾아왔을 때 그에 적응하는 과정에서 매우 중요했다.

2010년을 전후로 한국에 상륙한 스마트폰의 물결이 바로 그 새로운 정보화의 물결이었다. 스마트폰은 온라인과 오프라인의 경계를 사실상 완전히 허물었다. 그리고 90년대생들은 그 무렵 여전히 청소년기였거나 그도 아니면 유년기에 불과했다. 내가 처음 가져본 스마트폰은 고등학교 3학년인 2012년에 손에 넣은 삼성의 갤럭시S3였다. 언제 어디서나 인터넷에 접속할 수 있는 이 작은 기계는 인간 문명과 삶을 완전히 바꾸어버렸다는 점에서 그 중요성을 아무리 강조해도 모자라지 않는다.

쇠퇴한 버디버디와 싸이월드 대신에, 실시간 메신저인 카카오톡과 미국에서 건너온 각종 SNS 서비스, 트위터와 페이스북이 등장했다. 당시에는 이런 서비스를 적극적으로 이용하는 것이 트렌드에 뒤처지지 않는 길이었고(SNS의 경우), 나아가서는 현대적 삶을 영위하는 데 필수적인 것으로까지 간주되었다(카카오톡의 경우). **90년대생은 인격적 완성을 이루기 전인 청소년기부터 이런 강력한 무기에 노출된 최초의 세대였다는 의미다.** 사람들은 시도 때도 없이 스마트폰의 스크린을 들여다보면서 무언가 재밌는 것이 있나, 자극적인 것이 있나 찾기 시작했고, 나중에는 사용자 취향에 맞는 콘텐츠를 추천해주는 AI 알고리즘이 등장하면서 무언가를 찾으려는 노력마저 필요 없어졌다.

군중 속에서 깊어지는 우울: SNS 시대

스마트폰과 그에 부가된 어플리케이션들이 바꾸어 놓은 것은 일일이 열거할 수 없는 수준이지만, **사회적 관계 맺기의 방식**이 변한 것은 그중에서도 특기할 만하다. 먼저 SNS를 통해 자신이 원하는 자아의 모습을 연출해서 보여주고, 남들이 연출한 자아를 보며 스스로와 비교하는 것은 사이버 세계와 현실 세계의 자아를 크게 괴리시켰다. 여기에 24시간 내내 작동하는 소통 플랫폼인 SNS를 통해 사회관계망 내에서 갈등의 불씨가 언제든 지펴질 수 있었던 점도 중요했다. SNS는 그 사용자들에게 상시적으로 감시망을 작동시켜야 하는 전장과도 같은 공간으로 자리 잡았다.

이런 부작용에도 불구하고, 아니 이런 부작용까지 만들어낼 수 있었기에 SNS의 힘은 강력했다. 사이버 세계와 현실 세계의 경계가 무너진 시점부터, SNS는 인간 본연의 사회적 욕구인 평판과 인정욕을 자극하며 무한히 팽창할 수밖에 없었다. 개발자들도 그 점을 정확히 간파하고 이용자들을 포섭한 것이었다.

각종 SNS 플랫폼들은 인터페이스와 이용자 특성에 따라서 특화되었는데, 트위터는 불행과 분노를 전시하여 인정욕을 얻고, 페이스북과 인스타그램에서는 자신의 일상이나 자랑하고 싶은 모습을 노출해 인정욕을 얻는다는 점에서 큰 구조는 다를 바 없었다. SNS는 여기에 자신의 평판을 확인하고, 그것을 올리기 위해 노력하고, 동시에 남의 평판을 확인하고자 하는 정치적인 즐거움까지 제공해줬다. 청소년기, 혹은 유년기 때부터 SNS를 활용하기 시작한 90년대생에게는 삶의 목적이 SNS에서의 전시를 통한 인정욕과 네트워크 내 다른 사용자와 벌이는 인정 경쟁에서의 승리가 되는 경향이 관찰되었다.

혹자는 그런 경향은 인터넷 이전부터, 전후 현대적 소비사회가 탄생하면서 계속된 것이라고 비판하며 SNS만의 특수성을 평가절하할지도 모르겠다. 하지만 언제나 우리 몸과 함께하는 스마트폰의 존재와 그 인터페이스의 간결함으로 인해, SNS 시대의 인정 경쟁은 빈도와 양의 면에서 이전의 인정 경쟁을 압도한 것이 분명하다. 미국 샌디에이고주립대 심리학과의 진 트웬지 교수는 스마트폰을 청소년기 때부터 접한 1995년 이후 출생자들이 그 이전의 세대와는 확연히 구분되는 심리적 경향을 보이며 그 대표적 경향은 바로 불행감의 증가라고 지적했는데, 이 이야기는 시사하는 바가 크다.★

90년대생이 SNS로 인해 느껴야 했던 불행감은 그들이 동시에 느끼고 있던 사회경제적 압박과 상승작용을 일으켰다. 모두가 연출된 자아만을 보여주는 SNS를 보며 이용자들은 자신들의 초라한 일상을 타인이 연출한 화려하고 역동적인 일상과 비교할 수밖에 없었다. 그러나 몇몇 소수를 제외하고서는 바로 그 타인 또한 실제 일상은 별 볼 일 없었기에(일상이 별 볼 일 있으면 그건 아마 '일상'이 아닐 것이다), 이는 모두의 불행감이 상승하는 구조일 수밖에 없었다. 특히, 계층화에 대한 인식과 분노를 급속하게 키워가고 있던 90년대생들은 SNS에서 보이는 '금수저'나 '인싸'들의 화려한 삶을 보며 스스로의 처지를 더욱 비관하였다.

이 역학은 사회경제적 하층, 즉 취약한 대내 부문에 종사하는 90년대생에게만 작동하지 않았다. 객관적으로 상층에 위치한 90년대생 또한 사회관계망 속에서 언제나 자기보다 잘나 '보이는' 사람들에 기준을 맞추었고, 그들이 자꾸만 공유하고 자랑하는 일상을 보며 역시 스스로와 사회에 대한 부정적 정서를 키워갔다. 앞서 언급하였듯, 그들 또한 자신의 심리적 기준에 맞는 일자리를 구하고 생활 수준을

★ 진 트웬지, 김현정 옮김, 『#i세대』, 매일경제신문사, 2018

영위하는 데서는 극심한 압박을 느끼고 있었기 때문이다. 게다가 이런 인정 경쟁에서 밀리지 않기 위해서는 자신들 또한 일상을 화려하게 포장해서 내놓아야 했는데, 이런 활동 또한 두 자아 간 괴리를 심각하게 유발하고, 무엇보다 과시를 위한 소비나 행동을 자극해 잠재적으로 더 큰 불안과 좌절, 상시적인 열패감을 불러일으키기까지 했다. SNS가 90년대생들이 겪고 있던 객관적, 혹은 심리적 압박을 극대화한 것이다.

그러나 이런 사회관계망 속의 인정 경쟁에 참여라도 할 수 있었다면 그것은 나름 운이 좋았다고 할 수도 있었다. 세상의 모든 것을 과시할 수는 없다면, 과시 경쟁에 참여할 수 있는 어떤 기준이 있을 것이고 이는 곧 **'자격 요건'**을 의미하기 때문이다. 그리고 과시의 본질에 희소성이 수반될 수밖에 없다면, SNS에서의 경쟁에 참여조차 할 수 없는 '자격 요건 미만'의 인구는 언제나 다수일 수밖에 없다.

더욱이 큰 문제는 SNS의 경쟁이 양의 되먹임★★ 고리를 통해 자체적으로 확대되면 확대될수록, 자극에 자주 노출되면 그 자극에 계속 둔감해지는 인간 감각의 문제로 인해서 '자랑할 만한 것'의 기준 또한 계속해서 상향된다는 것이었다. SNS 인정 경쟁이 계속되면 될수록 자격 요건은 올라갈 수밖에 없고, 경쟁 참여자들은 경쟁에서 탈락하지 않기 위해서라도 계속해서 심리적 압박을 느끼게 되는 것이다. 이런 경쟁을 늘 의식하는 사람은 분명 소수이겠으나, 자극에의 지속적 노출은 무의식 차원에서 인간 인식을 바꾸기 때문에 참여자들은 알지도 못하는 사이 그들의 주관적 불행감은 계속해서 커지게

★★ 양의 되먹임(positive feedback)은 출력값이 입력으로 되돌아갈 때 입력값과 더해지는 경우를 말한다. 하나의 현상이 다른 현상을 일으키고, 두 번째 현상은 다시 첫 번째 현상에 영향을 주어 스스로 증폭하는 되먹임을 가리킨다.

된다.★

그렇다면 애초에 이런 인정 경쟁에 참여도 하지 않는 이들은 더 큰 주관적 행복감을 느끼고 있는 것이 아닐까? 그런 경향은 분명히 있을 것이다. 하지만 우리는 사회적 인정 요건을 충족한 뒤 경쟁이 무의미하다 생각해 자발적으로 경쟁에 참여하지 않은 이들과, 애초에 그런 사회적 인정 요건을 충족조차 못하여 인정 경쟁에 참가를 거부당한 이들을 구분해야만 한다. 전자는 건강한 자기 인식을 갖추고 사회적 삶을 영위하기에 충분한 사람이지만, 후자가 그러기란 쉽지 않을 것이다. 오히려 이 경쟁 탈락자들은 경쟁 참가자들보다 더욱 극심한 박탈감, 불행감을 느낄 개연성이 높다.

특히 나는 두 가지 중요한 경쟁 요건을 만족시키지 못한 이들 가운데서 이런 박탈감과 불행감이 클 것이라고 생각한다. 첫째는 **경제적 여건**이다. 소비를 통한 과시에 금기가 사라지고, 계층화가 진전되어 가는 시대적인 배경을 생각해보면 어느 정도 안정적인 경제적 배경이 경쟁에 필수적인 요소가 된 것은 당연하다. 그리고 이제 겨우 20대에 불과한 청년층이 소비를 통한 과시에 적극 참여하려면, 부모의 지원 혹은 묵인이 거의 필수적이라는 점에서 이 경쟁은 90년대생 사이의 계층화를 특히 뚜렷하게 반영한다. 이는 앞에서 이어져온 분석과 상통하는 것이다.

그러나 SNS 시대에는 경제적 여건과 직접적으로 상관있다고 하기는 힘든, 독자적 요인이 또 다른 변수로 부상하게 된다. 어쩌면 첫

★ 한국청소년정책연구원이 2018년에 펴낸 연구보고서 『20대 청년 심리·정서 문제 및 대응방안 연구』는 20대 우울증의 상당한 증가 추세를 지적하고 있다. 또 파이낸셜뉴스의 기획 시리즈 「아픈 청춘들, 20대 우울증」(2018. 2.)에 따르면 이런 증가 경향에는 SNS가 일정한 역할을 하고 있다는 것이 잘 드러난다. 위에서 인용했던 진 트웬지 교수의 저서 『#i세대』에서도 유사한 주장을 확인할 수 있다.

번째 요건만큼이나 중요한 두 번째 요건은 바로 **매력 자본**이었다. 90년대부터 본격화된 성문화의 개방과 자유화는 그동안 전통적이고 보수적인 사회 분위기가 제약하던 자유연애의 물꼬를 텄고, 2000년대에 이르러서는 거대한 댐이 터진 것과 같이 자유연애가 모든 대중문화의 중심적 소재로 자리 잡게 되었다. 이런 시대적 맥락에서 연애를 한다는 것은 일종의 사회적 정상성을 획득하는 일이기도 했다.

그러나 이와 같은 사회적 분위기와 다르게 2010년대 한국 사회의 실제 연애율은 지속적으로 떨어졌다.★★ 많은 이들이 여기에 경제적인 이유를 제시하곤 하나 나는 그것이 현 상황의 작은 일부만을 설명한다고 생각한다. 그보다 중요한 것은 미디어와 SNS가 연애에 요구되는 매력 자본의 기준을 높인 데 있었을 것이다.

먼저 한국 사회가 부유해지고 매력 자본에 투자할 각종 수단이 늘어나면서 한국인들의 평균적인 외모는 이전에 비해 더욱 향상되었다.★★★ 게다가 스마트폰의 각종 보정 어플리케이션이 극히 낮은 비용으로 SNS에 전시하는 외모를 향상시킴으로써 개인이 시각을 통해 접하는 '괜찮은' 외모의 기준은 갈수록 높아졌다. 이는 일정 수준의 매력 자본을 갖추지 못한 이들에게 두 가지 심리적 효과를 만들어냈다. 하나는 미디어와 SNS의 외모와는 괴리가 있는 스스로의 외모에 대한 저평가였고, 둘은 타인의 외모에 대한 저평가였다. 따라서 연애를 추구하고 도전하는 비율과 그 제의를 수락하는 비율은 모두 낮아지게 된 것이다.

★★ 이정은, 「한국 청년 남녀 10명 중 3~4명만 '연애 중'」, 《한국일보》 2019. 1. 8.

★★★ 적어도 주관적인 면에서는 그렇다. 한국갤럽조사연구소의 갤럽리포트 「외모와 성형수술에 관한 인식: 1994/2004/2015/2020년 비교」에서는 1994년부터 2020년에 이르기까지 한국인의 성형수술 시술의 비율과 본인 외모에 대하여 자신감을 느끼는 인구 비율이 모두 증가했음을 확인할 수 있다.

당연히 이런 경향과는 무관하게, 일정 수준의 매력 자본을 갖춘 이들(소위 '인싸')은 자신의 매력 자본과 그를 통해 획득한 사회적 정상성의 증거인 연애 생활을 SNS에 사실상 생중계했다.★ 사실 20대는 노동시장에 직접 뛰어들 연령대는 아니기에 경제적 분화의 정도가 상대적으로 낮은 반면, 신체적 매력은 절정에 이르러 자유연애 시장에서 활발히 활동하는 나이대다. 그런 20대에게 있어서 SNS 인정 경쟁에서 진정 결정적인 역할을 한 것은 매력 자본과 연애 경쟁이었을 것이다. 매력 자본은 그나마 계층과 독립적으로 분포하는 경향이 강하므로, 이는 90년대생 사이에서 심리적 압박과 스트레스가 계층을 횡단하여 광범위하게 확산된 것을 설명해준다.★★

따라서 종합하자면, 새로운 SNS 시대의 문법에 녹아든 20대 중에서 이런 특유의 심리적 압박에서 자유로운 이들은 거의 없어졌다. 계층화가 진행되고 미디어로 미적 기준이 올라가는 가운데, 안정적 경제적 자본과 경쟁력 있는 매력 자본을 모두 갖춘 이들은 인구 집단에서 소수일 수밖에 없었다(애당초 둘 중 하나만 갖추는 것도 어려운 일이

★ 정혜진, 「일상과 다른 #일상, SNS용 삶을 사는 청년들」, 《서울경제》 2017. 6. 1.
안하늘·김영훈, 「돈도 벌고 관심도 받고…잠자는 모습까지 '일상 중계' 시대」, 《한국일보》 2019. 11. 9.

★★ 유나·김승윤·이상민, 「청소년의 관계적 공격성과 SNS 중독경향성 간의 관계: SNS 이용동기의 매개효과」, 한국교육치료학회 《교육치료연구》 2016. 1.
이 논문에서는 SNS 중독 경향이 관계적 공격성을 표출하는 것과 유의미한 관계가 있다고 분석한다. 특히 자기 지위 추구 동기와 오락 추구 동기가 중요한 역할을 한 것으로 보이는데, 이는 SNS에 과시적 사진을 올리며 편집된 일상을 자랑하는 행위가 SNS 사용자들에게 어떤 영향을 끼칠지를 대강 가늠하게 해준다.
김다희·박민정, 「SNS 여성 이용자의 신체불만족과 식이장애에 미치는 영향요인에 관한 연구: 대상화이론과 사회비교이론을 중심으로」, 한국의류산업학회 《한국의류산업학회지》 2020. 8.
이 논문은 SNS를 과다하게 사용하는 것이 자신의 신체에 대하여 어떤 식으로 부정적 인식과 불행감을 유발하는지를 보여준다.

다). 설령 일정 기준 이상을 확보했다 하더라도 그 속에서의 인정 경쟁은 해소되기는커녕 오히려 리그만 달라졌다 뿐이지 정도는 더욱 격해질 따름이었다. 사회적·경제적 여건의 악화와 변화하는 미디어 환경의 상호작용은 90년대생들이 서로가 서로를 옥죄도록 만들며 그들의 투쟁성을 극적으로 올려놓았던 것이다.

콘텐츠를 향한 몰입, 그리고 팬덤 문화의 등장

그렇지만 온라인 공간에 대한 90년대생들의 강한 의존으로 인해 이들의 투쟁적 에너지는 현실 공간이 아니라 온라인 공간에서 구체화되었다. 바로 이것이 한국 대중문화가 2010년대에 폭발적으로 성장한 이유다. 많은 90년대생들이 불경기와 저성장, 계층화, 인터넷의 확산과 같이 그들의 생애와 함께한 경험에서 비롯된 부정적 에너지를 **콘텐츠**에 쏟았다. 콘텐츠는 그들이 겪는 사회적 좌절을 위로하고 해소하지 못한 원초적 욕망을 (불완전하게나마) 풀어줄 수 있는 훌륭한 대리만족 수단이었기 때문이다.

게임은 이 점에 대해 가장 직관적 이해를 도울 수 있는 매체일 것이다. 장르에 따라 게임이 제공하는 대리만족은 천차만별이긴 하지만, 대체로 많은 게임이 노력, 경쟁, 승리, 성장, 발전과 같이 90년대생들이 체감하기 어려워진 몇 가지 욕망을 자극하며 소비자들의 시간을 장악해갔다. 일상에서 이런 감정을 경험하기 힘든 이들은 게임을 통해 모종의 유사 경험을 수행하면서 심리적인 결핍을 해소할 수 있었다. 2010년대의 대표적인 한국의 대중문화 콘텐츠, 대중음악, 웹툰, 웹소설, 드라마, 인터넷 방송 또한 모두 같은 맥락에서 급성장한 것이었다. 즉, 이런 콘텐츠들은 대리만족 기제를 통해 90년대생의 좌절, 욕

망, 투쟁성을 흡수했다.★

한국에서 2010년대의 콘텐츠가 투쟁적으로 변한 것은 이전에는 없던 인터넷이 대중문화 생산과 소비의 전면에 등장했기 때문이었다. PC의 확대에 이은 스마트폰의 보급은 앞서 설명한 대로 온라인 세계와 현실 세계의 벽을 없애버렸고, 특히 디지털 원주민 세대로 올수록 온라인 공간의 사건에 더 빠르고 강하게, 잦은 빈도로 반응하는 경향이 강해졌다. 이는 **콘텐츠의 생산자와 공급자와 소비자의 상호작용이 급격히 확대된다는 것**을 뜻했다. 소비자는 자신이 경험한 콘텐츠의 좋은 점, 혹은 싫은 점에 대해 즉각적 피드백을 보낼 수 있었다. 어떤 경우에는 그 피드백이 집단적인 수준으로 확대되어 콘텐츠 생산자와 공급자에게 막대한 영향력을 행사하기도 하였다. 소비자 선호는 자연스레 더욱 기민하게 움직이게 되었고, 공급자는 과거보다 훨씬 더 소비자들의 직접적인 열망을 해소해줄 수 있는 콘텐츠를 만들어야만 했다.

2010년대에 국제적 표준을 확립하는 수준에 이른 웹툰이나 웹소설에서 이 경향은 가장 뚜렷하게 드러난다. 네이버 웹툰이나 카카오페이지 같은 중요 콘텐츠 플랫폼이 10년 만에 엄청난 규모로 성장한 비결도 이런 기동성에 있었다. 소비자의 선호를 정확히 파악한 대리만족 콘텐츠가 하나 등장하여 큰 인기를 모으면, 장점을 모아 발전시킨 더욱 진화한 콘텐츠가 등장하여 새로이 인기를 얻고, 그것이 신규

★ 사실 이처럼 대리만족 콘텐츠를 통해 '피억압 민중'을 순치하고 통치자들이 원활히 사회적 헤게모니를 유지한다는 발상은 대중사회와 대중문화의 등장 이래로 전혀 새로울 것이 없는 이야기일 수 있다. 그러나 한국에서는 격렬한 사회갈등이 증명하듯이 적어도 대중문화에 몰두한 인구 집단, 이 경우 90년대생의 투쟁성 자체가 순치된 적은 없었다. 바로 위 문단에서 강조하였듯, 그들의 투쟁성은 분출 공간을 온라인으로 옮긴 것에 불과했고 이것이 실체가 모호한 지배계급의 의도로 이루어진 것은 더더욱 아니었다. 앞의 흔한 문화 좌파적 가정은 과연 그 가정이 태동할 무렵인 20세기에도 들어맞았는지가 의심되지만, 한국에서는 더더욱 들어맞지 않았다.

소비자를 더욱 큰 규모로 유인했다.★★ 곧 결제 시스템이 편리해지며 대규모 수익화가 가능하다는 것이 검증되자마자 재능 있는 생산자들이 더 많이 플랫폼으로 유입되어 경쟁하며 더 강렬한 대리만족 경험을 제공해주었다. 90년대생 소비자들이 이를 통해 대리만족하고자 했던 건 바로 경쟁, 승리, 지배, 복수, 성장 같은 그들이 결핍을 느끼고 있던 경험이었던 바, 콘텐츠는 자연스레 투쟁적이 될 수밖에 없었던 것이다. 이는 웹툰과 웹소설이 각각 원형으로 삼은 출판 만화와 장르 소설을 일정 부분 계승하는 것이었지만, 동시에 과거 유산으로부터의 빠른 단절을 의미하는 것이기도 했다. 특히, 한국 콘텐츠에 지배적이었던 일본의 영향력이 순식간에 축소된 것도 이 10년 동안의 일이었다.

인터넷이 가능하게 한 콘텐츠 생산자와 소비자 사이의 직접적인 피드백은 콘텐츠의 내용뿐 아니라 소비 양태까지도 바꿔 놓았다. 그 전에는 서로 마주칠 일도 전혀 없던 사람들이 이제는 인터넷을 통해서 그저 특정 주제에 관심을 갖는다는 이유 하나만으로 묶일 수 있었다. 바로 **팬덤**의 등장이었다. 팬덤은 대중문화에 대한 전례가 없던 특수한 집단적 소비를 가능하게 해주었다. 과거 기성 매체가 모든 주도권을 쥐고 있던 시대에는 집단적 소비란 모두가 즐기는 국민적 문화를 소비하는 것을 의미했다. 그러나 인터넷 시대에 사람들이 개별화된 선호에 따라 콘텐츠를 취사 선택할 수 있게 되며 집단적 소비는 훨씬 더 좁은 범위에서 이루어질 수 있었다. 모두가 즐기지만 그래서 몰입할 이유가 없던 통일된 대중문화는, 이제 특정 집단만이 고도로 몰

★★ 예컨대 최근 가장 큰 인기를 끌고 있는 웹소설 기반 웹툰인 「나 혼자만 레벨업」은 그 이전의 인기작인 「나는 귀족이다」를 비롯하여 각종 게임 판타지 소설의 모티브를 기민하게 채용하여 적용한 사례다.

입하면서 즐기는 무수히 많은 콘텐츠들의 집합으로 파편화되었다.

팬덤 문화가 콘텐츠에 끼친 가장 특징적인 영향은, 이제 콘텐츠 소비라는 활동이 특정한 콘텐츠라는 테두리를 벗어났다는 데 있었다. 팬덤에 속한 이들은 자신이 몰두하는 대상과 그 대상을 같이 소비하는 집단을 자신의 자아와 일치시켰다. **팬덤 문화는 인간의 원초적인 부족적 열망에 그 기반을 두고 있었고, 현대사회에서는 경험하기 힘들게 된 집단적 소속감을 제공해주었다.** 이런 이유에서 콘텐츠 자체의 소비는 그 뒤에 이어지는 일련의 추가적인 소비 활동의 시작에 불과하게 되었다. 이제는 대상에 대한 지식과 정서를 공유하는 팬덤 속에서 대상을 다 같이 소비하고, 대상에 대한 더 많은 지식을 쌓으며 스스로의 지위를 높이는 모든 활동도 '콘텐츠'를 소비하는 일에 포함될 수 있었다.

이러한 집단적 소비가 유관 콘텐츠 간의 투쟁을 자극할 것은 너무나 당연했다. 그래서 팬덤 문화는 실제 2010년대가 아니라 태동기인 1990년대부터 한국 사회를 흔들어 놓았고, 노무현으로 상징되는 정치적 팬덤 문화는 여전히 한국 정치에 엄청난 영향력을 행사하고 있다. 그러나 90년대생이 몰두한 팬덤 문화는 정치 이전에 배우와 가수, 드라마와 만화와 게임 등 각종 장르를 망라하는 콘텐츠였다. 콘텐츠의 열성적인 신도는 팬덤 내에서 높은 지위를 획득하기 위해서, 또는 팬덤 간 격렬한 경쟁과 갈등에서 승리하기 위해서 돈과 시간을 쏟아부었다.★ 스마트폰의 보급과 온라인 세계의 현실 침범은 이런 투쟁적 소비에 더욱 불을 지폈고, 이 투쟁성이 콘텐츠 전반의 매출액으로 이어지는 것을 간파한 공급자들은 팬덤과 긴밀한 관계를 맺으면서 콘텐

★ 김효정, 「'내 가수 순위' 높이는 팬덤 '총공', 차트 격변과 함께 사라질까」, 《연합뉴스》 2020. 7. 7.
이 기사에서 보여주는 것처럼, 그런 활동의 가장 대표적인 것으로는 음원 차트 상위권을 차지하기 위한 조직적 활동인 '스밍 총공(스트리밍 총공격)'이 있다.

츠를 관리했다. 이토록 충성스럽고 경쟁적인 소비층의 존재는 공급자로 하여금 다양한 실험을 할 여유와, 새롭고 수준 높은 콘텐츠를 선보이게 만드는 압박을 동시에 제공했다.

이런 집단적 소비는 종종 꼬리가 몸통을 흔드는 효과를 초래하기도 했다. 팬덤 중 일부는 소비하고 몰두하는 대상에 직접 영향력을 행사하고자 했다.★★ 그 대상과 자신의 자아를 단단히 연결했으니 이 또한 예상할 수 있는 일이었다. 이런 집단적 소비자 행동으로 인한 파급효과는 콘텐츠를 더 풍성하게 하거나 콘텐츠의 오류를 즉각 수정하게 하는 등 긍정적인 면도 많았다. 그러나 동시에 소수의 행동력 높은 이들에 의해 콘텐츠 전반이 휘둘리고, 그에 따라 생명력도 잃게 되는 부정적인 경우도 있었다.★★★

그러나 이런 새로운 집단행동이 종합적으로 긍정적인 면이 많은지, 부정적인 면이 많은지보다 중요한 것은 이러한 소비 양태가 더는 거부할 수 없는 기본값으로 등장했다는 사실이었다. 투쟁적 소비자는 팬덤이든 안티 팬덤이든 어떤 집단에 속하면서 콘텐츠에 영향력을 행사하기 위해 시간과 노력을 쏟았고, 그것을 통해 콘텐츠에 대한 실질적인 변화를 만들어낼 수도 있게 되었다. 그들은 이 모든 활동에서 모종의 성취감과 의미를 느낄 수 있었다. 그렇기에 이런 행동 또한 큰 틀에서는 좌절된 자아가 몰두할 수 있는 대리만족 활동이었다.

★★ 고경석, 「엑소 첸 퇴출시위? "팬들의 갑질" vs "남성성 팔아온 아이돌산업의 생리"」, 《한국일보》 2020. 1. 21.
예컨대 일부 엑소 팬은 멤버 중 하나인 첸이 결혼을 발표하자 탈퇴를 요구하기까지 했었다. 이런 종류의 '해프닝'은 더 낮은 강도일지는 몰라도 엄청나게 빈번하게 벌어진다.

★★★ 김정화, 「도 넘은 여성 혐오인가, 선 넘은 창작 검열인가」, 《서울신문》 2020. 9. 21.
긍정적으로 평가할지 부정적으로 평가할지는 각자의 몫이지만 웹툰은 이와 관련된 논란의 중심에 서 있는 장르다.

90년대생 소비자와 상호작용하며 콘텐츠들이 새롭게 진화한 결과, 새로운 한국 콘텐츠들은 국제적인 인기까지 얻게 되었다. 가장 중요한 원인은 소비자와 생산자의 빠른 상호작용과, 격렬한 경쟁의 결과물로 개별 콘텐츠가 엄청난 질적 상승을 이뤘다는 데 있었다. 그러나 이것으로 한국 콘텐츠에 대한 열광적 반응을 전부 설명하기는 힘들다. **나는 한국의 90년대생들이 겪은 세계화나 정보화로 인한 사회적 압박을 다른 국가의 비슷한 세대가 공유하는 데서 이 같은 열광의 비결을 찾을 수 있다고 생각한다.**

K-팝의 지구적 성공을 대표하는 BTS를 예로 들어보자. 많은 해외 팬덤은 BTS를 상징하는 말인 'Love yourself'에서 큰 위로를 받았다고 하며 그들이 BTS 팬덤인 '아미'가 된 이유를 구구절절 설명한다. 'Love yourself'가 그토록 상징적 문구로 각인된 이유는 조금만 생각해보면 간단했다. 위로를 받는 이들의 심리적 상태가 이미 'Love myself'를 하기 어려웠던 것이다. 이런 상황은 세계화와 정보화로 초래된 심리적 위기를 그대로 반영하는 것이다. 그러나 '아미'로 거듭나면 이야기는 달라진다. BTS가 노래와 뮤직비디오로 전하는 메시지는 그들을 위로해줄 수 있다.

하지만 K-팝을 비롯한 한국 대중문화의 진정한 경쟁력은 여기서 그치지 않는다. 아미는 BTS를 집단적으로 소비할 수 있고, 그 그룹 및 팬덤과 자아를 일체화시켜 그들의 서사, 즉 신화를 공유할 수 있다. 개별 팬은 BTS의 음악을 계속해서 스트리밍하고, 음원 차트 1위를 만들어주는 프로젝트에 동참할 수 있으며, BTS에 관한 모든 지식을 습득한 뒤 BTS가 주는 메시지에 대해서 다른 팬과 논쟁할 수도 있다. 이것은 모종의 집단적 신화 쓰기라고 할 수 있고, 팬은 여기에 참여하면서 소속감이나 경쟁심이나 성취감 같은 여러 긍정적 정서를 대리만족할 수 있는 것이다.

이상의 논의를 정리하자면, 2010년대 한국 대중문화의 신화적 성공을 가능하게 한 90년대생의 세대적 특성은 다음과 같다. 인터넷이 미디어 생산과 소비의 중심축이 되면서 그들의 결핍과 불안이 만들어낸 투쟁심을 흡수했고, 그 결과 콘텐츠의 내용과 소비 양태가 투쟁적으로 변하며 대리만족의 차원에서 가히 고도의 질적 상승을 이루었다. 이전 세대와 달리 90년대생은 자신의 투쟁적 경향을 현실이 아니라 미디어에서 풀어냈던 것이다. 그러므로 현실에서 갈등은 드러나지 않았지만 대신 그 갈등의 에너지를 응축한 콘텐츠는 세계적 보편성과 경쟁력을 획득할 정도로 빠르게 진화했다.

온라인 커뮤니티, 혹은 투쟁 공동체

하지만 콘텐츠와 미디어가 갈등을 흡수했다고 해서 90년대생들의 결핍과 분노가 해소되는 것은 아니었다. 대리만족 활동은 본질적인 욕구를 완전히 해소해줄 수 없고 현재 겪고 있는 현실적인 좌절을 치워주지도 않는다. 90년대생을 분개하고 좌절하게 하는 각종 거시적 요인은 전혀 바뀔 것이 없었다. 이런 이유로 콘텐츠와 미디어는 오히려 90년대생의 부정적 감정에 부채질을 했을 따름이다.

거기에 더해서, 90년대생들이 자신들의 분노를 해소할 대상 혹은 공간이 콘텐츠 시장에만 있는 것은 아니었다. 〈공각기동대〉의 대사처럼 **온라인 공간은 광대했기 때문에**, 콘텐츠와 독립적인 각종 주제에 대하여 의견을 주고받고 여론을 형성할 수 있는 공간 역시 충분히 많았다. 90년대생의 또 다른 전장은 바로 이런 **온라인 커뮤니티**였다.

온라인 커뮤니티의 여론을 통해 역으로 현실 사회의 여론이나 구성원들의 성향을 읽어내려는 시도는 그 참신함으로 많은 주목을 받았지만, 반대로 많은 비판도 받아왔다. 온라인 공간에 몰입하는 특정 소수의 의견을 지나치게 과잉 대표한다는 비판이 이에 대한 가장 일반적인 인식이었다. 하지만 90년대생의 경우는 조금 달랐다. 온라인과 오프라인의 경계가 흐릿해지고, 인구 집단 다수가 관심을 갖는 특정 주제가 계속해서 온라인 공간에서 확대 재생산되며, 온라인 공간은 기존이라면 형성되지 않거나 그 기세가 미약했을 여론을 크게 키워냈다.

거기에 특정 온라인 커뮤니티 또한 자신에게 소속감을 안겨주는, 정체성의 일부로 결속되는 경향도 더욱 커졌다. 이 현상 또한 앞서 살펴본 다른 사례들과 마찬가지로, 그 이전 세대들도 꾸준히 해오던 일이었지만 90년대생이 여론을 본격적으로 형성하기 시작한 2010년대에 더욱 크게 만개했다(초기에는 80년대 후반생들의 역할이 중요했다). 2013년 무렵에 격렬했던 일간베스트(소위 '일베'), 2015년에 폭발한 메갈리아(소위 '메갈')는 그 사이트의 '진정한' 성격과 무관하게 온라인 커뮤니티에서 소용돌이치는 분노가 사회 바깥에 나올 수 있음을 보여주는 중요한 사례였다. 그런 공간은 디씨인사이드의 각종 마이너 갤러리, 다음 카페 같은 커뮤니티, 혹은 트위터, 유튜브 등의 플랫폼 등에도 얼마든지 있었다.

이런 커뮤니티의 여론 장악력을 어느 수준으로 평가해야 할지는 쉽지 않은 문제다. 몇몇 논쟁적인 이슈는 특정 커뮤니티에서는 엄청나게 중요한 주제지만 다른 커뮤니티, 혹은 사회 일반에서는 전혀 관심 없는 주제일 수가 있다. 사실 이런 주제가 거의 대부분이다. 그러나 유명 콘텐츠와 결부된 몇몇 사건들, 혹은 90년대생 대부분이 직간접적으로 연루되어 있고 아마도 그들이 사회문화적 의제로 가장 중요하다고 생각할 젠더 갈등과 같은 주제에서는 인터넷 커뮤니티의 역할이 매우 중요했다. 그 주제에 몰입하는 특정 인구 집단은 현실에서 그들이 느끼는 좌절과 결핍을 콘텐츠뿐 아니라 그런 '온라인 사회운동'을 통해서 충족하고자 했다.

발언하기 위험한 주제지만 온라인 공간의 젠더 갈등을 예시로 들어보자. 극렬한 온라인 페미니스트나 극렬한 안티 페미니스트는 모두 이 사회가 특정 성별에 편향적으로 특혜를 주는 사회라고 생각한다. 온라인의 페미니스트들은 이 사회가 가부장제 사회이자 여성 혐오 사회라고 생각하고, 온라인의 안티 페미니스트들은 586의 시혜적 정책과 여성 단체의 사회적 헤게모니가 맞물려 20대 남성을 탄압하는 것이 지금 한국 사회의 현실이라고 생각한다. 무엇이 진실인지는 여기서 중요하지 않다. 중요한 것은 그들이 같은 생각을 가진 이들이 분포하는 커뮤니티에서 자신들이 듣고 싶은 내용을 취사 선택하여 분노를 표출하고, 공통의 의견을 확인하며 자신의 견해가 틀리지 않았음을 확인받는 일련의 행동 자체다.★

소수가 이런 행동에 몰입하는 일은 과거에는 별다른 영향력을 갖기 힘들었을지도 모른다. 그러나 인터넷은 규칙을 다르게 바꾸었다. 이제 무언가에 분노한 소수가 어떤 식으로든 결집하여 여론을 만들어내고, 그 극단적 여론은 대중적 커뮤니티로 흘러들어가 갈등을 재생산하는 연료가 되어주었다. 90년대생의 남녀 갈등의 경우, 이런 갈등이 가깝게는 5년, 길게는 10년에 걸쳐 누적된 결과 대중적 커뮤니티에

★ 이런 점에서 주로 '20대 남자' 현상에 대한 일련의 논의의 초점이 타당한지에 대해서 의문을 가질 수밖에 없다. 90년대생 남성이 겪은 특정한 시대적 환경은 90년대생 여성도 거의 대동소이하게 겪은 것들이었고, 두 성별은 온라인 미디어와 콘텐츠 소비에 있어서도 유사점을 보인다. 따라서 90년대생 남성이 이전 세대 남성과 무언가 다른 점을 보여준다면, 90년대생 여성 또한 이전 세대 여성과 다른 점을 보여주고 있다고 나는 생각한다. 물론 두 성별의 차이는 굉장히 크나, 그것은 90년대생이 공유하는 집단적 특성이 남성적 방식, 혹은 여성적 방식으로 발현된 것이라고 보는 것이 타당할 것이다.

서 온건한 의견을 제시하는 사람들은 거의 사라졌을 정도다.

사실 성별 간의 갈등은 여기서 그저 대표적인 예시에 불과하며, 2010년대 한국의 성별 갈등은 역사를 기술하는 데 아예 새로운 글이 필요할 정도로 방대한 주제다. 이 글에서는 다만 온라인 커뮤니티가 집단 극화를 부추기기에 좋은 환경을 조성했으며, 그것이 대중적인 사회 전반으로도 퍼져나가게 되었다는 정도만 짚고 넘어가자. 온라인 커뮤니티라는 논쟁 환경은 안 그래도 투쟁적이 될 개연성이 높은 90년대생들이 증오와 분노를 쏟아내도록 자극해 그들의 투쟁성을 고조시켰다. 그리고 최근 5년은 그 갈등이 본격적으로 온라인 바깥 현실에까지 영향을 미치기 시작한 시기였다. 물론, 온라인과 그 바깥의 구분이 의미가 없어져 가는 세상에서 이런 표현이 과연 사태를 정확히 나타내는 것일지는 모르겠지만 말이다.

이상의 이야기가 90년대생이 부상한 2010년대에 온라인 공간에서 사회적 갈등은 격해지고 콘텐츠 산업은 빠르게 발전한 것에 대한 개략적인 추측이다. 그렇다면 이런 90년대생의 투쟁성이 한국 사회에 어떤 영향을 끼치고 있을까? 그것은 좋은 영향일까, 아니면 나쁜 영향일까?

90년대생에 대한 긍정적인 면을 주목하는 이들은, 90년대생들이 1990년대부터 본격화된 개인주의나 자기표현 같은 가치를 계승, 확대시키고 있는 것을 강조하기도 한다. 예컨대 이들은 이전 세대와 달리 상명하복에 무작정 따르지 않고, 소위 '워라밸'이나 '욜로' 등의 용어를 통해 현재의 즐거움에 가치를 두는, 무언가 더 '현대적인' 인간형이라는 것이다. 물론 부정적인 평도 존재한다. 90년대생들이 온라인 공간에서 표출하는 분노에 주목하여 최근 청년 세대 일각에서 확산되는 혐오나 차별 정서가 한국 사회를 병들게 하고 있다는 것이며, 90년대생 그들 또한 한국 사회 구조에 의한 피해자라는 식이다. 혹은 90년대생 안에서도 몇몇 집단을 특정하여 그들의 특징을 부각하기도 한다.

나는 이런 긍정적인 면과 부정적인 면에 대한 비평들이 90년대생의 중요한 특징을 나름의 시선으로 포착해냈다고 생각한다. 다만, 두 상반된 경향성은 오직 일부의 표면만을 설명할 뿐이라는 점은 인지할 필요가 있다. 그렇지 않고 두 경향성을 모종의 본질적인 면으로 간주하면, 개인주의와 증오가 한 세대 안에서 공존하고 있다는 부자연스러운 설명으로 귀결될 수밖에 없다. 하지만 개인주의나 증오를 그보다 더 중요한 심층적이고 거시적인 경향성의 발현이라고 생각하면, 우리가 흔히 한국의 90년대생에 대해서 가지는 상반된 인식을 통합할 수 있다. 그리고 그 둘을 통합할 수 있는 심층적이고 거시적인 경향성은 다음과 같다. **가치의 퇴조, 혹은 탈가치.**

90년대생들의 가치, 혹은 가치의 부재

"고철마을은 모든 가치관이 파괴되어 버린 미래의 세계다. 전통이나 신화도, 사상도 없다. 우리는 이미 그런 세상을 살고 있다. 중요한 것은 그 선악을 따지는 것이 아니라 인식하는 것이다."

—키시로 유키토, 〈총몽〉 중에서

최근 30여 년간 진행된 세계적 변화의 주요 특징 중 하나는, 새로운 세대에서 더 이상 모종의 의미와 가치를 위해 투신하는 모습을 찾기 힘들어졌다는 것이다. 이것이 90년대생만의 독특한 특징인가에 대해서 의문을 표할 수 있다. 조금 더 거시적 시야에서 본다면, 과거 선진국의 68세대*가 보인 면모와 유사하다고 할 수도 있다. 그러나 68세대는 그들이 남긴 유산에 대한 평가는 차치하더라도, 냉전기 여러

* 1968년 5월 프랑스 학생운동을 주도했던 대학생들과 이에 영향을 받아 시위를 이끌어갔던 당시 유럽과 미국, 일본 등의 젊은 세대를 가리킨다. 기성세대의 가치관과 권위주의를 거부하며 체제에 도전했다는 평가를 받는다.

국제정치적 이슈와 국내의 차별 문제에 대한 집단적 사회운동을 조직했었다는 점에서 분명 추구하는 가치가 있었다.

혹자는 국내에서 이미 X세대도 이와 비슷한 평가를 받았다고 반박할지도 모른다. 실제 이들이 보여주었던 개인주의적 성향 때문에 X세대가 과연 가치를 추구하는지에 대하여 사회적 의문이 제기되었던 적도 있었다. 그러나 적어도 한국에서 X세대는 탈권위라는 가치를 처음 의제화시켰고, 그런 가치를 상징하는 노무현을 지지하는 주력 세대이기도 했었다.

80년대생은 행태적으로 90년대생에 더 가까운 면이 존재한다. 이는 세대의 특징이 단절적이라기보다는 스펙트럼과 같이 연속적으로 분포한다는 점을 생각하면 당연한 일이다(시간의 흐름이 빚어내는 연속성과 분절성은 앞서 90년대생의 다른 특징을 논할 때도 계속 지적한 것이다). 그러나 80년대생도 광우병 시위와 같은 대규모 정치 운동에 참여했고, 반값등록금 운동에 적극 참여하여 소기의 성과를 내기도 하는 등 집단적 가치 추구라는 전통을 이어갔다. 그런 점에서 거의 언제나 온라인 공간 안에서만 서로를 물어뜯지, 그 바깥에서는 이렇다 할 소리를 내지 않는 90년대생은 앞 세대와 충분히 구분된다.★★

지위의 사다리, 감각의 천국

그러나 이런 공적인 가치 추구 활동, 즉 사회문제에 대한 집단적

★★ 물론 그런 가치 추구 행위는 합리적일 수도 있고, 반대로 광우병 집회처럼 지극히 비합리적일 수도 있다. 반면 가치 추구의 부재 또한 충분히 합리적인 행위일 수 있다. 이 글에서는 가치 추구 자체에만 초점을 맞췄지, 그것의 당위나 합리성에 대해서는 별론으로 한다.

문제의식을 형성하고 주류 사회에 압력을 넣는 활동의 위축은 또 다른 가치의 퇴조에 비하면 작은 문제에 불과했다. **90년대생의 중요한 특징은 공적 가치뿐 아니라 사적인 가치도 덜 추구하게 되었다는 것이다.** 가장 대표적인 것은 그동안 한국인에게 추호의 의심도 받아본 적이 없는 절대적 가치인 **가족주의 가치**였다. 본래 대가족에 기반한 농경 공동체 문화를 발전시켜온 한국 사회는 전쟁과 산업화 등 급격한 사회변동을 겪으면서도 가족주의 가치를 유지해왔다. 오히려 그런 사회변동 때문에라도 친족 네트워크를 중심으로 한 결속은 경제적·정서적인 면에서 필요한 것이기도 했다.

그러나 이러한 가치는 한국 사회의 산업화·도시화가 궤도에 오르고, 농촌과 관련 없이 태어나서 자란 세대가 전면에 부상하면서 급속도로 퇴조하게 된다. 그 이후에는 모종의 '핵가족주의'라 할 만한 게 떠오른 것으로 보이는데, 어느새 대가족 네트워크에 의지하기보다는 4인 가족의 핵가족에 모든 관심과 자원을 집중하는 경향이 지배적으로 되었기 때문이다. 한국 사회의 이런 변화는 역시 90년대생이 태어나서 성인이 될 무렵에 급격히 진행되었다.

90년대생은 대가족주의를 아예 내면화하지도 않았다는 점에서 80년대생의 선례를 따랐다고 할 수 있었다. 하지만 90년대생이 그 앞 세대와 또 구별되는 것이 있었다. 그들은 자신이 속한 핵가족에 충실하고 언젠가 자신만의 핵가족을 꾸리는 것을 권장하는 핵가족주의마저도 버리기 시작했다. 몇몇 90년대생은 그들의 부모 세대인 60년대생에게서는 강하게 남아 있는 가족주의 덕택에 유·무형의 혜택을 가장 많이 받기도 했지만, 정작 그들에게서는 가족주의 가치가 놀랍도록 빠르게 퇴조한 것이다. 반등할 기미가 보이지 않는 결혼율과 출산율은 이를 간접적으로나마 입증한다.

공적 영역에서 집단적 사회운동은 퇴조하고, 사적 영역에서 가족주의조차 쇠퇴하는 가운데 90년대생이 추구하게 된 것은 무엇이었을까? 적어도 기존 한국 사회에서 추구되어 온 가치와 대등한 또 다른 가치는 아니었다. **90년대생은 그런 것을 추구할 심리적 여유가 없었다.** 여기에는 저성장, 고용불안, 계층화와 같은 경제적 문제도 있었지만, 인정 투쟁을 유도하는 SNS 환경과 온라인이라는 새로운 분노 표출 공간의 부상 같은 문화적인 변화도 주효했다. 인간의 인지적 자원이 한정되었다고 가정한다면, 90년대생에게는 공적·사적 가치를 추구하고 그것을 위한 책임을 질 만한 자원이 사실상 고갈된 것이나 다름없었다.

90년대생이 처한 사회적 환경을 생각해보면, 가치 추구 대신에 그들이 어떤 영역에 인지적 자원을 할당했는지 쉽게 알 수 있다. 계층화가 상당히 진행된 90년대생은 각자의 조건에 따라 다른 영역에 몰두했다. 먼저, 사회경제적 상층으로 향하는 사다리에 올라탈 수 있던 90년대생들은 이전보다 훨씬 더 격렬해진 **경쟁**에 투신했다. 그들의 삶은 최소한 중학생 때부터 시작된 학업 경쟁과 그 뒤를 잇는 취업 경쟁, 그 뒤의 자산 경쟁의 연속으로 묘사되었다. 어떤 생애주기에서 어떤 영역에서 누구와 경쟁하는지가 그들 사이에서도 지위를 결정지었기 때문에, 경쟁에 휴식이란 있을 수 없었다.

이 경쟁에는 많은 경우 그들의 부모들까지 가세하여 경쟁을 더욱 치열하게 만들었으며, 경쟁자 당사자에게도 심한 정서적 압박을 주곤 했다. 거기에 SNS 문화는 심지어 문화적 소비마저도 더 경쟁적으로 만들었다. 예컨대 방학 때 SNS에 올리는 사진들은 어느 곳으로 해외여행을 가 무엇을 했는지를 암시하는 것이고, 그런 활동의 이면에는 인정을 얻기 위한 경쟁이 깔려 있는 셈이었다. 이런 상황에서 가치 추구를 위한 집단적 행동이나 다른 곁눈질 활동을 하는 것을 기대하기란 요원했다.

주로 '인서울 대학 중산층'으로 묘사되는 주류 사회의 경쟁에 참여할 여력이 되지 못하는 이들은 다른 길로 향했다. 물론 이들도 각자의 사회 영역에서는 경쟁을 했고, 주로 더 높은 사회적 지위를 획득하기 위한 경쟁보다는 SNS의 인정 경쟁이 주가 되는 경우가 많았다. 그러나 90년대생들이 마주한 이중경제체제는 아래에서 위로의 상승을 쉽사리 허락하지 않았기에, 그들은 경쟁과 지위 상승, 획득을 통해 성취감을 얻는 주류 경쟁에는 참여하기 힘들었다.

따라서 그들이 대신 몰두한 것은 스마트폰만 켜면 쏟아지는 무수한 대리만족 수단, 즉 **감각의 홍수**였다. 비싼 노력을 들이지 않고도 당장의 만족감을 줄 수 있는 웹소설, 웹툰, 드라마, 인터넷 방송, 온라인 커뮤니티, 대중음악 등에서 그들은 정서적인 피난처를 발견할 수 있었다. 혹은 SNS의 과시를 통해 얻지 못하는 성취감을 대리만족할 수도 있었다. 거기에 그들은 높아진 인터넷 접근성 덕택에 콘텐츠에 직접적인 영향도 끼치면서 콘텐츠 진화에 스스로 기여하거나, 자신이 지지하는 유명인을 띄워주고 자신이 싫어하는 이들을 깎아내리며 콘텐츠 생태계에 참여할 수도 있었다. 다만 이 시기의 웹소설과 웹툰 및 드라마에서 잘 드러나듯 지위와 성장에 대한 강한 열망이 드러난다는 점에서, 이들에게 자신들이 겪는 사회적 좌절은 여전히 현실이었다. 그래도 그것을 불완전하게나마 잠시라도 해소할 수 있는 통로가 열렸다는 점은 90년대생들의 일상생활에 지대한 영향을 끼쳤다.

90년대생의 키워드인 '욜로'(YOLO, You Only Live Once)와 '소확행'(소소하지만 확실한 행복)은 지위 경쟁에서 피로 혹은 좌절을 느끼고 감각적 수단에 몰두하는 그들의 처지를 보여준다. 내일도 신경 쓰지 않고 당장의 인생을 즐긴다는 '욜로'와, 당장 감당 가능한 수준에서 소소한 만족을 추구한다는 '소확행'은 어떻게 보면 공존할 수 없는 개념으로 보인다. 그러나 두 키워드는 거의 동시에 90년대생 사이에서 크게 유행했다. 두 구호를 외친 사람들은 서로 다른 사람들이었을까? 아마 그렇지 않았을 거라고 가정한다면, 욜로와 소확행은 사실상 동일한 현상이라고 보는 것이 타당하다고 생각된다.

성취감을 얻을 전망도 보이지 않는 경쟁에 몰두하기보다는 당장의 감각적 만족감을 누리기를 원하는 가운데, 더 과감하게 미래 가치를 대폭 할인하여 현재의 소비에 모든 자원을 투입하면 욜로고, 그만한 대담함이 없어 최소한이나마 훗날을 생각하여 여유분을 남겨두는 소비를 하면 소확행인 것이다. 핵심은 경쟁에 몰두하는 것을 사실상 포기한 체념의 정서가 지배적이라는 것이었다. 욜로와 소확행의 차이는 그나마 오늘을 어떻게 즐길 것인지에 대한 방법론 차이에 불과하다.

90년대생은 개인주의적인가?

이렇게 본다면 90년대생들이 그나마 추구하는 '가치'라고 볼 수 있는 개인주의의 성격 또한 더 면밀하게 검토할 수 있다. 앞서 언급한 대로 90년대생은 집단적 가치에 동조하는 경향이 적으며, 자신들의 개인적 만족을 우선적으로 추구하면서 조직 및 집단 문화를 변화시키고 있다. 이에 대하여 90년대생이 굉장히 '개인주의적'이라는 평가를 내리는 모습도 그래서 많이 접할 수 있다. 하지만, 실제 90년대생들이 개인주의라는 어떤 특정한 가치를 추구하고 있을까?

먼저 개인주의가 무엇인지 잠깐 살펴보자. 개인주의는 곧 모든 가치의 기준이 개인에 있다는 것이다. 따라서 개인은 자신이 내재화하고 추구하는 자신만의 가치를 실현해야 한다. 이를 위해 개인주의 사회의 구성원들은 어떤 개인이나 집단이 다른 개인의 영역을 침범하지 못하도록 상호 배려하고 규율하는 상태를 조성해야 한다. 이것이 개인주의의 적절한 정의라고 할 수 있다면, 적어도 온라인 세계에서 많은 90년대생의 행태는 개인주의와 반대된다. SNS의 인정 경쟁은 개인 간의 건전한 경계를 파괴하고 있고, 모두가 자신의 일상을 모두에게 광고하는 것이 상식에 가까워졌다. 오히려 타인과 과하게 연결된 상태에서 타인들을 위해, 타인들에 의해 모든 행동과 소비의 기준이 맞춰지는 것을 개인주의라고 할 수 있을지 나는 회의적이다.

또한 90년대생들은 SNS나 유튜브 등지에서 매우 간섭주의적인 태도를 취하고 있다. 예컨대 유명인들이 저지른 일탈이나 도의적 잘못이 발견되는 경우 그들은 익명성에 기댄 집단행동을 통해 그들에게서 사과를 받아내고 심한 경우 그들의 활동 자체를 정지시키려 한다. 이 일련의 간섭적 활동을 통해 그들은 상당한 만족을 얻고, 그런 '멍석말이'에 어떠한 죄책감이나 문제의식도 느끼지 않는다. 이런 활동이 그 자체로 잘못되었는지, 혹은 아닌지를 따지기보다는, 이런 태도는 개인주의라는 가치와는 상당히 거리가 있다는 것을 유념할 필요가 있다.

물론, 과거에 개인주의를 내세웠던 모두가 이런 기준에 맞게 행동한 것은 아니었다. 이념이나 가치에 이상적 기준을 부여하고 그것에 맞지 않으면 모두 결격이라고 간주하는 것은 지나치게 편협한 태도라고 할 수 있다. 분명 90년대생이 부당한 집단주의를 거부하고 개인의 의사를 더 존중하는 방향으로 많은 변화를 이끈 것이 사실이기 때문이다. 그러나 이런 결과의 긍정성과는 무관하게, 과연 그 동기가 가치추구적이라고 평가할 수 있는 것일까? 일부 윗세대가 몇몇 90년대생이 과도하게 집단적 소속감이나 책임 의식을 결여하고 자신의 이득만 챙기려는 태도를 보인다고 불평하는 것조차 전부 '꼰대의식'의 발로일까? 집단적 소속감과 책임 의식을 가지고 행동했던 모든 기성세대를 '꼰대'라고 낙인찍을 것이 아니라면, 그런 불평에도 어떤 진실이 담겨 있을 것이라고 가정하는 것이 타당할 것이다.

따라서 나는 90년대생이 집단주의 문화에 거부감을 표출하기 시작한 최근의 현상을, 개인주의 가치의 추구보다는 **모든 종류의 책임과 간섭을 거부하고자 하는 감정적 동기**가 작동한 결과라고 생각한다. 가치를 추구하기에는 격화된 지위 경쟁과 감각의 홍수로 인해 심리적으로 피로해진 이들이, 자신에게 심리적 피로만 더할 것 같은 간섭과 책임에 적극적으로 거부반응을 보이는 것은 자연스럽다. 그 간섭과 책임이 정당한가 부당한가에 대하여 고려하기보다는 일단 자신에게 추가되는 모든 압력 자체를 거부하는 것이다.

이것 역시 개인주의적 태도가 아닌가 하고 반문할 수 있겠지만, 90년대생들 또한 자신이 타인에게 지위나 권력, 상황적인 위계를 통해 간섭할 수만 있다면 그렇게 하기를 주저하지 않는다는 점에서 이 감정적 동기를 보편적인 개인주의적 가치와 연결시키는 건 어려운 듯하다. 비단 온라인 공간에서 보이는 간섭뿐 아니라, 예컨대 90년대생이 연애 관계에서 보이는 수많은 간섭적 태도나 소위 '젊은 꼰대'라는 호칭의 등장은 이에 대한 또 다른 예시가 된다.

그렇다면 소위 90년대생의 부정적 특성이라고 알려진 **증오**는 어떨까? 시민적·공적 가치나 전통적 가족주의 가치가 퇴조한 90년대생들이 개인주의라는 가치마저도 추구하지 않는다면, 이들이 항상 무언가에 분개해 있는 것은 대체 왜 그러는 것일까? 이에 대해서는 사실 앞에서 많은 부분 이미 서술한 바가 있기에, 여기서는 소략하게 짚고 넘어가겠다.

90년대생의 증오는 사회경제적 여건과 인터넷이 조성한 미디어 환경이 만난 결과물이라는 것이 앞의 설명이었다. 증오를 재생산하고 사회 일반에 풀어놓는 온라인 커뮤니티는 여기서 결정적인 역할을 했다. 이런 증오는 성취감을 얻을 기회를 박탈당한 90년대생들이 모종의 소속감과 성취감을 얻을 수 있게 돕는 중요한 수단으로서, 본질적으로 감각적 행동이다. 90년대생의 증오 또한 따라서 특정 가치를 추구한 결과라기보다는 심리적 압박 속에서 추구할 가치를 상실한, 혹은 포기한 90년대생이 어딘가에 몰입하여 그 심리적 압박을 풀고자 하는 정서라고 보는 것이 타당할 것이다. 그런 점에서 '개인주의화'와 '증오'는 90년대생 사이에서 가치가 퇴조한 것을 보여준, 같은 뿌리에서 나온 다른 가지와 같다고 할 수 있다.

한탕주의: "인생은 한강물 아니면 한강뷰다"

한편 가치 대신에 90년대생 사이에서 선풍적으로 인기를 끌기 시작한 강력한 문화 코드가 있었으니, 그것은 **한탕주의**였다. 특정한 일회적 행동으로 모든 사회경제적 지위를 뒤집는 것을 갈망하는 심리인 한탕주의는 어쩌면 급격한 사회변동을 겪은 근대 한국인에게서 유구하게 발견되는 것일 수 있겠으나, 2010년대의 90년대생 사이에서는 더욱 큰 반향을 얻었다.

한탕주의가 성행하게 된 근본적인 원인은 세계화와 계층화를 겪은 한국의 경제 구조에 대한 90년대생들의 인식에 있었다. 그들은 한낱 작은 노동소득으로는 아무리 노력해도 자본소득 상승분을 절대 뛰어넘을 수 없다고 생각했다. 2010년대에는 상위 계층 부모의 지원을 받는 '금수저'들과 날 때부터 뛰어난 매력 자본을 지니고 태어난 '인싸'들에 대한 질시, 선망, 좌절이 한국 인터넷의 표준적인 문화 코드가 되었다. 동시에 이 격차를 수용하고 '소확행'에 만족하며 살아가느냐, 아니면 한 번의 도전에 모든 것을 걸고 예정된 하류자 인생에서 해방

되느냐에 관한 각종 인터넷 '드립'이 줄을 이었다.

한탕주의는 2017년에 있던 **'코인 열풍'**에서 가장 적나라하게 드러났다. 암호화폐가 갑작스럽게 급등하면서 시작된 거대한 투기장은 특히 한국에서 엄청난 열기로 끓어올랐는데, 90년대생 다수는 이 무렵 제대로 된 일자리도 없었음에도 이 시장에 적극적으로 참여했다. 그들은 아르바이트비를 모으거나 심하면 빚을 내서라도 '코인판'에 투신했고, 몇몇 소수는 돈을 땄을지 몰라도 거의 대다수는 변변찮은 수익에 그치거나 돈을 잃으면서 또다시 좌절했다.★ 코인판에 대한 90년대생의 평가는 앞 세대처럼 제각각이었다. 일부는 가볍게 즐기듯이 참여하면서 용돈이나 벌려고 참여했고, 일부는 정말 코인을 통해 신분 상승을 꿈꾸기까지 했었다.

그리고 후자가 코인이라는 '한탕'의 꿈을 꾸거나 심하면 정말 목숨까지 걸었던 이유는, 지금이 아니면 상위 계층으로 올라가 성장 없는 노동과 고된 경쟁에서 해방되는 길이 없다고 생각했기 때문이었다. 정부가 코인판에 규제를 도입하여 코인값이 폭락하자, 급기야 그들 사이에서는 이런 말까지 나왔다. "이것은 이미 고도성장의 모든 혜택을 다 입은 기성세대가 90년대생을 절망적인 계층화에 몰아넣고서 최후에 남은 기회의 사다리마저 차버리려는 행동이다." 애초 소수의 '업자'들만 궁극적으로 큰돈을 만질 수 있던 버블에 불과했던 2017년의 코인판이 계층 상승의 사다리가 될 수 없다는 사실과는 별개로, 이런 좌절의 정서가 그 전부터 존재했던 한탕에 대한 열망을 자극해 코인판을 끓어오르게 한 것은 분명하다.

암호화폐 대란은 규제가 도입된 이후 빠르게 식었지만, 한탕주의

★ 김가현, 「1억 투자했더니 500만 원 남아…"가족 생각하며 하루를 버팁니다"」, 《블록인프레스》 2018. 12. 27.

는 그 뒤에도 지속적으로 90년대생들에게 영향력을 행사했다. 음지에서는 2010년대에 스마트폰의 보급과 함께 **불법 토토**가 번성하면서 한탕주의에 빠진 이들을 나락으로 몰았다. 불법 토토는 합법적인 스포츠 토토보다 훨씬 더 강한 자극을 제공하여 현재의 20대뿐 아니라 10대까지도 도박의 마수에 빠지게 만들었다.★ 이들이 도박의 유혹에 굴복한 이유는 불법 토토가 스포츠라는 친숙한 소재, 스마트폰이라는 편리한 기기를 활용하여 접근했기 때문이기도 하지만, 결국 근본적으로는 미래의 개선을 바랄 수 없는 상황에서 한 번의 간단한 선택을 통한 역전이라는 한탕주의에 이끌렸기 때문이었다. 2017년 코인 대란을 통해 전국적으로 알려진 여러 코인판 용어들이 토토판에서 유래한 것은 두 현상이 같은 뿌리를 갖고 있음을 보여준다.★★

양지에서는 2018년 무렵부터 시작된 **유튜브 열풍**이 한탕주의를 반영했다. 유튜브가 미디어 소비의 중심으로 떠오르고, 유튜브의 혁신적인 광고 수입 공유 정책으로 인해 유튜브를 통해 갑자기 높은 소득을 올리게 된 사례들이 속출했다. 유튜브 채널을 키우기 위해 필요한 착실하고 꾸준한 노력보다는, 당사자도 알지 못하는 어떤 계기로 인한 갑작스러운 성장, 즉 '떡상'이 가장 주목받았던 것은 한탕주의의 유행을 보여주는 것이었다. 실제 계속해서 콘텐츠를 올려야만 하는 유튜버들 고단한 현실과는 무관하게, 시청자들은 유튜브를 통해 '떡상'만 하면 지루한 일상과 장시간의 노동에서 해방되어 '즐기면서' 콘텐츠를 업로드하고 고소득을 올릴 수 있다는 믿음을 갖게 되었다. 모두가 이

★ 박종민, 「[긴급진단] 사회적 문제로 떠오른 '청소년 불법스포츠도박'」, 《한스경제》 2021. 3. 24.

★★ 대표적으로 호구를 뜻하는 단어인 '흑우'가 있다. 흑우는 토토 사이트에서 호구라는 용어가 필터링으로 사용이 막히자 등장한 우회 표현으로, 이후 코인판으로 유입되었고 청년층 사이에서 대거 유행하게 되었다.

런 희망을 갖고 유튜브에 뛰어들지는 않았지만, 적어도 유튜버나 소위 '인플루언서'라는 이들에게 선망과 질시를 보내면서 한탕을 열망하는 사회적 분위기는 꽤나 강하게 형성되었다고 말할 수 있다.

코인 대란, 토토의 확산, 유튜버 열풍 등 사회적 현상에도 불구하고, 실제 '한탕'을 경험할 수 있는 것은 극히 소수였다. 따라서 한탕을 원하는 이들에게 대리만족을 줄 수 있는 콘텐츠가 유행하는 것은 당연한 일이었다. 빙의, 환생, 타임슬립 같은 장치는 2010년대 콘텐츠의 핵심적인 요소로 떠올랐는데, 이 요소들은 모두 현실에서 구현할 수 없는 초자연적인 힘을 통해 일회적 사건으로 모든 삶을 극적으로 바꾸어 놓는 일종의 '한탕'이었다. 웹툰이나 웹소설에서는 주인공이 과거로 돌아가거나 누군가의 몸에 빙의하여 완전히 다른 삶을 살게 되고, 남들이 가지지 못한 정보를 활용해 누구보다 빠르게 성장하는 이야기가 주류를 이루었다.★★★ 어떤 수단이 되었든 이미 '한탕'에 성공한 주인공이 사다리를 비정상적인 속도로 올라가 누구도 방해하지 못하는 안전한 성을 세우고, 적대적인 경쟁자들을 제거하며 복수와 같은 여타 목표를 달성하는 이야기 구조는 90년대생들이 갈망하는 두 가지, 지위와 감각을 여실히 보여준다.

탈가치 경향은 앞서 잠깐 언급했던 가족주의가 퇴조한 원인 또한 설명해준다. 결혼율과 출산율이 감소하는 것을 보면 일단 청년 세대가 처한 경제적 어려움부터 논하는 것이 상식이다. 육아에 드는 비용은 그대로인데 사회는 제대로 보장을 해주지 못하고 있고, 또 여성이 출산을 통해 경력이 단절되면 그로 인한 막대한 경제적 손실과 커리

★★★ 「재벌집 막내아들」, 「전생자」 등은 회귀, 빙의와 그를 통해 획득한 정보 비대칭을 활용하여 빠른 속도로 성장하는 서사로 큰 인기를 누린 대표적 작품들이다. 카카오페이지의 「나 혼자만 레벨업」이나 네이버의 「취사병 전설이 되다」는 게임 시스템을 활용하여 같은 종류의 대리만족을 제공한다.

어의 손상을 겪어야 하는데 역시 사회가 이 손실을 충분히 보장해주지 못한다는 것이다. 결혼과 출산 또한 자원 투자의 문제에서 자유로울 수 없다는 점을 생각하면 이런 경제적 설명은 분명 중요하다.

하지만 경제적 여유가 감소한 것은 최근의 현상을 어느 정도 설명은 해주나 전체를 설명하지는 못한다. 극단적인 예시를 들자면, 지금 청년 세대보다 훨씬 더 여건이 어려운 전쟁 직후에는 그러면 어떻게 사람들이 가족을 만들었단 말인가? 한국전쟁 직후의 극히 어려웠던 때에도 결혼과 출산이 활발히 이루어졌던 이유는 당시 사회 구성원이 결혼과 출산을 무조건 해야만 하는 의무로 간주했기 때문이었다. 따라서 오늘날 결혼과 출산이 감소한 현상을 설명하기 위해선 물론 악화된 물적 조건을 고려해야겠지만, 이와 같은 문화적이고 심리적인 조건 또한 중요하게 고려를 해야 한다는 것이다.

나는 90년대생의 전반적인 **탈가치화**가 최근의 비혼, 저출산 경향에 작용한 중요한 심리적 배경이라고 생각한다. 즉 더 이상 결혼과 출산을 통해 자신만의 가족을 만들고 거기에 삶의 의미를 두지 않게 된 것이다. 경제적인 이유가 아니더라도 결혼과 출산을 꺼리는 이유를 듣다 보면, 자신의 삶이 급격하게 바뀌는 것을 원치 않는다거나, 본격적인 가족이 생기면서 책임질 대상이 늘어나고, 그로 인해 현재 누리는 많은 자유를 희생하는 것이 꺼려진다는 이야기를 자주 접할 수 있다.

결혼과 출산으로 생기는 제약은 여성의 경우 막대한데, 특히 출산 시 청년기를 기약 없이 임신과 육아에 투입해야 한다는 것은 그들이 즐기고 있는 현재를 생각했을 때 그리 내키지 않는 선택일 가능성이 크다. 필연적으로 동반될 신체의 변화도 큰 부담이다. 남성은 여성에 비하면 생기는 제약이 그리 크지 않지만, 적어도 근래의 일반적인 가정이라면 남성 또한 육아와 가족에 많은 시간을 투자하고 적지 않은 돈을 들여야 한다는 것은 역시 부담으로 다가온다. 결혼은 출산에 비하면 부담이 훨씬 적지만 역시 마찬가지 기제를 따르고 있다. 훨씬 책임의 정도가 낮은 동거나 연애, 심지어 반려동물과 같은 다양하고 대체 가능한 선택지가 존재하는 마당에 굳이 만족도가 낮은 대상과 결혼이라는 모험을 해가며 부담을 짊어질 의지가 있는 사람들은 점차 줄어들 수밖에 없다.

따라서 탈가치화는 90년대생에게 가족이라는 가치를 추구하기 위해 필연적으로 수반되는 제약과 부담을 수용하기보다는, 그냥 가족이라는 가치를 포기하게끔 만드는 것이다. 나는 이런 이유에서 90년대생이 결혼, 특히 출산을 기피하게 된 것은 단순히 돈의 문제가 아니라, 자신의 안위가 아닌 다른 무언가에 시간과 힘을 너무 많이 쏟게 되는 것을 우려하는 심리적 문제가 크게 작용했다고 생각한다. 물론 이러한 심리적·문화적 요인으로 모든 90년대생의 비혼, 비출산 경향을 설명할 수는 없을 것이다. 하지만 가족적 가치가 의미하는 책임에 대한 기피, 현재의 지위와 감각에 대한 몰입은 경제적인 설명에 가려진 문화적 배경으로서 진지하게 다루어질 필요가 있다고 생각된다.

'공정한 세대'?

마지막으로 한 가지 중요한 논점이 남아 있다. 90년대생이나 20대론에 꼬리처럼 따라붙는 **'공정'**은 어떨까? 2018년의 평창올림픽 아이스하키 남북단일팀 논란, 2019년의 '조국 사태', 2020년의 인천국제공항 직원 정규직 전환에 대한 반발 등 규칙과 불공정에 관한 논란은 거의 해마다 이슈로 떠올랐다. 아마 큰 틀에서는 박근혜 탄핵을 이끈 2016년의 정유라 논란과 남성들 사이에서 활발했던 여경 체력검정 이슈도 소위 '공정' 이슈에 넣을 수 있을 것이다.

이런 이슈들이 가리키는 방향은 명확했다. 대표팀, 대학 학위, 정규직, 자격증 등의 획득에 있어서 경쟁의 절차적 정당성을 보장해달라는 것이었다. 이런 지위 내지는 자격을 획득하는 경쟁으로 인해 발생하는 차등적 결과는 모두 수용할 테니 규칙과 절차적 정당성을 지켜달라는 것이 '공정론'의 주요 골자였다.

문재인 정부가 들어서고 공정과 관련된 이슈가 더욱 격렬해지면서, 공정론은 20대 세대론의 중심으로 떠올랐다. 많은 사람들이 90년대생이 왜 더 공정이라는 가치에 민감한지 자기 나름대로 설명을 붙였다. 시험 성적을 비롯하여 점수로 모든 생애가 평가받고 어렸을 때부터 격렬한 경쟁에 노출되었기에 그랬다는 설명부터, 생활 여건이 개선될 전망이 안 보이는 가운데 사회체제에 대한 최소한의 신뢰성을 모색하고자 하는 것이 공정이라는 설명까지 분석도 다양했다. 보수 야당에서는 문재인 정부에 대한 지지를 철회하는 20대 남성 집단을 보면서 공정을 당의 중요 가치로 설정하여 이들의 지지를 끌어모으려고 했다. 이런 주장에 따르면 문재인 정부는 지지층을 만들기 위해 각종 특혜를 남발해 공정성과 경쟁의 가치를 훼손하고, 시스템의 신뢰를 뒤흔드는 정부였다.

반대로, 이런 공정론이 20대 내부의 계층적 차이를 무시한 중산층 이상의 '그들만의 공정론'이라는 반박도 있었다. 이를테면 조국의 딸인 조민 입시 논란에 시위까지 한 고려대생이나 서울대생도 어차피 그들 각자의 부모를 통해 각종 경제적·사회적·문화적 지원을 누릴 대로 누린 '불공정 게임'의 당사자면서 공정을 외치는 것은 부당하다는 이야기였다. 이런 설명에 따르면 20대의 공정론은 경쟁에 참여할 수 있는 계층에 편향된 그들만의 소란에 불과했고, 공정론을 따라가다 보면 사회는 약자에 대한 배려를 상실한 불평등한 사회가 될 뿐이었다.

어느 쪽이 더 타당한 설명일까? 모든 가치가 퇴조한 와중에 유일하게 공정이라는 가치가 20대를 움직이고 있는 것일까? 아니면 공정은 계층화된 90년대생의 현실을 가리고 기득권을 정당화하는 착각에 불과할까? 여기서 나는 두 입장이 모두 타당한 면이 있으나 90년대생의 심리를 불완전하게 묘사한다는 약점을 지니고 있다고 생각한다.

먼저 90년대생이 공정이라는 가치에 민감하다는 전자의 주장에 관해선, 과연 90년대생이 공정이라는 '가치'에 정말 충실한 것인지 검토할 필요가 있다. 내 개인적인 경험에 의하면, 어떤 이슈에 대한 관점이 아니라 실질적인 생활 세계로 내려오면 90년대생이라고 해서 딱히 더 이전 세대보다 공정에 민감한 것 같지는 않다. 90년대생이 조금 더 규칙 순응성을 보이긴 하지만, 그렇다고 해서 그들이 유난하게 사안마다 공정을 따지고 불공정에 항의하는 것도 아니다. 90년대생도 제도를 우회하고 무력화해서 자신들이 혜택을 얻을 수 있는 기회가 주어지면 적극적으로 활용한다. 최소한 다른 세대만큼은 말이다.★

요컨대 소위 '586' 세대가 제도를 무력화해서 자신들을 위한 사적인 혜택을 만들어낸다면 그 혜택을 누가 받겠는가? 결국에는 90년대생 자녀들(주로 그런 혜택에 접근할 수 있는 중산층 이상)이 받기 마련이고, 그들은 최소한 적극적으로 그런 혜택을 찾지는 않더라도 개인적 차원에서 그런 과실을 누리는 것을 적극적으로 거부하지는 않는 것이다. 90년대생에게 있어서 공정이 지배적 가치라고 하기에는 실생활에서의 기반이 너무 취약하다.

그러나 90년대생도 활용할 수 있다면 얼마든지 공정하지 않은 상황을 활용한다고 해서, 공정론이 특정 계층 이상에만 통용되는 '그들

★ 김민제·이주빈, 「건국대 전임 총학 간부 학생회비 횡령 의혹…학교 조사 착수」, 《한겨레》 2019. 4. 7.
이러한 사례들을 언론을 통해 접하는 것은 그리 어려운 일이 아니다.

만의 리그'라는 주장이 성립하는 것은 아니다. 고려대생과 서울대생이 반발을 주도해 '그들만의 공정' 논란이 가장 많았던 '조국 사태'는 차치하더라도, 남북단일팀 논란이나 인천국제공항 정규직화 논란에서도 대체로 계층을 막론하고 큰 반발이 있었기 때문이다. 심지어 이미 90년대생이 남녀로 갈라져 격렬하게 대립하고, 성별에 따라 문재인 정부에 대한 지지 성향이 명백히 갈리던 상황이었는데도 위 사안은 남녀 구분을 초월하여 반발을 샀다.

특히 경제적이고 계층적인 이해관계가 걸려 있다고 보기 어려운 남북단일팀 이슈에서는 공정 논란이 계층을 가리지 않는다는 것이 더욱 명확히 드러났다. 당시 청와대와 여당에서조차 20대가 그토록 격렬하게 반발하는 것을 예상하지 못해 놀랐다는 기사도 있을 정도였으며,★ 20대와 '공정'을 연결하는 접근법이 널리 퍼지기 시작한 것도 그때부터였다. 이런 사례들로 미루어 보았을 때 설령 공정론에 주로 중산층 이상이 민감하게 반응한다고까지는 이야기할 수는 있을지 몰라도, 공정론이 하위 계층과 전혀 무관하다고 간주하기는 어려울 것이다.

공정이 20대(90년대생)에게 확고히 뿌리박힌 가치도 아니고, 특정 계층에게 편향된 정당화 논리도 아니라면 왜 그토록 90년대생 사이에서 문제가 되는 것일까? 나는 여기서 90년대생이 제기하는 공정을, 어떤 가치나 정당화 기제보다는 **정서적 문제**로 바라볼 때 많은 현상을 설명할 수 있다고 주장하고자 한다. 요컨대, 공정에 대한 그들의 외침은 그들이 처한 심리적 압박과 가치의 퇴조라는 배경하에서 형성된 정서적 기초가 특정 이슈와 맞물려 터져 나오는 현상에 가깝다는 말

★ 김태규, 「靑 "남북단일팀에 2030 민감 반응 예상 못했다"」, 《뉴시스》 2018. 1. 22.

이다. 그렇기에 90년대생 사이에서 공정은 가치와 논리보다는 느낌, 즉 **'공정감'**의 문제가 된다.

90년대생이 고도의 심리적 압박을 겪고, 그런 압박을 만들어낸 변화한 사회 환경과 미디어 환경으로 인해 가치가 퇴조하게 된 것은 자연스레 깊은 정서적 불안을 만들어냈다. 이런 불안 심리는 격렬한 경쟁에 참여한 상층이나 경쟁에서 탈락하고 감각에 몰두하는 하층을 가리지 않고 형성되었는데, 이는 불안 심리 자체가 객관적 조건보다는 상황을 받아들이는 주관적 인식의 문제였기 때문이다. 상층은 비교의 준거집단이 자신의 주변이나 더 위에 놓였고 끝없는 경쟁에서 탈락하면 안 된다는 압박으로 불안을 느꼈으며, 하층은 상층을 보며 느끼는 좌절감이나 체념, 그리고 미래가 나아질 수 없다는 인식에서 불안을 느꼈다. 여기에 90년대생들은 가족주의도 미약해지고 사회적 공적 가치도 신뢰하지 않게 되었기에 불안을 덜어낼 다른 기제를 찾을 수도 없었다.

이런 상황에서 90년대생들이 그나마 신뢰하는 것이 있었다면 그것은 한국의 국가 시스템이었다. 한국인들의 국가에 대한 감정은 유교적 관념의 오랜 지속과 군부독재 시절에 형성된 강력한 국가권력의 경험을 통해 형성되었다. 국가는 모든 것을 해줘야만 하는 존재임과 동시에, (국가에 대한 기대가 너무 컸기에) 동시에 어떤 것도 해줄 수 없는 존재로 받아들여졌다. 이런 양가적인 감정에도 불구하고, 한국은 원활히 작동하는 고품질 행정을 제공해줄 수 있다는 점에서 구성원들의 시스템에 대한 신뢰는 높은 편이라고 보아야 했다. 특히 민주화 이후 권력의 폭압적인 면은 줄어들고 대신 보모 국가적인 면모★★는 더욱 늘어

★★ 보모 국가(nanny state)는 영국과 미국의 자유주의자들이 국가가 시민을 마치 아이처럼 과보호하려는 경향을 비꼬기 위해 만든 말이다.

났기에, 국가 시스템은 그나마 불확실한 한국 사회에서 예측 가능성과 안정을 제공해줄 수 있는 최후의 보루로 인식되는 면이 있었다. 즉, 여러 가치와 믿음이 해체되는 가운데 그나마 능력주의에 기반한 국가 시스템에 대한 구성원들의 신뢰만큼은 상대적으로 견고하게 유지된 것이다.

따라서 90년대생이 '공정'에 민감한 이유는, 그들이 느끼는 불안 속에서 유일하게 예측 가능성을 제공해주는 국가 시스템, 즉 정서적 안정의 최소한의 기반이 흔들리는 것을 원치 않기 때문이다. 다른 가치를 고려할 만한 정서적 여유가 남아 있지 않은 상황에서, 시스템의 예측 불가능성을 늘리는 모든 행위는 그들의 불안을 키우는 방향으로 작동한다. 여기에 고도의 심리적 압박이 만들어낸 90년대생 전체에 걸친 피해의식이 더해지면, 2010년대 후반을 수놓았던 여러 공정 논란의 성격은 더욱 명확해진다.

공정은 그들이 의식적으로 추구하는 가치의 문제보다는 그들이 현재 느끼는 압박으로 형성된 불안에 대응하는 일종의 정서적 반응이다. 이런 강력한 정서적 반응은 '개인주의적이고 합리적인 20대의 새로운 가치'로 평가할 수도 없고, '중산층과 상류층이 자신들의 기득권을 정당화하기 위한 기제'로 폄하할 수도 없다. 그저 계층을 가리지 않고 그들이 신뢰하는 유일한 대상이 계속해서 최소한의 예측 가능성을 제공해주기를 원하는 심리인 것이다. 이런 정서적 반응에 대하여 평등이나 남북화합 같은 여타 가치를 제시하며 어떤 설득을 시도한 현 정부의 접근법은 번번이 실패할 수밖에 없던 것이다.

공정에 대한 90년대생들의 태도를 정리하자면 다음과 같을 것이다. 우선 생활 세계에서 90년대생이 공정에 다른 세대보다 유난히 철저하지는 않다. 대체로 다른 세대, 특히 70년대생이나 80년대생과는 크게 다를 바 없는 정도로 공정을 추구할 것이고, 자신에게 유리하게 작용하고 감시받지 않을 상황에서라면 그들도 얼마든지 불공정의 유혹에 굴복할 수 있을 것이다. 그 점에서 공정은 90년대생이 의식적으로 추구하는 유별난 가치는 아니다.

그러나 사회 전체적으로 보았을 때 그들은 자신들이 겪고 있는 심리적 압박을 해소할 여타 장치가 존재하지 않는 상황에서 시스템의 신뢰성에 강하게 매달리는 경향을 보인다. 그들의 심리적 안정의 기반 중 하나인 **능력주의**에 대한 견고한 신뢰는, 시스템의 예측 가능성과 안정성에 대한 강한 믿음으로 드러난다. 이 시스템이 여타 가치가 개입하여 그 예측 가능성이 교란되는 것은 강한 저항감을 맞닥뜨릴 수밖에 없다. 모든 형태의 개입은 90년대생이 겪는 심리적 불안과 불만을 더욱 키우는 것에 불과하기 때문이다. 이런 이유에서, 그들은 타인이 어떤 수단을 써서든, 예컨대 그 수단이 정부 정책이든 아니면 사인私人의 편법이든 간에 시스템을 교란하여 추가적 이득을 취하는 것을 극도로 경계한다(물론 자기 자신에겐 예외가 될 수 있다. 어떤 면에서는 그것이 인간의 본성이기도 하다).

따라서 90년대생 사이에서는, 서로가 서로를 감시하여 규칙이 해킹당하는 상황을 최대한 방지하고, 외부의 개입으로 이 예측 가능한 시스템이 불확실해지는 모든 것에 저항하는 경향이 나타나게 된다. 그러니 개입과 교란으로 시스템의 예측 가능성이 떨어지는 것보다는, 시험으로 평가되는 능력주의가 보장하는 예측 가능성을 추구하며 그 결과에 따른 차등과 불평등을 감수하는 것을 차라리 더 선호한다고 할 수 있다. 그런 점에서, 90년대생이 원하는 것은 '공정'보다는 **다만 불안을 더는 키우지 않는 것**과, 신뢰의 기반이 쓸려나가는 와중에도 **신뢰할 수 있는 최소한의 장치**인 것이다.*

90년대생은 사회적 안정과 성취감을 누릴 수 있을까

1994년에 태어난 90년대생의 일원으로서 나는 내가 속한 세대가 어떻게 성장했는지, 또 현실에 대해 어떻게 느끼고 있는지에 관한 하나의 불완전한 설명을 이 글에서 제공하고자 했다. 그 시도가 성공적이었는지는 모르겠다. 여전히 나는 우리 세대, 90년대생의 수많은 구성원들이 어떤 경험을 했고 수많은 사안에 대해 무슨 생각을 하고 있는지가 정말 궁금하고, 알지 못하는 것이 훨씬 더 많다.

그런 점에서 이 글은 지극히 개인적인 경험에 기초하고 있다. 나는 지방의 소도시에서 자라 서울대학교를 다니고, 또다시 지방에서 공익근무요원을 하면서 우리 세대가 사실상 분절되어 있는 두 집단으로 나뉘어 있다는 것을 처음 느꼈다. 여기에 더해 나는 어렸을 때부터 활동해오던 온라인 세계와 그 속의 콘텐츠들에 대한 내재적 접근을 통해 우리 세대를 이해할 수 있을지도 모른다는 생각을 하게 되었는데 이 글은 그런 경험과 착상이 어느 정도는 구체화된 결과물이라고 할 수 있다.

나는 90년대생을, 그들이 태어날 무렵부터 가속화된 여러 변화의 결과물로 형성된 일종의 **'탈가치 세대'**라고 생각한다. 세계화로 인해 한국에서 형성된 이중경제체제는 90년대생에게 사회적·경제적 압

★ 사실 공정에 대한 이런 심리적 경향은 90년대생 이전 한국인에게서도 발견된다. 유교의 영향력, 강력한 국가, 격렬한 사회변동과 심리적 압박은 90년대생 이전 세대 누구나 겪던, 한국인 모두의 경험이었기 때문이다. 90년대생의 심리는 이미 이전 세대와 공유하던 심리와 문화의 특정 부분이 도드라지면서 독특해진 것이지, 결코 이전과 구분되는 무에서 등장한 것이 아님을 다시 유념할 필요가 있다. 이는 전술한 다른 심리적 경향에서도 모두 적용되는 것이다.

박을 주었고, 어렸을 때부터 자연스러웠던 정보시대의 미디어 환경은 90년대생에게 그와 같은 사회적 압박이 고도의 심리적 스트레스가 되게끔 만들었다. 동시에 90년대생들은 그런 심리적 스트레스를 분출할 공간에 금세 적응했는데 그것은 온라인 커뮤니티와 대중문화, 콘텐츠의 영역이었다. 그들은 좌절, 질시, 체념, 분노 등의 정서가 빚어낸 심리적 스트레스를 현실 세계보다는 온라인 세계에서 발산하고자 했다. 그 결과 90년대생이 20대가 된 2010년대가 되었을 때 한국은 전에 없던 변화를 맞이하게 되었다. 바로 온라인 커뮤니티를 위주로 격해진 사회갈등과 세계로 뻗어 나가는 대중문화와 콘텐츠의 눈부신 발전이었다.

결국 90년대생의 집단 심리는 한국 사회에서 기존에 추구되던 가치에는 별다른 관심이나 애착이 없는 것으로 보인다. 90년대생들은 대신 그들이 이미 겪고 있는 심리적 스트레스를 키울 모든 책임이나 간섭을 거부하는 양상을 보인다. 소위 '개인주의적'이라고 알려진 '꼰대 문화'에 대한 그들의 반발은 이와 관련된 대표적 예시다. 그러나 그들이 다른 어느 세대보다 활발하게 주도하는 온라인 공간에서는 얼마든지 간섭적 행태를 보여주는 등 자기 규율을 비롯한 여러 미덕이 요구되는 '가치'로서 개인주의를 추구하는 것 같지는 않다. 가족주의의 경우도 마찬가지이다. 90년대생에게서 특히 더 낮아지는 혼인율과 출산율은, 분명 그들이 겪고 있는 경제적 곤궁이 반영된 결과물이지만, 그와 동시에 가족을 만들었을 때 수반되는 책임을 받아들이지 않겠다는 정서도 역할을 한 것으로 보인다.

대신 90년대생의 지향에서 가치의 빈자리를 채운 것은 지위 경쟁 혹은 감각적 즐거움이었다. 일부 90년대생은 격해진 경쟁 속에서 더욱 자신에게 채찍질을 가하면서 사회적 사다리의 아래로 추락하지 않고 끊임없이 위를 향해 오르고자 노력했다. 이런 경쟁에 참여하지 못한 90년대생들은 상승이나 미래에 대한 개선을 노리기보다는 당장의 감각적 즐거움에 몰입하면서 도피하고자 했다. '욜로'나 '소확행' 같은 개념의 등장이 이를 반영한다. 일부는 사회에서 더 이상 제공받을 수 없는 소속감과 몰입을 온라인 커뮤니티 활동에서 추구하면서, 주로 사회적 증오를 수용하고 재생산하는 데 몰두하기도 하였다. 그와 동시에 경쟁의 스트레스 없이 사회적 지위를 단번에 거슬러 올라가고자 하는 한탕주의의 성행, 능력주의 시스템의 예측 가능성만이 불안을 덜어줄 수 있는 최소한의 신뢰의 기반이 된 상황 또한 90년대생의 주요한 특징이었다. 90년대생에게 중요한 키워드는 따라서 추상적 가치 대신에 구체적인 지위와 감각이고, 그들이 깊이 원하는 것은 성취감과 안정감일 것으로 나는 생각한다.

이렇게 본다면 왜 청년정치가 지지부진할 수밖에 없는지 알 수 있다. 물론 아직 20대밖에 안 된 90년대생에게 정치적 활동을 바라는 것 자체가 문제지만, 적어도 정치의 문을 두드리는 20대와 30대 초반이 과거에 비해 눈에 띄게 감소한 것은 분명 사실이다. 이유는 간단하다. 정치는 권력의 문제이기도 하지만 개인의 가치 실현의 문제이기도 한데, 90년대생들과 그 인접 세대는 애초에 가치를 별로 추구하지 않는다. 그들이 원하는 것은 확실하게 보장된 지위 상승의 기회이거나 아니면 감각적 즐거움이다. 그러나 정치에서 후자를 누릴 가능성은 적고 전자 또한 세대의 적체 문제와 불확실성으로 얻기가 매우 힘들다. 이런 상황에서 능력 있는 90년대생들이 정치에 유입될 유인은 전혀 없다.

기성 정치인들이 청년을 위한 정치를 하겠다며 내놓는 여러 구호와 정책도 해결책을 제공할 수 없는 것은 마찬가지다. 90년대생들이 겪고 있는 문제의 근본적인 원인은 한국의 이중경제체제나 스마트폰 시대의 미디어 등을 아우르는 아주 뿌리 깊은 문제다. 정치권이 자신들의 이익을 해치지 않는 선에서 임시방편으로 내놓는 구호와 정책이 90년대생들의 문제를 해결해줄 수 없다는 것은 너무나 당연하다. 아마 그 어떤 가치를 추구할 여유와 여력을 상실했다는 점에서 90년대생들은 그들이 가진 증오와 불만을 자극하여 대리만족의 대상이 되어줄 수 있는 포퓰리즘형 정치 지도자와 가장 궁합이 잘 맞을지도 모르겠다.

그렇다면 이토록 불안하고 불만에 가득 찬 세대인 90년대생에게 정말 필요한 것은 무엇일까. 이들이 증오를 키우지 않고 내적 평안을 찾기 위해서 사회나 정치가 할 수 있는 일이 있을까? 사실 인접 세대인 80년대 후반생을 비롯해 90년대 초반생이 이미 30대가 되어 사회에 진입하고 있다는 점에서, 이 사회가 그들을 위해 할 수 있는 것은 거의 없어 보인다. 직업이 정해지면 그 이후의 삶 또한 거의 정해진다는 의미인데, 아마 상층의 90년대생은 지위 경쟁에 계속해서 몰입하고 하층의 90년대생은 체념적인 태도로 감각적 대리만족 활동에 몰입하면서 서로 간의 갈등과 증오는 계속해서 커질 것 같다. 90년대생이 모두 30대가 되는 10년 뒤에는, 90년대생의 가장 긍정적인 유산인 문화적 창의성마저 고갈될 것이다. 이는 한 사회의 대중문화 창조력은 세대효과보다는 20대라는 연령효과에 의존하는 면이 크기 때문이다.

그래도 어쩌면 더 늦기 전에 시도해볼 수 있는 것이 있을지도 모르겠다. 90년대생이 원하는 것은 결국 성취감, 노력하면 미래를 개선할 수 있다는 희망이다. 이러한 긍정적 정서는 세계화가 진행되고 한국에서 이중경제체제가 정착되며 다수에게서 박탈되었다. 설령 그런 정서를 느낄 수 있는 소수도 경쟁에서 한숨 돌릴 수 있는 여유를 갖기는 어려워졌다. 어떤 개혁을 통해서 이런 상태를 개선할 수 있을까? 어쩌면 사회 구성원 다수가 세계시장과 연결된 상층에서 활약할 수 있는 인적자본을 가질 수 있도록 돕고, 그리하여 그들이 경제성장의 과실을 누리면서 지속적인 성취감을 느낄 수만 있다면 90년대생이 겪는 심리적 압박은 상당히 완화될 수도 있을 것이다. 일상의 만족을 찾은 이들은 미디어, 콘텐츠, 온라인 커뮤니티에 대한 집착도 어느 정도 내려놓아 투쟁성도 낮아질 것이다.

이런 변화를 위해서는 어떤 조치가 필요할까? 어려운 문제이지만, 아마 가장 시급하게 바꿔야 할 것은 20대 중반에 이중경제체제의 어느 곳에 안착하느냐로 평생의 지위가 결정되는 지금의 경직된 교육과 고용 시스템일 것이다. 지대를 제공한다는 명목으로 거대한 미스매칭을 양산하는 공교육, 특히 대학 교육을 정말 현대 경제가 필요로 하는 지식을 가르치는 유연한 제도로 대체하고, 경직된 지금의 상황에서 지대를 편취하는 기득권 자본과 기득권 노동의 독점을 풀어 더 유연한 사회를 만든다면 어떨까? 그러면 경쟁에서 탈락하고 불안감에 고통받는 다수도 성취감을 주는 경로를 찾을 만한 여유를 가질 수 있지 않을까.

물론 이는 너무 낙관적인 전망이다. 이 전망이 현실화되려면 강력한 기획력과 구체적 청사진을 가진 새로운 집단이 등장하여 2000년을 전후로 성립된 지금의 체제 전체를 뜯어고쳐야 하는데, 한국 사회에 과연 그런 새로운 에너지가 있는지는 의심스럽다. 어쩌면 90년대생의 투쟁성을 동원하는 지도자가 등장해 무엇이 되었든 지금의 문제를 해결하는 과업을 달성할지도 모르겠다. 하지만 앞서 말한 대로 이미 우리 세대의 많은 이들이 직장을 결정하고 향후 생애 전망이 거의 고정된 상황에서, 그리고 우리 자신과 하나가 된 스마트폰이 제공하는 미디어 환경은 더욱 고도화될 게 확실한 상황에서 그런 긍정적인 변화가 가능할까? 오히려 90년대생들의 부정적 에너지는 사회에 계속해서 혼란만을 가중시키고, 그런 파괴적 행동을 거듭한 결과 시스템이 더 통제주의적으로 흐른다면 어떨까?

어쩌면 'N번방' 사건을 일으킨 주요 범죄자들이 거의 예외 없이 90년대생이었다는 것은, 우리 세대가 내포하고 있는 부정적 에너지를 상징적으로 보여주는 것일지도 모르겠다. 마치 2019년 개봉한 영화 〈조커〉에 나오는 아서 플렉처럼, 사회로부터 인정받지 못하고 어떤 성취감도 느끼지 못하는 분노한 이들이 오직 시스템을 파괴하고 혼란을 불러일으키고 증오를 쏟아내는 데서만 성취감을 느낀다면 사회는 어떻게 반응할까. 그리고 그 주인공이 내가 속한 90년대생이라면 어떨까. 어쩌면 사회는 그들에게 고통을 주는 근본적 원인은 바꿀 의지도 능력도 없어 그대로 내버려 둔 채, '90년대생 조커'들에게도 당장의 대리만족을 줄 수 있는 더 정교한 콘텐츠를 제공하고, 그들이 허튼 짓을 못 하도록 뒤에서는 온라인과 오프라인 모두를 망라하는 강력한 감시와 통제 메커니즘을 설치할지도 모르겠다.

이런 예측이 지나친 공상이자 '너무 멀리 나간' 이야기처럼 들릴 수도 있을 것이다. 대리만족 콘텐츠의 발전은 몰라도, 발전한 자유민주주의 체제에서 조지 오웰식 전망은 너무 지나친 우려로 느껴질 것이기 때문이다. 그러나 90년대생이 실제로 '조커'처럼 될지 아닐지는 별론으로 한다면, 감시와 통제에 대한 전망은 허투루 볼 것이 아니다. 적어도 시스템의 안정성을 위한 정교한 통제 수단만 놓고 본다면 이것은 이미 우리 곁에 다가온 현실의 이야기다. 지금도 우리의 안전을 위해 쉼 없이 작동하는 시스템인, **대한민국의 자랑 'K-방역'**이 그것을 보여주고 있지 않은가?

제2장

K-방역이 말해주는 것

대한민국이 바이러스에 대처하는 방법

"높은 시민의식으로 '모두를 위한 자유'의 정신을 실천하며 방역의 주체가 되어준 국민들 덕분에, '개방성, 투명성, 민주성'의 3대 원칙이 힘을 발휘할 수 있었습니다."

— 문재인 대통령, 'WHO 초청연설', 2020년 5월

"1961년 장티푸스 예방접종 시 접종증명서가 없는 이들의 여행이 사상 처음으로 제한되었다. 격리, 차단은 여론을 통해서도 이루어졌다. 환자의 이름, 주소 및 차단 상태까지 보도함으로써 '여론상의 격리'가 이루어졌다."

— 한석정, 『만주 모던』(문학과지성사, 2016) 중에서

많은 사람들이 '오늘과는 다른 미래'가 펼쳐질 것으로 예상했던 2020년이 찾아왔을 때, 바로 그 미래가 빛나는 과학기술 대신 전 지구적 전염병과 함께 다가올 것을 예상한 사람은 없었다. 2019년 말 중국의 우한에서 발병한 것으로 추정되는 COVID-19는 2020년 벽두부터 중국 전역을 패닉으로 몰아갔으며, 곧이어 중국과 이어진 인적·물

적 네트워크를 따라 세계를 금세 덮어버렸다. 중국 바깥에서 감염자들이 속출한 때부터 신종 코로나, 혹은 코로나19★가 100년 전의 스페인 독감을 이은 차세대 팬데믹으로 지정되기까지는 그리 많은 시일이 걸리지 않았다. 이 글을 마무리하는 2021년 1월 현재, 바이러스의 감염자는 9,500만 명에 달하고 사망자는 205만 명을 넘어섰다.

바이러스의 충격은 여기서 그치지 않았다. 적어도 근대 이후 인간 사회는 감염병에 속수무책으로 당하지 않고자 기를 써왔다. 각 사회는 자신이 처한 상황에 맞춰 바이러스의 확산과 피해를 최소화하고, 질병의 창궐에 맞추어 고조되는 사회적 혼란과 불만을 통제하고자 노력했다. 코로나19라고 해서 그 예외는 아니었다. 정보 혁명을 통해 인간 사회는 직접 대면하지 않고도 중요 의사소통을 처리할 수 있는 능력을 갖추었고, 따라서 원격 교육, 재택근무를 필두로 비대면 의사소통이 코로나19 바이러스 확산을 막을 중요한 열쇠로 부상했다. 재정 여력이 되는 몇몇 국가는 바이러스 창궐로 소득이 감소한 국민을 독려하고 소비를 증진시키기 위해 막대한 돈을 풀었다. 이런 흐름은 바이러스가 물러가고 난 뒤에도 각 사회, 그리고 인류 전체에 남아 깊은 흔적을 남길 것이다.

흥미로운 점은 지구적 전염병으로 인해 각국이 원하든 원치 않든 '방역 체제 경쟁'에 참여하게 되었다는 것이다. 정보가 국경을 넘어 순식간에 유통되는 시대가 되었기에, 누구든지 바이러스에 대처하는 자국의 역량과 타국의 역량을 비교할 수 있게 되었다. 이는 타국의 정보에 근거하여 국민들이 바이러스와 관련된 수많은 문제에 관해 자국

★ 현재 팬데믹을 유발한 질병의 정식 명칭은 COVID-19, 혹은 코로나바이러스감염증-19이다. 그러나 언론 및 일상에서의 사용 양태를 고려하여 이후로는 약식 명칭인 코로나19로 표기한다.

정부에 직접적으로 불만을 제기할 수 있음을 뜻했다. 그 문제들은 바이러스의 유입을 차단하고, 국내에 퍼진 바이러스를 통제하고, 의료물자들을 적절히 확보하여 배포하고, 이미 감염된 환자들을 치료하는 것까지 그야말로 모든 분야를 망라했다. 나아가 각국이 바이러스를 예견하고 움직인 게 아닌 이상에야 모든 방역 정책은 해당 사회가 갖고 있던 경로 의존성을 따라 움직일 수밖에 없었다. 각국의 엇갈린 방역 성과는 결국 **그 사회가 실제로 어떤 모습인지**를 보여주는 중요한 창이 되어준 것이다.

이는 한국에서 특히 극명하게 나타났다. 한국은 중국과 인접하고 있었고 다양한 인적 교류가 많았던 터라, 중국 역외에서 대규모 감염이 발생한 최초의 사례 중 하나였다. 이 시기 중국인을 잠재적 감염원으로 간주하고 입국을 차단해야 할 것인가, 아니면 경제적 여파를 생각하여 계속해서 국경을 개방할 것인가를 두고 설전이 있었다.** 마침내 대구에서 신천지 교단을 중심으로 감염이 일파만파 확산하자 중국인 입국 금지를 시행하지 않은 정부에 대한 격렬한 비난이 있었고, 정부는 그렇게 위기에 몰리는 것처럼 보였다.

그러나 대구발 집단감염의 위기 속에서 한국은 불사조처럼 살아서 돌아왔다. 오히려 한국이 모여준 모습은 정반대였다. 감염자가 폭증하던 초반의 패닉이 지나가자, 한국은 방역을 전담하는 질병관리본부의 지휘 아래에서 일사불란하게 움직이며 차분히 사태를 진정시켜 나갔다. 그 사이 바이러스는 대구를 보며 한국을 바이러스 위험국으로 지정한 국가들로 스멀스멀 건너가 그 나라들을 초토화했다. 그렇게 초기에 공격받은 한국이 방역에서 선전하는 동안 선진국이라 칭송하던 유럽 각국은 급증하는 감염자 수를 감당하지 못해 사실상 의료체계

★★ 김경진, 「'중국인 입국금지' 청원 72만 넘어…정부의 선택은?」, 《KBS》 2020. 2. 20.

가 붕괴했고, 한국보다 수십 배, 수백 배가 많은 사람이 코로나19로 인해 사망하는 사태가 벌어졌다. 이 시기 한국의 성공과 대비되는 유럽, 이후 미국의 실패는 한 세기 가까이 선진국에 대한 선망과 콤플렉스를 떨쳐내지 못하던 한국인들의 인식 속에 강렬하게 각인되게 된다.

모든 인간은 자신이 겪는 현상을 어떤 식으로든 설명하고자 하는 욕구를 지닌다. 한국에서도 한국의 이 성공이 대체 어떻게 가능했는지에 대한 다양한 설명이 등장하는 것은 지극히 당연한 일이었다. 그렇게 해서 등장한 용어가 바로 한국 특색의 방역 정책을 일컫는 단어인 **'K-방역'**이었다. 대구 집단감염 당시 등장했던 K-방역이라는 개념은 순식간에 인지도를 쌓아 올려 각 정부 부처 회의와 브리핑부터 동네의 카페에 이르는 한국 사회 전역에서 울려 퍼지게 되었다.

누군가에게 K-방역은 과거 우러러보았던 선진국조차 넘어선 한국의 방역 역량을 상징하는 단어로 다가왔고, 반대로 누군가에게는 정부의 탁상행정과 국민 억압을 치장하는 말이자 조소를 불러일으키는 단어로 취급되었다. 하지만 누구도 부정할 수 없는 사실이 있다면 한국이 분명히 다른 사회와 구별되는 방식으로 방역을 수행해왔으며, 그 결과가 사회 수준이 더 비슷하거나 높다고 간주되어 오던 나라들에 비해서도 상당히 좋았다는 것이다. 국제 비교는 분명히 K-방역을 긍정하는 많은 이들의 주장에 힘을 싣는다. 대구 감염이 진정된 후 정부를 필두로 숱한 지식인까지도 K-방역을 추켜세우게 된 건 당연한 일이었다.

그들이 K-방역을 추켜세우는 초점은 명확했다. 한국은 공격적 검사와 격리를 통해 감염원의 추가 전파를 막고, 정보를 빠르게 공개하여 국민의 불안을 최소화하고 이를 통해 국민들이 일선 방역에 자발적으로 참여하게 유도했다. 이 같은 정책은, 일군의 정부 관료 및 지식인들에겐 중국을 필두로 한 다른 국가들이 추진한 권위주의적이고 억압적 정책과 대비되는, 자유주의적·개방적·민주적 방역 정책의 모범이었다. 이들에게 공동체를 위해서 스스로의 행동을 제약하는 다수 한국인들의 행동은 공공에 기여하고자 하는 민주적 시민의식의 발로였다. 이런 논의들이 종합되며, K-방역은 이제 한국이 자유주의, 민주주의 국가로서 국제적 표준을 선도한다는 개념으로 격상되었다.

하지만 다음과 같은 질문도 가능할 것이다. 방역에서 한국이 거둔 성공이 정말 개방성과 민주주의와 같은 '가치'의 승리일까? 혹시 우리는 우리 자신을 구성하는 진짜 요소들을 잊은 채, 우리가 밖에 보이고 싶은 모습을 꾸며 우리를 속이는 것은 아닐까? 다음과 같은 요소들이 한국의 방역에 어떤 식으로 기여했는지 살펴보면, 'K-방역'을 가능하게 한 주인공들은 민주주의나 개방성 같은 가치와 거리가 멀며 때로는 반대될 수도 있다는 것을 금세 알 수 있다.

제조업의 승리: 첨단장비에서 마스크까지

대규모 전염병과의 싸움은 결국 바이러스를 상대로 하는 전쟁이다. 단순히 비유로 보기에는 흡사한 점이 너무나 많은데, 이는 부분적으로 실제 공중보건의 역사 자체가 20세기 총력전의 역사와도 떼어놓을 수 없기 때문일 것이다. 바이러스는 사살해야 할 적군이고, 현장의 의료진들은 전사였으며, 방역 행정을 맡은 기관들은 사령부였다. 그렇다면 방역 전쟁의 군수품은 무엇일까? 코로나19에 대응할 수 있는 병상부터 K-방역의 자랑인 '공격적 검사'를 수행할 진단키트, 의료진들을 보호할 방호복과 모든 일상의 필수품으로 자리 잡게 된 최고의 개인 방역용품 마스크까지 이 모든 것들이 작금의 군수품이라고 할 수 있을 것이다.

이런 핵심 군수품이 적절한 수준으로 생산되어 필요한 곳으로 재빨리 공급되지 않는다면 성공적인 방역의 수행이 난망할 수밖에 없다. 이는 저부가가치 경공업이 사실상 사라진 유럽 국가들이 방역물품 중에서 가장 많이 필요한 품목인 마스크를 수급하는 데서 가장 극적으로 드러났다. 제조업 가치 사슬의 말단을 아시아 국가들에 전적으로 맡긴 이 국가들은 바이러스 확산 초창기에 마스크 하나를 구하지 못해 추한 '쟁탈전'을 벌여야 했던 것이다.

각국은 초기에 중국에서 생산되는, 아니 하사되는 것에 가깝던 마스크에 거의 전적으로 의존해야 했으며, 타국으로 향하는 마스크를 중간에 낚아채는 일도 서슴지 않았다.★ 한국이 우러르던 명품 의류 기업들은 직원들을 재배치해 수제 마스크 생산에 투입했다.★★ 반면 한국은 초반 패닉에 의한 사재기가 정부의 배급 시스템에 의해 진정되자 누구도 마스크 조달에 어려움을 겪지 않게 되었다. 이것이 가능했던 것은 정부가 구축한 배급 시스템도 중요했지만, 근본적으로는 한국에 여전히 상당한 수준의 저부가가치 제조업, 요컨대 **말단 제조업** 기반이 남아있었기 때문이다.

사실 이런 말단 제조업들은 한국 사회의 공론장이나 사회 여론에서 거의 주목되지 않던 영역이었다. 손톱깎이로 손톱을 깎을 때, 그 누가 손톱깎이가 어디서 어떻게 생산되는지에 신경 쓰겠는가? 그러나 그것은 우리에게 포착되지만 않았을 뿐이지 사라지지는 않았고, 지구적 감염병이 찾아왔을 때 국가적 구원투수로 올라설 수 있던 것이다. 지방에 산재한 이런 소규모 공장들은 엄청난 생산 능력을 보여주면서

★ 최지선, 「코로나19 앞에 EU 결속력 무너지나…마스크 때문에 '사분오열'」, 《동아일보》 2020. 3. 8.

★★ 이은비, 「프랑스, 명품 브랜드 수제 마스크 4,000만 장 재고…국산품 구매 독려」, 《YTN》 2020. 6. 14.

국내외에서 폭증하는 수요를 감당했고, 여기에 삼성과 같은 글로벌 기업이 가세해 공정 효율화에 일조하기까지 했다.◆ 많은 이들이 이름도 한 번 안 들어봤을 장소의 그런 기업들에서 수많은 의료진과 시민의 손에 들릴 마스크가 엄청난 속도로 찍혀 나온 것이다.

국내 공장에서 생산되는 마스크는 그저 여러 사례 중 하나에 불과했다. 한국은 동남아시아와 연결된 글로벌 공급 사슬을 통해서도 핵심적인 의료 물품을 수급했다. 사실 진정으로 놀라운 것은 **한국이 이미 상당한 고부가가치 지식 기반 산업을 갖춘 국가면서도 이런 거대한 말단 제조업 생산 역량을 갖추고 있었다는 점**이다.◆◆ 이 두 가지를 모두 갖추고 있었다는 점이 중요하다. 만약 한국이 그런 고부가가치 산업과 제조업이 존재하지 않았다면 진단키트, 시약을 비롯한 중요한 의료 물품을 이토록 수월하게 자체 수급하지 못했을 것이다. 그리고 한국에 말단 제조업이 없었다면 방호복이나 마스크와 같은 단순한 물품을 수급하는 데서 어려움을 겪었을 것이다. 즉 한국의 성공적인 의료, 방역 행정에는 그것을 뒷받침해주는 모든 물품을, 부가가치 수준과 관계없이 원활하게 수급할 수 있는 한국의 완결성 높은 제조업 여건이 핵심적인 역할을 했다.

이는 어찌 보면 이해할 수 없는 광경이기도 하다. 선진 산업국 대다수는 그런 단순 제조업 상당수를 아시아에 떠넘기면서 고부가가치 산업에 집중했기 때문이다. 한국인에게 익숙한 통념에 따르면 물건을 만드는 것보다 상표를 만들어 물건에 붙이는 게 훨씬 더 이득이 되는,

---

◆ 「삼성, 국내 마스크 공급 확대 긴급 지원」, 《삼성전자 뉴스룸》 2020. 3. 24.

◆◆ 정민, 「G7국가와 한국의 산업 구조 변화와 시사점」, 현대경제연구원 《한국경제주평》 2016. 5.
이 연구보고서는 한국이 여타 G7 국가가 탈산업화를 겪는 와중에서도 높은 제조업 비중을 유지하고 있다고 지적한다.

'남는 장사'였다. 그리고 한국도 이제 물건보다는 상표의 비중이 커지기 시작한 선진 산업국이었다. 하지만 한국에서는 그 가치와 중요성에 주목한 이들이 많지는 않았어도, 그와 무관하게 개발시대에서나 익숙할 법한 단순 제조 공단들이 여전히 즐비했다.★ 그리고 한국인들이 마치 공기처럼 당연한 것으로 받아들이고 있던 자국의 광대한 제조업 기반은 위기 상황이 도래했을 때 제 역할을 톡톡히 하면서 그 가치를 입증해 보였다. 하지만 비슷한 시기 다른 국가들이 의료 물품 수급에 겪은 난항을 생각해보면 결코 그것은 공기처럼 당연한 것이 아니었다.

총력전 동원 체제의 승리

대구 사태가 치열하게 전개될 무렵, 한국의 방역 행정은 그 공격적 검사와 신속한 격리로 대내외적 주목을 받았다. 일선 인력이 고안한 드라이브 스루 검사★★는 전국적으로 채택되면서 이후 K-방역의 상징과도 같이 되었다. 물론 현재 시점에서 한국은 주요 감염 의심자에 대해서만 검사를 하기에 이전처럼 국제적으로 보아도 눈에 띄는 수준의 공격적 검사를 수행하지는 않는다.★★★ 하지만 대구로 달려간

★ 서인석, 「음성지역 공장서 하루 약 23만 장 마스크 생산」, 《중부매일》 2020. 3. 3.
심민관, 「생산량 5배 이상 늘었는데…마스크 가격 떨어지지 않는 이유는?」, 《조선비즈》 2020. 6. 23.
코로나 팬데믹 이전 전국적인 생산량은 하루 200만에서 300만 장이었다.
서재훈·이한호, 「올해 찍어낸 마스크 65억 장…'귀한 몸'에서 '재고' 신세로」
사태 초기 품귀 현상을 겪었던 마스크는 한국이 생산량을 급격히 확충하며 공급 과잉까지 이르렀다. 연 생산량은 약 65억 장, 절정이었던 9월의 월 생산량은 11억 장에 달할 정도였다.

수많은 의료진들이 엄청난 속도로 수행한 검사는 분명히 한국 사회 시스템에 대해서 말해주는 바가 있었다. 그것은 시각에 따라서는 한국 특유의 '빨리빨리' 문화가 될 수도 있었고, 혹은 의료진들의 헌신일 수도 있었다.

하지만 당시 대구에서 한국이 보여준 모습은 그 이상이었다. 당시 공격적 검사가 치러진 이유는 검사 대상을 빠르게 추려내서 의심자들을 분류하고, 위험 감염원들의 추가 확산을 차단하여 사태를 진정시키기 위해서였다. 그러나 이런 일은 위의 단순한 문장으로 정리하기 벅찰 정도로 엄청난 과업이다. 당국은 확보한 신천지 신도 명부를 바탕으로 수천 명에 달하는 사람들을 수배해야 했고, 그들이 움직이고 들렀던 장소 모든 곳을 점검해서 그 장소를 거쳐 간 사람들을 또다시 수배해야 했다.

이 모든 작업은 방대한 행정적 부담을 질 일선 인력, 즉 의심자를 수배하고 동선을 파악할 인력과 검사를 진행해 결과를 확인하고 환자를 치료할 의료 인력을 요구하는 일이다. 이는 단지 빨리빨리, 혹은 헌신으로 설명될 수 있는 것은 아니다. 가만히 있다고 쌀은 밥이 되지 않으며, 헌신하는 마음만으로 사태는 해결되지 않기 때문이다. 그렇다면 대구 사태에서 한국이 보여준 해법을 수행하기 위하여 필요한 것은 무엇이었을까?

답은 두 가지로 축약할 수 있다. **정보**와 **동원**이다. 먼저 정보부터

★★ 자동차에 탄 채로 동선을 따라 접수부터 문진, 체온 측정, 검체 채취 및 소독 등의 일괄적인 코로나19 검사를 받을 수 있는 방식이다. 드라이브 스루 선별 진료소는 세계 주요 언론이 혁신적 아이디어라고 칭했으며 미국, 영국, 독일 등 여러 나라에서 벤치마킹했다. 2020년 2월 23일 코로나19 '국내 1번 확진자' 주치의인 인천의료원 김진용 감염내과 과장의 아이디어로 도입됐다.

★★★ 박도영, 「'K방역의 현재' 한국 확진자수 세계 161위, 사망자수 158위, 검사자수는 130위」, 《메디게이트뉴스》 2020. 12. 28.

살펴보자. 정보는 일선 방역 행정을 설명하는 데 있어서 가장 핵심적인 키워드다. 앞서 언급한 모든 과정, 즉 감염 의심자를 확보하고, 개별 의심자들이 이동하고 머물렀던 동선을 모두 확보하고, 그 동선을 거쳐 간 사람을 확인하는 작업은 결국 정보 수집 문제로 귀결된다. 따라서 문제는 이 정보를 어떻게 확보하고 정리하며 실질적으로 적용하느냐는 데 있다.

예컨대 개별 시민이 어느 시각에 어느 위치에 있었고 누구를 만났는지 같은 정보는, 확보하는 것부터 어렵지만 확보한다고 해도 바로 사용할 수 있는 것이 아니다. 모두 일선 행정 인력을 거쳐 관료 조직이 활용할 수 있는 형태로 변환되어야 하기 때문이다. 여기에 가급적 정보 확보 단계부터 변환 과정을 줄일 수 있도록 촘촘하게 기록되면 더 좋을 것이다. 끝으로 정리된 정보를 분석하여 실제 현실에서 필요한 추적을 행해야 한다. 이 모든 작업에 거대한 행정 인프라가 동원될 수밖에 없는 이유다. 따라서 한국의 방역은 정보를 처리해내는 놀라운 행정 역량이 아니었다면 대구에서 이미 큰 손실을 보았을 것이 틀림없다.

그리고 한국 행정 당국이 그 같은 업무를 끝끝내 완벽히 수행할 수 있었던 이유는 간단했다. **한국은 행정적으로 늘 그 같은 상황에 대비가 되어 있던 국가이기 때문이다.** 분단된 한반도에 들어선 두 정부는 수립된 지 얼마 되지 않아 서로 총력전을 벌였고, 전쟁이 끝난 뒤에도 그들은 언제나 미래에 있을 전쟁을 상정하며 국가를 건설해나갔다. 대한민국에 들어선 군부 정권의 경우 행정 조직을 마을까지 침투시키고 모든 국민에게 일원화된 번호 체계를 부여하는 등 통제와 동원을 위한 다양한 행정 시스템을 도입했다. 한국의 행정은 도입한 주체나 시행한 목적으로 보아도 개인의 자유나 사생활 보장 같은 권리, 즉 자유 진영의 사람들이 당연하게 생각해오던 권리와 충돌하는 것임이 분명했다.

물론 권위주의 정권의 이 같은 억압적 통제 정책은 1987년 이후 한국이 민주화되면서 확연하게 축소되었다. 공안 분야의 사찰과 같은 권위주의 시대의 관성은 21세기에도 잔존하긴 하였으나, 이조차도 국가 폭력에 민감한 민주당 정권이 들어서면서 그 범위가 대폭 줄었다. 하지만 그렇다고 해서 한국 행정이 기존 관행과 아예 결별한 것은 또 아니었다. 주민들의 세세한 정보를 모두 다루면서 신속한 행정 서비스를 전달할 수 있는 동사무소 시스템과 그 근간이 되는 주민등록번호를 포기하기에는, 강력한 정보 수집에 근거한 치밀한 행정이 너무나도 편리했다.

높은 수준의 개입은 시민들에게 편의뿐 아니라 안전도 제공했다. 골목 구석구석까지 깔린 CCTV 네트워크와 모든 국민이 등록하는 지문 정보는 지금 이 같은 높은 수준의 치안이 유지되는 데 결정적인 역할을 했다. 이런 역량이 없었으면 한국이 과연 감염 폭발 당시 빠르게 감염자와 접촉자를 찾아내서 검진하고 격리하는 골든타임을 잡을 수 있었을까? 전쟁을 대비하여 구축된, 치밀한 정보 수집 시스템에 근거한 행정 역량은 결국 실제 전쟁은 아니었지만 방역 '전쟁'에서 그 소임을 다했던 것이다.

하지만 모든 과업은 시스템을 갖추기만 해서 돌아가는 것이 아님을 인식하는 것도 중요하다. 방역을 위한 정보 수집부터 검사와 격리에 이르기까지 모든 행정은 결국 일선 현장의 사람들이 굴리는 것이기 때문이다. 특정 국가가 자국의 공무원 조직을 움직여 원하는 행정 업무를 시키는 것은 특수한 일이 아닐 것이다. 한국의 독특한 점은 공공 영역과는 구별되는, 민간 영역이라고 할 수 있는 **의료진과 의료 인프라마저** 국가가 동원하여 필요하다고 생각되는 때에 투입했다는 데 있었다.

이는 2003년 사스(중증급성호흡기증후군, SARS) 때도 마찬가지였다. 당시 한국은 중국발 바이러스를 차단하기 위하여 군의관과 병사, 장교들로 대표되는 각종 동원 인력을 투입해 공항이나 항구 등지의 유입 경로를 손쉽게 틀어막았다. 국내의 주요 대도시에서 발생한 감염 폭발을 막는 것은 이보다 훨씬 힘든 일이었겠지만, 한국 정부는 더 많은 동원 인력을 투입해 이에 대응했다. 자발적으로 대구로 달려간 의료진만큼이나 중요한 것은 정부가 사실상 징발하여 활용할 수 있던 수많은 병원, 청년 남성 의사를 동원하여 구축한 공중보건의 인력이었다.★

의료 영역을 국가가 징발하고 역시 언제든지 사용 가능한 공공인력과 협력시켜 위기를 돌파한 것을 한국이 과거 구축한 **병영 국가 시스템**과 떼어놓고 보기는 힘들 것이다. 국가의 강력한 권력은 언제든지 사회의 각종 자원을 징발하여 국가가 원하는 목표에 투입할 수 있도록 배치할 수 있었다. 군부 정권 시기에 이 강력한 권력은 자신들의 정권을 유지하기 위한 억압 수단으로도 활용되었지만, 교육과 산업, 보건을 비롯한 각종 사회 발전과 근대화에 추진력을 제공하기도 하였다. 한국의 국가 권력은 수많은 인적·물적 자원에 관여해 민간의 '자유로운' 활동을 가로막았고, 대신 방임했을 때 움직이지 않았을 것들을 훨씬 빠르게 움직이도록 강제할 수 있었다.

당연하게도, 동원 체제는 군사독재가 물러나고도 계속해서 한국이라는 국가의 근간으로 남게 되었다. 이는 군사정권 시기에 만들어진 고도의 정보 수집과 행정 시스템이 그 압도적 편의성으로 인해 민주화 이후에 일부 수정만 거치고 애용된 것과 마찬가지였다. 의사와

★ 이수복, 「공중보건의 조기 투입…4월까지 600명 배치」, 대한민국 정책브리핑 《KTV》 2021. 2. 17.

같은 고소득 직종을 시골에서 3년이란 세월 동안 헐값으로 일하게 하는 것은 너무나 유용하고 편리했다.** 개인의 자유라는 이름으로 그 편리함을 포기하기에는, 설령 민주화된 이후라 할지라도 국가 입장에서 너무 아까운 일이었다.

이렇게 본다면, 대구의 위기를 넘기고 그 이후 이태원, 교회발 집단감염이 감염 폭발로 이어지지 않은 것은 결국 정보 수집과 자원 동원에서 대체 불가능한 시스템을 건설해 놓은, **총력전 동원 체제의 승리**라고도 볼 수 있는 것이다. 북한과의 총력전을 대비하며 사회 구석구석으로 뻗어 나간 한국이라는 촘촘한 시스템은 코로나19라는 바이러스를 상대로 총력전을 벌인 셈이다.

디지털 멍석말이:
사회적 압력을 통한 행동의 억제

지난해 초 한국은 대구에서 일어난 감염 폭발을 막아내기는 했으나, 이것이 코로나19의 종식을 뜻하는 것은 아니었다. 2020년 5월에는 미국, 유럽발 유입으로 인해 이태원에서 집단감염이 있었고, 8월에는 교회 네트워크를 통해 수도권, 더 나아가 전국적 감염이 다시 이어졌다. 당국은 그럴 때마다 대구 경북과 같은 감염 폭발이 다시 발생하는 것을 막기 위해 총력을 기울였다. 그렇게 5월 감염은 비교적 성공적으로 막아냈고, 그 후의 8월 감염도 어느 정도는 통제해냈다.

** 강현구, 「공보의 감소로 의료취약지 접근성 악화돼」, 《의약뉴스》 2015. 9. 11. 기사에서 전하는 것처럼 공중보건의가 감소함에 따라 지역 의료 접근성 악화가 우려되는 것도 비슷한 맥락이다. 핵심은 수요와 공급에 따른 적절한 보상의 제공보다는 동원과 투입에 있다.

여러 국가들이 감염의 2차 유행을 겪는 가운데 한국이 힘겹게라도 방역의 성과를 유지할 수 있었던 이유는 무엇일까? 가장 중요한 것이라면 스마트폰과 교통카드, CCTV를 통해 남기는 자료를 모두 수집하고, 그것을 분석하여 동선을 추적할 수 있는 막강한 정보력과 행정력에 있을 것이다. 이에 대해서는 위에서 설명하였다. 나는 여기에 더해 국가의 정책에 대한 사회와 개인의 협조가 큰 역할을 했다고 생각한다. 정부는 이미 감염된 사람들을 확보하고 격리하여 추가 확산을 막아야 하고, 동시에 잠재적 감염원들의 행동 또한 억제하여 바이러스의 확산을 억제할 필요가 있다. 이 행동 억제를 위해 정부가 경제적 피해를 감수하고 내린 결정이 '사회적 거리두기'였던 것이고, 국민들은 이에 호응하여 사회 활동을 상당한 수준에서 줄이면서 바이러스가 통제 불능으로 퍼지는 것을 저지했던 것이다.

그렇다면 이것이 민주적이고 개방적인 'K-방역'의 요소일까? 일견 그런 면모가 보이긴 한다. 마스크 착용마저 국가의 간섭이라고 거부하는 미국과 달리, 한국인들은 공적인 목적을 위하여 마스크 착용에 충실하고 행동을 위축시켜 방역 행정에 훨씬 협조적으로 나선다. 이것은 사회가 국가에 대해 일정한 신뢰를 지니고 국가의 조치를 합당하다고 여기기에 가능하다는 점에서, 민주화 이후 한국 국가가 쌓은 신뢰가 역할을 했다고 보는 것은 일리가 있다. 하지만 나는 그런 점들로만 한국인들의 자율적인 사회적 거리두기가 효과적이었던 이유를 설명하기는 힘들다고 생각한다. 전염병 유행에 대처하는 사회적 반응은 어떻게든 정부의 방역정책과 상호작용할 수밖에 없고, 그렇기에 정부의 정책이 의도하건 의도하지 않았건 만들어낸 부산물을 보다 면밀하게 들여다볼 필요가 있다.

코로나19 유행이 시작되고, 정부의 방역 정책이 대중에게도 서서히 알려질 무렵, 국민들에게 초유의 관심사로 등장한 것은 바로 **'동선'**

이었다. 한국의 디지털 행정은 국민의 모든 동선을 추적하여 정리할 역량을 갖추고 있었지만, 사실 국가가 이 정보를 혼자만 알고 활용하는 것과 대중에게 공개하는 것은 전혀 별개의 일이었다. 물론 대중에게 이런 정보들이 공개되면, 감염자와 동선이 겹칠 사람들은 더욱 조심할 것이고, 직장이나 학교 등에서 더 자율적인 대응을 할 수 있는 등 다양한 장점이 있는 것이 명백하다. 하지만 동선 공개는 이런 개인과 단체의 자율적 대응이라는 효과를 훨씬 넘어서는 부가적인 효과를 가져왔으니, 그것은 바로 **'디지털 멍석말이'**였다.

감염자의 동선이 공개되었을 때, 사람들은 그 동선을 관찰하면서 감염자가 실제 누구인지 금세 쉽게 특정할 수 있었고, 프라이버시와 관련된 정보들은 감염자의 근처 사회적 네트워크를 통해 재빠르게 돌았다. 여기에 인터넷 기사나 지자체 공지를 통해 공유되는 감염 관련 정보들은 익명의 대중마저 감염자의 사생활에 접근할 수 있는 통로를 열어 놓았다. 문제는 이것이 단순히 정보를 접한 이들의 행동을 억제하는 것을 넘어서, **감염자에 대한 강력한 사회적 비난의 근거**로 활용되었다는 데 있었다.

어떤 사람들은 호텔에서 감염자들의 동선이 겹치는 것을 근거로 전혀 관련 없는 사람들이 불륜을 했다고 몰아가기도 했다. 이 같은 비난과 낙인의 효과가 어느 정도였을지는 당장에야 알기는 어려울 것이다. 하지만 비난하는 사람들조차 자신의 동선이 공개되어 사생활이 노출되는 것을 두려워하기 시작했고, 자신이 언제든 간에 우연의 장난으로 집단적 비난, 혹은 린치의 대상이 될 수 있음을 무의식에서라도 인식했음은 틀림없다. 이처럼 사실상의 신상 공개를 통한 사회적인 낙인, 그리고 뒤이은 멍석말이가 구성원들의 행동을 억제하여 바이러스의 급속한 확산을 막는 데 도움이 되었다고 볼 개연성은 충분하다.

물론 이것이 한국만의 독특한 현상은 아니다. 전염병의 역사에서 사회가 감염자에 대한 비난을 통해 병의 확산을 억제해온 것은 인류 역사 내내 있던 일이다. 하지만 '한국적 방식'은 분명 이전의 사회적 낙인을 통한 방역과는 달랐다. 실제 '디지털 멍석말이'를 통한 한국적 방식은 아주 상반된 두 가지 효과를 가져왔다. 하나는 일반적인 전염병 유행 시 벌어지는 사회적 낙인과 유사했다. 공개된 감염자는 때로 불필요한 사회적 비난을 받았다. 이런 비난은 전염병 억제에 어느 정도 기여했지만 동시에 개인의 사생활과 인격이 무분별하게 공격받는 '부차적 피해' 또한 유발했다. 그러나 또 다른 효과가 있었는데, 역설적으로 바로 사회의 다른 구성원, 주로 비감염자에 대해서는 사회적 낙인과 같은 '부차적 피해'가 상당한 수준에서 억제되었다는 것이다. 사람들은 오직 감염자에 집중하여 비난을 퍼부었고, 감염자가 아닌 이들에게까지 구태여 불필요한 비난을 하진 않았다(때로 예외는 있었지만 말이다).

이 두 가지 상반된 효과는 한국의 동선 공개가 디지털 기술을 동원하여 아주 세밀하게 동선과 감염자 정보를 공개했기에 필연적으로 발생한 부산물이었다. 먼저 감염자의 구체적인 동선과 신상이 공개되었기에 그와 인접한 사람들, 혹은 관련 없는 이들도 전염병 시에 벌어지는 일반적 행태에 따라서 감염자를 비난할 가능성이 크다. 그러나 과거 디지털 이전 사회라면 애초에 그런 '정확한' 감염자 비난은 불가능하다. 즉, 감염병의 실제 확산 경로를 세밀히 파악하지 못하고 두루뭉술한 정도로만 확보할 수 있었기에, 사회 구성원들은 단순한 감염자를 넘어서 잠재적 감염원으로 의심될 사람 전체에 대해서 낙인을 찍고 비난을 할 유인이 생긴다.

실제로 동선 공개를 하지 않은 일본에서 벌어진 일은 만약 한국에서 동선 공개를 하지 않았다면 벌어질 일을 가늠하게 해준다. 일본에서는 감염 확률이 높은 것으로 인식되는 의료진, 혹은 전염병 유행이 진행되는 도쿄에서 온 사람을 위주로 이지메에 가까운 반응을 보여 그들의 사회적 활동을 위축시켰다.★ 아마 이런 사회적 비난을 통한 활동 억제가 일본이 정부가 적극적 방역 행정을 펼치지 않았음에도 서구 국가들에 비해 더 나은 방역 성과를 거둔 원인일지도 모른다. 어쨌든 이런 방식은 그 정확성이 떨어지고, 실제 파악되지 않은 감염자들은 '적절한' 비난을 피해 가는 대신에 비감염자들이 애꿎은 피해를 입으며 '부차적 피해'가 극대화되기 좋다. 그러나 한국은 아주 정확한 정도로 동선을 공개함으로써 마치 국가가 묵인한 정밀 타격과 같이 감염자에 대한 사회적 낙인이 이루어졌고, 이는 다른 구성원들의 행동에도 영향을 미쳐 사회적 거리두기에 대한 적극적 협조를 가능하게 했다.

허상이 만들어낸 위기: 2020년 연말 유행

한국의 방역 성공, 혹은 'K-방역'은 무엇으로 가능했는가? 적어도 대구의 감염 폭발을 방어해내고 그 이후 수도권을 중심으로 한 유행 또한 억제한 것으로 보았을 때, 코로나19에 대한 한국의 방역이 상당한 성과를 이루었음은 부인하기 힘들다. 그러나 이것이 정부 혹은 한국 일각에서 주장하는 것처럼 자유주의와 민주주의의 성취일까? 한국이 방역에 성공한 여러 원인을 따져보았을 때, 적어도 자유주의와 민주주의만큼은 방역과 별 관련이 없음을 손쉽게 추론할 수 있다.

★ 송대성, 「돌 던지고 살해 협박…日에 퍼지는 '코로나 이지메'」, 《노컷뉴스》 2020. 4. 21.

첫째로 방역이 일종의 '전쟁'과 유사하다고 할 때, 한국은 군수물자를 생산하고 병력을 징발할 수 있는 역량이 있기에 이길 수 있었다. 가치 사슬의 말단부터 하늘 꼭대기까지 포괄하는 한국의 제조업 역량은 가장 위험한 시기에도 필수적 의료 물자 수급을 가능하게 해주었다. 국가가 언제든지 동원할 수 있는 고도로 숙련된 의료 인력은 가장 위급한 순간에 적재적소로 배치되어 가혹한 정도의 노동을 수행해냈다. 이를 만들어낸 것은 자유주의와 민주주의가 아니라, 한국의 자유주의자와 민주화 운동가들이 그토록 증오하고 평생을 싸워야만 했던 군사독재 시스템, 즉 총력전을 상정하여 만들어진 병영국가였다.

둘째로 한국은 자유주의의 핵심적 가치이자 권리라고 할 수 있는 프라이버시에 무심했기에 '편리하게' 방역을 수행할 수 있었다. 전국적으로 보급된 디지털 인프라를 통해 국가는 국민의 사생활을 파악해 일개인의 일상을 일목요연하게 정리할 수 있었다. 여기에는 사회 말단까지 뻗어 나간 중앙집권적인 행정 시스템과, 생체 정보부터 교통 기록까지 모든 사생활 정보를 국가에 제공하는 데 저항감이 별로 없는 문화가 결정적 역할을 했다. 이로써 국가는 개인의 사생활을 바탕으로 바이러스의 이동, 전파 경로를 알아내 선제적으로 감염을 차단할 수 있었다. 이 같은 철저한 정보 수집과 처리 역량은 대구 감염 폭발을 막아내고 이후에 계속해서 밀어닥칠 위험성이 있던 2차 유행을 억제한 힘이 되어주었다.

거기에 더하여 당국은 수집한 사생활 정보를 거리낌 없이 대중에 제공하면서 의도치 않게(의도가 있을 수도 있겠지만) 정밀 유도 타격과 같은 사회적 낙인의 힘을 빌릴 수 있었다. 감염 정보가 공개되면 그에 대해 멍석말이와도 같은 강한 집단적 비난, 사회적 낙인이 이어졌고, 이는 구성원들의 행동을 억제시켜 자발적인 사회적 거리두기 유지를 가능하게 했다. 역설적으로, 디지털 기술이 가능하게 한 세밀한 감염자 정보는 사회적 낙인이 비감염자에게 남발되는 것을 막고 감염자에게 집중되게 함으로써 '부차적 피해'를 최소화하는 데에도 기여했다. 이 모든 것은 결국 국가와 대중 모두 프라이버시 감각이 둔감했기에 도입할 수 있던 최첨단 디지털 추적 인프라 덕택이었다.

이처럼 실제 'K-방역'의 핵심적 동력은 자유주의와 민주주의와는 관련이 없거나, 심지어 적극적으로 반대되는 경우가 많았다. 제조업 기반은 자유주의와 직접적 관련이 없다. 강력한 국가가 개인의 사적 재산권이나 자유의지를 강제력으로 누르고 원하는 대로 언제든 쓸 수 있는 것은 자유주의에 적극적으로 반한다. 개인의 사생활을 들여다볼 수 있는 감시 국가와, 대중들에 의해 이루어지는 사적 제재와 상호 감시 또한 그렇다.

내가 이런 주장을 한다고 해서 한국이 방역에 실패했다고 비판하는 것은 결코 아니고, 방역을 위해 국가가 개인권을 탄압한다고 말하려는 것도 아니다. 한국의 방역은 국제적 기준으로 보았을 때 분명 성공적이었다. 그리고 나는 구성원의 생명이 오가는 중차대한 국면에서까지 개인권을 비롯한 자유, 프라이버시 등이 절대로 침해할 수 없는 가치라고 보는, 이념적으로 투철한 사람도 아니다. 다만 내가 'K-방역'을 둘러싼 논란에서 이해할 수 없던 것은, 비자유주의적, 때로는 반자유주의적인 수단을 통해 얻은 성취를 자유주의와 민주주의의 성취라고 이야기하는 해석들과 자화자찬이었다.

잘못된 이해는 단순히 잘못된 이해에서 그치지 않고 더 실제적인 파급효과를 낳은 것 같다. 나는 K-방역에 대한 오해가 2020년 연말에 3차 대유행이 발생하는 데도 영향을 끼쳤다고 생각한다. 정부의 대응과 바이러스 유행 상황이 계속해서 행정력과 상호 감시라는 K-방역의 두 축을 약화시켰기 때문이다. 우선 확진자와 밀접 접촉자가 꾸준히 누적되는 와중에도 이들을 관리할 일선 행정, 의료 인력들이 거의 충원되지 않았다.★ 이는 거미줄처럼 대상자들을 옭아매어 감염 확산을 저지하는 K-방역의 방법론이 물리적으로 수행되기 힘들어졌음을 뜻했다.

현장에서는 각종 자원 확충과 증원에 대하여 얘기하였지만, 정부는 K-방역의 성과를 한껏 자랑하면서도 막상 현장에 절실히 필요한 만큼의 지원을 해주지 않았고 그 지원을 후순위로 미루는 듯한 태도를 취했다.★★ 정부는 병원이 코로나19의 병상을 유지하는 데 지출해야 할 비용 보전에 머뭇거렸으며, 차출된 인력에게 가야 할 수당 등을 제때 지불하려 하지 않았다.★★★ 이미 일선 방역 인력들이 한계 상황에서 일하고 있었기 때문에 적절한 충원이 없다는 것은 그들의 번아웃이 상식이 된다는 의미기도 했다.♦

한편 2020년 10월에는 과도한 프라이버시 침해를 우려하여 중앙방역대책본부에서 새로운 정보공개 지침을 발표하였는데, 이 지침은 기존과 달리 확진자의 정보를 특정하기 더욱 힘들게 만들었다.♦♦ 새 지침에 대한 가치 평가와는 별개로, 이런 프라이버시 보장이 사회적 비난에 대한 두려움을 약화시키고 개인들의 여러 활동을 늘리는 방향으로 영향을 미쳤을 것이라고 추측하는 것은 무리가 아닐 것이다. 일

★ 김성환, 「의료인력 부족과 방역 장비 수급차질 개선이 가장 시급」, 《클리닉저널》 2021. 1. 7.

★★ 성상훈, 「코로나 의료진 임금 185억 체불한 정부…'K방역' 민낯?」, 《한국경제》 2021. 2. 23.

★★★ 조운, 「코로나19 인력 수당 지급…의료기사 차등 지급에 '뿔났다'」, 《메디파나》 2020. 9. 27.

♦ 박양명, 「"코로나19 2차 유행 시작…의료진은 번아웃 위기"」, 《메디칼타임즈》 2020. 6. 29.

♦♦ 「보건의료분야의 안전한 가명정보 활용을 위한 보건의료 데이터 활용 가이드라인 마련」, 보건복지부 보건의료데이터진흥과 2020. 9. 25.

선 인력의 업무 효율은 낮아지고 있는데 전체적인 업무의 난이도는 올라간 셈이니, 자연히 3T(Test·진단, Trace·추적, Treat·치료)의 그물망에서 누수되는 확진자는 계속해서 늘어날 수밖에 없었다. 그 저류가 2020년 연말의 3차 대유행으로 폭발한 것이다.

다행스럽게도, 1일 확진자 1천 명까지 치솟던 2020년 말의 3차 대유행이 통제 불능의 대유행으로 이어지지는 않았다. 정부는 병상을 신속히 확충하고 미루고 있던 지원을 가동했고, 무엇보다 자영업자를 비롯한 코로나19 취약계층에게 희생을 강제하면서 대유행을 잡을 수 있었다. 하지만 이 과정에서 치른 비용은 막대했다. 게다가 백신 수급이 제때 이루어지지 않아 사회 구성원들이 계속 출혈을 감내해야 하는 상황이 지속되는 것은 더 큰 문제였다. 다른 많은 나라들이 백신을 개발 중인 여러 제약 회사와 접촉하여 물량을 확보하는 동안 한국이 거의 손을 놓고 있었던 것은 아직도 제대로 설명이 되지 않는 미스터리다.

내가 추측하는 원인은 두 가지다. 첫째는 자국의 생산 능력에 대한 과신이다. 당시 정부에서는 '국산 치료제'가 게임 체인저가 될 것이라는 말을 운운하면서 자화자찬하기 급급했다. 그러나 치료제와 백신은 그 성격이 전혀 다른 것이고, 한국은 세계의 일급 제약사보다 더 빠르게 백신을 개발할 수 있는 나라가 아니었다. 자체 수급을 할 수 있을 것이라는 믿음은 정부가 백신 선구매에 안일한 태도로 일관할 수 있던 중요한 배경을 형성한 것 같다.• 둘째는 코백스COVAX••에 대한 믿음이다. 정부는 K-방역을 자유주의와 민주주의의 상징으로 홍보하고 세계적 표준으로 제시하고 싶어 했다. 이런 성향을 고려할 때, 국제 공조를 통해 부국과 빈국이 평등하게 백신을 가져가자는 코백스의 수사에 정부가 혹했을 가능성이 있다. 위기를 만들어낸 것은 결국에는 K-방역의 성공에 대한 잘못된 인식과 믿음이었던 것이다.•••

그러나 시야를 넓혀서 한국 바깥까지 생각한다면, 방역에 관한 논의의 방향이 자유주의와 민주주의를 강조하는 쪽으로 흘러갔던 것은 어쩌면 당연할지도 모른다. 한국 정부가 구태여 자유주의, 개방과 같은 가치를 이야기하고 서구의 많은 이들이 그에 대해 열렬히 화답한 것은, 어쩌면 자유주의가 위기에 처해 있음을 본인들 스스로도 인식하고 있어서일 것이다. 위축된 것 같은 자유주의, 인권, 프라이버시 같은 가치들, 그 불가침성을 감히 의심도 할 수 없는 가치들이 여전히 살아 있으며 위기에 처했을 때 얼마든지 공동체와 개인을 구원할 수 있을 것이라고 믿고 싶은 것 아니었을까.

이런 이유에서인지 모르겠지만 실제 'K-방역'에 관한 논의는 중국과의 비교를 통해 많이 이루어졌다. 요컨대 중국 공산당이 취한 극도로 억압적인 방식과 달리, 한국은 개인의 자유를 심각하게 침해하지 않는 선에서 공공의 이익을 위한 방역 정책을 취했기에 그 가치가 높다는 것이었다. 여기에는 서구 국가들 또한 속수무책으로 바이러스에 당하지 말고 어서 한국식 방식을 채택하라는 무언의 메시지까지 깔려 있을 때가 많았다.

그러나 실제 현실은 정반대라고 보아도 좋았다. 굳이 분류한다면, 국가의 동원력·행정력·정보력을 활용한 한국의 방식은 아무리 생각

• 최형창, 「K-방역 자부하더니…백신 '골든타임' 놓치고 국민 고통만 가중」, 《세계일보》 2020. 12. 15.
권혜민·윤세미·이상배, 「전세계 백신전쟁 중인데…"K 방역이 우선"이라는 與」, 《머니투데이》 2020. 12. 16.

•• 코백스 퍼실리티(COVAX Facility, 약칭 '코백스')는 세계에 코로나19 백신을 평등하게 공급하기 위해 설립된 국제 백신 공동 분배 프로젝트이다. 세계보건기구(WHO), 세계백신면역연합(GAVI), 감염병혁신연합(CEPI), 유니세프 등이 주도하고 있다.

••• 유환구, 「코백스 백신 1000만명분이라더니…"개도국용이라 애초부터 불확실"」, 《한국일보》 2021. 2. 16.
이인복, 「K-방역 말이 아닌 근거가 필요하다」, 《메디칼타임즈》, 2020. 12. 21.

해도 **서구 국가들보다는 중국에 더 가까웠다.** 자유주의 가치를 지키기 위해서든 그저 정밀한 행정력이 부족해서든 프라이버시와 같은 개인권을 더 잘 보장해준 서구 국가들은 바이러스 대유행을 겪어야만 했다. 말단 제조업 덕택에 마스크 수급 문제를 재빨리 해결했다는 점에서도 한국은 중국 쪽에 놓여야 마땅했다. **즉, 코로나19와 'K-방역'은 자유, 개방, 투명성과 같은 자유주의 가치의 승리가 아니라 오히려 그 가치가 위기에 처했음을 알리는 신호라고 보는 게 타당했다.**

사실 이는 한국의 방역보다 더 심한 수준에서 억압을 행사하고, 디지털 기술을 한국보다도 더 깊은 수준으로 활용하는 중국의 방역에서 더 잘 드러난다. 중국의 방역은 현재 인간이 이룩한 기술 수준이 사회적 합의에 따라서는 전혀 다른 방식으로도 활용될 수 있음을 예시하는 것과도 같았다. K-방역은 서구보다는 중국의 방역과 더 유사한 면이 많았던 바, 중국을 통해서 우리는 K-방역이 갖는 의미, 나아가 정보시대 국가와 개인의 관계를 다시 생각해볼 수 있는 것이다. 이를 위해서는, 먼저 방역을 통해 자유주의의 승리를 선언할 수 있었던 2003년으로 돌아가볼 필요가 있다.

중국과 사스, 그리고 코로나19

2003년, 광둥성을 중심으로 신종 호흡기 질환이 퍼져나갔을 때 그것의 정치적 파급력을 예측할 수 있던 사람은 누구도 없었다. 이 질병은 후에 **사스**SARS라고 불리게 된다. 사스는 코로나19와 달리 지구적 전염병의 자리에 오르지 못하고 다행스럽게 신속히 퇴치되었다. 한국은 특히 방역에 성공적이어서, 감염자는 4명에 불과했고 사망자도 나오지 않았다. 그래서 사스는 언젠가 잠깐 중국에서 등장했던 괴질 정도로만 세간의 인식에 남게 된다. 하지만 그것이 보여준 함의와 유산이 작지는 않았다. **돌이켜보면 사스는 중국을 중심으로 세계가 어떻게 변모해갈지를 보여주는 상징이었고, 중국 스스로가 어떻게 바뀌어야 하는지를 알려주는 경고등과도 같은 존재였다.**

먼저 사스는 1978년에 개혁개방을 시작한 중국 사회가 과거와는 다른 종류의 사회로 변모하고 있음을 상징했다. 1992년에 덩샤오핑이 당내의 논쟁을 종결시킨 남순강화南巡講話★를 한 이래로, 중국은 거대한 극빈 인구를 저렴한 산업 노동력으로 전환해 세계의 제조업을 이끌고 있었다. 엄청난 수의 농민들이 해안 지방의 공장으로 향해 선진국 소비자를 위한 각종 저렴한 물건들을 만들고 있었고, 이들의 손에서 양말에서 노트북까지 모든 것이 탄생될 터였다. '단웨이'單位라는 당이 지정한 사회적 공간에서 평생을 쏟아야 했던 과거 마오쩌둥 시대의 중국은 이제 철도, 도로, 항공망을 통해 정신없는 속도로 움직이는 중국이 된 것이다.

★ 고령의 덩샤오핑이 퇴임을 앞두고 천안문 사태로 얼어붙은 개혁개방을 다시금 부활시키기 위해 1992년 초에 단행한 남방 경제특구 순시. 이후 개혁개방을 향한 사회적 의지를 확인하며 중국 공산당에서는 중단 없는 개혁개방이 합의로 자리 잡게 된다.

중국에서 폭발하기 시작한 연결은 경제적인 면 이외에도 두 가지 중요한 파급효과를 남겼다. 하나는 민간의 정보 유통에 대한 통제가 획기적으로 해제된 것이었다. 빠른 경제성장을 위해서라면 구성원들 간의 자유롭고 제한 없는 정보 교류가 필수적이었다. 사람들은 중국 전역을 바삐 오갔고, 이제 보급되기 시작한 전화, 혹은 인터넷을 통해 원격으로 교류하는 경우도 크게 늘었다. 두 번째 파급효과는, 근대에 있었던 중국의 인구 폭발의 영향으로, 중국 남부의 아열대 지역에 대한 인간의 영향력이 더 커졌다는 데 있었다. 열대와 아열대 지대의 야생동물은 아직 인간에게 충분한 면역이 형성되지 않은 숱한 미생물과 바이러스의 창고였다. 이 창고가 날마다 확장하고 있는 중국 사회의 연결망에 개방되는 것은 언제든지 신종 질병이 창궐할 수 있는 가능성을 의미했다. 이런 이유로 인해, 떠오르는 중국의 제조업 중심지이자 세계와 중국을 잇는 관문인 홍콩을 끼고 있는, 아열대의 광둥廣東 지역에서 사스가 시작된 것은 우연이 아니었다.

사스의 유산

그러나 사스 위기에 직면한 공산당의 대응은 효과적이지 못했다. 이는 그들이 중국 사회에 일어난 첫 번째 변화, 즉 자신들이 허락한 중국 사회의 자유화에 제대로 따라가지 못했기 때문이었다. 과거처럼 공산당이 모든 인민의 일거수일투족을 지배하지 못하는 상황에서 그들은 개별 인민의 모든 행동을 통제할 수 없었다. 이는 그들이 바이러스의 이동 또한 통제하지 못한다는 것을 의미했다. 게다가 중국인들은 공산당이 통제하지 않는 영역에서 정보를 교환할 다양한 창구를 확보하고 있었기에, 바이러스에 대한 불안감도 당의 통제 범위를 벗어나게 되었다. 이제 사스를 통제하느냐 마느냐는 중국 공산당의 정치적 신뢰와 직결되는 문제가 되었다.

끝으로, 사스가 유행한 곳이 세계와 중국이 긴밀히 연결되는 창구인 홍콩이었기에 사스는 역외로 퍼져나가 세계인의 이목이 중국을 향하도록 만들었다. 대내적 여론을 어떻게든 통제했다고 해도, 서방세계와 연결된 네트워크에 의존하게 된 중국이 더 이상 외부 압력을 모른 척 넘어갈 수도 없는 노릇이었다. 사스 위기는 여러 측면에서 공산당이 과거의 방식으로 중국을 통치할 수 없는 것을 보여주고 있었다.

신임 지도자 후진타오가 당과 사회의 불일치에 변화를 시도하면서 사스 위기는 변곡점을 맞이했다. 2003년에 후진타오는 장쩌민을 이어 권력을 승계받았으나, 여전히 장쩌민이 군권을 놓지 않아 반쪽짜리 지도자에 불과했었다. 하지만 그는 사스 위기를 기회로 활용해 장쩌민으로부터 정치적 독립성을 확보하고자 했다. 베이징의 사스 실태를 외신에 폭로한 한 퇴역 군의관의 증언을 바탕으로, 후진타오는 장쩌민의 측근인 위생부부장을 경질하고 러닝메이트인 원자바오 총리와 협력하여 훨씬 개방적인 태도로 방역에 임하기 시작했다. 정치적 목적을 위한 은폐는 용서받지 못할 것이라 천명한 후진타오는 사스에 관련한 모든 정보를 투명하게 공개하고, 사스 방역을 위한 지지를 중국에서 약진하기 시작한 시민 사회로부터 받아내어 전면적인 '성전聖戰'에 나섰다. 이 같은 후진타오와 중국인들의 노력에 힘입어 사스는 정말 통제 불능의 상태로 번지기 전에 중국에서 퇴치될 수 있었으며, 바깥 세계 또한 사스로부터 안전해질 수 있었다.

사스 위기는 당의 행동 양식이 사회의 변화와 맞물려 변해야만 한다는 것을 보여주었다. 이는 중국 바깥, 특히 서방세계의 여러 학자가 입을 모아 지적하고 있는 점이기도 했다. 그들에 따르면 시장경제가 활성화되고, 도시화가 이루어지고, 개인이 소득과 자산을 갖춰 중산층에 올라서고, 여론이 형성되기 시작하면 국가는 **그 아래로부터의 힘**에 어떤 방식으로든 반응할 수밖에 없었다. 이제 정책 결정에서 여론 형성력을 갖춘 시민들이 압력을 행사할 수 있었고, 국가 또한 자신이 원하는 과업을 수행하기 위해 시민 사회의 협조를 필요로 하게 되었다.

많은 정치학자와 경제학자들은 '근대화'에 따라오는 이런 정치적 변화가 끝내는 민주주의를 가져올 것이라고 예측하였다. 왜냐면 유사한 과정이 10여 년 이전에 여러 아시아 권위주의 국가에서도 발생했기 때문이었다. 만약 정부가 아래로부터의 압력에 제대로 대응하지 못한다면, 정치 불안정이 이어져 국가는 다시 권위주의로 후퇴하고 경제도 위축될 수 있고, 제대로 대응하여 민주주의 체제로 안착한다면 정치 안정과 자유경제가 자리 잡아 번영을 이어갈 수 있다는 것이다. 중국과 같은 유교 문화를 공유하는 한국과 대만도 경제발전에 따라 자연스럽게 후자의 길로 들어섰는데 중국이 왜 그 길을 따라가지 못하겠는가? 사스에 대하여 보수적 지도자 장쩌민의 잘못된 대처와 개방적 지도자 후진타오의 올바른 대처가 빚은 차이는 중국에서도 이 철칙이 결국 맞아떨어진다는 증거였다.

실제 후진타오 집권기에 서방 학자들이 원하는 방식으로의 변화가 연달아 일어났다. 그 속도가 만족스럽냐는 별개의 문제였지만, 어쨌든 변화는 변화였다. 검열과 통제에도 불구하고 인터넷이 중국 사회에 더욱 폭넓게 보급되었고, 여론을 형성하는 강력한 힘으로 부상하게 되었다. 이 여론은 후진타오 시기 일어난 엄청난 경제성장과 사회변동으로 인한 아노미가 만들어낸 각종 혼란상을 질타하는 역할을 맡았다. 후진타오 시대는 쓰촨성 대지진이나 원저우 고속열차 사고에 드러난 부실 공사, 멜라민 분유 사건과 같은 식품 안전 문제, 지역민의 건강을 위협하는 환경 문제, 농민공과 농촌, 도시 노동자 문제 등 온갖 사건 사고와 문제가 터져 나오던 시대였다.

많은 경우 이 문제는 중국에서 생산된 거대한 부가 만들어낸 부정부패, 독단적이고 억압적인 권력과 도시 사회에서 활발히 움직이기 시작한 개별 인민들이 쏟아내는 에너지가 맞붙으면서 발생했다(사실 많은 경우 시민들의 에너지가 아노미에 적극적으로 기여했다). 이에 따라 여러 NGO들이 설립되어 활약하게 되었으며, 중국 공산당은 여론을 검열하면서도 여론에 민감하게 반응하여 사회 전반에 대한 통제를 더 느슨하게 풀어줄 때가 많았다. 그것이 아래에서의 압력에 대응해 장기적 생존을 도모하고자 중국 공산당이 선택한 변화의 길, 서방 학자들이 찬사를 보낼 길이었다.

시진핑의 신시대와 COVID-19

그러나 2010년대를 거치면서 당은 다시금 방향을 틀게 된다. 후진타오의 뒤를 이어 시진핑이 집권하게 되며 공산당은 다시금 사회에 대한 통제의 고삐를 쥐었다. 상대적 자율성을 누리던 지방 당이나 군과 같은 권력기관은 물론이고, 국영기업과 민영기업을 가리지 않고 재계에 대한 영향력도 확대되었다. 무엇보다 당은 이제 개별 인민들의 더욱 깊숙하고 내밀한 삶의 공간으로 파고들어 그들의 일거수일투족을 다시금 확보하고자 했다.

시진핑 시대 들어 진행된 이런 '신상태'는 중국 공산당이 후진타오 시기 후반부에 급증한 대내외적 위기와 혼란을 극복하고자 합의된 노선이었다. 당에서는 자유화를 더욱 심화시켜야 한다는 노선과 통제를 부활시켜야 한다는 노선이 격돌했다. 그러나 자유주의의 본향 미국이 정치적·경제적 위기를 맞이하고, 중국 내부의 혼란이 정치적 분쟁으로 이어질 기미를 보이면서 통제 노선이 다시금 힘을 얻게 되었다. 시진핑의 부상과 그에 따른 경성의 권위주의화는 필연은 아니었을지 몰라도 상당한 개연성을 갖춘 흐름이었다.

시진핑이 건설한 새로운 체제는 곧이어 안팎에서 도전을 받았다. 가장 중대한 도전은 자유주의가 아닌 독자 노선을 더 선명하게 천명하기 시작한 중국을 점점 용납하기 힘들어진 미국에서 왔다. 2016년 도널드 트럼프가 미국 대통령에 당선된 이후, 그는 무역과 기술에서 인적 교류까지 중국과 이어지는 모든 교류에서 공세적 태도를 취하면서 세계를 긴장시켰다. 하지만 2020년이 되었을 때, 마치 17년 전을 떠올리게라도 하듯 갑작스러운 내부의 위협이 대륙을 휩쓸 것을 예상하지는 못했을 것이다. 바로 우한에서 대유행한 코로나19였다.

코로나19가 최초에 우한에서 퍼지고 대륙 전역으로 확산할 때, 나는 이것이 사스 위기와 겹치는 면이 많음을 인식했다. 당은 다시 보수화되었고, 아래의 자율적 활동을 억제하고 중앙의 통제력을 강화했다. 이러한 당의 움직임은 하부 단위에서 바이러스에 대한 빠르고 즉각적인 대응을 힘들게 만들었다. 중국의 중요 정치행사인 당 대회와 양회를 위해 지방 정부가 의도적으로 질병을 은폐했음을 보이는 정황도 흡사했다. 당의 이런 부주의하고 안일한 대처는 사스보다 훨씬 강력했던 코로나19가 중국 전역을 뒤엎고 마침내 지구 전역에 퍼지게 만든 결정적 실책이었다.

17년 전과 비교했을 때 공산당 입장에서는 사태에 대응하기 더 불리해진 점도 많았다. 중국 내부, 또 중국과 세계 사이를 잇는 연결망이 훨씬 더 촘촘해진 것은 바이러스를 통제하는 데 있어서 매우 불리한 점이기도 했다. 사스가 그러한 연결망을 통제할 수 없던 당이 개방을 택하면서 막아낸 것이라면, 이제 더욱 통제하기 힘들어진 사회 연결망과 바이러스에 맞서 공산당은 어떤 선택을 할 것인가?

단순히 인터넷과 초보적 휴대전화에 제한적으로 의지해야 했던 2003년과는 달리, 이제는 모두가 스마트폰을 쥐고 있어 질병에 관한 정보와, 사람들의 공포감을 극대화하는 영상을 공유하는 시대가 된 것도 공산당 입장에서는 달가운 일이 아니었다. 우한 사태 초기에 세계 인터넷을 휩쓴 것은 바로 그런 절규가 담긴 영상들이었기 때문이다. 그렇게 사스 위기와 마찬가지로 개방과 자유화가 다시금 당내에서 탄력을 받게 될 '아래로부터의 압력'이 가시화되는 것처럼 보였다. 이 같은 분위기는 당이 우한 봉쇄령을 내리자마자 우한을 탈출하기 위해 고속도로로 끝없이 밀려 나온 자동차 행렬에서 절정에 달했다.

하지만 시간이 지나고 바이러스가 세계 전역을 타격하면서, 코로나19가 그저 17년 전의 사스 위기를 규모만 키운 것이 아님이 드러났다. 바이러스 자체의 위력도 그랬지만, 그에 대응하는 중국 국가와 당이 무언가 **다른 종류의 해법**을 내놓았다는 점에서도 그랬다. 자유와 개방을 이야기하던 서구 국가들이 바이러스에 속수무책으로 당하는 동안에, 중국은 초기의 아비규환과 혼란을 신속하게 정비하고 다시 통제력을 확보했다. 솟구치는 감염자 그래프는 어느새 평평해지기 시작해 이내 완전히 잔잔해졌다. 통계 조작이 있었음이 자명해 보이지만, 현지의 분위기와 당의 후속 대처들로 미루어 보아 중국에서 바이러스가 통제 안에 들어온 것은 부정할 수 없어 보였다.

중국에서 방역 전쟁의 가장 중요한 우군이 되어준 것은, 역설적으로 초기의 혼란을 생중계해주어 사회 통제를 흔들어 놓았던 **스마트폰**이었다. 과거 사스 위기 당시 인터넷과 초보적 휴대전화가 국가의 정보 통제를 힘들게 한 것과는 정반대의 상황이 펼쳐진 것이다. 상황이 반전된 것은, 스마트폰이 인간 생활에서 차지하는 막강한 위상 때문이었다.

한국의 방역에서도 잘 드러나듯이, 구성원 모두가 스마트폰에 철저히 의존하는 사회라면 오히려 인터넷을 사용하지 않았던 시대보다 개인의 삶을 통제하기가 쉬워진다. 개개인이 편의성을 위해 자발적으로 네트워크에 남긴 기록이 곧 그 개인의 모든 일상과 다름없었다. 이는 인터넷 접속은 제한적일 수밖에 없고 일상의 대부분은 오프라인에서 이루어져, 온라인에 근거한 감시가 힘들었던 정보화 시대 초기와는 분명 구분되는 새로운 패러다임이었다.

당은 어떻게 만물을 들여다보게 되었는가

스마트폰 사회는 중국만의 독특한 현상은 아니었다. 그러나 스마트폰을 매개로 사회의 모든 정보에 당이 접근하고 그것을 집중시키는 새로운 사회 체제는 중국만의 독특한 방식이 맞았다. 정부의 이 같은 적극성 차원에서, 대만, 싱가포르, 한국처럼 중국과 유사한 추적 시스템을 갖춘 국가들과 중국은 구별되었다.

중국은 실제로 안면인식 시스템을 통한 개인 통제, 길거리에서 발열을 확인하는 드론, 시민에게 부여하는 건강 코드를 통한 출입 통제 등 각종 억압적 수단을 투입해 바이러스 확산을 총력을 다해 막아냈다. 이미 2010년대 내내 중국은 스마트폰뿐 아니라 수억대에 달하는 CCTV 네트워크와 안면인식 알고리즘을 결합해 완벽에 가까운 감시 사회를 건설하고 있었다. 당이 부분적으로나마 통제하는 거대한 테크 기업이 배포하는 어플리케이션 또한 인민의 삶의 양식을 규정하는 중요한 도구였다.

이 자리에 프라이버시나 개인권 같은 서구 자유주의 사회의 주요 가치가 끼어들 공간은 없었다. 실제 코로나19에 대응하기 위해 채택된 기술들은 당이 바이러스가 아니라 시민들, 특히 위구르족과 같은 '주의를 요하는' 시민들을 더욱 철저히 통제하고자 만들어낸 것이었다. 총력전에 대비한 한국 체제가 'K-방역'에 유용했듯, 빅브라더식 감시 국가를 만들고자 했던 시진핑 체제는 '중국 특색의 방역 성전'을 수행할 수 있던 것이다.

한편 중국이 안정을 찾는 동안에 서구에서 펼쳐진 아비규환은 중국 내부에서 공산당 체제의 정당성을 높이는 데 큰 기여를 했다. 코로나19는 이탈리아, 스페인을 시작으로, 영국, 프랑스, 독일에 이어 미국에서 수십만, 수백만에 달하는 감염자를 발생시켰다. 이들 국가는 사태 초기에는 정보를 은폐하다 위기를 확대시키고 그러다 결국 도시 봉쇄 같은 극약 처방까지 한 중국을 비난했었다.

그러나 코로나19는 사스나 메르스처럼 '먼 곳에서 잠깐 발생했다 마는' 그런 질병의 수준을 한참 넘어섰다는 게 문제였다. 코로나19는 100년 만의 팬데믹으로서 각국에게 자신들의 국가 체제를 시험하게 강제하는 새로운 도전이었다. 이 국가들은 100년 전에는 발전한 국가 행정력으로 공중 보건 시스템을 구축한 선도국이었음에도, 아니 오히려 그랬기 때문에 새로운 전염병에는 효율적으로 대처할 수 없었다. 선발 주자의 보수성 때문인지, 자유주의적 감수성 때문인지 그들은 추적-격리에 필요한 정보 인프라와 사회적 합의를 갖추지 못했기 때문이다. 이 국가들의 선택에 대한 평가는 별론으로 하고, 감염자 수로 입증되는 명확한 성적표는 중국에서도 집권 세력의 정치적 위상을 크게 높여준 것은 당연지사였다.

코로나19는 결국 17년 전의 사스와 달리 중국 공산당으로 하여금 더욱 강력한 통제수단을 갖추게 하는 데 도움을 줄 것으로 보인다. 17년 전 사스가 개방 사회에 맞춘 공산당의 변화를 촉구했다면, 오늘날의 코로나19는 스마트폰 시대에 구축한 감시 시스템의 효과를 여실히 입증해 보였다. 이 시스템은 바이러스 이후에도 살아남아 자체적인 진화를 계속할 것이다. 과거 역사는 위기나 특수한 사례에 대응해 도입된 시스템이 이후에도 자체적 동력을 갖추고 진화하여 보편적 시스템으로 채택되는 다양한 사례들을 보여준다.

전염병 같은 질병은 언제나 감염원, 즉 인구 통제에 대한 문제를 제기했고, 근대국가는 식민지나 군대와 같이 통제하기 쉬운 대상을 필두로 신체 정보 수집과 적극적 방역 조치를 실험했다. 이 조치들은 이후 전체 사회로 확대되어 오늘날의 보건 행정의 근간을 이루었다.

따라서 우리는 중국 전반에서 감시 시스템이 바이러스를 기점으로 더욱 큰 정당성과 보편성을 획득할 것이며, 그 발전이 더욱 가속될 것을 예상해볼 수 있다.

이 같은 감시 시스템이 수집한 데이터는 데이터를 수집하고 관장하는 중앙 기구에 다시금 막강한 힘을 부여할 것이다. 그리하여 개인과 사회를 읽어내는 당의 힘은 더욱 증대될 것이다. 사스가 자유주의가 마침내 최후의 정복 대상인 중국 공산당마저 변화시킬 것으로 기대되었다면, 코로나19는 데이터와 알고리즘의 봉인된 힘을 해방시켜 정보와 통제로 얼룩진 새로운 체제 경쟁을 촉발시킨 계기로 기억될 수도 있지 않을까.

'방역 국가'가 던지는 질문

중국의 사례는 이번 위기를 극복하는 데 결정적 역할을 한 진정한 주역이 무엇인지를 한국의 사례보다 더욱 선명하게 보여준다. 정보기술로 일신한 국가의 힘과, 자유를 얼마든지 억압할 수 있는 정교한 통제수단이 바로 그것이다. 소위 개방과 자유의 상징으로 'K-방역'을 칭송하는 분위기가 부적절한 이유도 여기에 있다.

코로나19 방역을 두고 상관없어 보이는 자유주의와 민주주의를 계속 읊는 것은, 위기를 극복하는 과정에서 불거질 새로운 위협과 변화에 대해 모두가 귀와 눈을 막고 달콤한 말만 속삭이는 것과 다름없이 보인다. 무엇보다 자유주의와 민주주의가 방역에 중요하다는 주장은 너무나 뚜렷하게 보이는 방역 성적표와 배치된다. 'K-방역'의 개방성을 이야기하는 이들은 대체 왜 개방적인 서구 국가들은 실패했지만 반면에 중국은 성공할 수 있었는지를 설명해내야만 한다.

다시금 강조하자면 코로나19 팬데믹은 우리에게 정보를 수집하고 폭력을 독점하는 국가의 힘이 신기술과 맞물려 어떤 식으로 발휘될 수 있는지 보여준 사건이지, 민주주의와 자유의 위대함을 알려준 사건은 결코 아니었다. 혹자는 코로나19를 두고 위기와 재난에 맞서 공동체가 연대의식을 깨우치고 집단적 고양감을 느끼는 민주주의 체제의 희망이 필요하다고 이야기했다. 그러나 민주주의자들에게는 애석하게도, 공동체 연대의식과 집단적 고양감의 원천은 민주주의보다는 민족주의에 더 가깝다. 민주주의가 그 원천이라면 우한으로 자발적으로 달려간 수많은 중국 의료진과 봉사자들의 존재는 어떻게 설명해야 할까?

아마 자유주의와 민주주의의 승리에 대해 광범위하게 형성된 믿음이 계속해서 국가, 통제, 정보 같은 구체적 쟁점 대신 자유와 인권,

민주성 같은 추상적 가치를 이야기하게 만들었을 것이다. 방역에 있어 중국의 성공을 이야기하는 것은 그런 믿음을 깨트릴 것이 틀림없기에, 아예 이야기하지 않는 것이 더 편한 선택이었다. 실제 그런 믿음은 많은 지식인들로 하여금 자유주의가 중국에서도 승리할 것이라 내다보도록 만들었다. 그러나 적어도 지금까지 그런 일은 벌어지지 않았다.

중국 바깥에서도 사정은 크게 다르지 않았다. 냉전이 끝난 이후 일부 식자들은 억압적 국가, 혹은 민족의 지배가 끝나고 개인, 초국가 연합체, 글로벌 시민 사회, 온라인 공동체가 정치와 사회의 주도권을 잡을 수 있을 것으로까지 기대했으나 역시 그런 일은 벌어지지 않았다. 오히려 초국적 연합체나 온라인 공동체는 때로 국가 권력을 위협하여 다수 국민에게 불안감을 안겨주는 경우가 늘었다. 2010년대는 그런 불안이 극대화되어 다시 **국가의 귀환**을 외치는 소리가 늘었다. 반대로 민주주의는 이 기간 세계의 많은 지역에서 불신의 대상으로 낙인찍혔다.

따라서 고전적인 질문이 다시금 제기되어야 마땅하다. 우리는 억압과 통제, 보호와 안정을 동시에 제공해주는 국가를 어떻게 바라보아야 할까? 만약 국가가 최선, 아니 처칠이 민주주의에 대해 말했던 것처럼 '다른 모든 것을 제외하고 최악'이라면, 구성원 다수가 안정을 느낄 수 있는 국가 공동체를 꾸리기 위하여 필요한 것은 무엇일까? 바로 이 질문에 대답할 수 있어야, 우리는 우리가 지키고자 하는 민주주의나 자유주의의 가치 또한 보전할 수 있을 것이다. 내가 다음 장에서 묻고 싶은 것은 바로 이러한 질문이다.

국가의 위기, 그리고 부활: 1990-2020

"국가가 강력하면 우리를 깔아뭉갠다.
국가가 허약하면 우리는 멸망한다."
—폴 발레리

대구 경북의 코로나19 감염 폭발이 최악의 순간을 넘겼을 무렵, 한국 사회는 다시 한번 충격의 도가니에 빠지게 되었다. 속칭 'N번방 사건'으로 알려진 텔레그램 집단 성 착취 사건의 전모가 언론을 통해 사회 일반에 드러났기 때문이다. 이 사건은 '갓갓' 문형욱, '박사' 조주빈 등의 범인들이 해킹이나 피싱 등으로 여성들을 유인하여 그들에게 수개월, 수년에 걸쳐 성 착취 범죄를 자행한 끔찍한 사건이었다.

N번방 사건은 당연히 국민적 공분을 샀고, 여론의 초점은 주범인 박사와 갓갓 등을 어떻게 잡을 것인가부터, 텔레그램 성 착취 방에 가담한 사람들의 수가 어느 정도 되는지, 그들의 신상을 어디까지 공개해야 하는지 등의 문제로 향했다. 남성에 의한 여성 대상 범죄가 있을 때마다 항상 제기되는 논란인, '한국 사회의 성폭력을 한국 남성 일반

의 문제로 간주할 수 있는가' 또한 다시금 점화되었다.

N번방 사건을 바라보는 하나의 시민으로서 이 사건은 내게 두 가지 생각할 거리를 던져주었다. 하나는 주모자들 대부분이 '90년대생 남성'이었다는 것이었다. 이 사건에서 30대, 40대들은 오히려 90년대생들이 깔아 놓은 판에서 그들의 지시를 받는 존재였다. N번방 사건은 그런 의미에서 디지털 활용 능력이 뛰어난, 그리고 증오로 가득 찬 우리 세대의 일부가 무언가 끔찍한 짓을 저지르고 있다는 것을 보여주는 신호로 다가왔다.

두 번째는 이 범죄의 핵심적 기반이 사이버 공간이었다는 데 있었다. 핵심 주모자들은 트위터를 통해서 피해자를 유인했고, 텔레그램을 통해서 보안을 유지했으며, 암호화폐나 문화상품권 등의 수단으로 거래하여 추적을 피하려고 했다. 이들 대부분이 결국은 검거되긴 했어도, 사이버 공간의 여러 플랫폼을 활용하며 범죄를 공모하고 계획하고 수사망에서 장기간 벗어날 수 있었다는 사실은 우리에게 굉장히 으스스한 함의를 일깨워준다. 별다른 능력이나 기반도 없는 20대들이, 사이버 공간에 대한 지식만 능수능란하게 쓸 수 있다면 사회의 뒷면에서 얼마든지 끔찍한 짓을 저지를 수 있다는 위험성을 말이다.

N번방 사건의 주동자들은 그들의 범죄를 그들도 통제할 수 없을 정도로 대형화하면서 덜미가 잡혔지만, 지금 이 순간에도 소규모로 국가의 감시망 밖에서 버젓이 자행되고 있는 각종 착취 범죄가 이루어지고 있을지 어떻게 알겠는가? 그리고 대학에 재학 중이거나 군 복무를 하고 있는 하잘것없는 20대들이 이 정도 일을 저질렀다면, 아예 조직을 움직이는 '큰손'들은 사이버 공간에서 대체 무슨 일까지 할 수 있을까? N번방 사건은 사회의 뒷면에 자리 잡은 사이버 공간이 사회의 안전을 크게 위협할 수 있음을 보여준, 아니 이미 위협하고 있는 것을 보여준 사건이었다.

무질서의 가혹함: 국가의 빈자리에서

아마 인터넷이 태동하고 있던 30년 전이나, 그것이 세계 전역으로 이미 뻗어나갔던 20년 전에 이런 위협을 얘기했다면 큰 호응을 얻지 못했을 것이고, 근거 없는 비관론자라는 평을 들었을 것이다. 당시만 해도 세계는 인류가 인터넷이라는 새로운 번영의 기반을 찾았다고 열광하고 있었다. 인터넷은 생산성을 올려주는 도우미이자 교류와 소통을 도와주는 친구였다.

그 무렵에 유럽을 반으로 나누고 있던 철의 장막마저 무너지면서 인터넷에 대한 이런 믿음은 더욱 강화되었다. 공산권이 무너지자마자 인터넷은 동유럽과 소련, 중국까지 휘감으면서 세계를 하나로 만들고 있었기 때문이다. 한편 탈냉전에 환호한 일군의 지식인들은 여기서 그치지 않았다. 그들은 인터넷이 정치와 권력마저도 완전히 바꿔버릴 것이라고 내다보았다. 인터넷으로 상호 연결된 시민들이 국가 권력을 가볍게 비웃어주면서 연대의 정신을 보여준다면, 정보를 독점하는 독재자나 불필요하게 거대한 국가 기구는 그 수명을 다하게 될 것이 틀림없었다.

사실 당시 인터넷은 국가를 '극복'하고 있는 유일한 주인공은 아니었다. 1990년대는 국가에 대한 불신을 드러내면서 국가를 극복할 새로운 주체에 기대를 거는 일이 유행처럼 번지고 있던 시대였다. 누군가는 그린피스 같은 글로벌 시민단체나 WTO, UN 같은 국제기구가 그 역할을 할 것이라 기대했다. 어떤 이들은 유럽연합이나 나프타 같은 지역 통합 기구를 보며 국가 대신 지역이 새로운 단위로 떠오를 것이라고 전망했다. 또 다른 이들은 초국적기업, 당시에 흔히 쓰이던 표현인 'TNC'Trans National Corporation가 국가보다 더 강력한 주체로 떠오르고 있다고 전망했고, 기업을 보는 시각에 따라서 이 새로운 현상을 찬양하거나 두려워했다. 일군의 목소리는 기업이 아니라 세계도시가 진정한 주역이 될 것이라며 반박했다.

사실 정말 중요한 것은 21세기의 새 주인공을 뭐라 전망하든 간에 우후죽순처럼 떠오른 이런 전망들이 하나의 전제를 공유하고 있었다는 데 있었다. "새로운 시대에 국민국가라는 정치 단위는 뒤떨어지고 적응하지 못하고 있으며, 지역 단위와 초국적 단위에서 제기되는 위협으로 국가의 지배력은 심하게 약화될 것이며, 이는 국가의 권력과 정보 독점을 해체하는 것이므로 대체로 좋은 일이다."

그러나 2000년대를 보내면서 사람들은 새로운 시대에 대한 의구심을 점차 드러내고 있었다. 2001년에 글로벌 테러리즘의 상징인 알카에다가 초강대국인 미국 본토를 타격하면서, 새로운 시대가 폭력이 사라진 평화로운 세계가 되리라는 환호성은 잦아들었다. 그래도 2000년대는 대체로 희망적 분위기가 지배적이었다고 볼 수 있었다. 금융에 의해 상호 연결된 세계가 미국에서 시작된 서브프라임 위기로 엄청난 타격을 입기 전까지는 말이다. 마침내 2010년대가 되면서 새로운 시대에 대한 믿음은 언제 그러기라도 했느냐는 듯이 빠르게 사그라들었다. 아마 2010년에 시작된 아랍 봉기는 SNS를 통해 광장에 모인 시민들이 수십 년을 통치해온 독재자들을 몰아냈다는 점에서 마지막으로 반짝였던 희망이라 할 수 있었을 것이다. 그러나 아랍 봉기는 독재자를 몰아낸 환호가 채 가시기도 전에 몇몇 국가에서 끔찍한 재앙으로 바뀌며 역설적으로 비관이 지배하는 새 시대의 문을 열었다.

이런 불안과 비관이 갑작스럽게 널리 퍼진 이유는 간단했다. 과거 사람들에게 정서적 안정을 제공해주던 국가의 힘은 갈수록 약화되고 있었던 반면, **국가 대신에 그 많은 기대를 안고 올라온 새로운 시대의 주체들은 안정은커녕 불안을 더 확산시키고 있었던 것**이다. 더 높은 생산성을 위해 자유롭게 떠나는 기업들은 지역사회를 황폐화시켰다.

도시는 성장의 발판이 되어주었지만 도시 내부의 이해관계 조정에 실패하여 거주비 급등과 도시 내 격차 확대 같은 문제는 악화 일로를 겪고 있었다. 지역 간 협력의 이상향으로 제시되던 유럽연합은 2011년 위기가 닥치자 지역 내의 상반된 목소리에 갈팡질팡하면서 아무 일도 하지 못하고 있었다. 국제기구는 기구를 구성하는 국가들 간의 관계가 악화되자 아무것도 할 수 없는 식물로 전락하기 일쑤였다. 인터넷은 사람들을 화합시키기보다는 이미 존재하던 차이에 근거한 갈등을 조장하는 데 탁월한 도구였다는 게 드러났으며, 검증 불가능한 정보의 홍수에 사람들은 무엇이 진실인지 갈피를 잡지 못하게 되었다. 이처럼 세기 전환기의 자신만만한 주역들은 모두 무기력해지거나 사태를 악화만 시킬 뿐이었다.

그럴수록 국가의 빈자리는 더욱 뼈아프게 다가왔다. 가장 억압적이고 쓸모없어 보이는 국가들이 몰락했던 아랍 지역이 그 시작이었다. 리비아, 시리아, 예멘 등에서는 기존에 억압으로 유지되던 질서마저 사라지면서 부족과 종파 간 구분에 따른 대혼란이 벌어졌다. 내전으로 인한 참혹한 유혈사태는 수백만에 이르는 난민을 만들어냈고, 이들은 지중해를 건너 그들에게 안전과 부를 제공해줄 수 있는 유럽을 향해 움직였다. 중동에서 유입되는 거대한 난민은 이제 국경이 의미가 없어진 유럽연합의 도로와 철도를 따라 유럽 국가 각지로 흘러들어갔다.

그러나 이미 급속한 탈산업화를 겪은 유럽에서 난민이나 불법체류자인 이들이 안정적 직장을 얻은 채 사회에 통합되기란 극히 어려운 일이었다. 세계에 자유와 관용 등 문명적 가치를 설파하던 유럽연합은 이런 문제를 조정하는 데서는 극도의 무력함을 보였다. 사회에 녹아들지 않는 무슬림 이민자와 유럽 원주민의 갈등이 첨예해지는 가운데, 분노에 찬 몇몇 무슬림들은 인터넷을 통해 시리아와 이라크에서 벌어지고 있는 '성전'에 대한 소식을 접했다. 이들 중 자신들을 '멸시하는' 유럽인들에 대한 복수를 하기로 결심한 이들은 신흥 테러집단 '이슬람 국가IS'의 이름으로 총기를 난사하거나 군중을 향해 트럭을 몰았다. 테러리스트들은 유럽의 느슨한 국경 통제를 이용해 이곳저곳을 옮겨 다니며 '성전'을 수행할 수 있었다. 유라시아 서쪽에서 국가의 힘이 연쇄적으로 약화된 결과는 그리 달가운 게 결코 아니었다.

2010년대: 진퇴양난에 처한 국가

일이 이렇게 흘러갈 수밖에 없던 것은, **사람들이 신물을 내던 국가의 억압과 통제가 다른 말로는 안정과 질서를 의미하기 때문**이었다. 국가는 영역에 대한 절대적인 지배권인 '주권'을 통해 다른 주체들의 간섭을 차단하고, 수많은 주장에 우선순위를 부여할 수 있었다. 이런 우선순위 부여는 국가의 판단과 목표에 따라서 국민들에게 긍정적이거나 부정적으로 작용할 수 있었다. 그러나 '안정'만큼은 그런 결과와 상관없이 국가 기구가 정상적으로 작동만 한다면 아주 높은 확률로 보장해줄 수 있었다. 국가 기구가 자신의 권력을 통해서 **불확실성**이 작용하는 것을 아주 적극적으로 차단할 수 있기 때문이었다. 정보를 수집하고, 개별 주체의 활동을 자신이 정한 규칙 속에 가두고, 반항하는 자들을 억눌러야 하는 것은 안정성을 확보하기 위한 국가의 의무였다.

이런 활동은 앞서 말했듯 개별 국가의 성격에 따라서 다른 효과를 가져왔다. 어떤 국가에서는 국가 활동이 지나쳐 사회의 활력을 질식시키고 향후 이어질 더 큰 불안정을 잉태하기도 했다. 다른 곳에서는 국가 활동이 거의 미약하여 대내외 행위자들 사이에서 우선순위가 조정되지 않아 끝없는 무질서가 이어지기도 했다. 18세기 영국은 이 양극단 사이에서 최적의 타협점을 찾아낸 최초의 국가 중 하나였다. 영국은 중앙정부의 권위가 사회의 활력을 저해할 정도로 강하지는 않았지만 동시에 무질서를 막아주는 정도로는 강한 덕택에 안정적으로 번창하는 사회와 경제를 일굴 수 있었다. 영국식 국가는 이후 모든 국가의 표준이 된다.

19세기와 20세기를 거치면서 국가의 힘은 더욱 커졌는데, 이는 당대 국제질서의 성격과 기술 변화에 힘입은 바가 컸다. 유럽 국가들은 일찍부터 국가 간 치열한 경쟁에서 승기를 잡기 위해서는 경제력과 군사력이 필요한 것을 잘 알고 있었고, 특히 프랑스 혁명 이후에는 그 기반이 모든 폭력을 독점하는 막강한 중앙집권 국가였음을 깨달았다. 산업혁명을 거치면서 발전한 교통·통신 기술의 발전은 국가의 통합성을 증대시켜줬고, 국가가 자신의 힘을 투사하고 정보를 수집하는 데 필수적인 도구들을 제공해주었다.

이렇게 형성된 '근대 국가'의 팽창에는 멈춤이 없었다. 근대 국가는 시간이 지나면서 지리적으로 더 널리 확산했고, 국가 기구의 역량도 수직적으로 더 강해졌다. 제국주의를 거치면서 유럽식 국가 모델은 유럽 바깥의 지역으로, 주로 강제적인 형태로 퍼져나갔으며, 총력전을 거치면서 국가는 자국의 모든 공간, 자원, 사람, 정보에 대한 통제력을 확보해 힘을 키워나갔다. 거의 200년에 걸쳐 이루어진 이런 추세를 생각해본다면, 1990년 무렵 국가의 힘이 약화될 조짐이 명백해졌을 때 그토록 많은 사람이 환호한 것도 어느 정도는 이해가 될 수 있다. 커지기만 하지 줄어들 생각은 않는 국가의 통제는 사람들에게 정말 지긋지긋했던 것이다.

문제는 2010년대 유라시아 서쪽에서 벌어진 일련의 사건들이 보여주듯이, 국가의 빈자리를 대체 누가 채워줄 수 있느냐는 것이었다. 국가의 약화로 인해 도시, 기업, 국제기구, 지역연합, 이주민 등 수많은 주체들의 운신의 폭이 넓어진 것은 사실이었다. 그러나 넓어진 운신의 폭이란 곧 그 상이한 이해관계들이 조정되지 않은 상태에서 각 주체들이 자신들의 이익만을 밀어붙인다는 것을 의미할 뿐이라는 것이 곧 드러났다. 이는 국가가 완전히 쓸려나간 일부 아랍 국가들에서는 부족·종파 간 갈등으로 말미암은 극단적 무질서로 드러났고, 상대적으로 국가가 견고하게 남아 있는 유럽에서는 지역연합·기업·국가 사이의 교착상태로 인한 기능부전으로 드러났다. 차라리 다소 억압과 통제가 있다 하더라도 그 반대급부로 주어지는 안정과 질서를 다시금 향유하고 싶어 하는 이들이 늘어난 것은 자연스러운 일이었다.

그 결과 국가가 약화된 몇몇 공간에서 무질서가 일정 임계를 넘어서자, 많은 사람들이 다시금 강력한 **국가의 힘을 휘두르며 안정을 찾아줄 카리스마적 권력**에 기대려고 하였다. 다른 모든 이들이 환호성을 지르던 1990년대에 소련 해체가 남긴 무질서로 가장 끔찍한 고통을 겪고 있던 러시아가 시작이었다. 러시아에서는 블라디미르 푸틴 대통령이 등장해 정보부와 군부 등 권력기관을 장악해 질서를 회복시켰고, '신성한 러시아 국가'를 위협하는 자본이나 '외국 세력' 등을 겁박해 국민의 절대적인 지지를 얻어냈다. 태국에서는 민주화 이후 등장한 포퓰리스트 지도자인 탁신 친나왓의 거취를 둘러싼 정치적 혼란이 이어진 끝에 중산층의 지지를 얻은 쿠데타가 발생했다. 아랍 봉기의 중심지 중 하나였던 이집트에서는 신생 이슬람주의 정부가 혼란을 도저히 수습하지 못하자 군부가 다시 복귀하여 1천 명을 학살하면서 억압적 통제와 질서를 복원해냈다.★

이런 흐름은 소위 '후진적인' 개발도상국에서만 일어난 것은 아니었다. 발전하고 개방되었다고 평가받는 서구 국가들에서도 혼란과

★ 한상용, 「최악의 유혈충돌, 이집트 정국 어디로 가나」, 《연합뉴스》 2013. 8. 16.

기능부전이 계속되자, 적절한 통제력을 발휘해 안정과 질서를 가져다 주던 강력하고 독립적인 국가에 대한 열망이 일각에서 생겨났다. 탈국가 시대의 미래를 보여준다는 유럽에서 이 열망은 일정한 세력을 확대하여 각국의 유럽연합 탈퇴 운동을 만들어냈고, 2016년에 이 운동은 영국에서 국민투표를 통해 승리하여 브렉시트라는 결실을 이루었다. 물론 브렉시트는 아직까지 끝이 안 보이는 더욱 거대한 혼란을 만들어낸 서곡이었지만, 어쨌든 영국인들이 브렉시트에 투표한 심리에는 유럽연합에 의해 방해받지 않는 주권의 온전한 회복을 통한 안정 희구 정서가 깔려 있었다. 같은 해에는 세계화의 기수로 타국의 주권에 가장 큰 위협이 된다고 일각에서 비판받던 미국에서조차 주권과 국가의 회복을 열망하는 정치 운동이 크게 성행하여, 미국 역사에서 가장 문제적 대통령이었던 도널드 트럼프를 당선시켰다.

그러나 과거 국가가 제공해주던 안정을 찾고자 주권을 다시 소환하고 주권을 침해하는 모든 외부자에게 적대적으로 대하는 태도는, 설령 그 심리가 이해받을 수 있다손 치더라도 이미 변화한 새로운 시대의 해결책이 되어주지는 못했다. 특정 국가가 외부의 변동에서 분리되어 외떨어진 채로 구성원들을 보호해줄 수 있는 시대는 이미 지나가버렸기 때문이다. 사실 그런 시대 자체도, 적어도 산업혁명 이후에는 1945년부터 1970년대 사이에만 지극히 일시적으로 지속되었을 뿐이었다. 1970년대 달러 가치와 유가가 요동치기 시작하면서 각국은 미국의 경제적 변동, 생각지도 못한 원자재 파동, 자연재해, 인접국과의 수출 경쟁 등 수없이 많은 요소가 격랑처럼 몰아치는 바다로 강제로 떠밀렸다. 이런 변화를 극도로 꺼리던 소련은 자신이 이끄는 공산권을 중심으로 문을 굳게 걸어 잠갔으나, 결국 변동성을 끌어안은 서방과의 격차는 훨씬 더 크게 벌어져 최종적으로는 변화의 흐름에 굴복할 수밖에 없었다.

냉전이 끝나고 세계화가 가속화된 1990년대 이후에는 더 말할 것도 없었다. 국가는 자신의 생존을 위해서라도 국제무역과 자본의 흐름에 적극적으로 문을 열어야 했고, 경제성장의 진정한 중심인 자국의 세계도시가 자국의 나머지 지역과 이해관계를 달리할 때도 묵인해줘야 했다. 또 국가의 감시를 우회하여 국경을 넘어 다니는 인터넷망에 접속해야만 했고, 필요하다면 지역연합에 적극적으로 참여하여 인력과 상품 교류를 활발히 해야 했으며, 때로는 국제기구가 요구하는 각종 조치가 자국의 문화적 전통과 맞지 않을 때도 그것을 수용해야만 했다. 이런 식으로 국가 권력을 내려놓지 않고 다른 행위자들과 타협하지 않는다면 그런 나라는 극단적으로는 북한, 이란, 쿠바처럼 고립될 수밖에 없었다. 2011년에 연쇄적으로 무너진 아랍 국가들의 예처럼, 그런 정책은 대부분 장기적으로는 더 큰 재난의 씨앗을 심는 셈이나 다름없었다.

물론 개방을 번영의 기틀로 삼고 있는 선진국들이 이런 식의 극단적인 폐쇄와 주권 수호를 외칠 가능성은 낮았다. 그러나 딜레마의 기본 구조는 같았다. 국가를 계속 발전시키고 구성원들을 만족시킬 부를 생산하려면 이제 상호 연결된 세계 속에서 국가의 절대적 주권을 다소 내려놓고 타협에 임해야 했다. 하지만 국가는 그와 동시에 국가의 우산이 내려간 상황에서 다수 대중이 느끼는 불안감에도 대처해야만 했다. 이 딜레마 사이에서 균형을 잡는 것은 18세기에 영국이 깨달은 근대 국가의 균형보다도 훨씬 어려운 것이었다.

1990년대에서 2010년대까지 대부분의 서방 선진국들은 주권의 절대성을 내려놓고 세계적인 변동성과 다양성을 즐겼다. 그러나 2010년대는 그런 변동성과 다양성이 안정과 질서를 심하게 해쳐 많은 사람들에게 불안을 안겨주고 있었다. 많은 국가에서는 역동성을 희생하더라도 주권의 절대성을 회복해야 한다고 외치는 이들이 큰 세력을 얻었으며, 몇몇 국가에서는 중요한 정치적 격변이 일어나기도 했다. 하지만 그렇게 권력을 얻은 소위 포퓰리스트들은 실질적으로 아무 일도 할 수 없었는데, **이미 고도로 상호 연결된 세계에서 국가의 모든 일이 외부 행위자와의 관계 속에서 규정되고 있었기 때문이다.** 국가를 뛰어넘는 지구적, 지역적 사안에서 무력함을 보인 이들은 국내적 문제도 제대로 대처할 수 없었다. 즉, 초국적 시대에 대처할 수 있는 유일한 대안이 국가밖에 없었다는 것은 근래 부상한 가장 큰 딜레마 중 하나가 되었다.

그리고 '국가'가 코로나19 사태를 맞이한 것은 이렇게 초국적 위협과 국내의 불안 사이에서 갈팡질팡하던 바로 그 시점이었다.

부활한 주권, 그리고 동아시아

코로나19는 국가와 구성원의 안전을 위협하는 초국적 위협으로 시작되었다. 지난 30년 동안 가속화된 세계화는 국가 간 인적 교류를 엄청난 수준으로 끌어올려 놓았다. 특히 저가 항공 혁명으로 항공 운임이 혁신적으로 감소하게 되자, 과거에는 항공을 통한 해외여행을 엄두도 못 내던 이들이 관광이나 노동 이주 등의 목적으로 공항으로 쏟아져 나왔다.

이런 **초국적 인적 교류**에 적극적으로 참여하는 것은 세계화된 경제 속에서 우위를 점하는 데 굉장히 중요했기에, 각국은 자국 사정에 맞게 타국의 관광객을 적극 유치하고 자국 노동력을 타국에 송출하여 외화를 벌어오게 하는 등 다양한 전략을 구사했다. 사실 이런 모든 조치는 자국 경제를 타국에 더 긴밀하게 의존하게끔 만드는 것이기에, 국민들이 겪는 불안정성과 변동성은 더 심화될 수밖에 없었다. 중국이 자국 관광객을 정치적 도구로 사용하면서 경제적으로 큰 타격을 입기도 한 한국이 대표적인 경우였다.

중국 우한에서 코로나19가 확산되면서 이런 초국적 인적 교류는 그 즉시 초국적 위협으로 전환되었다. 자국에서는 그나마 주권이 미치기에 최소한의 통제라도 할 수 있었지만, 권한이 미치지 않는 외부인들 중 어느 누가 바이러스를 지니고 들어올지는 전혀 알 수 없는 것이었다. 그래서 모든 국가는 바이러스가 확산되던 초기에 고통스러운 선택에 내몰릴 수밖에 없었다. 경제적 타격을 감수하고서라도 국가적 안전을 위해서 외부의 유입원을 모두 차단할 것인가, 아니면 바이러스의 위력이 생각보다 크지 않기를 바라면서 경제적·외교적 영향을 끼치지 않을 방임 정책을 취할 것인가. 이런 맥락에서 감염 확산 초기에 한국에서는 주요 감염원으로 의심할 수 있는 중국인의 유입 차단을 두고 큰 논쟁이 있기도 했다.

결국에는 바이러스의 위력이 생각 이상으로 엄청나다는 것이 드러나면서, 개방파들은 모두 코로나19 앞에 굴복할 수밖에 없었다. 감염이 세계적으로 확산되면서 각국은 감염 위험 지역으로부터의 유입을 최소화하고, 이미 들어온 입국자들에 대해서도 최대한의 안전 조치들을 취했다. 지구를 순식간에 뒤엎을 정도로 엄청난 전파력을 가진 바이러스는 끝내 주권파의 손을 들어주게 되었다. **'국가의 절대적 권리'인 주권이 당당하게 부활하는 순간이었다.** 그 결과 자유로웠던 해외여행은 순식간에 경색되었고, 각국은 자국의 영향력이 미치는 국경 내에서 자국민의 행동을 각자의 방식으로 통제하면서 당장의 위기를 헤쳐나가는 데 집중했다. 이전과는 비교도 안 되는 새로운 초국적 위협이 기존에 국가가 당면했던 딜레마 상황을 깨버린 것이다.

이제 무턱대고 개방을 택하는 것은 번영의 최소한의 기초인 안정을 해칠 정도로 큰 비용을 지불해야 하는 위험천만한 일이 되었다. 대신 어느 정도 경제적 희생을 감내하더라도 국경을 부활시키는 것은 더 큰 위험을 막을 수 있는, '해볼 만한' 일이 되었다. 번영을 위한 개방과 안전을 위한 주권 사이에서 위태롭게 움직이던 국가가 주권 쪽으로 갑자기 떠밀린 것이 작금의 상황이라면, 코로나19 이후에도 국가는 과연 이전의 위치로 돌아올 수 있을까?

바이러스는 국가가 외부 행위자들과 관계 맺는 방식에만 영향을 끼친 것은 아니었다. 코로나19에 대응하면서 많은 국가들이 자국의 구성원을 대체 어떻게 다루어야 할지를 두고 고심했다. 이번에는 18세기 영국이 해결했던 그 딜레마가 다시 부활했다. 바이러스를 차단하고 안전을 지키기 위해서 구성원들을 국가의 힘으로 억압해야 할까? 아니면 구성원들의 자유와 여타 권리, 혹은 경제적 활동을 보장하기 위해서 바이러스의 확산을 다소 감수해야 할까? 각국은 각자가 처한 조건에 맞춰서 나름의 해법을 택했다. 거의 조치가 취해지지 않고 감염을 모두 감수한 국가부터, 철저한 통제를 택한 국가, 혹은 통제를 하고 싶어도 역량이 없는 국가까지 그 모습은 천차만별이었다.

그런데 그 와중에 무언가 독특한 일이 벌어지고 있는 곳이 있었으니, 그곳은 바로 동아시아였다. 이미 살펴본 바와 같이, 한국과 중국에서는 IT 기술을 통하여 프라이버시를 무시한 고도의 추적 시스템과 차단 조치를 통해 바이러스를 가까스로 틀어막는 데 성공했다. 중국의 사례에서 보이듯 더 강력한 조치를 취할수록 효과도 더욱 좋았다. 이런 유사한 조치는 대만과 싱가포르에도 도입되어 그 효과를 발휘했다.

동아시아가 다른 지역에 비해 성공적일 수 있는 이유는 명확했다. 동아시아에는 새로운 위협을 맞이하여 언제든지 사용할 수 있는 **강력한 국가 권력**이 있었다. 국가 권력은 억압과 통제를 의미하기도 하지만 안전과 질서를 의미하기도 한다는 것은 이번에도 여실히 증명된 셈이다. 그러나 강력한 국가 권력이 능사는 아니었다. 만약 그랬다면 한국이나 대만보다 권위주의 국가인 세계의 다른 국가들이 더 방역에 성공적이어야 했으나 현실은 그렇지 않았다.

그런 의미에서, 코로나19 방역에서 강력한 국가만큼이나 중요했던 것은 바이러스의 확산을 추적하고 저지하기 위한 **정보 수집 능력**이었다. 앞선 글에서 이미 보았듯이 한국의 국가 기구는 인터넷, 스마트폰, CCTV 등의 새로운 정보기술을 적극적으로 활용하여 행정력을 마음껏 발휘했고 그러한 행보를 통해 감염 폭발을 끝끝내 저지할 수 있었다. 물론 그렇다고 해서 기술만이 전부라고 할 수도 없었다. 발전한 서구 국가들은 이런 식으로 정보를 수집하고 조치할 수 있는 기술적 기반이 있었음에도, 사회에서 정치적 합의가 이루어지지 않았고 국가 기구가 효율 중심의 적극적 행정에 익숙하지 않았기 때문에 사실상 방임을 택했다. 즉, 코로나19 방역에 성공하기 위해 진짜 필요했던 것은 **정교한 추적과 격리를 가능하게 하는 기술적 기반과 그것을 적극적으로 사용할 수 있는 강력한 국가 기구**의 조합이었다. 이 조합이야말로 동아시아에서 유독 성공적이었던 방역의 본질이었다.

이것이 본질적으로 무언가 새로운 현상은 아니었고, 오히려 역사 속에서 국가가 진화해오던 방향을 착실히 밟는 것에 가까웠다. 국가는 자신의 역량을 강화해줄 기술들을 실제 상황에 적용하면서 더욱 막강한 권력과 치밀한 정보력을 갖춘 존재로 진화해갔다. 고대에는 문자와 철기가, 근세에는 화약과 은행이, 근대에는 철도나 전신을 비롯한 온갖 기술이 주역을 맡았다. 물론 국가가 이런 기술을 적극 채택하여 자신의 권력을 강화하는 과정은 순탄하지 않았다. 귀족, 성직자, 혹은 농민과 같은 존재들은 자신의 자율성을 포기하지 않고자 국가에 격렬히 반발할 때가 많았다. 이런 저항은 때때로 매우 성공적이어서 국가의 진화는 때로 오랜 기간 정체되기도 했다. 하지만 장기적 추세로 보았을 때 국가에 맞선 하위 주체들의 저항은 대체로 두 가지 결과로 귀결되곤 했다. 국가에 의한 지배, 혹은 새로운 기술을 채택한 다른 국가에 의한 지배로 말이다.

바이러스는 사라지지만 국가는 남는다

만약 디지털 기술을 동원한 동아시아 국가들의 방역이 역사를 반복하는 것이라면 어떨까? 동아시아 국가는 코로나19라는 위협에 대응해서 디지털 기술과 국가 권력을 전례가 없을 정도로 결합시켰고, 그 결과 수많은 감염원을 모두 추적할 수 있을 정도로 세밀한 차원에서까지 감시망과 행정력을 뻗칠 수 있었다. 이것이 그간 자유주의 국가 사이에서 공유되던 국가 권력의 어떤 한계를 무너뜨린 일이라면 어떨까?

많은 동아시아인들은 정부가 자신의 정보를 언제든지 열어보고 추적할 수 있는 것에 거의 불편함을 느끼지 못하고, 그 대신 바이러스로부터 자유로운 일상을 누릴 수 있는 것에 감사한다. 오히려 많은 동아시아인들은 서구인들의 무질서와 방종에 혀를 찬다. 국가가 구성원을 제대로 통제하지 못해 일상이 파괴되는 것보다, 국가가 정교한 통제력을 발휘해 제공해주는 안정을 즐기는 것이 훨씬 낫지 않느냐는 것이다. 이는 구성원들이 국가가 제공해주는 새로운 차원의 감시와 통제, 또 새로운 차원의 안전과 질서를 받아들이는 새로운 사회계약일 수도 있지 않을까.

그렇다면 우리는 국가가 디지털 기술을 적극적으로 동원하여 다른 모든 초국가적 위협과 국내적 위협에 대항하고자 하는 미래의 신호탄을 목도하고 있는 것일지도 모르겠다. 국가가 바이러스에서 그치지 않고 국제적인 금융 흐름과 사이버 공간의 정보 교류에서 수반되는 위협도 모두 해결해주겠다고 나선다면, 아니, 국민이 해결해달라고 요청한다면 어떨까? 이런 전망이 당장에야 실현될 리는 없겠지만 적어도 방역에 있어서 가장 급진적인 해법을 도입한, 디지털 국가를 꿈꾸는 중국이 이런 변화를 선도하고 있는 것은 분명하다. 중국은 디지털 기술을 통해 수집한 모든 정보를 당에 집중시켜 현실에서 벌어지고 있는 모든 위협을 관리하고자 하는 것은 물론이고, 화폐의 흐름과 온라인에서 유통되는 위협을 모조리 통제하에 넣고자 하고 있다.★ 이슬람 극단주의의 위협을 차단한다는 명분으로 중국은 위구르 민족의 자치 요구를 탄압하는 데도 정보기술을 적극적으로 활용하고 있다.★★

이러한 모든 시도가 당장에 완벽한 성과를 낼 것이라 예측할 수는 없겠지만, 진정 중요한 것은 당장의 성과 여부가 아니다. 아마 진정 중요한 문제는, 코로나19가 동아시아에서 불러일으킨 국가 권력에 대한 요청이 **국가가 할 수 있는 일에 대한 새로운 정의**를 내렸다는 데 있을 것이다. 방역에 있어서 디지털 기술의 적극적인 활용은 국가가 개방과 주권, 초국적 위협과 국민의 불안 사이의 딜레마를 해결할 수 있을지도 모르는 돌파구를 마련해주었다. 그 이전까지 개방을 유지한다는 것은 위협을 감수하고 국민들을 불안 속으로 내몬다는 것을 의미했다. 만약 개방을 닫는다면 위협도 없고 국민의 불안도 사그라들겠지만 개방이 가져다주는 역동성과 이점은 버려야만 했다. 그런데 만약 개방을 유지하면서도 바이러스라는 초국적 위협을 통제하고, 그리

★ 차대운, 「20만 명에 70억 원…디지털화폐 시험 규모 키우는 중국」, 《연합뉴스》 2021. 3. 3.

★★ 이은영, 「"위구르족 감시 카메라, 화웨이가 개발"…얼굴 인식해 '경찰에 전송'」, 《조선비즈》 2020. 12. 9.

하여 국민들의 불안도 억제할 수 있다면? 이는 서구의 자유주의 국가들이 직면한 어떤 딜레마를 해결할 수 있다는 것을 의미했다. 다만, **국가가 디지털 촉수를 사회 모든 곳으로 뿌리내리는 것**을 감수할 수만 있다면 말이다.

그렇게 디지털 촉수를 전부 뿌리내린 국가가 바이러스뿐 아니라 다른 수많은 위협에 대해서도 유사한 안정을 제공해준다면, 사회 구성원들은 자유와 안정 중에서 선택을 강요받아야만 할 것이다. 예컨대 사이버 공간을 국가의 통제 아래 완전히 두어 이를테면 N번방과 같은 끔찍한 범죄, 나아가 모든 범죄를 차단할 수 있다면, 그렇게 사이버 공간을 국가의 통제 아래에 둔 국가가 현실 세계의 활동과 범죄마저 온전히 통제해내는 데 성공한다면 어떨까? 그때 우리는 자신의 프라이버시와 기본권을 위해 국가 권력의 한계를 정하고 다시 과거의 사회계약으로 돌아가고자 할까? 아니면 사이버 공간 등지에서 제기되는 예측 불가능한 위협에 두려움을 느껴 자신의 자유를 헌납하고 국가의 따뜻한 품속에 몸을 의탁할까?

혹시 당신이 단호하게 전자라고 답할 수 있다면, 나는 세 가지 사실을 기억할 필요가 있다고 말하고 싶다.

첫째, '근대화'에 직면한 전근대의 농민들 또한 새롭게 뻗어 나가는 국가 권력의 촉수에 저항했다는 것.

둘째, 그들 또한 결국에는 자신들의 자율성을 헌납하고, 국가의 품속에서 안정을 찾게 되었다는 것.

마지막으로, 그렇게 안전을 위해 자유를 포기한 이들의 후손이 바로 지금의 우리들이라는 것.

제3장

민족주의와 다문화에 관하여

영혼을 향한 속삭임:
민족과 민족주의에 관하여

"이 같은 민족주의가 실재적 민족의 표현이든, 상상된 민족의 표현이든, 그것 자체는 문제가 거의 안 된다. 민족주의는 열정이며, 그 열정은 민족주의가 갈구하는 독립체를 창조하기 위해 결의된 것이다."

— 레몽 아롱

나는 맥카시라는 이름의 프랑스인 웨이터를 불러서 왜들 싸웠냐고 물어보았다.

"붉은 넥타이를 맨 사람이 그 사람 고향의 수도 시설과 도로가 형편없다는 말을 듣고 발끈한 거에요."

"뭐라고요?" 나는 어리둥절했다.

"그분은 세계 시민인데, 코즈모폴리턴이란 말이오. 그 사람은……."

"원래 메인주 마타왐키그가 고향인 사람이죠." 맥카시는 말을 이었다.

"그 사람 말인즉, 자기 고향을 헐뜯는 놈들은 그냥 두지 않겠다는 겁니다."

— 오 헨리, 「카페 안의 코즈모폴리턴」 중에서

국가와 주권의 절대성이 부지불식간에 소생하고 있다면, 역사를 조금이라도 들여다본 사람들에게는 어떤 불쾌한 기억들이 떠오를 수밖에 없을 것이다. 20세기에 국가의 이름으로 벌어진 내부 폭력과 국가 간의 치열한 전쟁이 만들어낸 참상들 말이다. 세계의 매우 많은 국가에선 이런 폭력과 참상이 여전히 현실에서 벌어지고 있다. 상대적으로 평화롭고 안전하게 사는 많은 한국인들에게는 그런 기억들이 말 그대로 불쾌한 '기억'인 때가 많지만, 어쨌든 국가 폭력이 주는 모종의 불쾌감이 세대 간 전승과 교육, 직접적 체험 등으로 아주 생생하게 남아 있는 것은 분명하다.

그리고 이런 불쾌감을 형성할 때 국가와 꼭 함께 따라오는 동반자가 있으니 그것은 바로 민족과 민족주의다. 소위 식자들에게 이제 민족과 민족주의는 존재하지도 않는 '상상의 공동체'에 대한 충성을 국가가 주입해 공동체 구성원들을 광신에 젖게 만들고, 민족의 이름 아래 다양성을 말살하고 타자를 배척하게 하는 통치의 도구이자 적극적으로 배격해야 할 구시대의 잔재로 취급받게 되었다. 민족과 민족주의를 여러 현란한 개념을 통해 신랄하게 비판하고, 자신은 그런 허구에 속아 넘어가지 않을 정도로 '쿨하다는 것'을 한 번쯤은 피력하는 것은, 조금 과장하자면 한때 글 쓰는 사람들에게 일종의 통과의례나 다름없었다. 이런 논의와는 거리가 있는 대중 차원에서도 민족과 민족주의는 2010년대의 어느 순간 급속도로 인기를 상실하며 **'국뽕'**이라는 조롱을 받기 시작했다.

하지만 민족과 민족주의에 대한 인식이 지난 10년간 급격히 변화했음에도 많은 한국인들은 여전히 민족과 민족주의에 대해 분열적 감정을 갖고 있다. 마치 한국인들이 국가에 대해 불쾌해하고 불신하면서도 국가의 강력함을 신봉하고 보호를 자연스럽게 요청하는 것처럼 말이다. 2019년에 일본이 한국을 상대로 무역 전쟁을 개시했을 때 한국 사회는 반일反日을 기치로 결집했고, 사이버 세계와 현실 세계를 가리지 않고 민족주의적 선동과 민족의 이름을 내건 공격이 횡행했다.

여전히 민족에 대해 '쿨함'을 유지하고 싶어 하는 몇몇 식자들은 이런 흐름을 우려했고, 일본이나 미국과의 관계를 중시하는 일부 보수파에서는 '민족주의 광기'를 조롱하긴 했지만, 그들은 결코 사회의 대세가 아니었다. 2020년 초에는 정반대로 흥미로운 일이 벌어졌다. 코로나19가 중국에서 확산될 무렵 보수파에서는 자국의 이익을 근거로 중국인 입국을 차단해야 한다는 주장을 강력히 펼쳤고, 많은 진보파 인사들이 이를 편협한 종족성과 혐오에 근거한 옳지 못한 주장이라며 비판한 것이다. 즉, 정치적 차원에서 민족주의는 누구를 적과 동맹으로 볼 것인가를 두고 분열했지 그 자체가 사라진 것은 아니었다.

한편으로 이런 외교적 사안 이외에도 대중 차원에서도 민족 정서가 여전히 강력함을 입증하는 것을 보여주는 사례는 여럿 있었다. 최근 들어 표출된 반일 정서나 반중 정서가 아니더라도 말이다. 이를 가장 쉽게 확인할 수 있는 공간은 2010년대 후반 한국에서 순식간에 문화의 주류로 올라온 유튜브다. 몇몇 외국인들은 외부인 입장에서 한국의 모든 것을 칭찬 일색으로 추켜세우면서 구독자와 조회수를 확보하는 전략을 통해 큰 수익을 올렸고, 비판자들에게 '국뽕 채널'이라는 명칭으로 불리게 되었다.

같은 맥락에서, 2010년대에 세계적으로 확산된 한국 문화에 자부심을 느끼는 한국인들이 음식이나 대중음악에 대한 외국인들의 '진정성 있는' 반응을 찾아보려는 움직임도 있었다. 이런 소위 '해외 반응' 콘텐츠들의 유행은 공중파와 인터넷을 가리지 않았다. 연예인 샘 오취리가 의정부고 학생들의 블랙페이싱★을 지적한 것을 두고 쏟아진 대중의 엄청난 비난으로 활동을 접은 사건은 또 어떤가? 이 반발심의

★ 흑인 흉내를 내기 위하여 얼굴을 검게 칠하는 행위. 서구 사회에서는 흑인에 대한 비하와 멸시의 의미가 내포되어 있다는 이유로 이제는 금기시되었다.

근거는 아주 단순했다. "대체 네가 뭔데, 한국에서 돈 버는 '외부자'가 무슨 자격으로 한국인을 가르치려 드는 것이냐?"

즉, 민족과 민족주의에 대한 비판의식과 환멸이 확산되었으면서도 동시에 한국인들은 여전히 엄청나게 민족주의적인 행태를 보여주고 있는 것이다. 그러나 이 모순적인 상황을 인식하고 지적하는 글을 찾아보기란 쉽지 않다. 물론 샘 오취리 사건 같은 몇몇 일화적인 순간에 소위 식자들이 대중의 민족주의적 반발심에 불편함과 비판의식을 토로하기는 했다. 하지만 현재 한국에서의 **민족주의에 대한 환멸과 강렬한 민족주의적 감정의 공존**을 기존의 민족주의 비판이나 정치적 올바름을 둘러싼 논의로 설명해낼 수 있을까. 그렇다면 대체 지금 이 순간에도 민족주의라는 말을 들으면 얼굴을 찌푸리는 이들마저도 '국뽕'에 젖어 들게 만드는 힘은 무엇일까? 이를 알기 위한 차원에서라도 우리는 민족과 민족주의가 대체 무엇인지에 대해서 살펴볼 필요가 있다.

민족은 실재하는가?

민족은 지난 100년 동안 가장 논쟁적인 개념 중 하나였으며, 여전히 그렇다. 민족이 무엇인지에 대한 정의부터가 아주 불분명한 것이 대표적 증거다. 하지만 적어도 국가를 이루려고 하는, 같은 종족과 문화 정체성을 공유하는 집단이라는 정의에는 큰 이의가 있지는 않을 것 같다. 민족은 대개의 경우 국가와 함께 움직였기에, 국가의 힘이 비약적으로 증대된 근대에 들어 민족이 창조되었다는 주장이 강한 설득력을 얻게 되었다. 교통과 통신의 발달, 징병제와 국민적 언론과 교육 등을 통해 그간 서로 같은 민족에 속한다는 정체성이 희미하던 사람들끼리 새로운 정체성을 공유하게 되었다는 것이다. 민족이 절대적인 것이 아니라 근대에 상상된 개념이라는 주장은 민족과 민족주의를 비판하는 가장 큰 논거로 큰 지지를 얻었다.

하지만 이런 논의는 민족의 절대성이라는 신화를 부수었을지는 몰라도 민족의 실재나 민족의 중요성마저 해체했다고 말할 수는 없었다. 몇몇 사람들은 민족이 근대 국가에 의해 구성되었다는 것을 근거로 민족 자체가 실체가 없다고 주장하기까지 했다. 그러나 이는 민족이라는 개념 자체가 애초부터 구성원 사이에서 공유되는 문화적 정체성이자 개념이라는 것을 망각한 대표적인 확대 해석이다. 민족이 상상되었기에 실체가 없다고 하려면, 우리는 종이 쪼가리나 장부상 숫자에 불과한 화폐 또한 실체가 없다고 주장해야 한다. 사람들이 특정한 종이를 교환의 매개체라고 약속하고 그 인식에 근거하여 행동하는 순간 화폐는 실체를 가지게 된다. 민족 또한 마찬가지로, 공동체 구성원들이 스스로를 같은 민족이라고 생각하면서 그에 근거해 행동한다면 역시 민족은 실체를 획득하는 셈이다(철학적으로는 다소 논란이 있는 주장이겠지만, 어쨌든 공유된 개념이 현실에 영향을 끼친다는 점까지는 부정할 수 없을 것이다).

무엇보다 민족이 상상된 개념이기는 해도 그것은 완전한 무에서 만들어진 것도 아니었고, 근대라는 특정 시대에 창조된 것도 아니었다. 사람들은 공통의 언어, 문화, 기억을 근거로 종족을 형성했고, 종족을 중심으로 국가를 형성하면서 전근대의 민족을 만들어냈다. 그러니 언어, 문화, 기억을 공유하지 않은 이들끼리 새로운 정체성을 빚어내고 오랜 기간 유지하기란 굉장히 힘든 일이었다. 물론 **제국**과 **세계종교**와 같이 종족성을 뛰어넘는 단위가 곧 등장하여 역사에서 역시 중요한 역할을 수행해온 것은 사실이다. 하지만 이들은 민족과 결합하거나 경합해왔지 민족 자체를 절대적으로 대체하지는 못했다.

제국에는 언제나 지배적인 언어와 문화를 공유하는 '제국 민족'

이 있었다. 많은 제국이 포용성을 자랑하며 외부인들이 제국의 고위층에 합류하는 경우는 많았으나 대부분의 경우 그 외부인들은 제국 민족의 문화를 깊이 받아들여야 더 성공할 수 있었다. 세계종교는 민족을 뛰어넘는 정체성을 제공하며 구성원들을 아울렀지만, 온전히 세계종교에만 기반한 정치체는 오래 유지될 수 없었고, 오래 유지된다면 충분히 응집력 있는 권력을 행사할 수는 없었다.

오히려 많은 종족들은 세계종교를 자신의 종족 정체성으로 깊이 내면화했고, 타자와 구별하는 근거로 삼는 경우가 대부분이었다. 만약 혼란기가 오면 제국과 세계종교는 여러 소속 종족들에 의해 찢어졌으며, 그 가운데 특정 종족이 주도하는 새로운 국가나 제국이 탄생하여 혼란을 종식하곤 했다. 즉, 전근대의 민족은 국가 역량이 약했기에 권력, 통치, 정체성의 절대적 중심 자리를 차지하지 못한 것뿐이지, 그 자체로 의미가 없는 개념은 결코 아니었다. 전근대 역사의 수많은 제국, 왕국, 도시국가들 중 어디라도 한 곳을 들여다본다면, 그 통치 논리와 정체성에 '종족성'이 강하게 관여하고 있음은 금세 알 수 있다.

전근대의 엘리트가 아닌 대부분의 **'백성'**들은 어떨까? 이들은 대부분 촌락에 묶여 살면서, 거의 변하지 않는 농촌 공동체의 정적인 사회적 질서를 받아들이며 살곤 했다. 그러니 과거 역사 속 인류의 대부분을 차지했던 농민들이 민족과 같은 더 커다란 정체성을 상상하고 소속감을 느끼는 것이 어려우리라 가정하는 것은 당연했다. 그리고 이는 진실을 포함하고 있는 말이었다. 전근대에는 엘리트층과 농민의 괴리가 지금보다도 훨씬 심했고, 많은 엘리트들은 같은 나라의 농민보다는 다른 나라의 엘리트와 공유하는 것이 많은 상황에서 농민들이라고 민족 정체성에 절대적으로 충성할 리가 없었다.

그러나 이런 한계에도 불구하고 농민이나 소위 역사 속에서 목소리를 대부분 낼 수 없었던 수많은 백성도 종족성에 근거한 소속감, 즉 민족 정체성을 지니고 있던 것은 분명 사실이다. 이들 농민들은 자신과 같은 종족성을 공유하는 엘리트들의 지배를 더 잘 받아들였고, 종족적으로 타자로 간주되는 엘리트의 지배에는 상대적으로 더 큰 반발심을 가졌다. 농민은 글을 읽을 순 없었지만 듣고 이야기할 수는 있었고, 그들을 다스리는 이들이 자신들과는 다른 언어와 문화를 가지고 있는 이들이라는 것 정도는 충분히 알 수 있었다. 즉, 외국의 침공은 단순히 지배자만 바뀌는 일에 그치지 않았던 셈이다. 그러지 않고서야 17세기 폴란드의 침공에 어떻게 러시아의 귀족과 농민이 모두 궐기하고, 임진왜란 때는 어떻게 향촌에서 의병이 조직될 수 있었을까?

물론 종족, 민족 정체성은 절대적 정체성이 아니었고, 때에 따라서는 지배적인 정체성이 아니기도 했다. 개개인에게 정체성은 상황에 따라서 유동적이었고, 자신의 사회적 지위나 거주지 이동에 따라서 협상 가능한 것이기도 했다. 변경에서 많은 이들은 복수의 정체성을 갖고 양편을 오갔으며, 농민은 여러 경제적 유인에 끌려 같은 종족의 지배 엘리트를 배반하기도 했다. 그렇지만 전근대의 유연한 정체성은 앞서 말했듯이 전근대의 국가 역량이 약했기에 민족과 종족 정체성이 압도적인 지배력을 확보하지 못했다는 증거였지 민족과 종족 정체성이 중요하지 않다거나 실체가 없었다는 것을 함의하지 않는다. 그보다 민족 정체성은 국가의 흥망성쇠와 함께 부침을 거듭하는 정체성에 가까웠고, 국가의 힘이 강해져 온 인류 역사의 추세를 대체로 충실히 따른 것에 가까웠다.

민족 정체성은 한 종족 안에서 복수의 부족이 하나의 국가로 통합되고, 다른 종족, 국가와 충돌이 잦아지던 문명의 여명기에 본격적으로 태동했다. 보편주의적 제국과 세계종교가 지배력을 확보하거나, 국가의 응집력이 약해져 파편화된 봉건제 질서가 나타난 곳에서는 민족 정체성의 중요성이 상대적으로 약해졌다(사라진 것은 아니었다). 이는 제국적 질서와 파편화 경향이 가장 강했던 유럽과 중동에서 민족 정체성 구현의 '예외 사례'가 속출했던 이유를 설명해준다.

종족을 공유하는 응집력 있는 국가가 오랜 기간 유지되어 온 동아시아에서는 민족 정체성이 계속해서 강력한 원리로 남았다. 그러나 유럽과 중동에서도 근세 이후 국가의 힘이 강화되면서 민족·종족 정체성은 다시 무대의 중심에 복귀했고, 마침내 산업혁명과 근대화를 거치며 국가의 역량이 폭발적으로 성장하자 민족 정체성은 다른 모든 정체성을 누르고 절대적 위치를 점하게 된 것이다. 민족과 민족주의는 모두가 알다시피 그 뒤 펼쳐진 20세기의 가장 중요한 주인공이 되었고, 그로 인해 세계는 이전에는 없던 거대한 비극의 역사를 쓰게 된다.

민족과 민족성을 둘러싼 역사는 민족 개념이 근대주의자들의 주장보다 훨씬 강력하고 견고한 근거를 갖고 있음을 보여준다. 민족은 어떤 경우에도 불변하는 절대적이고 원초적인 단위는 아니었을지라도, 적어도 아무리 약할 때조차도 결코 무시할 수는 없는 단위이자 개념이었다. 따라서, 설령 민족과 민족주의를 비판하고 극복하고자 할 때도, 출발점은 그것의 허구성이나 실체 없음에 집중하기보다는 민족이 역사 속에서, 그리고 현실 속에서 여전히 작용하고 있는 강력한, **실제적 힘**임을 인정하는 것이 되어야 한다. 거기에 더해서, 대체 왜 민족과 민족주의가 인간에게 그렇게 강력하게 작용할 수밖에 없는지에 대해 생각해보는 것도 빼놓을 수 없다. 본래 무엇이든 작동 원리와 기능을 먼저 이해해야지만 그것을 고쳐 쓰든지 폐기하든지 아니면 꽉 붙잡고 있을지 제대로 논의할 수 있는 것 아니겠는가.

부족주의: 내면으로부터의 열정

그렇다면 어째서 민족은 인간에게 그토록 막강한 영향력을 행사할 수 있는 것일까? 국가가 자신의 필요를 위해 개인들을 집단으로 묶고 동원하기 위해서? 하지만 민족주의적 정서가 그저 국가에 의해 형성되었다고만 보는 시각은 국가가 없는 상황에서도 국가를 비롯한 여러 정치체를 이루고자 하는 다른 민족들의 존재를 설명해낼 수 없다.

쿠르드인이나 카탈루냐인은 독립국을 이루지 못했음에도 상당한 민족의식을 갖고 있는 대표적인 사례다. 반면 소련은 역사상 존재한 가장 강력한 국가 중 하나였음에도, 소련을 구성하는 수많은 민족을 묶어내는 견고한 '소련 민족 정체성'을 만들어내는 데는 실패하였다(부분적으로는 성공했다). 이런 사례들은 민족과 민족주의의 발전에 **수용자의 자발적 의지**가 아주 중요하게 작용하며, 그 의지는 충분히 개연성 있는 공통의 역사·기억·문화·언어의 존재로 형성된다는 것을 알려준다. 이 '의지' 때문에라도 민족의 힘을 이해하기 위해서는 더 깊은 인간의 심리를 들여다봐야 할 필요가 있는 것이다.

인간이 민족에 끌리는 이유는, 역사 이전의 인간이 대부분 민족은 아니지만 **민족과 굉장히 유사한 사회** 속에서 살아온 것으로 설명할 수 있다. 바로 **부족**이다. 인간의 조상인 영장류는 오랜 기간 집단적으로 생활하며 사회를 이루고 살아왔다. 그렇기에 인간의 몇몇 사회적 심성의 상당수는 유인원에서 인간으로 나아가는 과정에서 발생한 사회적 변화를 반영한다. 로빈 던바의 유명한 주장처럼, 이 사회적 변화에서 가장 두드러진 것은 집단 규모의 증대와 사회적 갈등을 관리하는 기술의 등장, 즉 협력의 확대였다.★

★ 로빈 던바, 김학영 옮김, 『멸종하거나, 진화하거나』, 반니, 2015

그리고 협력의 확대 과정에서 결정적인 역할을 한 것은 문화였다. 인간의 조상 종들은 집단적으로 공유하고 세대를 통해 전승되는 문화를 통해 변화하는 환경 속에서 적응해나갔다. 이 지난한 과정에서 환경 변화에 더 적합한 문화를 갖춘 집단이 생존해 그들의 문화를 확산시켜나갔고, 그 과정에서 집단이 분리되면서 문화 또한 분화해나갔다. 인류는 문화에 의존하면서, 특정 문화, 혹은 문화 전체를 더욱 잘 수용할 수 있는 방향으로 진화했고, 이는 인간 집단의 협력을 더욱 끈끈하게 만들었다. 마침내 현생 인류가 되었을 때 인류는 복잡한 언어와 상징체계로 의사소통하면서 문화를 이전과는 비교도 안 되는 속도로 빠르게 발전시키는 단계에 이르렀다.

하지만 협력의 증대는 특정 단위를 넘어가서는 실현되지 않았다. 오히려 문화가 자체적인 동력을 갖고 다양한 환경에 최적화된 형태로 진화하면서 집단 간 문화적 차이는 계속 확대되었다. 인류는 주로 혈연을 통해 뭉친 복수의 친족 집단 단위로 흩어졌고, 그들은 작건 크건 문화적 차이를 유지하면서 그들 스스로를 다른 집단과 구별하곤 했다. 서로 끈끈하게 뭉쳐 협력하는 부족이 탄생한 것이다. 이 부족은 평화롭게 공존하기도 했지만 토지, 수자원, 사람과 같은 한정된 자원을 놓고 갈등할 수밖에 없었는데, 이런 갈등을 효과적으로 극복할 수 있는 문화가 승리해 또다시 분화하는 일들이 반복되었다.

여기서 중요한 것이 바로 부족 내의 협력이었다. 집단 간 경쟁에서 승리하기 위해서는 더 큰 집단 단위로 움직여서 상대편을 제압해야 했기 때문이다. 집단 간 경쟁이 내적 협력 의식을 고취하고, 어느 개인 스스로를 집단을 위해 희생하게 하며, 상대편에 대한 경계심과 적개심을 타오르게 하는 정서를 형성해낸 것이다. 부족적 삶이 인간 역사의 대부분을 차지했기에, 집단 내 협력과 집단 간 경쟁을 특징으로 하는 부족주의가 인간의 사회적 정서의 밑바탕에 자리 잡는 것이 당연했다.

내집단과 외집단을 구분하고 뭉치고 갈등하는 이 정서는 인간 공동체가 부족 단위를 넘어서는 상징을 만들게 되면서 다양한 방식으로 변형되었다. 농경과 유목이 시작되고, 농경과 유목을 채택한 인간 집단이 수렵채집민을 제압하고 더 넓은 지리적 범위로 확산되면서, 각자 다른 환경에 적응해온 상이한 문화 간의 충돌이 더욱 잦아졌다. 이후 여러 갈등 끝에 국가가 탄생했다. 국가는 종족 집단 내의 부족적 차이를 희석하고 다른 종족 집단과 더 격렬한 전쟁에 나서면서 집단의 크기를 더욱 확대했다. 원시적인 민족이 탄생한 것이다.

이후 문명이 발전해 제국, 세계종교, 종파, 이념과 같은 숱한 개념들이 생기면서, 집단 본능과 부족주의 정서는 다양한 방식으로 사람들을 뭉치게 하고 또 갈라놓았다. 중세에는 종족, 민족이 다르더라도 종교가 같다는 이유로 서로 돕고, 종교가 다르다는 이유로 서로 살육하는 일이 비일비재했다. 20세기에는 민족이나 종교와 상관없이 이념을 중심으로 사람들이 이합집산을 거듭했다. 냉전 시대 동아시아는 가장 극명한 사례로, 남한과 대만, 북한과 중국은 민족이 아닌 이념과 체제를 기준으로 협력하고 갈등했다.

이런 큰 단위가 아닌 미시적 단위에서도 부족주의적 본성은 언제나 작동했다. 연예인 팬덤들 간의 다툼, 성별 간의 다툼, 온라인 커뮤니티 간의 다툼은 모두 내집단을 끌어안고 외집단을 배척하는 인간 본성의 발현인 것이다. 심지어, 오늘날 그런 부족주의와 타자에 대한 배척, 차별을 극복하자고 주장하는 사람들조차도, **그런 주장에 동조하는 부족**을 만들어 자신들의 의견에 동조하지 않는 이들과 투쟁을 벌이고 있지 않은가?

그렇다면 왜 하필이면 민족일까? 인간이 문명을 발전시키고 새로운 정체성을 만들어냈다면, 이념이나 종교나 혹은 여타 정체성에 따라서 뭉칠 수 있지 않을까? 부족주의 정서가 집단 내 협력과 집단 간 경쟁을 위해 형성되었다는 것을 상기한다면, 이에 대한 답은 다소 명확하게 내려질 수 있다. 부족·종족·민족 등 확장된 친족 의식을 지니고 언어와 문화를 공유하는 집단이 가장 최적화된 협력 공동체를 구성하기에 유리했기에 사람들은 그에 대한 강한 애착을 갖게 된 것이다.

사회가 다양한 역할을 지닌 구성원들의 상호 협력을 통해 유기적으로 작동한다고 가정한다면, 성별, 연령대, 직군 등에 따라 구성원들에게 전문화된 영역을 배당하고 그들의 능력을 최대한 활용하는 것이 유리한 전략이다. 특정 성별이나 직군만으로 뭉친 사회는 이런 전문화에 기반한 유기적 협력이 불가능하거나 심한 비효율을 초래할 수밖에 없다. 그래서 애당초 그런 사회는 독립적인 사회로 존재할 수조차 없고, 특정 국가 안에서 아주 특수한 소규모 공동체로밖에 유지될 수 없는 것이다.

제국, 세계종교, 이념은 어떨까? 종족성을 초월하는 협력 기제인 이들 요소가 문명의 발전에 따라 더욱 커다란 공동체를 만드는 기틀을 제공한 것이 사실이다. 그러나 이런 요소들은 앞서 살펴본 대로 민족 정체성을 통해 가장 고도로 협력하는 조직인 근대 국민국가와의 경쟁에서 패배했다. 제국은 수많은 민족들로 쪼개졌고, 주로 제국 권력과 연결되곤 했던 세계종교를 통한 권위도 민족 단위로 해체되는 경우가 많았다.

이념도 마찬가지였다. 냉전 시대 공산권은 "만국의 프롤레타리아트여 단결하라"라는 그들의 구호가 무색하게 소련과 중국을 중심으로 나뉘어서 싸웠으며, 심지어 소련 내부에서도 민족 공동체 간의 자기 이익 추구는 끈질기게 살아남기도 했다. 자유주의 진영은 교역으로 상호 간 더 긴밀하게 연결되어 국제적 응집력이 높긴 하였으나, 1980년대 미국과 독일, 일본 사이에 불거진 무역 분쟁은 자유주의 진영에서도 민족 정체성에 따른 갈등을 피해갈 수 없다는 것을 보여주었다. 결국에는 가장 강력한 행정적·군사적 권력의 응집체인 국가를 조직하는 데 가장 강력한 정체성이 무엇인가에 따라 경합하는 정체성의 흥망성쇠가 갈린 셈이다.

최적 협력체로서의 민족국가

물론 국가의 중요성이 곧 민족주의의 우세를 의미하는 것은 아닐지도 모른다. 예컨대 다양한 민족과 문화가 국가와 시민 정체성을 통해 뭉친다면 굳이 민족주의가 필요하지 않을 수 있을 것이다. 대표적으로 미국이 이런 맥락에서 민족주의의 반례로 항상 등장하는 주인공이다. 수많은 민족과 문화가 미국과 헌법의 가치에 충성하며, 그 다양성과 역동성으로 미국을 세계에서 가장 강력한 초강대국으로 만들지 않았느냐는 것이다.

그러나 미국은 이민자들끼리 섞이고 앵글로색슨 문화를 공유하며 자신들의 역사를 만드는 과정을 통해 '미국 민족주의'를 만든 사례지, 민족주의 그 자체에 대한 반례라고 보기는 어렵다. 미국의 경쟁력은 그 이질적인 인구 집단을 미국 문화 아래에서 통합하고, 그들이 미국을 위해 헌신하도록 만든다는 데서 나온다는 점에서 역시 민족주의적이다. 더욱이 20세기 후반 아시아계와 히스패닉의 유입에 따라 흔히 '미국적'이라 생각되던 스테레오타입에 맞지 않는 인구가 크게 늘면서 커지고 있는 사회적 갈등, 그리고 아직도 해결이 요원한 흑백 인종 갈등은 미국식 민족주의 기획이 대단한 역동성만큼이나 커다란 불안정도 의미한다는 것을 보여주고 있다.

미국 이외에도 여러 국가가 자신들은 특정 민족과 문화가 아닌 국가의 시민적·헌법적 가치에 근거하여 구성되었다고 주장하지만, 그들이 말하는 수사와 무관하게 현실의 모든 국가는 명확한 지배 문화와 언어, 그들의 공식적인 역사 기억과 해석을 핵심적인 기반으로 삼고 있다. 반면 이런 기반이 취약하고 아주 인위적으로 급조된 국가는 많은 경우 불안정과 갈등의 씨앗을 품고 있다고 할 수 있으며, 독립 이후 아프리카의 역사는 그것이 표면으로 분출되었을 때 나타나는 비극을 보여주었다. 즉, 국가가 가장 강력한 통치 도구라면, 원활하게 그 국가를 작동할 수 있게 해주는 최적 협력체는 민족인 셈이다. 그리고 두 가지가 결합한 **민족국가**가 근대에 이르러 다른 모든 경합 공동체를 경쟁에서 밀어내 '정체성의 왕좌'에 오른 것이다.

제국, 세계종교, 이념, 다민족국가가 민족국가에 비해 취약한 이유는 공통 언어와 문화 정체성이 주는 강한 소속감을 그들이 대체할 수 없기 때문이다. 공통 언어와 문화가 갖는 중요성은 직관적으로 아주 쉽게 이해할 수 있다. 인간 삶의 대부분을 차지하는 부족 생활에서 공동의 정체성을 구성한 것은 그들이 같은 혈통을 공유한다는 친족의식, 공통의 언어와 문화였다. 타민족과의 교류가 늘어나면서, 자신이 갖는 공통 언어와 문화의 고유성에 새삼스럽게 눈을 뜨고 더 넓은 범위에서 민족의식을 각성하는 경우가 많은 것 또한 이 때문일 것이다. 전근대에도 이런 각성은 국가 간 전쟁이나 지배 엘리트와 피지배 민중의 종족적 차이에서 비롯될 때가 많았다.

무엇보다, 공통 언어와 문화, 소속감은 협력에 주는 이점이 실로 명백하다. 먼저 언어는 인간 협력에 가장 근본적인 의사소통에서 가장 적게 비용을 치르는 핵심적인 수단이다. 그러니 모어母語를 공유하는 이들 위주로 긴밀한 정서적 교류를 하고 소속감을 공유하며 집단적으로 움직이는 것은 너무나 자연스러운 일이다. 모어를 공유하지 않는 이들과 소통할 경우에는, 그로 인해 생기는 정보의 손실과 오해로 인해 협력 자체에 장애가 생기며, 타 언어 사용자가 그의 모어 사용

집단으로 얼마든지 이탈할 수 있다는 데서 경계심과 불안이 생길 수밖에 없다.

문화 또한 같은 맥락이다. 언어는 문화의 중요한 부분을 이루나 전체는 아니다. 문화는 언어를 포함하여 관습, 종교, 공통의 기억과 같은 숱한 구성 요소를 가지고 있고, 이 전체적 집합을 같이 공유한다는 데서 오는 안정감과 소속감은 인간이 문화적 종種인 이상 인간에게서 떼어 놓을 수 없는 요소인 것이다. 그러니 종교나 이념과 같은 초국적 정체성을 통해 뭉치더라도 그 안에서 다시 언어와 문화, 종족을 기준으로 분열하는 일이 잦을 수밖에 없는 것이다. 그래서 아랍인은 이슬람을 만들었지만 다시 그들의 부족을 기준으로 쪼개졌고, 소련은 공산주의의 이익보다는 러시아의 이익을 생각하며 중국을 배척한 것이다.

사실 이슬람교나 공산주의, 혹은 자유주의는 보편적 믿음이긴 했지만, 아랍인, 러시아인, 미국인에게는 자신들의 민족문화를 이루는 중요한 요소로 간주될 때가 더 많았다는 것도 기억해야 한다. 대부분의 개별 민족집단은 특정 이념이나 종교를 자신들의 민족 정체성의 핵심적인 요소로 받아들이면서 그들의 민족 정체성을 강화하는 데 적극적으로 활용했다는 것은 민족이라는 단위의 강력함을 다시 한번 보여준다.

민족, 더 정확히는 민족국가가 가장 강력하고 효율적인 최적 협력체로서 기능한다는 또 다른 증거는 이것이 20세기 복지국가의 중요한 기반이었다는 데서도 드러난다. 하버드대 경제학과의 두 교수인 알베르토 알레시나와 에드워드 글레이저는 서유럽과 미국을 비교하며, 인종적 다양성이 두 국가의 복지 수준 차이를 만들어냈다고 주장했다.*

---

* 알베르토 알레시나, 에드워드 글레이저, 전용범 옮김, 『복지국가의 정치학』, 생각의 힘, 2012

그들의 논리는 한 사회의 부자가 소속감을 느끼는 같은 공동체 구성원들에게 더 기꺼이 돈을 내는 경향이 있다는 것이었고, 그렇기에 미국의 낮은 복지 수준은 부분적으로 백인 부유층이 흑인 빈곤층과 동질감을 느끼지 않은 데서 기인한다는 것이다. 반면 프랑스, 독일, 스웨덴 등지에서는 그런 민족적·인종적 다양성이 존재하지 않기에, 부유층은 빈곤층의 문제를 자신들과도 연관된 문제라고 인식했고 소득 이전에 더 관대한 경향을 보였다는 것이다.

더 간단하게 말하자면, 어느 국가의 국민이든 자국민의 작은 슬픔을 타국의 더 큰 비극보다 가슴 아파하고 공감하면서 도우려고 하지 않겠는가? 이런 경향을 누군가는 편협한 종족주의라며 그르다고 비판할 수 있겠지만, 어쨌거나 이런 경향이 존재한다는 것이 사실이라면 민족주의는 억압의 무기인 동시에 약자를 위한 방패이기도 한 셈이다. 계층을 뛰어넘는 이런 협력은 민족국가의 경쟁력을 또다시 강화하였고, 무엇보다 계급에 기반한 초국적 협력을 시도한 공산주의의 매력을 크게 감소시키는 데도 기여했다.

'정치적으로 올바른' 부족주의: 세계도시의 코즈모폴리턴 엘리트들

그러나 다시금 강조하자면 민족주의는 중요하고 지배적인 심리긴 하였으나 언제나 근대와 같이 절대적인 위상을 지니진 않았으며, 구체적인 상황에 따라 그 중요성은 항상 부침을 거듭했다. 흔한 경우 국가의 응집력이 약해지고 초국적 정체성과 하위 국가 정체성이 부상할 때 민족의식은 위기를 맞이했고, 새로운 국가가 등장하기까지 복수의 정체성과 계속해서 경합했다.

민족과 민족주의의 위상이 갖는 이런 가변성은 최근 들어 서방 세계에서 두드러진 민족주의의 약화를 설명해준다. 물론 서구에서 민족주의를 약화시킨 요인에는 국가 권력의 부침과 독립적인 다른 역사적 동력이 존재했다. 제2차 세계대전의 참상과 그에 따른 지성계의 반성, 민족의 허구성을 지적하는 연구 경향의 대두, 이민자의 대량 유입 등은 특히 1968년을 기점으로 유럽에서 민족주의의 기반을 크게 흔들었다(앞에서 다룬 알레시나와 글레이저의 주장이 맞다면, 이는 서구 복지국가의 부침과도 어느 정도 연관이 있을 것이다). 하지만 냉전 이후 국가 위상의 전면적인 퇴조가 없었다면 이런 경향은 민족주의를 대중적 차원에서까지 약화시킬 수 없었을 것이다.

민족주의의 퇴조가 가장 두드러진 지역인 서유럽을 한번 살펴보자. 유럽은 냉전 시대부터 자신들만의 지역 통합 프로젝트를 가동했으며, 냉전 이후에는 그 영역을 급속도로 확장하고 관여 범위와 깊이를 대폭 늘린 유럽연합을 출범시키면서 민족국가에 대한 유력한 대안을 제시했다. 많은 이들이 유럽연합과 같은 지역 통합 프로젝트를 평화와 공존의 상징으로 추켜세우면서 자신들의 지역에도 유사한 지역연합을 만들어야 할 필요성을 역설했다.

그러나 우리는 유럽연합의 부상은 제2차 세계대전을 거치며 성장한 케인스주의적 국가 주도형 경제가 급속히 시장화되는 흐름과 궤를 같이했다는 것에 주목해야 한다. 유럽연합 집행위원회와 유럽 중앙은행은 개별 국가가 내려놓은 주권의 여러 요소를 자신들이 인수하거나 시장에 넘기면서 그들의 영향력을 확대해왔다. 만약 이렇듯 국가의 자의 혹은 타의에 의한 퇴장이 없었더라면 유럽연합은 지금과 같은 영향력을 결코 확보할 수 없었을 것이다. 유럽 정체성은 계속해서 강력해져 가는 유럽연합의 힘을 통해 확산되었다.

국가 하위에서도 큰 변화가 일어났다. 정보경제가 등장하면서 국가가 아니라 도시가 경제발전의 기본적인 단위로 주목받게 되었다. 이제는 전 국토가 긴밀히 연결된 산업 사슬이 아니라, 몇몇 국가의 세계도시들이 맺은 네트워크가 가치 창출의 가장 중심적인 역할을 떠맡게 된 셈이다. 자연스레 초국적 네트워크로 연결된 도시는 초국적성 혹은 무국적성을 띠게 되었으며, 이들 도시는 국가의 배후지와 점차 멀어지면서 자신들만의 독자적 정체성을 형성하게 되었다.

이러한 흐름에 따라 런던, 파리, 프랑크푸르트, 암스테르담 같은 도시가 가장 대표적인 중심 도시로 부상했다. 이런 도시들은 자국은 물론이고 다른 유럽 국가들, 거기에 유럽 바깥의 국가들에서 온 수많은 이민자를 끌어들였다. 본국의 배후지에서는 적시 적소에 필요한 인력을 구할 수 없었기 때문이다. 단순 업무에서 본국의 노동자들은 너무 비싼 임금을 요구했고, 창조 경제에 필요한 유능한 전문 인력을 수급하기에는 평균적 인적자본 수준이 세계도시의 요구치를 따라오지 못했다.

그 결과 세계도시는 세계도시만의 무국적 다문화 경관을 형성하고, 본국의 배후지보다는 긴밀히 연결된 타국의 세계도시에 더욱 큰 동질감을 느끼는 상황까지 이르렀다. 런던의 중산층은 파리, 뉴욕, 혹은 싱가포르의 중산층과 더욱 많은 것을 공유하고, 일종의 '글로벌' 문화에 소속감을 느끼며 배후지의 자국민 대중들과는 점점 멀어져 갔다. 세계도시의 코즈모폴리턴 엘리트의 형성은 경제의 기본 단위가 국가에서 도시로 넘어가지 않았다면 발생하지 않았거나, 적어도 그 정도가 지금보다는 상당히 얕았을 것이 분명한 일이었다. 지역연합과 세계도시가 주축이 된 국가 권력의 약화와 경합 정체성의 부상은 유럽에서 가장 극명하게 나타났지만, 정도의 차이가 있다 뿐이지 관련된 지역 전역에서 일어났으며 특히 무국적 세계도시의 위상이 높은 곳에서 두드러졌다.

작금 서구 사회를 강타한 **포퓰리즘**은 30여 년간 맹렬한 속도로 지속되어온 국가의 약화, 민족의식의 약화에 대한 반작용이었다. 최적 협력체로서 국가가 약화되자 자연스레 사회적 약자에 대한 부조 또한 줄어든 건 당연한 현상이었다. 세계도시 엘리트들은 당장 그들이 누리는 부와 다양한 문화가 주는 풍족한 경험에만 집중하여 배후지에서 어떤 일이 벌어지고 있는지 크게 신경 쓰지 않았고, 그들을 딱히 더 도우려고 하지도 않았다. 배후지의 대중들이 이민자의 유입으로 정체성의 위기를 느끼는 것을 보며 세계도시 엘리트들은 그것을 시대에 뒤떨어진 민족주의나 인종주의에 휘둘린 무지한 이들의 최후의 발악 정도로 치부했었다. 그러나 이는 인간에게 어쩌면 가장 최적화된 소속감을 느끼는 집단이 해체되는 것에 따라 발생한 자연스러운 불안감의 발현이었다.

불안감에 휩싸인 대중들이 세계도시 엘리트에 대해 불만, 후에는 적개심을 가지게 되면서 2010년대는 포퓰리즘의 물결이 서구 사회를 휩쓸었다. 그들은 주권을 제약하는 유럽연합에서 탈퇴해야 한다고 말하기도 했고, 이민자들이 일자리와 복지 혜택을 가져간다고 주장하며 엘리트들이 자국민에 더 집중해야 한다고 불만을 토로하기도 했다. 심지어 개중 몇몇은 세계도시 엘리트들이 그들만의 집단으로 뭉쳐 개별 민족 문화를 말살하고 영구히 그들의 지배력을 공고히 하려 한다는 음모론에 빠지기까지 했다(QAnon★).

★ 2016년 미국 커뮤니티 '4chan'에서 유래한 신흥 극우주의 음모론 단체, 혹은 그들이 공유하는 세계관. 딥 스테이트라고 칭하는 비밀 조직이 미국과 세계의 경제·정치·통치권을 장악하고 있다는 음모론, 2020년 미국 대선 이후 트럼프가 재선에서 떨어진 뒤에 부정선거라고 주장하는 음모론 등이 그들 사이에서 주목받았다. 온라인 커뮤니티를 중심으로 점차 세력이 확산된 이들은 이후 유튜브, 트위터, 페이스북 등 SNS에까지 진출해 그들의 주장을 전개하기 시작했다. 미 연방수사국(FBI)은 이들을 잠재적인 테러 위협으로 규정하고 있다.

어쨌든 이런 모든 현상은 세계도시의 엘리트와 배후지의 대중이 서로 같은 공동체에 속한다는 소속감을 상실하고, 서로를 '그들 대 우리'라는 구별 의식을 가진 채 바라보기 시작했다는 것을 의미했다. 협력이 훼손되면서 국가가 위기에 빠지기 시작한 것이다. 그리고 세계도시 엘리트들에게는 다소 애석하게도, 다른 위기들이 찾아왔을 때 지역연합이나 세계도시 네트워크는 국가를 대체하는 결정적인 구원투수가 되어줄 수 없었다. 과연 다시 무대의 중심으로 걸어 들어온 국가는, 민족주의의 위상을 회복하고 과거 20세기에 누린 고도의 협력 체계를 복원할 수 있을까? 아니면 이미 자신들만의 정체성을 구축한 세계도시 엘리트들과 배후지의 대중 사이에서 새로운 부족주의적 투쟁은 이제 겨우 시작된 것뿐일까?

한국과 한국인의 민족주의

민족과 민족주의의 위상은 시대에 따라 그러했듯 지역적으로도 상이하고 가변적인 모습을 보여주었다. 중동, 특히 아랍 지역은 국가 체제가 견고히 자리 잡지 못했고, 종파와 부족과 같은 하위 국가 정체성이 민족주의를 위협하는 주요한 경쟁자로 남은 상태다. 동남아시아는 대륙부에 위치해 영토 국가를 오랫동안 유지해온 지역과 도서島嶼부에 위치해 권력 중심지가 해양 이곳저곳에 흩어졌던 지역이 서로 다른 수준의 민족의식을 지니고 있었다. 라틴아메리카는 스페인어 문화권이라는 초국적인 지역적 정체성이 오랜 기간 우세했으나, 서로 다른 독립국가로 나뉘면서 독자적인 민족의식을 발전시켜나갔다. 중앙아시아 지역은 원래 아랍 지역이나 동남아시아 도서부와 마찬가지로 민족의식 대신 초국적이거나 하위 국가적 정체성이 우세했으나,

소련으로부터 영토와 민족 구분, 결정적으로 강력한 행정 권력을 물려받아서 1991년 이후에는 견고한 민족의식을 확보했다.

한국이 속한 동아시아는 여러 지역 중에서도 개별 국가들이 가장 오랫동안 민족의식을 견고하게 유지한 지역이었다. 이는 에릭 홉스봄과 같은 대표적인 근대론자들 또한 인정하는 사실이기도 하다. 쌀농사와 유교로 대표되는 중앙집권 국가는 한국, 중국, 일본, 베트남에서 오랜 기간 존속되었고, 때로 왕조 교체나 내전이 있긴 했어도 그 범위는 단일민족 경계를 크게 벗어나지는 않았다. 오히려 이 국가들은 근대 이전부터도 변경 지역의 여러 이민족들과 투쟁하면서 그들을 자신들의 국가 체제 속에 끌어들이고, 무력과 경제적·문화적 유인책을 통해 서서히 동화시켜나갔다.

중국은 종족적으로는 수많은 집단을 포섭해나가면서 확장했기에 상당한 내적 다양성을 지닌 제국이었지만, 동아시아 문명의 종주국인 데서 오는 권위와 한자漢字라는 공통의 문자언어 체계, 제국 중심지에서 나오는 거대한 부와 문화적 세련미로 그들을 중화 민족이라는 거대한 단일 제국 민족으로 통합할 수 있었다. 일본에서는 서쪽에서 건너온 농경민인 야마토인이 동쪽의 선주민인 에미시인, 혹은 에조인을 밀어내면서 국가를 확장했는데, 그들 또한 천년에 걸친 세월 동안 일본인에 동화되면서 거의 완벽하게 통합되게 된다. 이후 일본에는 지속적인 내전이 발생했지만, 그들이 중국인이나 조선인과는 구별되는 공통의 종족·민족 정체성을 지니고 있었음을 의심하는 이들은 누구도 없다.

한국에서는 고구려·백제·신라의 경쟁 구도가 신라에 의해 통합되고, 안정과 혼란을 거쳐 고려로 넘어가는 과정에서 '삼한'이 공유하는 정체성의 기반이 형성된 것으로 보인다. 삼한의 개별적 정체성은 고려 시기 북방 이민족과 치른 여러 전쟁을 통해서 더 통합적인 한

민족 정체성으로 이행한 것으로 보인다. 이런 경향은 조선조 시기 더욱 강화되었으며, 한국인들이 이민족과 치른 여러 대규모 전쟁, 특히 고려 말 몽골제국과의 전쟁이나 16세기 일본과의 전쟁은 민족 정체성 성립에 중대한 계기를 제공하였다. 조선보다는 조금 더 개방된 공간에서 상대적으로 정치적 독립을 늦게 획득한 베트남은 정체성이 더 유동적이었긴 하였으나, 그들도 남쪽의 이민족들을 정복하고 중국과 지속적인 전쟁을 치르면서 자신들만의 고유 정체성을 일찌감치 확립해나갔다.

그러니 유럽에서 진화한 근대 국가와 근대적 민족주의를 접했을 때 이들 동아시아 국가들이 이를 열렬히 수용하고 다른 지역보다 훨씬 빨리 근대 국가 체제에 적응한 것은 우연이 아니었다. 내부의 부족적 정체성을 통제하는 데 어려움을 겪은 페르시아제국이나, 기독교 소수민족들과 아랍인과의 갈등이 근대화 추진의 주요 장애물이었던 오스만제국, 혹은 단일국가가 아직 제대로 형성도 되지 않은 인도네시아나 인도의 여러 지역과 달리 동아시아 국가들은 상대적으로 빠르게 근대적 민족국가 체제에 적응했다. 그들 또한 근대 국가 체제를 수립하는 과정과 근대적 민족의식을 만들어내는 과정에서 여러 진통을 겪었지만, 일본이 비서구 국가 중 유일하게 근대화를 성공적으로 완수하고, 중국이 그 비극과 분열에도 불구하고 끝내 거대한 대륙을 통일해내고, 식민화와 분단, 내전에도 불구하고 여전히 베트남과 한국이 다른 어느 국가보다 강력하고 안정적인 실체를 이루고 있는 것은 이미 동아시아에서 전근대에 자리 잡은 민족주의가 근대로 이어지는 중요한 교량이 되어줬음을 보여준다.

따라서 많은 동아시아인들이 서유럽인과 마찬가지로 민족주의의 결여보다는 민족주의의 과잉에서 심각한 피로감을 느끼는 것은 지극히 당연한 일이었다. 근대에 이르러 동아시아에서는 유교와 결합한 민족주의가 구성원들의 내면을 지배했고, 그에 따른 전면적 국가 동원 체제가 어떤 의심도 없이 신속하게 정착했다. 중국에서는 이 과정에서 이전에 다소 보편성을 띠고 있던 전근대 중화주의가 더 폐쇄적이고 경직적인 한족 민족주의로 변형되었는데, 이는 만주족 지배층과 몽골, 위구르, 티베트, 장족 등 수많은 소수민족을 포괄하고 있던 청 제국의 다민족적 현실에 대한 반응이었다.

중국보다는 규모가 작았지만 역시 다민족 제국이라 할 만했던 베트남에서도 유사한 일이 벌어졌다. 일본에서는 일본 민족이 아시아 제 민족을 이끌고 서양인에 맞선 성전을 주도해야 한다는 팽창적 민족주의가 부상하면서 아시아 태평양 전쟁이라는 거대한 비극을 만들어냈다. 일본의 민족주의는 종전 후에도 끈질기게 남아 일본은 아시아 제 민족과는 구분된다는 선민의식을 유지했다. 한국은 타민족과의 갈등보다는 이념에 따른 자민족 내의 갈등이 가장 큰 비극을 만들어냈지만, 전쟁 이후 남한과 북한 양측에서 민족의 영광을 위해 개인은 얼마든지 억압될 수 있다는 전체주의적인 동원 체제가 민족주의의 이름으로 들어섰다. 남한에서는 심지어 사회의 민주화와 자유화 이후에도 이런 분위기가 계속해서 이어졌고, 2000년대 들어서는 대중의 자발적인 민족주의가 폭발하기까지 했다.

그렇기에 2010년대 한국에서 갑작스럽게 민족주의가 퇴조하고, 심지어 대중적인 환멸까지 산 것은 정말 놀라운 일이었다. 2007년만 해도 한국은 '할리우드를 두드린' 심형래 감독의 영화 〈디 워〉를 진중권 교수가 비판한 것을 두고 그에게 집단적 공격을 가하던 나라였다. 그런데 10년도 안 가서 한국에서는 자국을 지옥이라고 자조하며 한국 교육에서 과장되게 가르치는 민족의 역사와 민족의 억지 자랑거리가 얼마나 우스꽝스러운 이야기인지 조소하는 분위기가 광범위하게 확산되었다. 이는 몇몇 지식인 집단의 비판이 아니라 온라인을 중심으로, 20대 사이에서 들불처럼 번져나갔다는 점에서 상당히 독특한 일이었다. 그들 대부분도 어렸을 때는 한국의 민족주의를 철저히 내면화한 세대였다는 점에서 더 그러했다.

왜 민족주의는 청년층, 특히 80년대 후반생과 90년대생에게서 그토록 급격하게 기반을 상실하였을까? 이는 2010년대의 청년층이 처한 상황과 이들의 인식을 살펴보면 어느 정도 답을 알 수 있는 문제다. 먼저, **계층화**가 이루어지면서 세대 안에서 상당한 분화가 일어났다. 강력한 민족의식은 평등주의에 기대는 경향이 있기에, 계층화는 민족주의의 기반을 위협한다(반대로 민족주의가 가장 강력했을 무렵에는 공산주의 혁명이나 총력전과 같이 불평등을 파괴하는 사건이 있었다). 대중들이 엘리트층을 자신과는 다른 존재라고 인식한다면 새로운 부족주의적 단층선이 형성되는 것이다. 두 번째로 **집단적 가치 자체에 대한 피로**가 중요했다. 이 세대는 경제적, 심리적 곤경으로 인해 다양한 공적 가치에 대해 회의적이고 반감까지 갖게 되는 경향이 있었다.

민족주의는 그중 한국에서 누구도 비판할 수 없는 성스러운 종교의 지위라고 할 법했기에, 자신에게 자꾸만 강요되는 민족주의에 대한 격한 반감이 형성되는 것은 자연스러운 일이었다. 민족주의는 그저 값싼 동원을 위한 국가의 술책이자 대중의 아편이나 다름없어졌다(실제 그런 면이 없잖아 있는 것도 사실이다). 통일에 대한 회의감과 징병제에 대해 느끼는 피해의식은 민족주의의 퇴조와 함께 가장 빠르게 확산된 정서였는데, 이는 더 이상 민족 같은 공적 가치를 위해 자신이 비용을 내는 것을 용납하지 않겠다는 선언이나 다름없었고, 그들이 느끼는 심리적 압박을 선명하게 반영했다.

그러나 2010년대 한국에서 일어난 민족주의의 표면적인 퇴조는 위에서 살펴본 서유럽의 경로와는 달랐다. 서유럽에서는 민족주의의 퇴조가 국가가 자신의 역할을 지역연합과 세계도시에 이양하고, 또 대량 이민을 받으면서 이루어졌다. 한국에는 지역연합도 없었고, 초국적 세계도시도 없었고, 서유럽 국가에 비견될 대량 이민도 없었다. 한국은 우호적이라고만은 볼 수 없는 강대국에 둘러싸여 있었고, 서울은 분명 중요한 세계도시로 부상했지만 런던, 파리, 뉴욕에 비하면 아직 그 초국적 성격은 한참 모자랐으며 여전히 한국의 배후지와도 긴밀한 관계를 맺고 있었다. 이민이 빠르게 늘긴 하였지만, 2세대와 3세대에 이르는 이민 역사를 지닌 서유럽에 비하면 이제 1세대가 형성된 것이 전부였다.

이런 차이는 2010년대 한국에서 민족주의에 대한 자조적 정서와 반발심이 확산되었음에도 여전히 한국인들이 민족주의적으로 행동하는 이유를 설명해준다. 한국에서 민족주의의 퇴조는 전방위적인 국가 주도권의 쇠퇴보다는 청년층을 중심으로 일어난 탈가치 경향과 깊게 연관을 맺고 있다. 따라서 청년층과 여론이 다른 중·장년층 이상에서는 민족주의가 계속해서 견고하게 남아 있을 수 있었다. 그러니 30대와 40대에서 격렬한 반일 기류가, 보수적인 중·노년층에서는 강한 반중 정서가 타오른 것이다.

게다가 청년층 사이에서도 민족주의는 완전히 사라진 것은 아니었다. 그들이 동원을 위한 기제이자 국가가 공인한 가장 중요한 공적 가치로서 민족주의에 대해 심한 피로감을 호소한 것은 사실이었다. 그러나 한국에서는 국가가 계속 견고하게 남아 있었기에 청년층에게조차도 민족주의를 완전히 대체할 경합 정체성이 주어지지는 않았다. 모든 인간이 부족주의 정서를 가진다면, 한국인들, 아니 동아시아인들에게 민족주의는 여전히 대체 불가능한 수준의 원초적인 부족 정서라고 할 수 있었다.

특히 청년층의 탈가치 경향은 이런 원초적 부족 정서를 오히려 고취하면서, 민족주의가 퇴조함과 동시에 부흥하게 된 아주 역설적이고 모순적인 상황을 만들어냈다. 사회학자 마누엘 카스텔은 『정보시대』에서 정보화가 초래한 각종 변화로 기존의 전통사회와 산업사회 기반이 격렬하게 해체된다고 주장했다. 여기에는 가족·종교·노동조합·지역사회 등이 포함된다. 그는 여기서 한 발 더 나아가, 기존에 인간이 현실에서 소속감을 느끼고 자아를 실현하던 버팀목이 해체되면 그들은 가장 **원초적인 정체성**에 기대기 마련이고, 이러한 원초적 정체성들의 부흥이 낳은 파편화된 '정체성 권력'이 지구적으로 부상할 것으로 내다보았다. 이슬람 세계에서 그것은 초국적 테러리즘으로, 미국에서는 세계도시 바깥의 저소득층 백인의 애국주의와 포퓰리즘으로, 도심 흑인 게토에서는 새로운 흑인 민족주의로 드러났다. 문화적 정체성만큼이나 가장 원초적 정체성 중 하나인 젠더 정체성에 근간한 투쟁 또한 날로 격심해졌다.

요컨대 2000년 무렵 카스텔이 칭했던 정체성 권력은 그의 저서가 출간된 이래로 더욱 세를 확대했음은 쉽게 알 수 있다. 러시아나 터키에서는 서구와 서구 지향적 엘리트에 대한 적개심을 부추긴 지도자가 등장해 독재적 권력을 구축했다. 태국에서는 소외된 북부 농민과 수도 방콕의 중산층 사이의 갈등이 격렬해졌는데, 여기서 지역별 정체성은 그 갈등의 핵심적 단층선을 이루었다. 서구 국가에서는 세계도시와 배후지 간의 갈등이 세계주의와 토착주의라는 형태로 옮겨붙어 포퓰리즘의 물결로 이어졌다. 한편 페미니즘 운동과 그에 대한 격렬한 반발은 서구를 벗어나 지구적 차원에서 더욱 확대되었고, 주로 대중문화를 전장으로 삼게 되었다.

그중에서도 한국의 청년층은 카스텔이 말한 **사회적 버팀목의 해체**를 가장 격렬하게 겪은 집단 중 하나였다. 이들에겐 공적 가치나 목표를 상실하면서, 지위 경쟁이나 대리만족 추구에 모든 것을 쏟아붓는 탈가치 경향이 뒤따랐다. 그리고 이런 대리만족 추구에는 부족주의적 정서에 깊이 매몰되는 것 또한 포함되어 있었다. 그들은 자신의 불만과 증오를 쏟아내고, 자아를 의탁하여 자부심을 느끼게 해줄 만한 몇 가지 원초적 정체성을 필요로 하게 되었다. 따라서 청년층, 특히 90년대생이 성별을 비롯하여 몇 가지 원초적 정체성, 혹은 연예인 팬덤이나 온라인 커뮤니티에 대한 소속감을 기반으로 부족주의적 투쟁에 나선 것은 2010년대의 중요한 특징이 되었다. 그리고 역설적으로 **한국인이라는 민족적 정체성**은, 한국인들 사이에서 최후까지 남아 있는 원초적 정체성으로서 가장 강력한 부족주의적 정서의 기반이 되어 주었다.

그 결과 한국에서는, 특히 청년층에서는 민족주의가 퇴조했으면서도 퇴조하지 않은 기이한 현상이 벌어졌다. 공동체를 위한 헌신이라는 공적 가치, 혹은 구성원 간 협력의 기반으로서 민족주의는 썰물처럼 빠졌고, 국가 동원 기제로서 민족주의는 조롱을 사게 되었다. 반면, 심리적 불안을 느끼는 이들의 도피처로서 민족주의는 2010년대에 대대적으로 부흥했다. 사람들은 소위 전범기라는 일본의 욱일승천기 비슷한 문양이라도 보이면 성스러운 민족의 이름으로 타인들을 교정하고 공격하러 몰려갔으며, 일본과의 정치적·경제적 갈등에 누구보다 분노하며 반일 불매운동을 전개하고 일본 제품을 구매하는 이들을 인터넷에 박제했다. 어떤 이들은 자신이 소속감을 느끼는 정체성을 통해 대리만족하기 위해 외국인들이 한국에 찬사를 보내는 채널을 구독했다. 즉, 민족주의의 승리를 가능하게 했던, 최적 협력체로서 민족국가의 공적 기반이라는 역할은 사실상 사라진 데 반해 증오 표출과 대리만족을 통한 자부심이라는 심리적 역할만이 남은 것이다.

휴전선 너머는 '우리'인가?: 분단과 민족의 재구성

끝으로, 지금까지는 거의 다루지 않았지만 한국의 민족주의를 이해하는 데 가장 중요한 배경 요소인 **분단**에 대해서 짚고 넘어갈 필요가 있겠다. 분단은 한국에서 민족과 민족주의에 관한 논의를 복잡하게 만드는 주범이기도 하다. 고려 이래로 단일한 민족 정체성을 유지하며 살았던 한국인들은, 북한과 남한으로 이념에 따라 갈리고 참혹한 전쟁과 체제경쟁을 치르면서 오늘에 이르렀다. 따라서 민족사의 비극인 분단을 극복하고 통일로 나아가야 한다는 주장은 분단이 된 그 순간부터 두 국가의 신성불가침한 교리가 되었다.

그러나 남한에서는 민족주의에 대한 정치 진영 간의 해석 차이가 극명하게 벌어지면서 또 다른 국면이 펼쳐지게 되었다. 민주화 이후 진보 좌파 진영이 보수 우파 진영을 공격하며 그들에게 민족 반역자, '친일파'라는 꼬리표를 붙였고, 이로써 민족주의가 정치적 진영 갈등의 중심에 서게 된 것이다. 본래 그 누구보다 민족을 강조했던 박정희는 훗날 널리 알려진 만주군관학교와 만주군 장교 근무 이력으로 인해 민족적으로 '옳지 못한' 인물로 비판받기 시작했다. 한국 보수 세력의 설계자이자 상징인 박정희가 친일파라는 것은, 여전히 민족주의가 지배적인 한국에서는 뼈아픈 공격이 될 수밖에 없었다. 일본 제국, 친일파와의 연관성을 통해 상대편 진영을 공격하고, 반대급부로 같은 민족인 북한과 협력을 해야 한다는 진보 좌파 진영의 주장은 한국 민족주의의 어떤 논리적 완성품과도 같았다.

결국에는 그 반대급부로 보수 우파 진영은 빠르게 민족주의에서 발을 빼야만 했다. 우파의 가장 중요한 상징 자산에 친일 이력이 있다는 것은 어떻게 해도 뒤집을 수 없는 약점이었다. 게다가 북한이 제기하는 안보 위협을 바탕으로 지지를 확보하고 있던 보수 우파 진영 입장에서는 북한과의 협력을 통해 지지를 얻으려는 진보 좌파 진영의 기획에 굳이 동조해줄 필요도 없게 되었다. 그렇게 한국 보수 진영은 과거 그 누구보다 민족주의적인 집단에서, 일종의 탈민족주의적 집단으로 극적인 변모를 꾀하게 된다. 보수 진영은 점차 한국의 표준적인 민족적 합의에 어긋나는 주장을 펼치면서 진보 좌파 진영에 맞서기 시작했다. 이는 진보 좌파 진영이 제기하는 친일이라는 공격에 대응하기 위한 방편이기도 했다.

보수 진영은 몇몇 친일은 어느 정도 양해될 수 있는 여지가 있다는 식으로 처음에는 소심하게 반격을 시작했다. 이후에는 몇몇 우파 스피커를 통해 더 적극적인 반격에 나섰다. 많은 이들이 과거 조선조의 무능과 악함을 논했고, 일제 식민 통치가 의도치 않게 가져다준 긍정적인 면모를 이야기하기 시작했으며, 같은 민족이라는 이유만으로 북한이 특별한 대우를 받아야 할 하등의 이유가 없음을 역설했다. 보수 우파 진영은 진보 좌파 진영의 민족 정통성 독점에 본격적으로 도전했고, 이 또한 2010년대 민족주의의 퇴조를 야기한 주요 요인 중 하나였던 것으로 보인다.

하지만 보수 우파 진영 자신들도 오해하는 게 있었다면, 그것은 스스로가 진정으로 탈민족주의적인 집단이라는 자기 인식이었다. 그들은 결코 탈민족주의적 집단이 아니었다. 보수 진영의 변화는 민족주의에서 진정으로 탈피했다기보다는, 대한민국에서 민족의 범위가 한반도 전체에서 한반도 남부, 즉 남한으로 축소된 것을 반영하는 것이었다.

이런 변화는 2000년 이후에 급속하게 진행되었다. 21세기 들어 분단 이전을 기억하는 이들이 거의 다 사망한 반면, 수십 년에 걸친 군사적 대치, 상호 간의 단절로 남북 양측의 집단 기억과 풍습, 문화, 무엇보다 물질적 수준의 격차가 어마어마하게 벌어진 것이 확인되었기 때문이다. 남한인과 북한인은 같은 한민족이기는 하지만 분명히 서로 아주 많이 구별되는 별개의 집단이며, 어쩌면 같이 섞여 살지 못할 수도 있겠다는 인식이 퍼지는 것은 자연스러운 일이었다. 특히 통일 시에 일방적으로 자신들이 가진 것을 나눠줘야 하는 남한인들 사이에서 이런 분리 의식이 더욱 커질 수밖에 없었다.

이렇게 같은 한민족이라는 의식보다는 '북한인과 대비되는' 남한인, 즉 대한민국인으로서의 정체성이 선명해지면서, 보수 진영에서는 정통 민족주의보다는 조금 결이 다른 대한민국 정체성을 강조하기 시작했다. 특히 북한이 자행한 2009년의 천안함 폭침과 2010년의 연평도 포격이 한국 사회의 반북 정서를 크게 강화하면서 이 전략은 꽤나 유효한 것처럼 보이기 시작했다.

한국전쟁과 산업화로 이어지는 대한민국 서사는 무기력하고 정체한 조선조나 사악한 전체주의 세력인 북한과 대비되어, 번영하는 경제와 강력한 국가, 국가의 버팀목으로서 한미동맹과 같은 상징을 자랑하며 독자성을 획득하였다. 보수 우파 진영에서는 이를 두고 배타적이고 비이성적인 민족주의가 아닌, 보편적인 자유민주주의 가치를 따르는 길이라고 해석하면서 진보 좌파 진영의 인식을 후진적이라 비판했다. 반면 반대 진영에서는, 보수 우파 진영의 이념이 대한민국이라는 '국가'에 집중하는 국가주의에 불과하다고 비판했고, 국가주의가 오히려 민족적 정체성과 자유와 인권 등을 짓밟았다고 반격했다.

그러나 진보 좌파도, 보수 우파도 인식하지 못한 것이 있었다면, 대한민국 정체성의 강조는 국가주의가 아니라 **변형된** 민족주의에 가까웠다는 사실이다. 애당초 남북한 모두를 포괄하는, 한민족 민족주의만이 유일한 민족주의라는 것부터가 민족주의에 대한 잘못된 이해에 기초하고 있는 것이었다. 국가를 단위로 유사 친족 의식과 문화를 공유하고자 하는 것이 민족주의라면, 민족주의는 얼마든지 중층적일 수가 있었다.

아랍 세계에서는 여러 국가를 포괄하는 아랍 민족주의와 동시에 개별 국가의 민족주의, 예컨대 이집트 민족주의나 시리아 민족주의 같은 것이 존재해왔다. 비슷한 사례는 범독일주의와 독일, 오스트리아 민족주의의 공존, 영국United Kingdom 정체성과 스코틀랜드, 잉글랜드 민족주의의 공존 등이 있다. 한국 또한 분단이 장기화되고 양국의 역사와 기억이 분리되면서, 고조선부터 일제 시대까지의 기억을 공유하고 한국어와 한국 문화를 공유하는 한민족주의와 남한과 북한에서 형성된 남한 민족주의와 북한 민족주의가 공존하는 상황이 펼쳐진 것이다.

여기에 한국인 디아스포라가 세계 여러 곳으로 퍼져나가면서, 독자적 민족주의까지 발전하지는 않았더라도 재일교포, 재미교포, 조선족, 고려인들의 독자적 정체성 또한 한민족주의의 우산 아래에서 자리 잡게 되었다. 보수 우파 진영에서 강조하는 일종의 대한민국주의는 현대 한국의 민족의식 분화를 반영하여 만들어진 새로운 민족의식이자 민족주의지, 개념도 불분명한 '국가주의'는 아니고 종족성을 초월하여 보편적 가치에 헌신하는 탈민족주의는 더더욱 아닌 것이다.

2000년 무렵까지 강고하던 민족주의가 여전히 한민족주의의 정통성을 주장하는 진보 좌파 진영과 변형된 대한민국 민족주의를 강조하는 보수 우파 진영으로 분화된 것은, 2019년과 2020년 한국의 외교정책을 두고 벌어진 논쟁의 이유와 양상 또한 잘 설명해준다. 2019년에는 진보 좌파 여당이 주도한 한일무역전쟁이, 2020년에는 보수 우파 야당이 주도한 중국인 입국 제한 논란이 주요한 의제로 떠올랐고, 각 진영은 상대방을 편협하고 비이성적인 배타주의자라고 규정하며 공격을 가했다. 그러나 편협하고 비이성적인지 가치 판단은 차치하고 보자면, 두 주장은 모두 민족주의에 바탕을 두고 있다는 것을 알 수 있다.

진보 좌파 진영은 정통적인 한민족주의에 따라서 일본에 대한 경쟁 심리를 자극하고, 남북한의 협력을 통해 발전을 꾀해야 한다는 주장을 전개한 것이고, 보수 우파 진영은 대한민국 정체성의 최대의 위협을 전쟁까지 치렀던 북한과 중국이라고 간주하며 그들이 끼칠 위협을 강조한 것이었다. 즉, 누구를 협력 대상으로 삼고 누구를 적대 대상으로 삼는지는, 지금 한국(남한)을 구성하는 민족이 과연 무엇인지에 대한 자기규정에 따라서 결정되는 것이라 할 수 있다. 예컨대 보수 우파 진영이 일본과의 친선을 이야기하는 것은, 중국은 말할 것도 없고 이제는 '다른 민족'인 북한의 위협에 맞서 대한민국 '민족'의 이익을 지키기 위해 일본과의 협력이 필요하다고 판단해서인 셈이다.

한국에서 민족주의란 무엇일까? 과거 이 질문에 답하는 것은 아주 쉬웠다. 누구든지 자신만의 일관된 입장에 따라서 한국 민족주의의 순기능, 아니면 집단주의적 폭력성에 대해 지적할 수 있었다. 굳이 한 발 더 나간다면 민족은 영구히 존재하는 절대적 실체인지, 아니면 그저 근대 국가에 의해 만들어진 허구에 불과한지에 대해 진부한 논쟁을 하는 것이 전부였다. 그러나 이런 단순한 답변은 이제 한국인의 단일 정체성이 현대사를 거치며 다양하게 분화해나가고, 정보화와 세계화로 기존 사회 질서가 급격한 변화를 겪고 있는 지금 시점엔 그 의미와 효용성을 상실했다.

따라서 앞으로 한국에서 민족과 민족주의를 논하려면 훨씬 더 복잡한, 수많은 쟁점에 대해 짚고 넘어가지 않을 수 없게 된 것이다. 요컨대 이런 쟁점들이 있을 것이다. 한국 민족은 과연 무엇이고, 대한민국이라는 국가를 이루고 있는 독자적 민족은 존재하는가? 북한이 붕괴하여 남한에 대규모 북한인이 유입된다면 어떤 일이 벌어질까? 세계화로 주권국가의 힘이 약해지고 그로 인해 민족주의 또한 약화된다면, 어떤 새로운 기제가 등장해 광범위한 사회적 협력을 창출해낼 수 있을까? 민족주의의 근본 심리인 인간의 부족적 본성을 극복하고자 하는 시도는 성공할 수 있을까, 아니면 부족적 본성을 반대한다고 하는 이들만의 또 다른 부족을 만들어낼 따름일까? 그리고 민족주의가 공적 기능과 협력 기제로서의 역할을 상실하고 그저 증오 표출과 대리만족을 위한 도구로만 남게 된다면, 우리가 전자를 회복하는 것은 가능할까? 회복할 수 있다면 어떻게 해야 할까? 아니면 이제 시대적 소명을 다한 민족주의를 적극적으로 버려야 하는 것일까?

그러나 이런 쏟아지는 질문에 대답할 겨를도 없이, 한국 사회는 민족에 관한 더욱 무겁고 심각한 질문을 맞닥뜨리게 되었다. 대다수 사람들이 눈치채지 못하는 사이 수면 밑에서 조용히 진행되어온 변화가 이제는 도저히 무시할 수 없는 수준으로 눈앞에 펼쳐졌기 때문이다. 한국 경제의 번영에 따른 결과로 유입된, 거대한 이주민의 물결을 이루는 수많은 사람들이 바로 그 주인공이었다.

아래로부터의 '한국적 다문화'

(…) 소박한 행복을 누리기 위해서는
자신의 땅에서
땀 흘려 젊음을 바쳐야 했다
더 나은 삶과 황금빛 미래를 위해
억지로라도 행복의 연료를 가공해야 했다

(…) 가슴에는 조국을
마음에는 가족을 품고
눈물을 머금으며
여권에 도장을 찍고
낯선 길을 선택하도록
오히려 독려했다

(…) 여긴 어디에서도 내 나라꽃 랄리구라스를 볼 수 없을 것이다
하지만 랄리구라스 같은 아름답고 화려한 마음을 만났다
내 나라의 사랑콧을 볼 수 없을 것이다
하지만 비슷한 모양의 아름다운 산들이 있다
페와 호수, 라라 호수와 루빠 호수를 어디에서 만날 수 있을까

짠 바다에서 수영할 때 마음이 따끔거린다
눈가에서 짠 눈물이 흐른다
네팔 음식 군드룩과 디로의 맛을 어디에서 찾을 수 있을까
그래도 김치와 된장이 내 마음을 사로잡았다
꼬도 술의 그리움을 소주가 대신하고 있다
그래서 여기 자신의 것이 없어도 자신의 것처럼 느껴진다
친척은 아니어도 타인처럼 느껴지지 않는다
그로 인해 낙엽이 떨어지는 삶의 계절에도 안도감을 느낀다
그것은 삶을 지탱해주는 지팡이가 될 것이다
대지의 영웅이다

(…) 한 세대를 바꾸려는 용감한 노예에게는 자유가 있다
나라가 있고, 삶이 있고 문화가 있다
이 모든 이야기를 여기에서도 들려주면서
그대의 무한한 사랑과 친구에 대한 추억을 품고
나는 즐기기 위해 자신의 대지로 돌아가려 한다

— 비스누 와글레, 「땅의 영웅」, 네팔 이주노동자 시집 『여기는 기계의 도시란다』(삶창, 2020) 중에서

내가 '다문화'라는 현상에 대해서 처음으로 진지하게 고민해보기 시작한 건, 2018년 여름 무렵에 한국 사회를 달군 제주도 예멘 난민 사태*였던 것 같다. 당시 인터넷은 예멘 난민의 유입을 반대하는 여론으로 들끓었고, 청와대 국민 청원에는 예멘 난민을 추방해야 한다는 글이 올라와 수십만 명의 동의를 얻기까지 했다. 자연스레, 난민 문제에 대해서 한국인들이 보여준 배타성을 개탄하는 지식인들의 글이 연이어 올라왔다. 이들은 다수의 한국인이 여전히 타자를 배척하고 인

종차별 의식과 혐오를 드러냈다고 비판했다. 이 논란은 외신에도 알려졌으며, 국내 언론들은 한국의 난민 반대 움직임을 비판하는 외신 기사들을 소개하기도 했다.

그러나 예멘 난민을 받았어야 했는지 아니었는지에 대한 입장은 차치하고, 나는 한국의 혐오와 차별을 개탄하는 글들을 보면서 무언가 큰 어색함을 느꼈다. 왜냐면 나 자신이 한국 사회의 이주민들과 마주치면서 보았던 경험과 그들의 비판이 무언가 맞지 않는다는 느낌이 직감적으로 들었기 때문이다. 아마 난민을 받아들여야 한다고 목소리를 높이던 사람들이나 난민을 내쫓아야 한다고 강하게 주장하던 사람들이나 실제 이주민과 마주칠 일은 많지 않았을 것 같다는 생각이 들었다. 적어도 내 경험과 관찰에 의하면, 이주민이 유입되는 현장에서 갈등과 충돌이 없지는 않았지만, 한국인과 이주민은 대체로 잘 지낸다고 봐도 큰 무리는 없었기 때문이다. 무엇보다 그동안 소위 지식인들이 **관용과 다양성을 존중한다는 대륙으로 수없이 찬양해 온 서구보다는** 확실히 나은 것 같았다. 먼저 내가 세상에 대해 처음 인식하던 무렵부터 지금까지 겪은 '다문화' 현장에 대해서 한번 이야기해보도록 하겠다.

★ 2018년 상반기, 예멘 내전을 피해 제주특별자치도로 무비자 입국한 예멘인 500여 명이 난민 지위를 신청한 것이 알려지며 시작된 일련의 논란이다. 당시의 난민 반대 여론은 강력해서 2018년 6월에는 난민 수용을 반대하는 청와대 국민 청원이 70만 명을 넘어서기도 했다. 2018년 8월 정부는 이 청원에 대하여 "우리나라 국제적 위상과 국익에 미치는 문제점을 고려할 때 난민협약 탈퇴나 난민법 폐지는 현실적으로 어려움이 있다"라는 입장을 밝혔다. 그러면서 허위 난민을 막기 위한 심사를 강화하고, 난민 심사 인력을 충원하겠다고 보완책을 제시했다.

조치원 역전 김밥천국의 기억

우리 집은 2003년 조치원역 앞에서 김밥천국을 시작하며 생극면을 떠나 연기군(현 세종시)으로 이주해왔다. 마이너스 3천만 원으로 빚을 내고 시작한 김밥천국은 2003년 중부지방 대폭설 때 조치원역에 발이 묶인 사람들이 우리 가게를 찾으면서 본격적으로 성업을 이루게 되었는데, 그 덕에 2005년 즈음부터는 주 7일 밤낮으로 일하시던 부모님도 가게에 아주머니들을 많이 고용하기 시작하였다.

그래도 부모님이 김밥천국에서 휴일 없이 온종일 일을 하신 건 그대로였기에 나는 식사도 김밥천국에서 자주 해결했다. 그러다 보니 가게 아주머니들과 안면을 트는 것도 자연스러운 일이었다. 그러던 어느 날 가게에는 조선족과 한족 아주머니가 각각 들어오게 되었고, 자랑스러운 반만년 단일민족국가의 국민으로 10년을 교육받아온 내가 외국인이라는 존재를 대면한 건 그때가 처음이었다.

사실 그분들은 당시 아주머니라고 부르기도 민망한 20대 후반, 30대 초반의 '언니'들이었다. 어렸을 때의 기억이 자주 그렇듯 그분들을 처음 봤을 때 내가 어떤 인상을 받았는지는 사실 구체적으로 기억이 나지 않는다. 하지만 한국어를 유창하게 구사하던 조선족 언니가 한국어가 좀 어눌한 한족 언니의 소통을 도와주면서 일하는 모습은 그때도 신기하게 다가왔던 것 같다(참고로 그분은 중국어도 연변 사투리가 아니라 완벽에 가까운 북경 관화官話를 구사한다고 한다). 그리고 중국 지리에 대해 갓 알기 시작한 내가 "지린이 고향이에요, 헤이룽장이 고향이에요?" 하니까 그런 건 어디서 배웠느냐고 깔깔대던 것도 기억난다.

그분들은 조치원을 둘러싸고 있는 연기군의 농촌 지역에서 활발해진 국제결혼을 통해 한국으로 이주해온 분들이었다. 아마 나이 차가 20세는 넘게 나는 농촌 '총각'들이 남편이었을 것이다. 그 두 콤비

외에도 가게에는 조선족, 한족, 베트남, 심지어 우즈베키스탄 사람들까지도 일을 하러 오곤 했다. 거의 대부분은 국제결혼으로 이주해오신 분들이었는데 많은 경우 후에는 이혼하고 혼자 살거나 새로 시집가는 경우가 많았다.

이주민 집단에도 우리는 알기 힘든 나름의 '질서'와 네트워크가 존재한다는 것을 어렴풋이 알기 시작한 것도 그 무렵이다. 나중에 조선족 아주머니 한 분이 엄마랑 이런 얘기를 하는 것도 들었다. "걔 새신랑 만난 건 알지? 아이고, 근데 걔는 지지리 복도 없지, 한국에 왔으면 한국 남자나 잘 잡을 생각 해야지 별 볼 일 없는 중국 놈팽이랑은 뭐가 좋다고 결혼을 해가지고 쯧쯧쯧…." 그런데 아무래도 이혼한 중국 출신 이주 여성들이 조선족 노동자들과 연애 내지는 결혼을 많이 하는 건 사실인 모양이다.

물론 잘 풀리는, 그것도 엄청 잘 풀리는 경우가 없는 것도 아니었다. 2007년 우리 가게에서 일을 시작한 베트남인 '웅이 언니'가 대표적인 사례다. 웅이는 아마 베트남의 가장 흔한 성씨인 응우옌을 편하게 발음한 것 아닌가 싶다. 웅이 언니는 20대 중반에 한국에 시집왔는데 당시 남편은 50대. 국제결혼한 아내에게 한국어를 가르치면 금세 이혼한다는 말을 들었는지, 처음에는 자신에게 한국어도 제대로 안 가르치려 했다고 한다. 하지만 워낙 활동적인 성격이다 보니 한국어를 못 해도 끝끝내 조치원 읍내에서 일을 하고 싶다고 남편을 설득하여 그분은 우리 가게에 들어오게 된다.

성실하고 착한 웅이 언니를 엄마는 정말 좋아했었다. 당시 우리 집은 충청대학교 앞에 다른 김밥천국 매장을 하나 새로 차렸는데, 장사는 잘되었지만 관리할 여력이 나지 않던 상황이었다. 결국 아쉽지만 그 매장을 처분해야겠다고 가닥을 잡을 무렵, 웅이 언니가 눈을 반짝반짝 빛내면서 그거 자기가 인수하면 안 되겠느냐고 묻더라는 것 아닌가. 그분은 4,500만 원이라는 싼값에 점포를 인수했고, 남편과 함께 엄청난 성실성으로 사업을 번창시켜 나중에는 월 수백만 원 이상의 수익을 올리는 사업가로 변신하셨다.

한편 중학교에 올라가고 세계 지리에 대한 관심이 커지면서 김밥천국은 나한테 세계와 만나는 창과 같은 곳이 되어주기도 했다. 그때쯤 되면 조치원에서 외국인의 존재는 신기한 게 아니라 그냥 거기 있는 것이 너무 당연한 그런 사람들이었다. 특히 김밥천국에 들르는 손님들이 아주 국제적이었다. 역 뒤의 연탄공장에서 일하던 잘생긴 파키스탄 형님이 아직도 생각난다. 그는 맨날 '햄을 뺀 오므라이스'를 시켜 먹었는데, 고향에서 경찰관을 하다가 한국으로 왔고 고향에 목장을 차리는 게 꿈이라고 했다. 정말 잘생겨서 경찰 제복을 입으면 참 멋있을 것 같다는 생각을 많이 했다.

스리랑카, 네팔, 방글라데시 같은 인도권의 손님들, 베트남, 인도네시아, 캄보디아 등의 동남아시아권 손님들, 그리고 우즈베키스탄, 카자흐스탄, 키르기스스탄이 있는 중앙아시아 손님들도 꾸준히 가게에 들렀다. 대부분은 조치원을 거점으로 연기군 인근의 농공단지 쪽에서 일하는 노동자들, 혹은 충청도 다른 지역에 가기 위해 조치원에 들른 사람들이었다. 나는 고등학교 때 러시아어를 독학했는데, 가게 앞에 우즈베키스탄 사람들이 조치원 버스터미널로 가려면 어떻게 가야 하는지 길을 묻길래 안 되는 러시아어를 써가면서 터미널까지 함께 갔던 적도 있었다. 당시 그들은 버스를 타고 부여에 간다고 했다.

그 뒤 서울로 대학교를 오면서 이런 이주자들과 만나는 경험은 기억의 저편으로 거의 사라졌다. 가게에서 일하던 중국 출신 누구 아주머니 소식 같은 것은 엄마를 통해 틈틈이 듣긴 했지만, 사실 그런 이야기들은 이제 그냥 특이할 것도 없는 당연한 일들이 되어 있었다.

이러한 국제화가 대도시와 지방 소도시, 읍·면 지역에서 굉장히

차별적으로 벌어지고 있다는 걸 인식한 건 2015년 무렵이 아니었나 싶다. 당시 나는 친구들과 17일 동안 우즈베키스탄을 여행했는데, 그 나라에서 가장 인상 깊었던 것 중 하나는 어딜 가나 한국어를 아는 우즈벡인들이 꼭 있다는 것이었다. 사마르칸트에서 바가지를 써서 화가 난 상태에서, 알아듣는 사람이 없으리라 생각하고 당당히 "씨발, 씨발" 하면서 길을 걷다가 "씨발 나쁜 말, 쓰지 마세요."라는 말을 들었을 때는 정말 당혹스러웠다.

우즈베키스탄의 다른 곳에서는 면목동에서 7년 일하셨다는 분을 만났는데 친구가 "사가정?"이라고 물으니 바로 "용마산! 상봉터미널!"이 그분의 입에서 튀어나왔다. 어떤 분은 전주의 모 인력사무소에서 7년 일하다가 불법체류자로 추방된 후 한국에서 벌어 온 돈으로 식당을 차렸다고도 했다. 우리보고 한국인이냐고 물어보고 자기 식당으로 불러서 갓 구운 고기빵, 무엇보다도 자기가 직접 담갔다는 김치를 대접해주기도 했는데, 인테리어가 완전히 시골 기사식당, 함바집 인테리어였던 것이 재밌었다. 이 같은 일화들을 통해 나는 새삼 한국에서의 이주 노동이라는 경험이 그들에게 끼친 영향이 상당하다는 것을 마음으로 느낄 수 있었다. 아마 조치원에서의 경험들이 오버랩되면서 우즈벡에서의 일화들이 더 생생하게 다가왔던 것 같다.

충청남도의 '국제도시'들

2015년은 내가 1년 휴학하며 조치원에 머무른 시기도 했다. 나는 그때 조치원 풍경이 무언가 많이 변했음을 깨달았다. 아마 서울에서 2년 살았던 경험과 우즈벡 여행을 통해 조치원을 보다 '낯설게' 볼 수 있었던 것 아닌가 싶다.

가장 눈에 띄었던 건 외국인 식당의 엄청난 증가세였다. 처음 발견한 것은 조선족의 양꼬치 집이었다. 어느 날 조치원역 최대 번화가인 욱일아파트 상권을 걸어다니는데 칙칙하고 이상한 음식 사진들이 창에 덕지덕지 붙어 있는 가게가 있는 것 아닌가. 나중에 조선족 언니에게 들어보니 조치원 조선족-한족의 주요 모임 장소로 원래부터 유명하던 식당이었다고 한다.

그런데 여기서 끝이 아니었다. 2015년 조치원에는 양꼬치에 더해 베트남 쌀국숫집에 우즈베키스탄 음식점까지 생겨났다. 사실 이런 음식점들, 특히 양꼬치나 쌀국수 같은 것은 이전에 서울에서도 쉽게 접할 수 있는 것이긴 했다. 하지만 같은 것은 딱 메뉴뿐이었다. 서울의 외국 음식점들은 주로 젊은 층을 대상으로 이미 한국 현지에 맞춰진 음식을 팔았다. 즉 뭘 팔든 결국은 한국의 식당이었다.

하지만 조치원의 외국 음식점들은 그 공간만큼은 '그냥 외국'이었다. 한국인 고객은 사실상 나 빼고는 없었고(시골 사람들, 특히 장년층부터는 입맛이 굉장히 보수적이다) 손님의 대부분은 그 나라 사람들이었다. 그러다 보니 그런 식당들은 조치원의 특정 문화 커뮤니티 센터처럼 기능했던 것 같다. 거기에 더해 꼭 손님들이 쉽게 사갈 수 있도록 냉장고에 현지 식자재를 꽉꽉 채워 넣고 있었다. 예컨대 베트남 쌀국숫집에는 라이스 페이퍼랑 고수가 가득 있고, 우즈벡 음식점에는 냉동 양고기와 우즈벡 빵도 사갈 수 있는 식이었다.

이 같은 변화는 아마 2000년대에 성숙하기 시작한 한국 내의 이민자들 사이에서 부를 축적한 소자본가들이 나왔다는 증거로 해석될 수 있지 않나 싶다.* 요양, 청소, 건설, 식당, 공장 등 한국인들은 가지 않기 시작한 하층 노동의 현장에서 억척스럽게 부를 모은 사람들이 한국에 기어코 뿌리를 내리고 정착했다는 증거가 바로 식당이었다. 특히 양꼬치 같은 아이템들은 한국인 사이에서도 선풍적인 인기를 끌

게 되어 사업 확장성까지 더해졌다.★★

물론 식당 같은 '양지의 사업'만 있는 것은 아니었다. 특히 지역의 중국인 커뮤니티를 중심으로 음지에는 마작방이 성행하였는데, 듣기로는 중국인이 모이는 곳에 다른 건 없어도 마작방만큼은 꼭 있을 정도라고 한다. 베트남 커뮤니티나 우즈벡 커뮤니티에는 또 우리가 모르는 뭐가 있을지 그 누가 알겠는가? 2010년대를 지나며 중국인 외에도 몇몇 민족집단은 성공적으로 한국에 디아스포라를 형성하는 데 성공한 것으로 보인다.

이를 더 직접적으로 체감했던 것은 2016년부터 2017년까지 천안시 성환읍에서 공익 근무를 하면서였다. 평택부터 당진까지 이어지는 공업지대에는 우즈베키스탄, 키르기스스탄 출신의 사람들이 엄청나게 고용되었고, 성환도 그 한가운데에 있던지라 나도 종종 그들과 인연을 맺게 되었다. 내가 근무하던 지적장애인 생활 시설 '등대의 집' 옆에는 사료공장이 있었는데, 그곳의 구소련 출신 노동자들과 퇴근을 종종 같이 하며 러시아어로 얘기를 나눌 기회가 있었다. 러시아 이바노보에서 태어난 우즈벡 노동자, 키르기스스탄 오쉬에서 온 우즈벡 노동자, 볼고그라드 출신의 고려인 노동자 등이 그들이었다.

언젠가 하루는 친구를 만나러 평택역에 갔는데 그때 퇴근길에 만났던 우즈벡 노동자가 나를 알아보고 인사하는 일도 있었다. 어느 하루는 장애인분들의 취업 지원을 위해 인근 공장에서 하루 일한 적도 있었다. 거기에선 어떤 외국인 언니 두 분이 나의 느려 터진 속도와는

★ 손성경, 「"한국서 번 돈으로 고국정착 이렇게 성공했어요"」, 《노컷뉴스》 2010. 5. 11. 여기서는 한국 내의 사례는 아니지만 귀국하여 소자본을 창업한 예를 다루었다. 김동인, 「"조선족 커뮤니티는 한국 사회 그 자체"」, 《시사인》 2019. 2. 8. 이 기사는 재한(在韓) 조선족 자본가의 출현에 주목하고 있다.

★★ 최민지, 「대륙의 얼얼한 맛에 중독되다 '마라麻辣'」, 《식품외식경제》 2019. 7. 30.

비교도 안 되게 엄청난 작업 속도로 일을 하고 있었다. 둘이서 중간중간 말하는 것을 엿들었는데, 역시 러시아어였다. 내가 다가가서 러시아어로 이것저것 물어보니 그들은 타슈켄트 출신이라고 했다. 그들은 내가 러시아어를 하는 것에 깜짝 놀라며 혹시 여기서 계속 일을 한다면 언어교환을 하자고 제의해오기도 했는데, 안타깝게도 나는 그 공장에서 단 하루만을 일했다.

이주노동자들이 많아서였는지 성환역에는 '카페 보디'라고 하는 우즈벡 음식점도 있었다. 그곳은 내가 공익 근무를 시작하고 얼마 안 되어서 영업을 시작했고, 개업하자마자 지역의 러시아어권 사람들의 사랑방이 되었다. 할랄 음식을 취급한다는 특성 때문인 듯 식문화가 전혀 다른 인도네시아 사람들도 이곳에서 식사를 해결하기도 했다. 특히 이슬람의 휴일인 금요일 저녁에 이 식당에 가면 가끔은 자리가 없을 정도로 문전성시를 이뤘다. 여기도 당연히 냉동 양고기나 빵 같은 식자재를 취급했다. 화덕에서 직접 구운 우즈벡 빵 리뾰쉬까와 고기빵인 쌈싸가 참 맛있었다.

아마 구소련 출신으로 평택 인근에 터전을 잡고자 하면 이런 곳의 인적 네트워크를 활용해 더 쉽게 정착하고 일자리를 찾을 수 있지 않을까 싶었다. 물론 성환은 그 밖에도 중국-조선족, 베트남, 캄보디아, 심지어 라이베리아나 에티오피아 출신 노동자들도 집결하던 진정한 국제도시였다.*** 나는 공익 근무를 마무리하고도 성환을 1년에 한 번씩 종종 방문한다. 그 푸근한 분위기와 그때의 기억들, 맛있는 식당들을 찾기 위해서다. 가면서 매번 느끼는 것은 러시아어권 사람들의 수와 관련 상점이 갈수록 늘어나고 있다는 사실이었다.

최근에는 '무슬리마'라는 키르기스스탄 식당과 '판타지아'라는

*** 노진호, 「충남 외국인주민 비율 5.8% '전국 최고'」, 《내포뉴스》 2020. 11. 19.

러시아 식품점 같은 가게가 개업했길래 방문해보았다. 계산대의 젊은 여성 종업원에게 출신을 물어보니 자신은 몽골계 소수민족인 부랴트인으로 바이칼 인근의 이르쿠츠크에서 왔다고 했다. 판타지아에서는 구소련권 사람들이 즐기는 조지아의 약수 '보르조미'까지 팔고 있었다. 통조림을 비롯하여 각종 가공된 러시아 음식들이 진열되어 있기도 했는데, 상표에 러시아어와 한글이 같이 쓰여 있는 것이 무척 신기했다. 제조원을 확인해보니 경기도 각지의 식품 공장으로 나와 있었다. 우즈베키스탄 양고기국 통조림에 그 내용물이 부천시에서 생산된다는 표가 붙어 있는 것을 보면 과연 그곳의 업주가 누군지, 거기선 누가 일하는지, 이 통조림은 어디서 주로 팔리는지 등에 대해 궁금증이 무럭무럭 피어날 수밖에 없다.

이중의 세계화를 들여다보기

대략 2004년부터 지금에 이르기까지 나는 한국에서 이주민들이 어떻게 정착하고 커뮤니티를 형성하고, 또 본국에서 그들이 어떻게 살아가는지를 간접적이나마 체험할 수 있었다. 스무 해에 가까워지는 그 시간 동안 이주민들은 지방 도시의 고용과 생산의 주요한 축으로 자리 잡은 지 오래다. 몇몇 민족집단은 자체적인 생태계까지 갖추면서 한국 사회에 깊숙하게 뿌리박았다는 것은 동네를 조금만 돌아다녀봐도 알 수 있는 사실이다. 몇몇 이주자들은 자기도 한국에서 가게 사장님이 되는 신분 상승을 꿈꿀 것이다. 몇몇은 본국으로 금의환향할 날을 기다릴 것이다. 또 몇몇은 자기 곁의 한심한 놈팽이와 빨리 이혼하길 바라며 새살림을 알아보고 있을 것이고, 어쩌면 몇몇 이들은 '다문화'라고 놀림받는 자녀를 바라보며 지금도 가슴 아파하고 있을지도 모른다.

중요한 것은 이런 현상이 공간적으로 큰 차이와 분절을 품은 채 전개된다는 것이다. 이 현상을 경험하는 것만 해도 그렇다. 아마 읍·면 단위 지방에서 살았다면 정도의 차이는 있을지언정 나 같은 경험을 누구나 어느 정도는 했을 것이다. 굳이 읍·면이 아니어도 좋다. 그 어느 곳이든 농산품이나 공산품을 **생산하는** 곳에 살고 있다면, 우리는 그들과 마주치고 싶지 않아도 계속 마주칠 수밖에 없다. 그러나 상품을 생산하는 현장과 멀어지면 멀어질수록 그들을 마주치는 것은 자연스러운 경험이 아니라 드물고 이색적인 경험이 된다. 자기가 살아가는 공간의 힘은 그만큼 강한 것이다.

이를 실감한 것도 역시 공익 근무를 하면서였다. 훈련소에서 생활관을 같이 쓴 동기들에게도 이런 얘기를 종종 들었고, 특히 공장에서 일하는 친구들은 중국이나 캄보디아 등지의 노동자들과 있던 에피소드들을 풀어놓았다. 예컨대 캄보디아 출신 동료들이 단체로 사는 집에 초청받아서 고수 냄새 풀풀 나는 음식을 먹어 봤다는 그런 이야기들 말이다. 공익 근무를 같이 했던 친구는 자기네 집이 키르기스스탄 출신 노동자들을 몇몇 고용하는데 가끔은 자기랑 같이 술도 먹는다는 얘기를 했다.

이런 그들의 이야기는 다문화를 서울의 일반적 중산층보다는 더 가까이 접하고 살았던 나보다도 훨씬 더 밀접하게 이주민과 접촉한 경험에서 우러나오는 것이었다. 그때는 나조차도 이것을 그저 '신기한 이야기'의 일종으로 생각했던 것 같다. 그러나 다문화와 이주에 대한 관심이 커지면서, 이런 경험을 자세히 듣고 싶다는 생각과 궁금증이 계속 일어났다.

그래서 나는 그들과 직접 부대끼며 일하는 사람들의 이야기를 더 들어보기로 했다. 이야기를 들려준 사람들은 안산과 인천에서 오랜 기간 제조업에 종사하신 분들이다. L 형은 37세로 안산의 전자제품 공장에서 근무하고 있었고, Y 형은 33세로 인천의 간판 제작소에서 근무하고 있었다. 외국인 노동자에 대한 나의 관심을 설명하니 그들은 흔쾌히 이야기를 들려주겠다고 하였다.

2021년 1월, 두 번에 걸쳐 안산 중앙역 인근에서 이들을 만났다. 여기서는 최대한 생생한 목소리를 전달하기 위하여, 인터뷰 내용을 재구성한 글을 그대로 실었다. 이 이야기는 생활공간에서 간접적으로 이주민들을 마주친 내 이야기보다도 산업 현장에서 더 깊고 긴밀하게 그들과 상호작용한 두 한국인 노동자들의 이야기다.

L의 이야기

외노자('외국인 노동자'의 준말)는 나는 2000년대부터 많이 봤어. 2003년 고3 때 공장에서 실습 겸 아르바이트를 했는데 그때 처음 봤던 것 같아. 지금 내가 일하는 업종은 전자제품 리퍼비시인데, 이쪽에서는 여공들이 많지. 나도 작업하면서 어울리는 외노자들은 거의 여공들이야.

일하면서 나름 다양한 국적의 사람을 봤는데, 조선족과 한족처럼 중국에서 온 사람들도 있었고, 베트남, 태국처럼 동남아시아계도 있었고, 파키스탄이나 방글라데시 같은 무슬림들도 있었어. 탈북자 누나하고도 일했는데 이 경우도 외노자라고 쳐야겠지?

국적별로 특징이 다른 면이 있는데, 그래도 대부분하고 잘 지냈어. 사실 국적 자체보다도 본국에서 어떤 위치였냐가 더 중요한 것 같아. 본국에서 잘살고, 교육 수준도 조금 있는 노동자들, 그리고 본국 가족들하고 관계가 좋은 사람들이 여기서도 적응을 잘해. 본국에서 받은 교육 수준도 낮고, 가정이나 부모님과의 문제가 있는 노동자들은 적응을 좀 힘들어하고, 사실 그쪽 커뮤니티에서도 잘 섞이지 못하는 경우가 많아.

공장의 경우, 내 생각에는 한국에 들어와서 취업 초기에 많은 게 결정되는 것 같아. 특히 한국에 남을지 말지, 남으면 얼마나 잘 적응할지 같은 것들 말이지. 이 사람들이 한국 공장에 왔을 때 한국 제조업 특유의 고강도 집약적 노동을 거의 처음 경험하는 거야. 그리고 공장 조직 안에서 팀과 라인별로 형성되어 있는 복잡한 관계에서 오는 소통도 어려운 일이야. 외노자들이 공장에 오면 준비할 시간도 없이 여기에 투입돼. 그리고 솔직히 한국 사람들이 교육도 제대로 안 해줘. 교육시켜 줄 체계가 없거든. 이제 여기서 버티면 살아남는 거고, 못 버티면 좀 더 쉬운 라인으로 빼고, 거기서도 못 버티면 아예 다른 공장이나 아니면 농장 쪽으로 빠지지. 그런데 이런 사람들은 최종적으로는 한국에 못 남고 본국으로 갈 확률이 높아.

재밌는 건 이때부터 이걸 버티고 남은 사람들은 정말 급속도로 '한국화'가 된다는 거야. 어떻게 보면 한국화가 될 준비가 되어 있는 사람들을 선별하는 과정이었을 수도 있어. 이 남은 사람들은 한국어, 특히 작업에 필요한 한국어를 빠르게 배우고, 생산성이 확 높아지면서 제 몫을 해내기 시작해. 물론 어느 언어나 그렇듯이 욕을 가장 빨리 배우긴 하는데(웃음). 그리고 내 생각인데 그다음에, 아니 거의 동시에 배우는 건 한국식 처세술이야. 사실 한국어를 높은 수준으로 배우는 건 또 다른 문제잖아? 외국 사람들이 존댓말이랑 반말 구분하는 것을 확실히 어려워해. 그러면 나이 많은 한국 직원들은 "그거 존댓말 아니고 반말이야. 존댓말 써야지."라고 하면 그 사람들은 "존댓말 어려워, 반말 편해."라는 식으로 받아치면서 농담 따먹기 하는 거지. 물론 사장이 오면 그 앞에서까지 반말 쓰면 안 되니 그때는 조금 주의를 주지만. 어쨌든, 한국말은 이렇게 좀 떨어져도, 호칭 어휘는 금방금방 배워. 형님, 누나, 언니, 오빠, 동생 이런 건 바로 배워서 실시간으로 적용하지. 생각해봐. 작업 같은 거 배정해주는데, "아, 형님, 일 X같아요, 많아 많아, 다 못 해~" 이렇게 나오면 정서적으로 거리감을 느끼기 힘들잖아. 서로 웃을 수밖에 없어.

사실 외노자들이 이렇게 우호적이면 한국 사람들도 그렇게까지 모질게 굴지는 않아. 옛날에는 달랐을 테지만. 외노자들도 작업장에서 잘 섞이려고 하고, 한국 사람들도 잘 챙겨주려고 하는 것 같아. 같이 몇 시간씩 일을 매일매일 하는데, 지내다 보면 다 같이 친해지는 거거든. 회식 같은 거도 같이 하기도 하고. 그런 과정을 거치면서 이 사람들이 한국에 녹아드는 거 같아. 실제로 우리 회사에서 일하는 무슬림 노동자들 중에는 돼지고기 먹고 라마단 때도 뭐 먹는 사람들 꽤 있어. 아직 그렇게 '한국화'가 안 된 신입 무슬림 직원들이 오면 눈치를 보긴 하더라. 근데 이미 한국화된 애들끼리만 있을 땐 거리낌도 없지.

무슬림 하니 또 재밌는 게, 우리 회사에 무슬림들 점심시간에 쓰는 기도실이 있거든. 그러면 남녀 무슬림 직원들은 다 거기서 모여서 코란 같은 거 읊으면서 기도를 하더라고. 이슬람에서 남녀는 따로 기도해야 한다고? 점심시간에 쉴 시간이 얼마나 금쪽같은데 그런 걸 언제 따지고 있겠어? 다 같이 빨리 해치우고 조금이라도 더 쉬어야지(웃음). 일이 힘들면 확실히 그렇게 되나 봐. 사실 나도 우리 작업반에 여자애가 라마단 지키면서 물량 맞추겠다고 완전 녹초가 되어서 퀭한 걸 보니까 많이 안쓰럽더라고. 그래서 몰래 먹을 거 가져와서 먹고 하자고, 너 이거 먹는 거 남들 아무도 모르니 그냥 먹으라고 설득했지. 처음에는 조금 꺼려. 그런데 일주일 정도 하면 얘들도 너무 힘들다 보니까, 계속 권하면 마지못해 먹는데 그 뒤에는 너무 잘 먹더라. 금식까지 하면서 버티기에는 힘든 작업이지.

그래서 외노자들한테 중요한 건 '어떻게 공장 안에서 신뢰를 잘 쌓느냐'고, 신뢰는 결국에는 생산성으로 결정돼. 한국 노동자들 입장에서는 내가 이 외노자들하고 일했을 때 얼마나 일이 편해지고 작업 물량을 제때 맞출 수 있느냐가 가장 중요한 거야. 그런데 이런 한국 사람들하고 일하다 보면, 외노자들도 생산성 중심주의를 채택하게 돼. 노하우가 쌓이면 그 안에서 최대의 생산성을 뽑아내는 방안을 찾아서 막 자기들끼리 적용해보고 그래. 어떨 때는 우리한테 작업 방식을 다르게 바꿔보자고 제의도 했었는데 검토해보니 진짜 이게 더 효율적인 방식이어서 바꾼 적도 있지. 좋은 것만 배우는 건 아닌 게, 한국의 생산성 만능주의가 낳은 속칭 '가라' 문화도 금방 배워. 그리고 아까 한국식 처세술을 배운다고 했잖아? 이거도 이쯤 되면 상당한 수준에 올라서 소위 '싸바싸바'까지 익히게 돼. 형님, 누님, 언니, 오빠, 이러면서 자기의 생산성과 편의성에 최적화된 형태로 업무를 할당받으려고 협상하는 식이지. 어디나 그렇겠지만 제조업에서도 이런 게 다 업무에서는 핵심적인 자질이야.

이렇게 생산성이랑 처세를 둘 다 잘하는 외노자들은 대우도 좋아. 나는 한국 공장이 그 안에서는 그래도 실적주의로 작동하는 편이라 생각하고, 외노자들도 거기서 예외가 아니라는 거지. 정말 잘하면 반장까지 올라가는 경우도 흔해. 내가 본 사례 중에서 가장 인상적이었던 건 베트남 아저씨였는데, 이 사람은 기계 오퍼레이터를 하고 있었어. 이거는 말 그대로 한국인들을 밑에 거느리는 수준이거든. 일단 오퍼레이터를 하려면 기계와 업무에 대한 이해가 있어야 하고, 현장 '짬'이 상당해야 해. 그리고 그뿐 아니라, 작업반장들 모아 놓고 잔업 배정 같은 거라도 할 때 이 '싸바싸바'랑 형, 동생, 하며 능청스럽게 설득하는 것도 진짜 잘해. 계획표까지 들고 와서 합리적으로 설명해주니 다들 납득하기도 하지. 사실 외국인이 오퍼레이터 하는 게, 이제 아주 이상한 일까지는 아니어도 그렇다고 또 자주 볼 수 있는 건 아니거든. 그런데 저 정도 능력을 보여주면 한국 노동자들도 처음엔 놀라다가 다음엔 금세 잘 따르고, 대하는 태도도 완전 달라져. 외국인인 거 상관없이 대우해주고 존중해주는 거야.

물론 모두가 이 정도로 가는 건 아니긴 하지. 그래도 한 사람 몫만 제대로 해낸다면 인정받는 게 또 이쪽 분위기거든. 외노자 입장에서 갑자기 한국식 제조업 문화에 적응하라면 그거 자체가 힘든 일이지만, 그래도 적응할 사람들은 다 적응하지. 또 우리 쪽에서 외노자가 업무에서 인정받았다는 걸 상징하는 지표가 있는데 바로 라인마다 있는 '왕이모'들에게서 인정받는 거야. 사실 반장들보다 실제 현장에서 더 마주쳐야 하는 건 이 왕이모들이고, 그 업무에서만큼은 숙련도가 엄청나니까, 애를 데리고 있으면 일이 편해지겠다 아니다가 바로바로 나오는 거야. 그렇게 왕이모한테 인정받은 외노자들은 반장급도 쉽사리 못 건드려. 왕이모랑 부딪혀야 되는 거잖아.

왕이모뿐 아니라 사실 친하게 지내고 일도 잘하면 다들 좋아하지. 불법체류 노동자 중에서도 그런 친구들이 좀 있었는데, 어쩌다 추방당할 땐 우리도 가슴이 아프지. 일이 불편해지는 것도 있고, 정도 들기도 했으니까. 그런데 재밌는 게 어떤 불법체류자들은 자기들이 공장에서 좀 친해지면 자기 불법체류라고 당당히 말하기도 해. 보통 이건 자기가 이 라인에서 일을 너무 잘해주니 동료들이 자기 신고 못 할 거라는 자신감에서 나오는 소리지. 그 사람이 빠지면 손해는 어차피 같은 라인에 있는 사람들이 보는 거니까.

그쯤 되면 이미 문화적으로도 한국에 많이 동화가 되어 있지. 나랑 일하는 여공들 같은 경우에는 한국어가 늘면서 TV 프로그램을 비롯한 대중문화를 많이 보곤 하고, 한국인들하고 밥이나 간식을 같이 먹으면서 인스턴트 식품에 또 맛을 들이지. 외노자 둘이서 '진라면이 맛있냐, 신라면이 맛있냐'로 논쟁하는 것도 봤어. 초코파이도 진짜 인기 있는 간식이고. 아, 회사 행사 때 장기자랑 같은 거 하면 노래 부르러 올라오곤 하는데, 당연한 거기도 하지만 절대 자기네 나라 노래 안 불러. 무조건 한국 노래고, 그것도 트로트부터 최신 아이돌 노래까지 총출동이야. 사장이나 하여간 나이 좀 있는 분들은 그런 거 보면서 흐뭇해하지.

이런 거 보면, 나는 공장에서 정말 진지한 의미에서 심각한 차별이 있는 건지는 잘 모르겠어. 외노자들한테 고강도 노동, 아니면 소위 '정치'가 낯설고 적응하기 힘든 건 맞지. 그런데 그런 거는 한국 노동자들한테도 다 힘든 거거든. 우리도 처음에 일 시작할 땐 텃세를 견뎌야 한다거나 적응해야 할 게 꽤 많아. 체계 없이 던져주고 교육도 대충

시키고 '가라'부터 배우는 거도 다 마찬가지고. 그런 면에서 외국인이 양적으로 힘들긴 하지만 질적으로 한국 노동자들에 비해서 근본적으로 다른 대우를 받는다고 생각하지는 않아. 무엇보다, 일해보면 바로 알겠지만 보통 외노자들 괴롭히고 못살게 구는 업주들은 한국인 노동자들한테도 그렇게 굴어.

나 같은 경우는 특히 친한 외노자 중에 두 명이 기억나. 한 사람은 방글라데시에서 온 친구였는데, 머리를 다쳐서 이마에 흉터가 크게 있었어. 그런데 기존에 하고 있는 작업이 약품도 좀 쓰고 그러다 보니 머리가 너무 아프다는 거야. 그래서 내가 조금 더 괜찮은 작업으로 빼줘서 같이 하고 그랬거든. 그런데 어느 날은 나한테 여자친구 있냐면서 자기가 소개시켜 주고 싶대. 사진을 보니까 예쁘더라고. 그래서 나도 좀 기대가 되어서 누구냐, 한국에 와 있냐, 이런 거 물어봤는데 그 때부터 말을 조금 아끼더라고. 나중에 계속 물어보니 자기 여동생이었고, 나이는 겨우 열일곱 살밖에 안 됐다는 거야. 화들짝 놀라서 너무 어려서 안 된다고 하니까 이 언니는 계속 괜찮다고 그랬었지. 한국에서 모은 돈으로 자기네 나라에선 중산층 정도가 되었대. 또 나보다 나이가 한두 살 많은 베트남 누나도 기억나. 자기 가족이 하노이 쪽에서 마사지샵을 몇 개씩 운영하고 있대. 자기가 번 돈을 계속 거기로 보내서 사업을 확장시키나 봐. 베트남 가서 자기 가족한테 연락하면 잘해준다고 그랬어. 주로 하노이에서 한국 사람 자주 들르는 곳에서 장사를 한다고 그래.

당연히 국가가 다르고 문화가 다르니 충돌이 없는 건 아니지. 중국 쪽에서 온 사람들은 자기주장이 세고, 한국식 상명하복에 따르지 않으려 하니 마찰이 있어. 그래도 대체로 말하자면 잘 지낸다 쪽이야. 혐오? 내가 우리 라인의 중국 여자애한테 '에잇, 짱깨야'라고 하면 '뭔데 공돌아'라고 받아치면서 서로 깔깔거리는데 이것도 혐오라고 해야 하나? 물론 집단 대 집단으로 가면 얘기가 달라지지. 내가 길거리에 모여 있는 중국 노동자들한테 짱깨니 뭐니 했다간 뭔 일을 당할지 모르는 거지.

전반적으로 개인 대 개인 관계에서는 한국인들이 포용력이 높아. 그런데 안산 살면서 느낀 거는 집단 대 집단으로서, 익명 관계에서는 지레짐작하고 배타적인 면이 조금 심한 건 사실이야. 그래도 나는 마주치고 교류하면 한국인들은 꽤 포용적이라고 생각하고, 이 한국식 대량생산 체제가 만들어내는 독특한 '한국화'의 경험이 정말 신기해. 베트남처럼 한국 업체가 많이 진출해 있는 곳에서는, 한국 근무 경험자들을 상당히 선호한다고도 들었어. 한국식 제조업에 익숙해져 있고 한국어도 잘하는 경력자들을 뽑아서 반장 같은 관리급에 배정해주는 거고, 이런 거까지 생각하면 한국행이 정말 할 만한 일이 되는 거지. 제조업 종사자이자 안산 시민으로서 내가 보고 겪은 것에 따르면, 한국식 다문화는 정말 경쟁력으로 활용할 만하다고 봐.

Y의 이야기

나는 고등학교 2학년 때 편의점에서 아르바이트하며 외노자를 처음 봤어. 그때가 2006년이지. 인천 남동공단 앞에 편의점이었는데, 주로 조선족, 한족 노동자들이 담배 심부름을 많이 왔어. 그러면서 자기들 먹을 거도 막 사고 그랬는데 아마 그때가 처음 맞을 거야. 그 뒤 2008년에 평택 근처 친척이 하는 양돈농가에서 반년 정도 일했지. 그때도 조선족 형님들하고 먹고 자고 했어.

근데 그때만 해도 정말 지금으로선 상상 못 할 일들이 많았지. 난 농장주 친척이니까 집에서 잤고, 농장장이랑 그 아들은 다른 사택에서 잤는데, 나머지 조선족 일꾼 6명은 정말 인간 이하 취급을 받았어. 판넬때기로 얼기설기 만든 집에 보온재 좀 얹고, 전기장판 깐 집에서 잤으니까. 화장실 시설도 판넬로 대충 만들었고. 6평에서 4명이 살았던가 그랬을 거야. 월급도 제때 안 줬지. 깔이라고 해서, 첫 달 월급은 주고 둘째, 셋째 달 월급은 안 주고 있다가 넷째 달부터 둘째 달 월급을 주기 시작하는 거야. 이게 2개월 치 월급 깔고 앉아서 못 도망가게 하려는 거거든. 보통은 퇴직하면 퇴직한 뒤 2개월까지 깔고 앉은 월급을 주곤 하는데, 특히 불법체류자 상대로는 그걸 빼돌리는 경우가 많았지.

그리고 군대 갔다 왔고, 2011년부터 2014년까지 남동공단에서 4년을 일했어. 이 시기가 외노자 얘기할 때는 아주 중요해. 수도권 제조업에서 중국계가 본격적으로 빠져나가기 시작한 시기거든. 이걸 알려면 먼저 IMF 때부터 얘기를 시작해야 해. 그때 실직 가장들이 어떻게든 가정 건사하겠다고 건설업 비롯해서 각종 3D로 엄청 몰렸어. 그런데 2000년 즈음하여 한국 경제가 회복되면서 원래 하시던 일로 많이 복귀하곤 했단 말이지. 그때 한국인들이 빠져나간 간극을 메꾼 게 조선족과 그 뒤에 온 한족들이었어. 이때가 정말 최지룡 만화에 나오던 것처럼 한국 제조업이 정말 야만적이었던 시대이기도 했는데, 이 시기에 들어온 중국 형님들은 아직도 치를 떨어. 노동자들한테 손찌검부터 '빠따' 놓기까지 했는데 아무런 문제의식이 없던 시절이었다 하더라.

아무튼, 그렇게 수도권 제조업에 중국계가 상당한 지분을 차지하던 게 2008년 기점으로 급격히 변하기 시작해. 일단, 이때 2008년 금융위기 영향으로 많은 공장들이 힘들어하고 있었어. 폐업하는 데도 많았고. 원래 인천이 남동, 주안, 서부, 북부, 부평 5대 공단이 있었고, 이 5대 공단이 번창하던 때가 황금기였는데, 이게 무너진 거야. 이런 일이 인천뿐 아니라 많은 곳에서 있었고, 그래서 수도권에서 구직난이 되게 심해졌어. 당연하게도 외노자들도 수도권, 대도시를 좋아해. 그 사람들은 자기네 민족 커뮤니티 근처에서 살고 싶어 하고, 그런 건 다 대도시에 있잖아. 그러다 보니 노동 공급이 많아. 그러니까 대도시 외국인 생산직들은 낮은 임금을 감수해야 하고 위험하고 힘든 작업을 주로 시키지. 내가 도금공장에서 일할 때, 하루 종일 양손에 20kg짜리 물건을 끓는 코팅용액에 넣고 손잡이 꽉 눌러주고, 뺐다가 다시 걸어 놓는 작업을 한 적이 있거든. 그거 진짜 힘들어서 하면 죽을 거 같아. 나는 3일 만에 그만뒀는데 보통 이런 걸 한다고 생각하면 돼.

바로 이런 무렵에 수도권 제조업의 중국계들이 이동을 감행해. 중국 본토 쪽 임금이 오르고 그쪽에서 사업이나 여러 기회가 생기니까, 한국 대도시 공장에서 일하는 게 수지타산이 안 맞는다는 거야. 그래서 먼저 이 사람들이 향한 곳은 전국 각지의 지방 공단이야. 수도권과 달리 지방 공단은 인력난이 더 심해서, 상대적으로 쉬운 작업을 더 높은 임금을 주고 시키고 있었거든. 물론 그렇다고 이게 편하게 일하기만 한다는 건 아니었지. 그런 단점을 감수하고 수도권에 남아 있으려는 것도 다 이유가 있는 거거든. 임금 떼먹는 것도 덜하고, 제도가 작동하고, 뭐랄까 문명적이니까 수도권을 선호하는 거야. 지방으로 가면 이제 운이 좋으면 일도 편하고 돈도 많이 주는 데를 찾겠지만, 그러지 못하면 돈도 떼먹히고 일도 힘든 데 가서 고생할 리스크를 껴안게 되는 거지. 이 상황에서 또 재밌는 게 돈을 좀 모은 중국계 중에서 상업 수완이 좋은 사람들이 가게를 본격적으로 차리기 시작해. 즉 수도권 공업지대의 중국계가 전국 각지로 뻗어 나가고 그 이동을 따라서 중국 식품점이나 식당 운영하는 사람들이 지역사회에 정착하는 과정이 시작된 거야. 이게 한 축이고, 다른 축은 건설 현장으로의 이동인데 이건 이따가 설명할게.

하여튼 내가 남동공단에서 일할 때는 이런 중국계의 이탈이 상당히 진행된 시점이었고, 바로 그 빈자리를 중앙아시아계와 동남아시아계들이 채우더라고. 특히 중앙아시아인들이 많았어. 임금이 싸다는 소문이 나면 인력소개소에서 어떻게든 데리고 와. 2014년에서 2015년에는 오산에서 일했는데 이때도 마찬가지였어. 궐동 가면 정말 다양한 국적의 사람들이 오가는데, 오산대학교 후문이 보통 회사로 가는 버스가 모이는 곳이라서 대학생들하고 외노자들하고 섞인 풍경을 볼 수 있었지. 나는 그때 자동차 부품 사출, 연료통 만들기, 헤드라이터 도장 같은 거 했는데, 한국인 관리자가 갑 정도였으면 중국인은 이미 을 정도는 하고 있었어. 중국계가 빠져나가고는 있었지만 그래도 공장에 남기로 한 중국계들은 있었고, 이 사람들은 자기가 쌓은 기득권을 중앙아시아 애들이 침범하는 걸 원치 않았던 거지. 이쪽도 국적별로, 특히 중국계 쪽이 놓는 텃세가 장난 아니야.

뭐 그렇게 중앙아시아 사람들하고 오산에서 놀다가, 여기 말고 가구공장이라는 길을 한번 개척해보려고 2016년에 안산 쪽으로 갔어. 아까 인천공단이 2008년 계기로 쇠퇴했다고 했잖아. 이때 인천이 IT나 하여간 깔끔한 산업들 비중이 늘면서, 공단 구성이 많이 변하게 돼. 특히 가구공장이나 화학공장 같은 게 이제 세가 싼 안산 등지로 내려왔지. 네가 이쪽에서 일하지는 않겠지만, 만약 일한다면 정말 가구공장은 오지 마라. 기계의 한계가 명확해서 수작업으로 만들 수밖에 없는 양대 작업이 나는 지금 내가 하고 있는 간판하고 또 가구라고 생각하는데, 기계가 못하는 데는 이유가 있어. 진짜 너무 힘들어.

그리고 내가 아프리카 외노자들을 본 것도 이 무렵이야. 2016년 안산을 비롯해서 한국에 흑인 노동자들이 본격적으로 유입된 거 같아. 내가 본 사람들은 르완다랑 가나인들이었지. 얘들 고국은 아시아 쪽보다 훨씬 더 가난해. 내가 언제는 왜 머나먼 한국까지 와서 일하냐고 물어보니까, 여기서 백만 원 송금하면 거기서는 체감상 몇천처럼 느껴진다는 거야. 과장이 좀 있겠지만. 하여튼 그 대답을 듣고 내가 거리도 더 가깝고 문화도 더 가까울 유럽은 왜 안 갔냐고 물어봤어. 여기에 대답이 한국에 온 건 돈도 있지만 그런 돈을 주는 선진국 중에서 한국이 갖는 매력 때문인 것도 있다고 하더라. 언제는 이런 일도 있었어. 얘들이 술을 먹으면 영어랑 어설픈 한국어랑 자기네 말이랑 세 개의 언어가 튀어나오는데, 걔가 취해서 어색한 한국말로 자기 섭섭한 걸 중국 노동자한테 풀어놓은 거야. 근데 그 중국 노동자도 취해서 중국말로 답했는데, 그 아프리카 친구가 그걸 듣더니 갑자기 "너가 날 욕해?" 하면서 싸움이 나더라. 걔한테 중국인 세 명이 달라붙어서 두들겨 팼는데 그다음 날부터 공장 안 나왔어.

가구공장은 6개월 일하고 너무 힘들어서 그만뒀고, 그다음 2017년부터 2019년까지는 평택 쪽에서 건설 현장, 그러니까 노가다를 했지. 이 건설 현장이 바로 2010년대에 중국계들이 물밀듯이 유입된 핵심적인 분야야. 현장마다 다르긴 한데 내 체감상 건설 현장 가면 30%가 한국인이고, 60%가 중국인이고, 10%가 그 외 중앙아시아나 동남아시아 사람들이야. 사실 그 외 10%가 진짜 대단한 사람들인 게, 중국인들이 한국 사람들한테는 차마 텃세를 못 놓는데 대신 이 10%들이 파이 빼앗는 걸 어떻게든 막으려고 진짜 텃세를 심하게 부려. 작업조에서 궂은일만 골라서 시킨다든가 그런 식으로 괴롭히는데, 이 사람들은 돈 더 벌겠다는 일념으로 그걸 다 버티는 대단한 사람들이라고 봐야지.

하여튼, 2010년대 후반 들어서 부동산 경기나 개발 이런 게 장난 아니잖아? 특히 수도권 남부는 진짜 건설판이 아닌 데가 없을 정도란 말야. 여기를 비집고 들어간 게 중국 사람들이야. 수원을 중심으로, 수원 이남의 건설 현장에서 중국인 비중이 엄청 높아져. 여기가 1급, 2급

현장들이 많아서 일당이 높거든. 이제 거기서 번 돈으로 누구는 또 가게 차리고 그러는 거지. 그래서 수원역이나 평택역 인근에 중국인 거리가 막 형성된 거고. 네가 강릉에서 러시아나 중앙아시아 사람들 많이 봤다고 했지? 광역시급은 몰라도 그런 지방 중소도시 현장은 일당이 1급 현장만 못해. 이제 중앙아시아나 동남아시아 쪽 노가다들은 중국인들이 차지한 알짜 말고 나머지를 차지하곤 하는 거야. 아니면 나이가 좀 든 한국, 중국 노동자들이 들어가거나. 그래서 내 생각에는 중국인이 진짜 주류인 곳은 수원 중심으로 수원 이남이고, 수원 이북은 조금 판세가 복잡해. 중앙아시아나 동남아시아 쪽이 있으니까.

내가 작년 2020년부터 일하기 시작한 인천의 간판 제조회사가 그런 예시인데. 베트남 중심으로 동남아시아 쪽 10명, 중앙아시아 쪽 15명, 몽골인 5명, 그리고 10년 일한 조선족 과장님 1명 있지. 이 조선족 과장님은 회사에서 데리고 가려고 하는 핵심 인력 중 하나야. 한국인 사주들도, 외국인이건 뭐건 오래 일하면 돈도 많이 챙겨주려 해. 작업 이해도랑 생산성이 제일 중요하니까. 내가 십몇 년간 관찰한 경기도 쪽 외노자 흐름은 대충 이래.

국적별로는, 먼저 베트남과 태국 같은 동남아시아계. 이쪽이 사실 불법체류는 제일 많아. 베트남 젊은 애들은 보통 자기네 나라 대학을 가서 유학을 통해 한국에 오는 경우가 많아. 거기서 비행기표까지 대주는데, 한국 오자마자 학교는 나가지도 않고 바로 공장으로 가서 돈 벌지. 이건 어떻게 잡지도 못해. 베트남인들은 내가 본 것에 따르면 남녀 노동자들이 한국 사람들하고 정분이 제일 많이 나는 것 같아. 이런 게 간혹 문제가 되기도 하지. 그리고 전반적으로 빨리 돈 모아서 자국에 돌아가서 자기 사업을 하고 싶어 하는 경우가 많더라고. 동남아시아계 같은 경우에는 제조업 말고도 식당이나 유흥업 같은 3차산업에도 종사를 많이 하는데, 돌아가면 한국식 인테리어랑 오퍼레이션으로 돌아가는 업체를 차린다고 들었어.

그다음은 중앙아시아계인데, 내가 일하는 쪽에는 고려인이 많아서 사실 고려인 얘기들이기도 해. 인천 연수구 쪽에는 고려인들이 상당히 많이 살거든. 성씨는 김씨, 박씨인데 이름은 발레리, 세르게이, 알렉세이 이런 식이지. 내가 생각하기엔 이 사람들이 지금 코리안드림이 제일 강한 사람들이야. 이 사람들은 한국에 아예 동화되고 싶어 하는 성향이 있어. 고려인이라 그런 거기도 하겠지. 조선족이랑 비슷한 시기에 들어오긴 했는데, 한국어 구사력이 조선족보다 좋지 못해서 많은 현장에서 조선족한테 밀려나기도 했었대. 그래서 한국어 못해서 받은 불이익에 대한 한이 좀 있나 봐. 원래 외노자들이 한 푼이라도 더 벌려고 잔업하고 야근에 달라붙곤 하는데 이 사람들은 한국어 교습받는다고 야근도 일부러 안 하기도 해. 단기로는 수익이 좀 떨어지지만, 어차피 한국어 실력이 좋아지면 시킬 수 있는 일이 많아지니 장기적으로는 더 버는 길이기도 하지.

또 나는 이 사람들이 한국에 아예 정착하고 싶어 하는 걸 알려주는 표시는 차를 사는 거라고 생각해. 우리 쪽에서 중앙아시아계가 15명인데 차주만 6명이고, 천만 원대 차도 막 끌고 다녀. 사실 송금만 할 거면 따로 차 살 필요는 없잖아? 한국에서 한국인들처럼 생활하고 싶다는 거지. 얼마 전에는 같이 일하는 고려인 부부가 나한테 대학로에서 연극 보고 싶은데 혜화역 가려면 어떻게 가야 하냐고 묻기도 했어. 그건 한국인들이 즐기는 문화생활을 똑같이 즐기고 싶다는 거지. 듣기로는 고려인들은 러시아 쪽의 인종차별 문화 때문에 그쪽으로 다시 안 돌아가고 싶어 한대. 임금도 낮은데 백인 러시아인들이 동양인 무시하는 게 좀 있다고 들었어.

중국 쪽은 그 중화사상 때문에 다른 집단하고 잘 안 어울리고 자기네들끼리 뭉치려 하는 경향은 확실히 있는 것 같아. 그 사람들한테 한국은 그저 돈을 벌 곳이지, 한국에 동화되려는 의식은 잘 없어. 그리고 중국은 동남아나 중앙아랑은 달리 비자 관리가 좀 허술해서, 사고 치고 나갔다가 다시 들어오기도 상대적으로는 쉬워. 같이 일하던 중국 사람이 나한테 자기는 원래 서해 쪽에서 밀수업하던 사람이라고 아주 당당히 얘기해주기도 했어. 이런 건 술 먹다 보면 자기들이 얘기하지. 중국 사람들하고 가장 많이 마주쳤던 건 2017년부터 2019년에 건설 일 할 때야. 그때 대기업 건설 현장에서 일했는데, 사실 여기는 관리가 좀 철저해서 주로 한국인만 쓰려고 해. 그래도 기피 작업은 중국인들이 어떻게 들어와서 하고 있더라고. 중국인들은 내가 같이 술 먹으면서 싸움 구경을 가장 많이 했던 집단이기도 해. 이건 또 얘기하겠지만 이 사람들도 당연히 안에서 파벌이 있고, 보통 친한파와 반한파로 많이 갈리는 것 같아.

언제는 함바집에서 술 먹는데 이런 일도 있었어. 나랑 작업 같이 하는 조선족, 한족 형님들이랑 같이 한잔하고 있는데 옆 테이블에서 어떤 술 취한 다른 조선족이 우리 쪽으로 오는 거야. 나는 모르는 사람인데. 그러면서 나를 두고 우리 팀 형님들한테 "너는 왜 중국 사람이 한국 놈들하고 어울리려고 하냐, 너는 자존심도 없냐."라고 시비를 걸었어. 우리 쪽 형님이야 나랑 친하니까, "얘 나랑 같이 피땀 흘려 일하는 내 형제야."라고 받아쳤지. 그러니 그쪽에서 "뭐? 한국 놈이 어떻게 형제냐? 너 말 같지 않은 소리 한다."라고 하니 우리 형님이 "너 말 조심해."라고 내리깔았지. 그다음에 나는 뭐가 어떻게 돌아가는지도 모르겠는데 둘이서 패싸움이 났어. 중국, 조선족 노동자들이 한국을 보는 시선도 많이 복잡하지만 그 중화사상이나 대국의식이 확실히 많긴 해. 물론 그런 거 갖고 있어도 한국을 좋아하고 한국인하고 친하게 지내는 사람도 있지.

몽골 노동자들도 재밌어. 나랑 같이 일하는 애 중에 우르노라는 친구가 있는데, 뜻이 '천둥'인가 그래. 한국에 온 지는 5년 정도 됐고. 그런데 언제는 얘가 몽골 갔다 오더니 마유주를 구해왔다고 술 먹는 자리에서 꺼내는 거야. 그러면서 귀한 거라고 "이거 한 병은 못 주고 딱 한 잔만 주는 거야."라고 하더라고. 근데 그 냄새가 진짜 너무 심해서 말도 못 해. 내가 우르노한테 "야 이거 먹어도 되는 거냐?"라고 물으니 "먹어도 돼! 맛있어!"라고 하더라고. 맛은 다시 먹고 싶은 맛은 아니었지만. 얘는 지금 250을 받아서 200 정도를 송금하는데, 자기 말로는 이게 몽골에서 체감 월 천 정도 느낌이래. 그렇게 돈 모아서 뭐 할 거냐고 물었지. 집 사고 싶대. 얘길 들어보니 몽골은 울란바토르 빼면 정말 아무것도 없는 나라라서, 지금 몽골인 누구나 울란바토르 입성만 생각하고 달린다는 거야. 사람들이 울란바토르 근처에서 달동네 같은 '게르촌'을 짓기도 하고…. 자기네 가족은 그래도 지금 울란바토르 근처 24평 집에서 6명이 살고는 있대. 근데 꿈은 더 큰 거지. 돈을 더 모아서 한국으로 치면 강남 같은 울란바토르의 고급 주거 지역에서 "아파트"를 사고 싶다는 거야. 지금 반쯤 모았대. 몽골인들은 대체로 울란바토르를 향한 강한 열망을 갖고 일을 해.

같이 일은 하진 않지만, 스리랑카, 방글라데시 등 인도 노동자들이 단체로 일하는 곳도 알아. 우리 업체 옆에 PCB 라우터 만드는 회사인데, 거기가 진짜 귀가 뚫릴 것같이 시끄러운 곳이거든. 그래서 돈도 많이 벌어. 200만 원 정도. 오며 가며 스리랑카나 그쪽 사람들하고 마주치고 가끔 인사도 하지. 내가 본 스리랑카 사람들은 그런데 돈보다도 사람 대우해 주는 걸 더 좋아하더라고. 여기는 회사에서 따로 공동 주거도 마련해주고, 차량으로 이동도 시켜주곤 하는데 자기들은 돈 조금 덜 받아도 그런 배려가 좋다는 거야. 사실 온전히 배려라고만 하기도 그런 게 어느 정도 감시의 목적도 있는 거긴 하지. 어쨌든 둘 다 서로 이득이니까 좋은 일이긴 하지.

사실 이런 차이점보다 더 중요한 건 공통점인데, 한국 생활에 어느 정도 버틴 사람들은 돈을 많이 벌어야 한다는 일념이 대단한 사람들이야. 외노자들하고 술 먹으면 늘 물어보는 게 똑같아. 어떻게 하면 한국에서 돈 더 많이 벌어 갈 수 있냐는 거야. 그러면 나는 일급이 높은 건설 현장 가라고 조언을 해주지. 그 얘기를 들으면 많은 사람이 거기 가면 힘들고, 위험하고, 산재 같은 거 겪어서 장애가 남을 수도 있지 않냐고 반문하지. 중국인들이 건설 현장을 장악한 게 대단한 것이긴 한 게, 그런 위험을 다 뚫고 네트워크를 구축한 것이라 할 수 있거든. 한국 사람들이 일 진짜 안 가르쳐주려고 하는데 어깨너머로, 몸으로 기술 다 배워서 하고 있기도 하고. 그래서 중국 이외의 외노자들은 한국인 한 30%쯤 있는 지방의 2차 벤더나, 진짜 한국인이 사장, 사모, 관리자 3명 빼곤 찾기도 힘든 n차 벤더까지 가곤 하지.

그래서 출신이 다른 외노자들 사이에서 제일 중요한 건 야근과 잔업을 어떻게 배정하고 조정할 것인지야. 외노자들은 정말 하루라도 더 많이 야근과 잔업을 하려고 해. 그래야 더 많은 돈을 빨리 모을 수 있으니까. 이거 가지고 신경전이 있어. 우리는 그래도 가급적 공평하게 해주려고 하는데, 그래도 갈등이 없는 건 아니지. 작년에 회식 자리에서는 이런 일도 있었어. 그때 우리가 '명륜진사갈비'에 가서 갈비를 굽는데, 베트남 노동자랑 중앙아시아 노동자랑 같이 술을 먹고 취한 거야. 그런데 이 베트남 노동자가, 중앙아시아 노동자한테 베트남어로 뭐라고 말을 해. 웃긴 건 그러니까 중앙아시아 노동자가 이렇게 말하는 거야. "뭐라는 거야? 한국말로 얘기해." 여기서 베트남 노동자가 한국말로 다시 말하기를, "너네 중앙아시아, 우리 베트남 무시해. 그거 하지 마."라고 한 거야. 사실 이 사람이 베트남 노동자들 중 리더 격인 사람이거든. 그러더니 옆자리에서 중앙아시아 노동자들 중 그런 리더 격이 와서 앉아서 또 물어보더라고. 너 하고 싶은 말이 뭐냐, 제대로 조목조목 말해봐라. 일종의 영수회담이 열린 거지. 베트남 측에서 요구한 거는 이거야. 중앙아시아, 특히 고려인들이 한국어도 열심히 배우고 동화도 잘되려고 한댔잖아? 그러다 보니까 아무래도 야근하고 잔업을 조금 더 가져가는 게 있긴 해. 이게 얘네한테는 아니꼽게 보인 거지. 그렇게 한국 사람한테 잘 보여서 야근 독점하는 거 너무하는 거 아니냐고. 뭐 잘 풀리긴 했는데 재밌는 일화지.

그래서 주 52시간제를 외노자들이 엄청 안 좋아해. 이 사람들이 야근을 너무 하고 싶은데, 야근을 12시간밖에 못 하는 건 얘네 입장에서 정말 끔찍한 일인 거야. 사실 야근에서 빼버리는 건 실제로 우리가 제재 수단으로 쓰는 거기도 해. 무언가 문제를 일으키면 일주일 야근 금지, 뭐 이런 식인 거야. 그런데 그런 일시적 제재가 아니라 아예 야근을 원하는 만큼 할 수가 없게 되니 이 사람들이 편법으로 아르바이트 같은 것을 찾아서 돌아다녀. 요즘에 농장 근무하는 외노자들 얘기 많잖아? 그거 많은 수가 지방에서 2차산업, 제조업 종사하는 중앙아시아랑 동남아시아 쪽 노동자들이 아르바이트 격으로 유입된 거야. 대도시 근처에는 원래 상추 같은 작물 키우는 농장들 쭉 있잖아. 그 농장에서 오래 일해서 한국어도 잘하는 외노자들이, 자기 네트워크를 써가지고 공단 도시의 자기 고향 사람들을 일당 주고 부르는 거야. 농장주랑 소통도 하고 작업 지시도 해야 하니 언어를 여러 개 하는 사람들이 주로 이런 역할을 많이 하지. 그러면 이제 이런 주선자는 일자리 소개비도 밑에 사람들한테 받고, 업주도 관리 대신 해준다고 돈을 더 주지. 법적으로야 문제가 있긴 한데 사실상 막을 수도 없는 일이야. 이거까지 법으로 규제하려고 하면 이 사람들은 또 다른 일자리를 찾으러 어디를 전전할 거야. 그 정도로 상향의식과 돈에 대한 열망이 강해.

물론 그렇다고 아무 데나 가는 것도 아니지. 알바몬을 켜보면 '외국인 가능'이라는 업체들도 있는데, 그런 데는 외노자들도 거르는 곳이라고 보면 돼. 다들 자기들 커뮤니티에서 정보를 공유해서 소문이 빠르게 돌아. 이게 심하면 중국인들이 보여주는 집단행동까지 가는 거야. 자기들 생각하기에 중국 노동자가 부당한 일을 당하면, 심하면 그 일터의 중국인들이 단체로 그만둬서 작업을 사실상 정지시키는 경우까지 있어. 러시아나 중앙아시아 쪽은 커뮤니티에 알려서 경고하는 정도고, 그런 집단행동까지는 안 가더라고. 지금 2020년, 2021년 산업 현장에서 러시아, 중앙아시아 커뮤니티는 아주 견고해. 커뮤니티의 자체적인 정보 유통도 활발하고, 돌아가는 것도 재밌어. 여기도 친한파랑 반한파가 있는데, 반한파 직원이 회사에 대해서 안 좋은 소문을 내려고 하면, 친한파들이 "그런 부당한 일 우리는 없었고 쟤가 이상한 놈이다."라는 식으로 반박하는 식이야.

내가 보기에 한국인들하고 외노자들하고 일터에서 잘 섞이는 편인 것 같아. 우리는 주로 남자들이니까 그런 것도 있고. 특히 이제 산업 현장에서는 정말 힘든 일을 외노자가 맡고, 한국인들은 육체노동과 관리를 오가면서 하는 경우가 많거든. 그러다 보니까 업무 관리를 하려면 이 사람들하고 사적으로 교류를 해서 인간적 유대관계를 무조건 만들어야 해. 밥도 사주고, 한국 음식도 사주고. 나도 얼마 전에 중앙아시아 친구가 한국 음식 사달라는데, 이미 어지간한 건 다 먹어봤길래 뭘 사주지 고민하다가 해신탕을 사준 적이 있기도 하지. 반대로 내가 그쪽 음식, 샤슬릭(중앙아시아 꼬치구이)이랑 보드카를 같이 먹기도 하고. 고려인 노동자들 집에서 열린 파티에 간 적도 있어. 14평짜리 투룸에 10명이 왔는데, 나 포함해서 한국인 관리자 2명도 껴 있었지. 맥주 사달라고 해서 맥주 10만 원어치 딱 들고 갔고, 다른 관리자 형님이 사장님한테 "법인카드 좀 써도 될까요?" 해서, 오케이 소리 듣고 옆에 상점 가서 보드카 사왔지. 그런 식의 교류야 자주 있지.

물론 이런 교류가 정식 고용 노동자들 중심인 면도 있어. 불법체류자도 물론 친하게 지내고, 교류도 하곤 하지만, 많은 곳에서 불법체류자들은 휴일도 없이 일하는 경우가 많지. 가끔 보면 인간의 형태를 한 기계 아닐까 싶을 정도이기도 해. 뭐 그래도 요새는 임금만큼은 꼬박꼬박 주니 그런 것도 다 감수하긴 하는 거지. 그래서 이런 불법체류자들이 중심이 돼서 주로 반한파를 형성하는 것 같아. 아니면 조금 나이가 있는 분들이거나. 이런 분들은 초반에 진짜 인종차별 같은 멸시나 갑질, 폭력에 워낙 많이 당한 게 많은 분들이거든. 그때 IMF 때 실직해서 3D로 간 사람들이, 내 일자리 빼앗는 사람들이라고 불안감을 많이 느껴서 외노자들에게 그런 식으로 막 대했던 것 같아.

물론 인적 관계로서의 한국인은 좋아하고, 집단이나 사회로서 한국을 싫어하는 반한파들도 있어. 이런 반한파들은 좀 특이한 건데, 사실 어느 정도 한국화는 똑같이 된 사람들이거든. 약간 그거랑 비슷해. 우리도 한국 사람이지만 한국의 어떤 면모들은 정말 싫을 때가 있잖아. 그런 느낌이라고 생각해. 보통 일터에서는 잘 지내는데, 일터 밖에서 안 좋은 일을 경험한 애들이 이렇게 되곤 하더라고. 이런 한국화와 친한파를 가장 잘 가늠할 수 있게 해주는 건 역시 언어지. 한국어를 얼마나 잘 구사하느냐로 갈리고, 한국어를 정말 잘하는 사람들은 예외 없이 친한파야. 웃긴 건 이렇게 한국어를 끝낸 사람들이 아예 다른 나라 말도 배우기도 해. 전에는 파키스탄 형님이, 이분이 되게 과묵하신 분인데 베트남 작업조에 가서 베트남어로 업무 지시를 막 하더라고. "아니, 베트남어는 언제 배웠냐"고 하니까, "얘들 일 시키려는데 속 터져서 내가 혼자 배웠다"고 그러더라고. 나 같은 경우도 파파고를 작업할 때 많이 쓰는데 이분은 진짜 대단한 거지. 하여튼 이런 사람들은 여기서 기술 배워 가서 본국에서 활용하는 경우도 많아. 아까 가게 차릴 때 말했던 한국식으로 가게를 차리는 것도 있지만 이런 건 주로 서비스업이고, 내가 지금 일하는 간판업의 경우도 마찬가지지. 몽골 친구가 몽골 돌아가면 한국식 간판업체 하나 차릴 거라고 했어.

솔직히 나도 현장에서 차별이 그렇게까지 있는지 생각하면 잘 모르겠어. 우리는 일단 업무 수행력을 중심으로 모든 걸 판단해. 일이 얼마나 편할지, 주어진 일을 얼마나 제때 할 수 있는지, 이런 거. 그런 면에서 외노자들은 다 우리 동료들이야. 24시간 중에 12시간, 때로는 16시간이나 그 이상까지도 매일 같이 시간을 보내는데 차별이 어딨어. 잘해줄 수밖에 없어. 이 사람들하고도 물론 갈등이 있지. 이 사람들 사이에서도 갈등이 있고. 그런데 그거는 한국 노동자랑 있는 갈등과 본질적으로 다르지 않아. 잔업 배정이나 작업이나 아니면 성격적 차이나, 한국인 사이에서도 그런 문제가 없는 건 아니잖아. 사장도 마찬가지야. 악덕 업주들 아직도 있을 거고, 예전에는 훨씬 더 많았지. 그래도 일한 만큼 돈 쳐주는 업주들도 많아. 이 사람들도 사업하려면 아쉬우니까. 얼마 전에는 일 힘들다고 외노자 몇 명이 그만두겠다고 하니까 기본급을 아예 올려준 적도 있었어.

내가 엄청 많이는 아니지만 그래도 여러 곳을 돌면서 느낀 점은 외노자는 이미 우리 삶의 필수불가결한 존재가 됐다는 거야. 이 사람들도 한국을 필요로 하지만 한국도 이 사람들을 필요로 해. 지금 1차산업인 농림어업이랑 2차산업인 제조업의 상당수는 외노자가 유입 안 됐으면 아예 굴리지도 못해. 돈 더 쳐준다고 해서 새롭게 사람이 많이 들어오는 거도 아냐. 젊은 사람들도 문제지. 기본적으로 화이트칼라 일자리를 원하고 그런 자리가 아니면 아예 취업을 안 하려고 하니까.

한국적 다문화를 어떻게 바라볼 것인가?

L 형과 Y 형의 이야기는 내가 어렴풋이 갖고 있던 '한국식 다문화의 가능성'을 훨씬 더 구체화시켜서 보여주었다. 생활공간에서 이주민과 접촉하면서 내가 느꼈던 감상은 한국으로 온 이주민들이 지금보다 더 나은 삶을 살겠다는 아주 강력한 상향의식을 갖고 있다는 것이었고, 거기에 더해 한국 문화와 생활에 녹아들겠다는 동화의식을 크든 작든 갖고 있다는 것이었다. 한국인 또한 그런 의지를 갖고 있는 외국인들에게 본질적으로 배타적인 사람들이라고 하기 어려웠다. 적어도 한국인들은, 한국어와 한국 문화를 내면화하고 자신의 생활공간에서 인간 대 인간으로 마주치는 이들에 대해서는 상당한 포용성을 보여주는 것으로 보인다.

물론 이는 한국식 다문화가 이주민을 수용할 때 **강력한 선별 과정**을 동시에 진행하고 있기 때문이기도 하다. 특히 L의 이야기에서 이 선별 과정이 아주 잘 드러난다. 한국의 일터는 심하게 말하면 혹사에 가까운 고강도 노동과 높은 스트레스를 강요하고, 여기서 탈락하는 인원이 필연적으로 발생한다. 그러나 이는 역설적으로 한국에 적응할 준비가 되어 있는, 한국 문화에 적합한 인원들이 선별되어 남게 되는 효과로 이어진다.

이런 압력솥 같은 환경은 그 어떤 심사나 문화 교육 프로그램보다 더 직접적으로 이주민들의 심성에 영향을 미치는 것으로 보인다. 일단 한국의 일터에서 버티는 사람이라면, 누구나 그 고강도 노동이 바탕이 되는 협업 질서 아래에서 **'한 가족'**이 될 수 있는 셈이다. 이는 한국의 지리적 고립성과도 큰 관련이 있을 것이다. 지리적으로 개방되어 있어 선별이 사실상 불가능한 유럽과 북미와 달리 한국은 사실상 섬나라이기에, 국가 행정력만 받쳐준다면 국경 안의 인구 집단의 유입과 유출에 대해서는 막강한 통제력을 갖출 수 있기 때문이다.

물론 지리적 고립성과 선별 과정만큼이나 중요한 것은 한국인의 행동 양식이다. 예멘 난민을 둘러싼 논란이나 우리가 언론을 통해 흔히 접할 수 있는 다문화 이야기에는 차별, 배제, 폭력, 혐오 등이 가득하다. 그러나 이것이 정말 서구적 의미에서 인종, 문화 차별과 완벽히 등치될 수 있는지는 조금 더 생각을 해보아야 한다. 나 자신이 이전부터 생각했던 것도 그렇고 L과 Y 두 사람이 말해준 것도 그렇지만, 결국에는 '다른 모든 이유를 제쳐두고 외국인이라는 이유로' 차별하는 사람들은 거의 없다. **따지고 보면 한국인들은 이미 한국인들에게도 그런 식으로 행동하지 않는가?**

나는 그래서 이주민 문제를 생각할 때 차별이나 혐오 같은 표현보다 더 현상을 잘 드러내주는 말은 **'갑질'**이라고 생각한다. 갑질은 위계서열을 파악한 이가 자신보다 낮은 위계에 있다고 판단되는 이에게 얼마든지 위세를 부리고, 인격을 모독하고, 그의 삶에 간섭하려 하는 행위다. 갑질에서 중요한 건 다른 모든 정체성 이전에 부분적으로나마 **표준화된 수직적 위계와 서열**이 가장 크게 작동한다는 것이다. 한국인의 가장 강한 특성은 그들이 타인에게 늘 갑질을 당하면서도 기회가 보이면 언제든지 갑질을 할 준비가 되어 있는 이들이라는 것일 테다.

갑질은 이주민들에게 당연히 한국인들보다 크게 작동한다. 그리고 정식 고용 이주민보다는 불법체류자에게 훨씬 크게 작동한다. 그러나 그것은 그들이 단순히 '타자'여서가 아니라, 그냥 그들의 위치가 갑질을 당할 수밖에 없는 위치에 있기 때문이다. 만약 한국인이 그 위치에 있다면(낮은 언어 구사력, 불안정한 신분 등), 그 한국인도 비슷한 정도로 갑질을 당할 것으로 우리는 충분히 예측해볼 수 있다.

그리고 바로 그렇기에 이 거대한 갑질의 사다리는 아주 역설적인

포용의 현장을 만들어내는 것이다. 한국인에게 중요한 것은 다른 무엇보다도 관계에 있어서의 협상력이다. 이 협상력이란 개념은 개별 관계 양상에 따라 다르게 나타나지만, 우리가 그 개념을 이해하는 것은 크게 어렵지 않다. L의 표현에 따르면 공장에서의 협상력은 '생산성'으로 결정된다. 한국어를 빠르게 익히고 업무 능력을 갖춰서 현장에서 필수불가결한 인물이 된 사람들은 위계의 사다리를 올라가서 다른 한국인들과 거의 동등한 대우를 받게 된다. Y는 언젠가 다른 중앙아시아계 외국인에게 "너, 나보다 일 느리게 해."라는 식의 놀림도 들어봤다고 한다.

여기에 이제 사적 영역으로 친밀감을 침투시키려고 하는 **한국식 관계 맺기**가 들어오면, 이주민이나 한국인이나 할 것 없이 한국이라는 거대한 압력솥에서 강력한 동질 의식을 형성하게 되는 것이고, 그런 이주민들이 한국에 적응하고 정착하는 것이다. 그렇기에 우리가 한국의 억압성이라고 생각하는 많은 요소는 역설적으로 동전의 양면처럼 포용성의 도구가 되기도 하는 것이다. 거기에, 한국전쟁으로 인해 전통이 급격히 파괴되면서 문화 동화에 필요한 각종 어지러운 맥락들이 사라지고, 가장 직관적이고 감각적인 면모만 남은 한국 문화의 특성 또한 이런 포용성에 크게 기여했다. **다시 말해 한국인들이 무슬림에게 돼지고기를 먹자고 하는 것은 그들 입장에서 폭력으로 다가올 수 있지만, 삼겹살과 소주를 거리낌 없이 먹는다면 그가 어디에서 왔건 그저 한국인처럼 대하는 것이 바로 억압 이면의 포용성인 것이다.**

물론 한국의 다문화에 차별과 폭력이 아예 없다고 말하려는 것은 아니다. 이 글에서는 주로 생활공간에서 나의 간접체험과 노동 현장에서의 다문화를 다루었다. 다문화 가정의 문제와 그 가정에서 자라나 이제 청년층으로 진입하기 시작한 다문화 가정 2세대들이 겪는 문제는 거의 다루지 못했다. 사실 이들이야말로 한국 사회의 억압성과 차별성을 가장 노골적으로 마주하는 이들이기도 하다. 한국 다문화의 중요한 축을 차지하고 있는 가정과 2세대에 대하여 다루지 못했기에 많은 이들은 분명히 이 글의 전반적 주장에 물음표를 남겨 놓을 수밖에 없을 것이다.

그러나 한 가지는 확실히 말할 수 있는 것 같다. **현대사회의 가장 거대한 물결인 세계화가, 이주민의 물결을 두 갈래로 갈라놓았다는 사실이다.** 나는 이런 이질적 느낌을 서울대학교에 다시 돌아왔을 때 본격적으로 느꼈다. 서울대학교 학생들의 많은 수는 '세계화'된 학생들이었다. 그들은 방학마다 유럽이나 미국을 왔다 갔다 하고, 다양한 피부색의 외국인 친구들이 있었으며, 세계의 여러 문화와 음식에 정통했다. 그러나 나는 그들이 만나는 '외국인'들이 그 외견적 차이에도 불구하고 굉장히 **동질적인** 것처럼 느껴졌다.

그들과 그들이 관계를 맺은 외국인은 모두 영어에 유창했고, 세계화 시대의 필수적인 예법인 정치적 올바름에 익숙했으며, 세계화를 이끄는 영미권 문화를 유년 시절부터 내면화하고 있는 사람들이었다. 이런 '세계화'가 과연 내가 조치원이나 성환에서 목도했던 '세계화'와 본질적으로 **같은** 현상이라고 할 수 있는 것일까? 우리는 세계화를 수도의 중심에서 진행되고 있는 상층의 세계화와 변두리에서 진행되고 있는 하층의 세계화라는 두 가지 형태를 동시에 겪고 있는 것이 아닐까? 그렇다면 상층의 세계화만을 경험한 이들이 하층의 세계화를 경험한 이들을 두고 차별과 혐오를 논하는 것은 과연 올바른 일인 것일까?

세계 속의 한국, 한국 속의 세계

예멘 난민 논란이 흐지부지되고 1년 뒤, 나는 인터넷 커뮤니티를 둘러보다가 알게 된 영상을 보고 깜짝 놀라지 않을 수 없었다. 영상의 주인공은 수염이 덥수룩하게 난 빼빼 마른 청년이었다. 그러나 그가 하는 한국어는 누구보다 유창했고, 이야기는 어떤 사람보다 유쾌했다. 그는 파키스탄 아버지와 한국 어머니를 둔 다문화 2세인 전재환이었다. 전재환은 **'과로사'**라는 방송 닉네임, 혹은 파키스탄 이름인 압둘 알리로 더 유명할 것이다. 과로사는 지금은 유명 방송인이 되었지만, 당시는 폐쇄 방송이 아니라 본격적인 공개 방송을 시작할 무렵이라 아직 많은 이들에게까지 알려졌던 때는 아니었다.

그의 방송은 내게 두 가지 면에서 인상적으로 다가왔다. 첫째, 한국 사회에서 숱한 차별과 고통을 받아온 그가 자신이 겪은 이야기를 담담하면서도 유쾌하게 풀어낸다는 점이었다. 과로사는 그 어떤 중개자도 거치지 않고 자신의 진짜 이야기를 전달했다. 그리고 더 놀라운 것은 경계인으로서 한국이라는 공동체가 주는 차별과 배제를 누구보다 잘 알고 경험했던 그가 한국 사회에 대한 소속감과 애정을 놓지 않았다는 것이다.

둘째, 인터넷 방송 시청자를 비롯해서 많은 이들이 그에게 우호적인 태도를 보여주었다는 점이었다. 아니, 초반에는 거의 '열광'에 가까울 정도의 폭발적 인기였다고 해도 과언이 아니었다. 모스크, 할랄 푸드, 코란과 같은 것이 콘텐츠의 소재가 되어 별의별 '드립'들이 다 나오는 데도, 딱 1년 전 예멘 난민 사태 때 언론 지면을 뒤덮었던 '이슬람 혐오'는 어디서도 찾을 수 없었다(전재환 본인은 무슬림이 아니지만 말이다). 대신 이국적인 외모를 가진 그가 자신의 독특한 배경을 아주 친근하고 익숙한 유머로 풀어내니 사람들은 그에 열광했다.

1년의 시차를 두고 벌어진 이 두 현상 중 어느 것이 한국 사회를 더 잘 반영하고 있을까? 사실 이 질문은 우문愚問이다. 당연하게도, 두 현상은 한국 사회가 가진 특성을 서로 다른 느낌으로 드러낸 것이기 때문이다. L의 말대로 한국인들은 집단 대 집단으로서, 한국 문화를 수용할 것처럼 보이지 않는 사람들에게 아주 배타적이다. 사람들에게 예멘 난민은 '내 옆에서 일하는 칼리드 씨와 아이샤 씨'가 아니라 '갑작스럽게 제주도에 당도한 500명의 난민'이라는 아주 추상적인 집단으로 다가왔다. 그리고 그들은 한국의 고강도 노동과 한국 내 인적 관계라는 강력한 선별 과정을 거치지 않고 들어왔다.

반면 과로사는 아주 명확하고 구체적으로 이미지가 잡히는 개인으로 다가왔으며, 그의 정체성 또한 완벽한 한국인이었기에 사람들은 그를 포용하는 데 주저함이 없었다. 그는 날 때부터 한국인이었지만, 그렇기에 한국에서 성장하는 것 자체가 그에게는 가혹한 압력으로서 선별 과정과 유사한 역할을 했다. 그가 겪었던 학교 폭력이나 차별의 경험은 많은 시청자들에게서 안타까움을 자아냈다. 나는 많은 한국인들이 자신이 작든 크든 겪었던 그와 유사한 억압의 경험을 되살리며 과로사와 자신이 공통의 지반 위에 있음을 발견했다고 생각한다. 그리고 바로 과로사를 포용한 특성이 실제 다문화 현장에서 이주민들이 수용되는 현상으로 나타난다. 가장 근본적 차원에서 인간의 관계는, **얼굴을 맞대는 사람과 사람의 관계**로 형성될 수밖에 없기 때문일 것이다.

그렇기에 나는 '한국적 다문화'에서 모종의 희망을 본다. 소위 지식인들이나 식자들이 한국인의 배타성, 차별, 혐오에 관해서 무엇이라고 말하든 간에, 내가 관찰하고 경험한 다문화는 그와 다른 이야기들로 채워져 있음을 알기 때문이다. 차라리 한국의 다문화는 영어에서 말하는 'multiculturalism'이 아니라, 고도의 상향의식과 동화주의를 특징으로 하는 독자적인 개념, 'Damoonhwa'라고 하는 것이 더 적절할지도 모른다. 앞으로도 이러한 한국식 다문화는 수많은 아시아, 아프리카, 동유럽 사람들을 끌어들이며 그들을 한국화시킬 가능성이 크고, 한국화된 이주민들은 인구 감소가 주는 충격의 완충재가 되어주는 동시에 한국을 세계와 더 긴밀히 연결시키는 고리가 될 개연성이 높다.

물론, 모든 현상이 그렇듯 이 한국적 다문화에는 어두운 면모가 있다. 최근 한 농장의 비닐하우스 숙소에서 죽은 한 여성 이주노동자의 이야기는 한국적 다문화의 음지를 그대로 보여주고 있다. 산업재해율, 임금 체불, 성폭력, 2세대에 대한 차별과 따돌림 등은 여전히 현재진행형인 문제다. 이 글은 이런 고통을 겪고 있는 사람들과 아무 상관 없는 이야기일 수도 있다.

그러나 확실한 것은, 우리 사회의 지극히 **상층의 세계화를 유일한 세계화라고 생각해서는** 한국에서 진행되는 역동적인 민족들의 어울림과 부딪침, 그리고 다문화를 절대 이해할 수 없다는 것이다. 한국적 다문화가 장점을 키우고 단점을 줄이는 방향으로 가야 한다고 했을 때, 가장 중요한 것은 먼저 한국적 다문화가 무엇인지 파악하는 것이고, 그러기 위해서는 가감 없이 아래에서의 이야기를 들어야 한다.

제4장

대한민국 386의 일대기

박정희에서 전두환으로: 386의 형성

박근혜 대통령이 탄핵되고 4년의 시간이 흐르는 동안, 한국 사회에 가장 큰 충격으로 다가온 사건 중 하나를 꼽자면 '조국 사태'는 반드시 들어가야만 할 것이다. 논란은 2019년 8월 문재인 정부에서 법무부 장관으로 서울대 법대 교수이자 전 민정수석인 조국을 임명하면서 시작되었다. 그는 SNS를 통해서 기득권을 비판하고 정의로운 사회를 만들어야 한다고 주장했지만, 곧이어 딸의 입시 논란과 함께 그 자신이 기득권의 일원으로서 특권을 누구보다 적극적으로 활용해온 사람이라는 것이 드러났다. 여기에 더하여 그와 그의 가문이 연루된 사모펀드 논란은 사안을 더욱 크게 키웠다. 이러한 일련의 사태가 진행되는 가운데 윤석열 검찰총장을 필두로 검찰 집단이 반발하는 모습이 보이자, 여당 정치권과 그 지지자들은 조국에 부정적인 태도를 보이는 검찰과 언론을 압박하며 핵심적인 국정 과제 중 하나인 검찰개혁의 필요성을 역설했다. 이 문제는 2019년은 물론이고 그다음 해인 2020년까지도 계속해서 이어져 한국 사회를 극심하게 분열시켰다.

그러나 조국 사태는 한국 사회에 또 다른 논쟁을 불러일으켰다. 정확히는, 이미 어느 정도 퍼져 있던 논쟁의 불씨에 기름을 부어 커다란 불길이 타오르도록 만들었다. 조국 사태에서 조국은 단순히 일개 인이 아니라, 그가 속한 특정 집단, 소위 '386'(1990년대 당시에 30대이자, 80년대 학번, 60년대 출생한 세대를 가리키는 말)이라고 불리었고 지금은 대다수가 586인 집단의 상징으로 떠올랐다. 조국의 비판자들은 586이 입으로는 정의를 외치지만, 뒤로는 각종 특혜와 편법을 통해 지위를 형성하고 자녀에게 세습하고자 하는 위선적인 집단이라고 비난했다. 이들에 따르면 586은 기득권을 비판하는 정의로운 청년이 아니라, 능력도 없이 대기업에 들어가 서울 아파트를 싸게 사서 자산을 증식하고, 자녀들을 특목고와 자사고, 명문대에 보내 특권을 세습하고자 하는 탐욕스럽기 그지없는 위선자들이었다.

물론 586 본인들을 비롯하여, 조국을 옹호하는 이들은 그런 비난에 동조하지 않았다. 그들은 모든 586이 그런 인생을 산 것도 아니고, 학생운동에 참여하지 않았던 이들이 오히려 더욱 성공했다고 반박했다. 때로는 그런 투자를 통한 자산 증식과 막대한 교육 투자는 자본주의 사회에서 당연한 일이라며, 586을 비난하는 이들 또한 다를 것이 없다고 받아쳤다. 이런 관점에 따르면 586에 대한 비판은 재벌, 보수 언론, 법조계, 보수 정치인으로 대표되는 '진짜 기득권'이 자신들에게 날아오는 화살을 피하고자 만들어낸 환상에 지나지 않았다. 조국 사태가 촉발시킨 586을 둘러싼 논쟁은 이념, 세대, 성별 등 온갖 주제를 포괄하는 숱한 논쟁을 블랙홀처럼 빨아들였다.

그렇지만 이런 논쟁은 많은 경우 겉돌 수밖에 없었는데, 무엇보다 586이라는 집단에 대한 정의가 명확하지 않았기 때문이다. 수많은 이들이 586을 입에 올렸지만, 그들이 얘기하는 586이라는 집단의 범주는 모두 제각각이었다. 80년대에 반독재 투쟁에 적극 참여했던 이들만 586인 것일까? 아니면 대학에 가지 않은 모든 60년대생을 586에 넣을 수 있는 것일까? 아니면 학생운동에 참여했는지와는 상관없이,

586이라는 명칭에 걸맞게 80년대에 대학에 진학했던 사람들이 586인 것일까? 아니면 그중에서도 좌파적 성향을 갖고 민주당을 강력히 지지하는 이들을 586이라고 해야 할까? 이렇게 586이라는 숫자 세 개가 갖고 있는 의미가 워낙 다양하다 보니, 586에 대해서 얘기하는 대부분의 말들은 상황을 정리하기보다는 논쟁을 더욱 혼란하게 만들 뿐이었다.

사실 586이라는 복잡하고 다양한 의미를 지닌 단어를 하나의 의미로 정의할 수 있는 이도 없을 것이며, 마찬가지로 586의 성격을 둘러싸고 극심하게 양분된 논쟁을 정리할 수 있는 이도 없을 것이다. 그렇기에 586에 관한 모든 글은 기본적으로 자신이 생각하는 586을 자신의 생각대로 해석하는 것이 될 수밖에 없다. 나는 남의 글들은 이렇게 편향적이고 자의적인 반면, 나의 글만 오직 객관적이라고 주장할 만큼 뻔뻔하지는 않다. 그러니 이 글에서 나는 철저히 내가 생각한 586을 얘기하고자 한다. 요컨대 이 글은 다음의 질문에 관한 나 자신의 주관적 대답인 셈이다. **과연 어떤 이들을 586이라고 불러야 옳을 것이며, 이들의 존재는 역사적으로 어떤 의미를 갖고 있을까? 한국 사회는 이들을 어떻게 보아야 할까?**

먼저, 586이 무엇인지부터 정의하도록 하자. 혹자는 586이라는 용어 자체가 당시의 낮은 대학 진학률을 고려하였을 때 실체가 없고 특정 소수를 과대 대표하는 오류에 빠져 있다고 주장하기도 한다. 그러나 586을 굳이 60년대생 전체를 의미하는 말로 확장하지 않는 이상, 586이라는 단어 자체에 의미가 없어지지는 않는다. 오히려 60년대생 중에서도 대학에 진학한 30%에서 35%가량의 집단이 다른 세대, 혹은 동 세대의 대학 미진학자와 구별되는 집단으로 많은 것을 공유한다면, 586이라는 용어는 그 집단을 표현하기에 아주 적절한 단어가 된다.

그러나 586을 60년대생의 80년대 학번이라고 정의한다면 또다시 문제가 생긴다. 586이라는 용어에는 강한 정파성이 암시되어 있기 때문이다. 이 용어 자체는 2000년대에 전두환에 대항한 학생운동에 참여한 경험이 있고, 그 경험을 활용해 정치권에 진출한 이들을 386이라고 부르면서 만들어졌다. 이렇게 정치에 진출한 이들 대부분이 민주당 계열이나 혹은 더 왼쪽의 좌파 정당에 들어갔기에, 당연히 386에는 진보 좌파 성향이라는 이미지가 따라올 수밖에 없었다. 이런 정파성은 386이 486이 되고 끝내 586을 거쳐 이제 686에 진입하는 기나긴 세월 동안 '86세대'라는 용어에 늘 따라붙었고, 단어의 의미가 확장되는 와중에도 결코 떨어지지 않았다. 그렇다고 해도 80년대 학번들 모두가 민주당을 지지하거나 진보 좌파적 성향은 아닐 텐데, 586을 '60년대생의 80년대 학번'이라고 정의하는 것 역시 지나치게 의미를 확장한 것 아닐까?

이런 점을 고려하여 나는 586을, **"60년대생으로 80년대에 대학에 진학하여 학생운동에 참여하였거나, 그와 관련된 정서에 강하게 동조하는 이들"**이라고 정의하고자 한다. 물론 60년대생으로 80년대에 대학에 진학하였다는 사실 자체는 정파성과 상관없이 상당히 중요하다. 그들이 조직 내에서, 또 부동산과 교육을 통해서 움직이는 방식이 정치 성향과 상관없이 유사할 수밖에 없기 때문이다. 다만 사람들이 흔히 586이라는 단어를 말할 때는 분명히 80년대의 학생운동 경험, 혹은 신화와 관련짓는 것에 주목할 필요가 있다. 이런 실질적인 용례를 감안하면, 결국에는 지금의 정치적 갈등과 논쟁을 풀기 위해서라도 학생운동과 정파성을 고려하지 않을 수 없다. 즉, 586은 생애주기를 고려하는 것을 넘어서, 같은 경험을 통해 형성된 어떤 세계관까지 공유하는 집단으로 규정될 때 가장 정확한 의미를 갖는 것이다.

태동기: 1970년대

그렇다면 그들은 대체 어떤 경험을 했고, 그 경험을 통하여 어떤 세계관을 형성하게 되었던 것일까? 이를 알기 위해서, 시계를 조금 더 뒤로 돌려 그들이 대학에 가기 전인 1970년대를 살펴보기로 하자.

586 대부분이 중·고등학생이던 1970년대의 문화는, 1980년대와는 확실히 구분되는 면이 많았다. 먼저 이 시기 학생운동은 그 절정기였던 1980년대와 비교하자면 아직 심하게 미약했다. 이런 차이는 당연할 수밖에 없었다. 박정희 정권이 유신헌법을 내세우고 보통선거를 포기하고 본격적인 독재를 시작했지만, 박정희 정권의 정당성은 전두환 정권의 정당성과는 비교도 할 수 없이 탄탄했다. 그 또한 쿠데타를 통해 이름을 알렸지만, 적어도 3선까지는 민선으로 집권했고 국가 주도 경제발전 프로그램을 가동하여 대중적 지지까지 확보한 상황이었다. 이는 자국민에 대한 학살을 벌이고 집권한 전두환과는 분명 엄청난 차이가 있는 것이었다.

물론 박정희 시대의 그림자 또한 만만치 않았다. 사법살인인 인혁당 사건을 비롯하여 여러 의문사 사건이 있었고, 군부는 사회, 문화적 자유 또한 상당히 억압했다. 유신 시대에 이런 그림자는 더욱 짙어진다. 그러나 당시 한국은 북한과의 처절한 전쟁을 겪은 지 얼마 되지 않은 시점이었고, 경제와 사회의 발전 수준은 믿기 힘들 정도로 낙후되어 있었다. 따라서 국방을 통한 안전과 개발을 통한 풍요를 제공해줄 수 있다는 전제하에, 많은 사람들은 정권의 부정의나 폭력을 어느 정도 용인할 수 있었다. 이처럼 박정희의 정당성과 카리스마가 절대적이었기에 반대파에 대한 억압은 훨씬 철저했고, 반대파가 사회적 지지를 끌어모으는 것도 역시나 훨씬 더 어려웠다.

게다가 저발전 상태에 있었다는 것은 고등교육을 받을 수 있던 이들도 그만큼 적었다는 것을 의미했으니, 학생운동에 참여할 인원수도 적을 수밖에 없었다. 1970년대에 정권에 대한 대규모 반대운동을 전개하기에는 조건이 좋지 않았고, 계기는 부재했으며, 대신 정권의 힘과 정당성은 엄청났다. 이런 구도는 유신 독재가 장기화되고 1979년 2차 석유파동, 외채위기, 부가세 인상 등 박정희 정권이 경제적 곤경을 겪으며 부마항쟁이 시작되고서야 뒤집혔다. 그러나 부마항쟁 또한 시민저항이었지 학생운동과는 거리가 있었다. 게다가 그 시점에서 박정희가 암살되었기에, 우리는 박정희 시대가 지속되었을 때 학생운동이 1980년대의 실제 역사만큼 타올랐을지는 결코 알 수 없게 되었다.

그러나 이런 박정희 시대에도 물밑의 흐름이 없지는 않았다. 오히려 이 시기의 미약했던 흐름은 1980년대에 상당 부분 계승되어 이후 주류를 이루게 되었다. 예컨대 1950년대에 태어난 70년대 학번들은, 비록 힘은 미약했으나 유신 독재에 반대하는 민주화 운동이나, 1970년 전태일 분신으로 촉발된 노동운동에 투신하기 시작했다. 이는 박정희 정권 후반기에 어느 정도 성숙하기 시작한 산업화와 고등교육 확대를 반영하는 것으로, 분명 1960년대의 운동보다는 1980년대의 운동에 가까운 면이 많았다. 실제 이들 1970년대의 반대자들은 이후 86세대와 긴밀하게 움직여 진보 진영의 핵심적 지도자가 되었는데, 유시민, 심상정, 이해찬, 문재인 같은 이들이 대표적인 예다.

1970년대는 인적 연계만큼이나 중요한 사상적 연계가 본격적으로 태동했다는 점에서도 주목할 만한 시기였다. 당시 한국의 비판적 집단은 박정희 정권이 미국 중심의 안보, 무역 질서에 적극적으로 참여하고 있는 것을 문제 삼으며 정권이 독점하고 있던 세계관에 균열을 내는 저작들을 발표했다. 사실 이런 주장들은 정권에 대한 안티테제의 집합과도 같았다. 미국은 자유 진영의 보편적 가치를 위해 행동하는 감사해야 할 국가가 아니라 한국의 자주성을 침해하고 자신의 제국적 이익만을 고려하는 국가였다. 재벌은 수출을 통한 한국 경제 성장의 최전선에 나선 주인공이 아니라, 미국 중심의 무역 질서에 편승하여 일본과 협력하고 한국 국내의 노동자, 농민의 삶을 침해하는 매판자본이었다. 모든 한국인이 지지해야 마땅한 박정희 정권은, 사실 미국의 이익을 위해 청산되지 않은 친일파들과 유착한 세력이었다. 게다가 이들은 모두 한국인이 겪고 있는 모든 비극의 근원인 일제 식민통치와 남북한 분단을 통해 직간접적인 이익을 얻은 이들이었다.

이런 시각이 최종적으로 종합된 것은 1980년대에서였지만, 실질적인 단초는 모두 1970년대에 등장했다. 이는 박정희 정권의 산업화와 도시화에 따른 문제가 등장하고, 미국이 베트남전쟁에서 위기를 겪고 있던 1970년대 당시의 시대 상황을 반영했다. 실제 재벌이 주도하는 수출 경제인 한국 경제의 종속성을 지적하고 내수·농민·중소기업 중심의 새로운 발전 모델을 모색해야 한다는 박현채의 이론은 1971년 당시 김대중 후보의 '대중경제론'이라는 이름으로 등장했다. 미국이 냉전 체제하에서 자신의 이익을 위해 아시아 각국의 민족주의 세력을 억압한다는 관점을 거의 최초로 널리 알린 리영희의 『전환시대의 논리』 또한 1974년에 출판되었다. 박현채와 리영희는 그런 점에서 이후 86세대의 관점에 가장 큰 영향을 끼친 양대 인물로 보는 것이 타당하다. 이 둘로 대표되는 관점은 이후 1980년대를 목전에 둔 1979년에 그 유명한 『해방전후사의 인식』으로 종합되어 학생운동 세계관의 기본적 골간骨幹을 형성했다.

따라서 1979년의 시점에서 보았을 때, 1980년대에 급진적인 학생운동이 만개할 것을 예상하는 것은 어렵지 않았다. 고등교육은 확대되고 있어 학생들의 수도 늘어나고 있었고, 일종의 '박정희 체제'에 대한 반발이 상당히 누적되어 자체적인 서사와 논리를 갖추어 나가고 있었다. 대학가의 혁명가들은 더욱 세를 불리어 무언가 한국 사회에 큰 반향을 일으킬 것만큼은 분명한 것 같았다. 문제는 이런 급진적 운동이 얼마만큼의 대중적 지지를 확보할 수 있느냐는 것이었다. 한국은 미국과 일본의 네트워크에 참여하면서 큰 이익을 보고 있었고, 경제는 1979년의 위기를 넘기면 삼저 호황으로 전환될 것이었다. 여기에 정치마저 박정희 때보다 유연해진다면 사람들이 급진파들의 주장에 귀를 기울일 이유가 없지 않았을까?

광주라는 대전환점

그러나 1980년, 신군부가 광주에서 학살을 저지르면서 이런 모든 가정은 의미가 없어졌다. 군부가 자국민에게 저지른 학살은 이를 접한 모든 이들에게 엄청난 충격으로 다가왔고, 온건한 비판 세력이 될 수도 있던 이들을 강경한 반대 세력으로 전환시켰다. 한편으로, 광주 학살은 신군부 세력으로서는 절대로 씻을 수 없는 원죄가 되어 그들의 행동 범위를 제약했고, 광주를 제쳐두고서라도 그들의 사회 장악력과 통치 정당성은 박정희에 비해 미약할 수밖에 없었기 때문에 대학생들에게 상당한 자율성을 부여해주었다. 그 자율성을 보장받은 공간 속에서 수많은 학생들이 매년 운동권에 유입되어 사상적으로 감화되고 정부에 대한 저항 의식을 불태웠다. 즉, 광주는 반대파를 급진화시키고 신군부 정권의 항구적 족쇄로 남게 되어 1980년대를 학생운동의 전성기로 만든 결정적 계기가 되었던 것이다.

광주의 충격과 그로 말미암은 급진화는 사상적 면에서도 굉장히 중요한 유산을 남겼다. 학생운동 세력의 사상적 급진화가 기존에 넘어설 수 없던 암묵적 한계를 넘어서면서 새로운 국면에 진입했기 때문이다. 중요한 반전은 신군부 정권을 통해 한국을 계속 통제하고자 했던 미국이 광주 학살을 위한 군부대 이동을 승인했다는 사실이 알려지면서 시작되었다. 본래 한국을 위해 아낌없이 은혜를 베풀어주는 나라였던 미국이라는 이미지는 이로써 가히 정반대로 뒤집히게 된다. 학생운동가들 사이에서 미국은 이제 제국주의적 야욕을 위해 한국 민중을 거리낌 없이 희생시키는 사악한 제국이 되었다. 이제 반미주의는 박현채나 리영희를 비롯한 몇몇 지식인들의 추상적인 비판에 그치는 것을 넘어서 거대한 대중적 지지 기반을 확보하게 된 것이다.

냉전이라는 시대적 맥락 속에서 반미주의는 그저 미국에 대한 태도뿐만 아니라 세계를 보는 모든 관점에 큰 영향을 끼쳤다. '해전사'(『해방전후사의 인식』)를 비롯한 운동권의 표준적 역사 서술을 공부하면서, 학생운동권은 한국 현대사의 모든 비극이 식민지배와 분단에서 비롯되었다는 믿음을 공유하게 되었다. 그들의 표준적인 역사 인식은 이러했다.

> "언제든 자생적인 근대 사회로 발전할 수 있었던 조선을 일본이 침략해 들어와 강압적으로 수탈하고 식민 경제를 이식했다. 미국은 일본을 무찌르기는 하였으나 그것은 그 자신의 제국적 이해관계 때문이었지 피식민국을 순수하게 돕기 위함은 아니었다. 그 증거로 미국은 이승만과 공모해 친일 부역자 대다수를 신생 한국 국가 기구에 흡수시켰다. 이는 미국 주도의 자본주의에 맞서는 '해방구', 즉 북쪽의 공산권으로부터 한국을 떨어트려 놓으려는 술수였고, 그 결과 한민족은 오직 미국의 이해관계에 의하여 분단되었다.
>
> 이후 벌어진 한국전쟁 또한 미국에 의해서 벌어진 민족의 비극이었다. 혹자는 군수품 재고를 처리하기 위해서 미국이 의도적으로 일으켰다고 주장하기까지 했다. 한국전쟁이 끝난 뒤에도 미국은 일본이라는 지역 협력자를 계속 활용해 한국을 지배했고, 이 자본주의·제

국주의 세력에 적극 협력하는 호응자들이 바로 박정희와 전두환을 위시한 군부 독재 세력과 제국의 자본에 종속된 국내 독점자본인 재벌들이었다. 이 서사에서 광주 시민은 결국 식민세력의 후예이자 제국주의의 앞잡이로 분단을 통해 이득을 보는 미국과 일본, 군부와 재벌의 이익만을 위해 무고하게 희생된 것이었다. 1970년대에 형성되고 있었던 서사가 최종적으로 완성되는 순간이었다."

이런 서사를 갖춘 학생운동 세력은, 1970년대식으로 민주주의나 평등 경제를 주장하는 것에서 만족할 수 없었다. 그들에게 70년대 운동은 핵심적인 모순에 대한 고민이 없는 소박한 운동에 불과했다. 그도 그럴 것이 70년대의 세계관에서는 박정희 독재만 상대하면 되었지만, 80년대의 세계관에서는 한국의 근대사 전체, 그리고 군부·재벌·일본·미국으로 이어지는 도저히 넘볼 수 없는 거악들에 맞서야만 했기 때문이다. 물론 실제로는 유신 독재가 신군부 독재에 비하여 훨씬 엄혹하였지만, 공유된 상상은 언제나 실제보다 중요했다. 이런 거악에 맞서 한국의 근대사 전체를 '바로잡기' 위해서는 새로운 투쟁 방법론과 목표, 그리고 새로운 우군을 찾을 필요가 있었다.

오직 안티테제로만 이루어진 이념

그리하여 80년대를 거치면서 학생운동은 아예 급진적인 혁명론을 최종적으로 완성시키게 된다. 마침 일본을 경유하여 금서禁書인 마르크스와 레닌의 저작이 들어왔고, 후에는 모택동을 비롯한 중국 공산당의 저작들도 유입되었다. 당시 학생운동가들과 그들과 연계된 선배 '이론가'들은 정권의 반대 세력 내에서 헤게모니를 잡고자 그런 서적들의 이론을 적용하여 한국 사회 분석에 몰두했다. 소위 '사구체 논쟁'으로 유명한 사회구성체 논쟁이었다. 사구체 논쟁은 사실 객관적으로 보자면 사실 저발전 국가의, 그것도 학술적으로 훈련되지 않은 청년들의 조악한 논쟁에 불과했다. 하지만 당시 이 논쟁은 운동가들이 자신들의 조직, 그 조직의 방법론과 목표가 옳다는 것을 입증하기 위해서라도 반드시 이겨야만 하는 중요성을 띠기도 했었다.

그리고 이 논쟁에서 최종적으로 승리한, 아니면 적어도 주도권을 확보한 이들은 'NL'로 알려진 민족해방파, 혹은 주사파였다. 물론 상대편의 여러 정파들은 자신들이 논쟁에서 패하지 않았다고 항변할 것이다. 그러나 논쟁 자체의 조악한 수준을 고려하면, 논쟁에서 논리로 이기냐 마냐는 애초 중요한 것이 아니었다. 후술하겠지만, 사구체 논쟁에서 나온 어떤 논리도 한국 사회의 현실을 제대로 포착하고 있는 것은 없었다.

그러니 중요한 것은 논쟁의 외피를 쓴 조직 간 세력 다툼에서 누가 헤게모니를 쥐느냐는 것이었다. 그리고 NL은 **'품성론'**으로 대표되는 특유의 반지성주의적 조직 방법론과, 한국인에게 여전히 지배적이던 민족주의 감성을 활용하여 그 주도권을 쥐는 데 성공한 것이었다. NL은 정치적 승리를 위해 가장 중요한 것은 이론적 정합성이 아니라 분개의 감정을 불태울 수 있는 도그마였으며, 인간적 접근을 통해 동료를 포섭하고 그들에게 도그마를 주입하는 방법론이었다는 것을 직감적으로 깨달았다. 사실 애초에 80년대의 학생운동이 차분하고 논리적인 고려보다는 광주 학살과 신군부에 대한 분개의 감정에서 비롯되었다는 것을 생각한다면 NL의 승리는 정말이지 너무나 당연한 것이었다(강조하지만 이들과 대립한 'PD', 즉 민중민주 계열이라고 딱히 더 논리적이었던 것은 아니었다).

NL이 주입하는 도그마는 이러했다. 한국은 그저 미국의 식민지

이자 반봉건 상태에 놓인 저발전 국가로서, 미국과 일본의 자본가들을 위해 착취당한다는 점에서는 일제 시대와 전혀 다를 것도 없는 상황이었다. 이를 타개하기 위해서 필요한 것은 자주독립을 이루고 모두가 평등한 사회를 건설하기 위한 혁명에 착수하는 것이었다. 그리고 그 혁명을 도울 수 있는 세력은 바로 조선민주주의인민공화국, 즉 북한이었다. **광주의 충격은 마침내 북한에 대한 금기까지 해제시킨 것이다.**

이 역시 1960년대생들이 10대이던 1970년대의 상황을 복기하면 이해가 쉬워진다. 먼저, 이들은 박정희 정권의 교육으로 인해서 엄청난 민족주의적 성향을 갖고 있었다. 박정희의 첫째 목표는 반공을 통한 안보의 확보였지만, 그 또한 정권의 통치 정당성을 위해 한국인 사이에 강하게 퍼져 있던 **민족주의**를 활용할 필요가 있었다. 박정희는 김구와 이순신을 비롯한 각종 민족주의적 영웅을 기념하고, 일본에 대한 반발심을 정치에 적극적으로 활용했으며, 국민교육헌장을 비롯하여 민족주의적 수사를 계속해서 교육을 통해 주입한 지도자였다. 전두환 또한 이런 박정희식 민족주의를 그대로 계승하였다. 그러니 이런 교육을 받고 성장한 60년대생들이 강고한 민족주의자가 되지 않기란 힘들었다. 그런 면에서 86세대의 강한 민족주의는 박정희의 유산이라고 해도 큰 무리가 없었다.

물론 이것만으로 NL을 통해 확산된 친북적 성향을 전부 설명할 수는 없다. 그 이전 세대는 같은 식의 민족주의적 교육을 받았음에도 친북적 성향은 거의 없기 때문이다. 두 가지 요인이 여기서 크게 작용했다. 첫 번째 요인은 광주 학살에 대한 충격으로 형성된 반미주의로, 미국과 일본에 맞서 **'우리 민족끼리'** 힘을 합쳐야 한다는 정서가 형성되는 계기를 만들었다. 두 번째 요인은 60년대생들이 본격적으로 형성된 전후 세대였다는 데 있었다. 50년대생은 전쟁을 직접적으로 경험했거나 혹은 전쟁 직후에 태어난 세대였다. 이들 대다수에게 한국전쟁이란 자신의 출생 직전에 벌어져 생생한 기억으로 남아 있는 참극이었다. 당연하게도 북한은 그 전쟁을 일으킨 전범 세력이었으며, 미국은 그로부터 우리를 구원해준 은혜의 나라였다. 그러나 대부분의 60년대생들은 그런 경험과 기억이 부재했기에 북한을 실재하는 위협이 아니라 환상과 동경을 투사하는 대상으로 인식할 수 있었다.

그렇게 교육과 사회화를 통해 형성된 민족주의라는 토양에, 점차 전쟁의 기억이 옅어진 결과 당시 유행했던 '방북기'들을 중심으로 '그곳에도 사람이 살고 있었네' 유의 북한에 대한 감상적 접근이 씨앗처럼 뿌려졌다. 이 씨앗이 마침내 자생적으로 북한 정권을 위해 복무하고자 하는 자발적인 움직임으로 만개한 것이었다. 그리고 앞에서 살펴본 것처럼, 그들은 마치 종교 집단처럼 동료 학생들을 끌어들여 어지러운 학생운동의 정파 투쟁에서 최종적인 주도권을 잡는 데 성공했다.

이로써 완성된 80년대 학생운동권의 서사는 그야말로 **대한민국이 전후 30년 동안 걸어온 길에 대한 안티테제의 집합**이 될 수밖에 없었다. 한국이라는 국가의 형성에 결정적 역할을 했던 북한과의 전쟁, 미국의 도움 등을 정권이 제시한 시각과는 반대로 해석하였으니, 정치·경제·사회 등 모든 면에 있어서 안티테제와 언더도그마가 지배적 위치를 점하는 것은 자연스러운 일이었다. 그들은 한국이 안티테제로만 행동하면 한국이 겪고 있는 모든 문제를 해결할 수 있을 것이라고 상상했다. 미국과 일본의 자본주의 세력에서 이탈하여, 북한, 중국과 우호를 다지고, 수출을 위해 소비자와 노동자를 착취하는 재벌에 맞서 국내 대중의 후생을 위하여 중소기업을 키워야 하고, 생산의 주체인 노동자와 농민이 모든 권리를 획득해야만 한다는 식이었다.

80년대에는 가시적으로 드러나지 않았지만, 남성과 인공에 대비되는 여성과 환경 같은 신좌파적 주제 또한 이 목록에 추가되었다. 물론 이 모든 주장을 철부지들의 공상으로 치부하는 것은 부당할 수도 있다. 노동자, 농민, 철거민, 여성 등의 문제에서 잘 드러나듯, 주류에 대한 반발심 중 많은 것은 실제로 당시 한국이 겪고 있던 고질적인 억압과 결핍을 반영하여 형성된 자연스러운 감정이었다. 문제는 그런 감정들이 총체적으로 모여서 형성된 그들 특유의 세계관과 그 세계관이 목표하고 있는 바였다. 과연 그러한 방법론이 한국이 걸어온 30년의 길보다 더 효과적인 방법으로서 미래의 풍요와 번영을 약속할 수 있었을까?

우리는 역사를 통해 이미 답을 알고 있다. 80년대 운동권의 급진적 혁명론은 한국에서 결코 실현되지 않았지만, 오히려 한국은 더욱 발전하여 현재 세계를 주도하는 선진국 가운데 하나로 우뚝 섰다. 즉, 그들의 현실 인식은 철저하게 틀린 것이었고, 자연히 전망도 답도 들어맞을 리가 없었다. 여기까지는 이미 널리 알려진 이야기들이다.

그렇다면 이들은 왜 그런 '틀린' 세계 인식을 갖게 되었을까? 광주 학살의 충격이 표준적인 설명으로 등장하기는 하지만, 이것이 사회·경제를 뒤엎는 급진적 혁명론과 북한에 대한 추종까지 한꺼번에 모두를 설명할 수 있을까? 만약 그보다 더 심층적인 다른 이유가 존재한다면, 그것이 86세대, 나아가 한국에 갖는 의미는 무엇일까? 이에 대해 답하기 위해서는, 시야를 잠시 옆으로 돌려 세계사적 시각에서 86세대가 누구였는지를 살펴볼 필요가 있다.

신전통주의 혁명론:
세계사적 맥락에서 본 386

"'인간성'에 최고의 가치를 두며 고귀한 '인간'의 특징을 존중하는 사회가 정말로 문명화된 사회이다. 어떤 형태를 가졌든 물질주의에 최고의 가치를 두는 사회는 자힐리야(이슬람 이전 무지의 시대) 사회다. 마르크스주의 유물사관과 같이 어떤 '이론'의 형태를 가졌든, 미국과 유럽 국가에서 나타나는 것처럼 대량생산의 형태를 가졌든 물질주의에 가치를 두고 모든 인간의 가치가 제단의 제물로 취급될 뿐이라면 이런 사회는 퇴보한 것이고, 이슬람에서는 자힐리야 사회로 분류한다."

— 사이드 쿠틉, 『진리를 향한 이정표』(서정민 옮김, 평사리, 2011) 중에서

"품성은 사상과 밀접히 관련돼 있으며, 한 사람의 사상을 결정하는 데 결정적인 역할을 한다."

— 김영환, 『강철서신』(도서출판 눈, 1987) 중에서

80년대 한국에서 운동권이 발흥하여 정권에 도전한 것, 그리고 1987년에 최종적으로 민주화를 이루어낸 것은 결코 일국적인 사건

이 아니었다. 이는 정치학자 새뮤얼 헌팅턴이 말했던, 1974년 포르투갈의 카네이션 혁명에서 시작하여 1990년대까지 이어진 일련의 민주화 '물결'의 일부였다. 포르투갈, 스페인, 그리스와 같은 남유럽 국가들, 인도네시아, 태국, 필리핀 등 동남아시아 국가들, 아르헨티나와 칠레를 비롯한 라틴아메리카 국가들, 마지막으로 소련 제국이 다스리던 공산권 국가들까지 전 세계의 수많은 나라들이 이 시기에 민주화를 이루었다. 프랜시스 후쿠야마의 『역사의 종말』이 인기를 얻은 데는 이처럼 좌파 공산주의의 몰락뿐 아니라 우파 권위주의 독재자들의 퇴조도 큰 역할을 하였다.

70년대와 80년대에 민주화의 물결이 일어난 이유는 여럿 있었다. 무엇보다도 국제경제의 불안정성을 꼽을 수 있다. 브레튼우즈 체제*가 끝나고 석유파동이 세계를 뒤흔드는 등 경제적 환경이 급격히 변화하면서 권위주의 정권이 경제 운영에 어려움을 겪기 시작한 것이 많은 국가에서 중요하게 작용했다. 게다가 한 국가의 민주화가 다른 국가의 민주화를 자극하는 도미노 효과도 있었다. 막판에 공산주의의 패배가 드러난 것도 결정적이었다. 반공을 이유로 독재를 정당화할 수가 없게 되었으니 말이다.

그러나 이런 원인들 못지않게 보편적인 요인이 있었으니, 그것은 바로 인구 패턴의 변화였다. 특히 이는 70년대와 80년대에 만개했던 제3세계의 여러 청년운동을 설명하는 데 중요하다. 이 청년운동을 이끈 사람들은 1950년대와 1960년대에 이루어진 탈식민화를 전후로 태어난 사람들이었다. 이 시기 아시아와 아프리카에는 수많은 신

---

* 1944년 7월 미국의 뉴햄프셔주 브레튼우즈에서 44개의 연합국 대표들이 새로운 국제통화제도 구축을 위해 체결한 협정에 따라 발족한 국제통화체제를 가리킨다. 여기서 미국 달러를 기축통화로 한 금본위제가 채택되었고, 미국의 대외 개입 정책과 자유무역체제를 두 축으로 하는 세계 질서가 형성됐다.

생 독립국이 생겼고, 이런 저개발 국가의 빈곤 문제를 해결하고자 하는 국제적 개발 프로그램도 본격적으로 조직되었다. 미국, 소련 혹은 WHO와 같은 기구의 지원으로 신생 독립국들이나 기존의 저발전 국가들에 초보적인 의료 인프라와 의학 지식이 보급되었는데, 덕분에 과거 높았던 영아 사망률은 획기적으로 낮아지고 본격적인 인구 폭발이 시작되었다. 1950년대생과 1960년대생이 이전 세대와는 구분되는 큰 덩어리를 형성하게 된 것이다.

거기에 더하여 이들 세대는 초등교육부터 고등교육까지 다양한 근대 교육을 받은 세대로 거듭날 수 있었다. 이 역시 미국, 소련, 국제기구 등의 도움으로 의료 인프라뿐 아니라 교육 인프라가 보급되었기 때문이다. 교육을 받은 후 이들은 점차 더 나은 거주 환경과 일자리 등을 찾아 도시로 이동하게 되면서 대규모 도시 인구를 형성하였다. 이와 같은 변화는 기존에 점진적으로 근대적 의료·교육 체계에 노출되었던 국가들보다는 UN의 수립과 탈식민화, 냉전을 거치며 새롭게 일신한 국가들에서 더욱 극적으로 나타났다. 1970년대와 1980년대는 그들이 청년으로 자라난 시점이었다. 이전 세대보다 더 많은 교육을 받아 자신감에 넘치고 머릿수까지 많은 전후戰後 세대, 탈식민 세대가 전 세계에 걸쳐 전면에 부상했다. 도시에 옹기종기 모인 그들이 각종 청년 저항 문화를 이끌며 반정부 투쟁에 참여한 것은 우연이 아니었던 것이다.

다시 소환된 과거, 종교의 부활

물론 이런 청년들이 모든 곳에서 다 같은 요구를 한 것은 아니었다. 그들의 공통점을 굳이 한 가지 꼽자면, **'무언가 불만에 가득 찼다'**는 것 하나 정도밖에 없었을지도 모른다. 동유럽 공산권에서 이 청년들은 서방 세계의 풍요를 접하며 공산주의 체제에 대한 불만을 키워나갔다. 그들의 부모 세대는 자신의 처지를 그들이 경험했던 공산주의 이전과 비교하면서 대체로 만족했지만, 공산주의 이전에 대한 기억은 없으며 비교 대상이 늘 서방이었던 청년 세대는 더 적극적으로 체제에 반항하기 시작했다. 남유럽 국가들 또한 그 점에서는 비슷했다. 남유럽의 청년들은 보수적 성직자들과 연합한 군부 혹은 독재자들을 혐오했고, 서유럽에 합류함으로써 그들이 유럽의 일원으로서 마땅히 누려야 하는 자유와 번영을 누릴 수 있다고 생각했다.

비서구 국가에서는 양상이 사뭇 다르게 전개되었다. 비서구의 공산주의 국가에서는, 대체로 유럽의 공산권 국가와 비슷한 모습의 자유화 운동이 벌어졌다. 80년대에 중국에서 빈발하였던 학생 시위가 대표적이다. 그러나 중국의 자유화 운동이 1989년 천안문의 비극으로 끝난 데서 잘 드러나듯, 민족 혁명을 통해 공산당 독재 체제를 수립한 나라들은 70년대와 80년대에도 그들의 통치 체제를 끄떡없이 유지했다. 즉, 70년대와 80년대 민주화 물결 기간에 정권이 뒤집힌 나라들 대다수는 주로 자본주의 세계에 속해 있던 권위주의 국가들이었다.

한국도 포함된 이 국가군에서 대두된 저항의 방법론은 크게 두 가지였다. 첫 번째는 냉전이라는 시대적 맥락에 맞게 소련이나 중국이 이끄는 국제 사회주의 운동에 합류하자는 좌파 운동이었다. 각국 청년들은 여러 마르크스 레닌주의 조직을 설립하여 반공 정권의 탄압에 맞선 투쟁에 나섰다. 두 번째는 다소 새롭게 등장한 조류였다. 이들은 서구식 자유주의나 소련식 공산주의를 모두 비판하면서 근대성에 의해 교란된 자신들의 원래 전통과 종교를 부활시켜야 한다고 주장했다. 그들은 미국에 빌붙는 군부 독재자들이나 소련에 빌붙는 공산당 지도자들이나 모두 서구에서 탄생한 근대성을 무비판적으로 추종한다는 점에서는 마찬가지라고 간주했다.

일종의 종교 부흥 운동과도 흡사했던 두 번째 조류는, 이미 본토인 소련에서부터 퇴조하고 있었던 마르크스주의보다 훨씬 더 큰 성과를 내면서 세계 전역을 뒤흔들었다. **신전통주의 혁명**은 1979년 테헤란에서 승리하면서 그 엄청난 잠재력을 세계에 거의 처음으로 알렸다. 이란에서는 친미 팔레비 왕조에 대항하는 반정부 투쟁이 오랜 기간 지속되어온 역사가 있었고, 그들 대부분은 북쪽의 소련과 직간접적으로 연결된 좌파였다. 하지만 이란에서는 동시에 고도로 정치화된 시아파 성직자들이 이끄는 저항 운동이 조직되고 있었다. 이들은 테헤란을 위시한 도시의 빈곤 대중과 시장 상인들을 포섭하여 새로운 정치적 동맹을 형성하였고, 팔레비 왕정에 맞섰던 과거의 동지들인 자유주의자들과 공산주의자들을 숙청하면서 이란의 유일무이한 지배 세력으로 떠올랐다.

이란에서의 움직임은 종교를 공유하는 여타 이슬람 세계로 빠르게 퍼져나갔다. 동쪽의 인도네시아부터 서쪽의 모로코까지 이르는 광대한 이슬람 세계에서 이란식의 혁명에 대한 논의가 활발하게 전개되었다. 정치적 이슬람, 혹은 이슬람주의는 이란 바깥에서 가시적 성공을 거두지는 못했지만, 좌파를 성공적으로 억압하고 있던 터키와 아랍의 군부 독재자들에게는 전에 없던 위협으로 다가왔다. 이들은 이슬람주의의 도전을 막기 위해 각종 회유책부터 잔인한 유혈 진압까지 여러 대책을 강구해야만 했다. 시리아의 학살, 알제리의 내전, 터키의 이슬람 포용 등은 모두 같은 맥락에서 나온 다양한 반응이었다.

이슬람주의의 부상은 한 세기 반에 걸친 근대화 끝에 합리·이성·과학 등의 근대성이 전통과 종교를 몰아낼 것이라고 생각하던 당시 대다수 엘리트들에게 굉장한 충격으로 다가왔다. 그러나 이런 현상은 이슬람 예외론자들이 주장하는 것만큼 독특한 것은 아니었다.

1970년대와 1980년대는 세계의 수많은 지역에서 종교와 전통이 새롭게 부흥하고 있던 시대였고, 이는 큰 틀에서는 서구와 비서구, 자유 진영과 공산 진영을 가리지 않았다.

비록 독재국가는 아니었지만, 인도에서는 세속적 사회주의에 반발하여 힌두 민족주의를 주장하는 세력이 발흥하여 상당한 지지를 얻고 있었다. 이들의 부상은 이후 무슬림을 향한 정치적 폭력으로 이어졌다. 소련에서는 브레즈네프 시대*에 체제가 이완되며 그간 억눌렸던 종교가 부흥했던 바 슬라브 지역에서는 러시아 정교회가, 중앙아시아에서는 이슬람이 다시금 세를 얻었다. 근대적인 소련 민족 대신 더 '원초적인' 종교로 회귀하는 것은 소련 말기에 빈발할 민족 폭력과 분리독립 운동을 예견하는 것이었다. 미국에서도 로널드 레이건 행정부가 주도한 보수주의 혁명이 전국을 휩쓸며 68운동 시기에 진척되었던 사회, 문화적 자유화 경향을 역전시켰다. 여기서 결정적인 역할을 한 것은 남부에 강력한 기반을 형성하고 있었던 복음주의 교회였다.

비서구 세계의 신전통주의와 미국, 소련까지 휩쓴 **종교의 부흥**은 세부적인 맥락에서는 여러 차이를 보이지만 중대한 공통점을 하나 갖고 있었다. 그것은 많은 사람들이 근대적 도시 사회에서 많은 피로를 느끼고 있으며, 그로 인해 과거 공동체의 유대감이나 전통의 권위가 두텁게 유지되던 전근대 공동체에 강한 향수를 느끼게 되었다는 것이다. 이런 피로감은 인구 증가와 도시화를 단기간에 아주 혼란한 방식

* 1964년 레오니트 브레즈네프의 공산당 서기장 집권 이후 1982년까지 이어진 그의 통치기를 가리킨다. 늘 격동을 겪던 소련 체제가 가장 평온하고 안정적이었던 시기로, 당시 소련 사회는 서구 수준에는 못 미쳤지만 최초로 현대 대중사회의 물질적 풍요를 경험했다는 평가를 받는다. 브레즈네프 시대는 동시에 국가의 사회 장악력이 약화되고, 사회주의 체제의 경제적 비효율이 누적되면서 소련 붕괴의 단초를 제공한 시기이기도 했다.

으로 겪은 비서구 국가에서 특히 두드러졌다. 물론 캄보디아의 폴 포트와 같이 극단적인 해법을 쓰지 않는 이상 다시 전근대로 돌아갈 수는 없었기에, 그들은 선거나 대중집회, 정당 조직 등 몹시 근대적인 방법을 차용하여 근대 국가에 맞춰 그들이 새롭게 해석한 전통과 종교를 부흥시키고자 했다. 서구에 대한 반발심이 가장 극심하고 초국적 종교의 영향력이 여전히 막강한 이슬람 세계에서 유행한 이슬람주의 운동은, 신전통주의가 권위주의 정권에 반대하는 폭력적인 혁명론으로까지 이어진 극단적 사례였다.

그러나 근대화에 대한 피로감은 이런 전통과 종교의 부활을 어느 정도 설명해줄 수는 있어도 그것이 혁명론으로까지 발전하는 것을 온전히 설명하지는 못한다. 바로 위에서 말한 것처럼, 혁명론을 만들어내는 핵심적 동인 중 하나는 반발심, 혹은 분개하는 감정이다. 즉, 근대화 과정에서 만들어진 어떤 응어리가 집단적 분개로 이어졌기에 70년대와 80년대의 청년 세대는 마르크스주의 혁명이든 신전통주의 혁명이든 모종의 극단적인 혁명을 주장하게 된 것이다. 특히 후자의 경우 청년들은 서구와 그에 빌붙는 권위주의 세력을 일소하고 더럽혀진 민족을 전통과 종교에 따라 정화해야 한다는 결론을 내리면서 행동에 나섰다. 그렇다면 과연 그 응어리의 정체는 대체 무엇일까? 당시의 청년들은 무엇에 그토록 분개했는가?

순결한 민족과 사악한 앞잡이들: 이중경제체제 속의 혁명가들

다시 한번 새로운 탈식민 세대가 태어났던 1950년대로 돌아가보자. 냉전이 막 시작되었을 무렵, 미국과 소련은 각자 자신들의 방법론대로 비서구 사회의 발전을 자극하여 그들을 근대화로 이끌 수 있을 것으로 보았다. 냉전은 그런 의미에서 서로 다른 개발 방법론을 둘러싼 양대 초강대국의 투쟁이었다.

이 싸움에서 미국은 자국의 거대한 시장을 개방하여 비서구 국가들이 무역과 수출을 통해 이득을 볼 수 있음을 강조했다. 선진국 경제와 연결된 비서구 국가의 근대적 영역이 충분히 성숙하면 발전은 내륙과 낙후 지역으로도 확산될 수 있을 것이고, 그로 인해 모든 나라들은 미국처럼 부유한 나라가 될 수 있을 것이었다. 소련은 이런 무역이 결국 미국에 대한 종속을 심화하며 무역을 통해 이득을 보는 것은 지주나 자본가 같은 착취계급뿐이라고 반박했다. 이들 국가들이 대신 먼저 착수해야 하는 일은 이런 착취계급의 질서를 일소하고, 일반 대중도 교육과 보건에 접근할 수 있게 돕는 일이었다. 그 이후에는 최종적으로는 국내의 자원을 동원해 공업화에 나서 소련처럼 강한 산업국가를 건설해야 했다.

그러나 냉전이 끝나고도 30년이 지난 지금, 서구 수준으로 경제와 사회를 발전시킨 나라가 극히 소수라는 것을 생각해보았을 때, 미국과 소련이 제시한 방법론은 모두 틀렸거나 적어도 불충분했다는 것을 쉽게 알 수 있다. 소련의 공산주의는 자국에서도 실패한 것이 드러났으니 그렇다 치더라도, 미국이 제안했던 방법론은 무엇이 잘못되었던 것일까?

미국이 제3세계에 제공해주었던 개발 패러다임의 가장 큰 문제점은, 선진국과의 무역을 통해 개발도상국의 선진적 영역이 자연스럽게 낙후된 영역까지 끌어올릴 것으로 간주했다는 것이다. 하지만 전통적 사회구조가 강하게 남아 있던 낙후된 지역에서 발전은 '자연스럽게' 확산되지 않았다. 오히려 그런 낙후된 상태에서 이득을 얻는 게 확실하다면, 지배층은 언제까지고 그와 같은 낙후 상태를 유지하고자 했다.

그래서 선진국과의 교역을 통해 이익을 보는 것은, 주로 해안지역과 수도를 중심으로 거주하는 전통적 지배계층이나 한 줌도 안 되는 수준의 중산층에 불과했다. 국가의 영토와 인구의 절대다수를 차지하는 내륙지역, 특히 농촌은 계속해서 지주나 성직자를 비롯한 전통적 지배계층이 주도권을 유지하였다. 몇몇 국가에서는 이런 지주들이 농민들을 저발전 상태에 놓기 위해 교육을 통한 인적자본의 축적을 방해하는 일도 잦았다. 코트디부아르, 필리핀, 태국, 이란과 같은 국가가 대표적이었다.

사실 이런 현상은 전통 지배 세력이 온존한 국가뿐 아니라 근대적인 민족주의 세력이 독립을 이끌고 개혁을 실시한, 조금 더 '근대적인' 지역에서도 공통되게 나타났다. 많은 경우 이런 민족주의 세력들은 전통적 지배계층이나 농민이 의존하던 사회관계망을 장악하고 파괴할 만큼 강력하지 못했다(그 정도 강력함을 보여준 세력은 대부분 공산당이었다). 따라서 이 국가들에서도 근대주의자들이 장악한 몇몇 도시들만 제한적으로 근대화를 달성했고, 광대한 내륙의 농민들이 방치된 것은 다른 국가들과 크게 다를 바가 없었다. 터키, 인도, 이집트 등이 여기에 해당되는 국가들이었다. 이런 **'이중경제체제'**는 이후에도 지속적으로 각국의 경제발전을 가로막았다. 하지만 이중경제체제의 진짜 문제는, 한 국가 내의 서로 다른 공간 사이에 벌어진 격차가 걷잡을 수 없는 정치적 분노로 이어졌다는 데 있었다. 이것이 바로 응어리의 정체였다.

물론 이중경제체제는 역사적으로 전혀 특이한 현상은 아니었다. 전근대 국가들은 애초에 도시의 엘리트와 배후지의 농촌으로 명확하게 구분된 사회구조를 갖고 있었다. 그 국가들을 정복한 19세기 제국주의 세력은 원자재 수출을 위해 각지를 개발하면서 근대적 영역을 조금 더 넓혔고 본격적인 이중경제체제를 만들었지만, 그것이 큰 문제로 비화하지는 않았다. 이런 구조가 유지될 수 있던 것은 하부에 위치하고 있던 다수 대중이 근대적 정치세력으로 발전할 만한 역량이 전혀 없었기 때문이었다. 그들은 교육도 받지 못했고, 글을 읽지 못했으니 정보의 흐름에서 배제되었으며, 고된 노동에 혹사당하느라 결사를 위한 여유 시간을 뺄 수도 없었다. 애당초 그들에게는 익숙한 전통사회를 받아들이는 수밖엔 다른 대안도 없었다.

문제는 억압받고 소외되었던 이들이 점차 역량을 신장시키고, 근대적 정치 주체로 등장하게 되는 순간부터였다. 처음에 그것은 1950년대의 탈식민화로 드러났다. 제2차 세계대전에서의 승리를 위해 각국은 식민지에서 자원을 징발하고 현지 엘리트를 훈련하여 전쟁 협조를 요구했다. 전쟁이 끝나자, 더 넓은 세계의 존재를 깨달은 이들은 근대적 정치 주체로 각성했고, 이들은 아시아와 아프리카의 최초의 탈식민 지도자가 되어 독립을 이끌었다. 그러나 독립한 후에도 대다수 국가에서는 전통적 사회구조가 온존했기 때문에 큰 틀에서 신생 독립국의 삶이 달라진 것은 없었다.

이런 상황을 변화시킨 것이 1950년대와 1960년대에 태어난 새로운 청년 세대였다. 앞서 말했듯 이들은 양대 초강대국과 국제기구의 개발 프로그램, 그리고 신생 독립국이 자체적 발전을 위해서 부족하나마 도입했던 여러 인프라의 혜택을 받으면서 성장했다. 이런 수혜를 누릴 수 있던 이들은 대부분 이중경제체제하에서 근대적이고 선진적 영역에 속해 있던 중산층이었지만, 내륙 농민이나 농촌에서 이주해온 도시 빈민 중 재능 있는 사람들도 그 수혜자 집단에 속해 있었다. 교통과 통신의 발전으로 이들이 자국 구석구석을 돌아다니면서 이중경제체제의 모순을 자각하는 과정을 상상하는 것은 어렵지 않았다.

그들은 내륙의 낙후된 지역에 여전히 남아 있는 봉건적 사회체제와 그로 인해 빈곤과 착취에 신음하는 대중을 발견했고, 해안지대의 번창하는 도시에서 서구식 의복과 생활양식, 성性에 대한 개방적 태도 등을 즐기며 자신감 넘치는 삶을 사는 엘리트도 보았다. 그리고 해안의 엘리트와 내륙의 대중 사이의 거리가 극심했던 많은 국가의 엘리트들은, 대중들을 그들 자신의 어리석음으로 인해 여전히 전근대적이고 낙후된 삶을 살아가는 존재로 깔보고 무시했다. 과거 그들의 부모 세대는 이런 격차를 보면서 그저 어쩔 수 없는 섭리라고 체념했었다. 하지만 근대 교육과 교통, 통신 인프라를 통해 정치적으로 각성한 새로운 청년 세대는 체념보다는 분개하고 분노하는 방향으로 나아갔다.

마르스크주의적 문제의식에 설득력을 느낀 이들은, 해안과 도시의 엘리트들이 자신의 이익을 위해 제국주의 질서를 사실상 온존하는 데 협조한 착취 세력이라고 규정했다. 반면 서구화된 도시의 문화적 변화를 보고 충격을 느낀 이들은, 민족의 정신을 소생시키기 위해 전통과 종교를 재발견하고 부흥시켜야 한다는 주장을 내세웠다. 이렇게 탄생한 청년 저항 세력들은 마르크스주의든 신전통주의든 자신만의 노선을 선택하여 분개의 에너지를 엘리트들의 정권을 향해 투사했다. 나아가 그들은 1970년대와 1980년대의 중요한 정치적 투쟁의 최전선에 등장하여 싸움을 이어갔다. 물론 정권 반대자들이 모두 이런 급진파에 매력을 느낀 사람들로 구성된 것은 아니었다. 많은 국가에서는 이미 자유민주주의를 선호하는 중산층 또한 상당히 형성되어 있었고, 이들은 급진파와 권위주의 정부 모두를 경계했다. 끝내는 이러한 세 세력 간의 역학 관계가 어떻게 작용했는지에 따라 '민주화의 물결' 기간 동안 각국의 정치적 진로가 달라지게 되었다.

“농촌으로 돌아가기 전까지 혁명은 끝난 것이 아니다”

따라서 70년대에 태동하고 80년대에 전성기를 맞이한 한국의 저항 운동은, 20세기 후반에 세계적으로 전개된 더 넓은 그림의 일부라고 할 수 있었다. 우리나라는 전쟁이 끝나고 높은 출생률과 낮은 사망률이 지속적으로 유지되어 1960년대에는 연당 신생아 수가 100만 명에 달할 정도로 높아졌다. 이들 인구 집단은 이전 세대보다 더 좋은 교육을 받고 더 높은 비율로 근대적 산업에 진입할 수 있었다. 그리고 이 전후 청년 세대 중에서 고등교육을 받을 기회가 있던 이들이 여러 계기를 통해 정치적으로 각성하여 고도로 투쟁적인 집단을 구성했던 것이다.

이 집단이 1980년대에 근대화에 대한 안티테제들을 종합한 급진적 혁명론을 발전시키고, 민족주의나 사회주의적 경향으로 갈라진 것 또한 마찬가지로 특수한 현상이 아니었다. 50년대생들과 60년대생들은 그 이전 세대에 비해 상대적으로 근대화의 여러 수혜를 입을 수 있었다고는 하지만, 그들의 뿌리는 여전히 대부분 농촌에 있었다 해도 과언이 아니었다. 그들은 한국의 전통적인 농촌적 생활양식을 받아들인 세대임과 동시에, 정부가 근대화 사업을 통해 농촌에 침투하고, 농민들이 도시로 이주하는 것을 어렸을 때부터 바라본 세대이기도 했다. 그런 이들이 대학에 가서 도시 생활을 접하고, 한국의 고도성장에 따라 자연스럽게 출현한 불균등성장을 마주했을 때 빈부격차, 도농격차 등의 문제의식을 발전시킨 것은 당연한 수순이었다.

많은 운동권들이 사회주의자로 변모한 데는 이런 ‘각성’과 ‘의식화’가 큰 역할을 했다. 그리고 그들 중 다수는 자신들이 유년기를 보냈던 농촌 공동체에 강한 향수를 보이면서, 세계의 여타 지역에서 발전한 신전통주의와 유사한 지향을 형성했다. 소련식 정통 사회주의와는 구분되는, 한국식 NL이 탄생한 것이었다. 이런 구도는 마치 이란의 사회주의자 그룹이 소련식 사회주의를 지향하는 페다야네 할크와 이슬람 전통을 포용하는 사회주의를 지향하는 무자헤딘 할크로 갈라진 것과 정확히 유사했다고 볼 수 있다.★

따라서 운동권 이념의 주류를 형성했던 NL의 '사회주의적 민족주의'의 본질은, 사회주의보다는 신전통주의라고 보아야 했다. 그들은 사회주의를 통해 노동계급이 이끄는 평등한 세상을 건설하고자 한 볼셰비키의 후예가 아니었다. 대신에 군부 독재 시기에 진행된 급속한 발전과 그에 따른 문화적 변화, 계층의 분화 등 근대화의 갖은 충격에 혼란스러워하며, 자신들에게 익숙한 **농촌 공동체**를 한국에 복원하고자 했던 이들로, 계보를 찾자면 구한말 위정척사파의 후예라고 해야 옳았다. 실제 그들이 위정척사파처럼 근대화에 맞서 유학자의 사회적 헤게모니를 복원하고자 노력했던 것은 아니었다. 그러나 그들이 자신들이 어릴 때부터 가정과 지역사회로부터 교육받아 익숙하게 내면화한 **성리학적 감성**에 강한 친화성을 보이고, 함석헌이나 신영복을 비롯하여 전통주의적 인간론과 영성론에 감화된 것은, 근대성을 지향한 소련식 사회주의보다는 위정척사파의 감수성에 더 어울렸다.

80년대 운동권들의 이런 전통 회귀적 경향성은 그들이 80년대 이후에도 보이고 있는 여러 행태를 설명할 때 아주 유용하다. 농활을 통

★ 냉전 시대 제3세계의 사회주의 세력은 크게 두 갈래로 양분되었는데, 하나는 도시 노동자를 강조하는 소련식 노선과 농촌 게릴라 투쟁을 강조하는 중국식 노선이었다. 이는 근대화를 지향하는 소련식 사회주의와, 전통주의적이고 토착적인 요소를 더 강조하는 중국식 사회주의(마오이즘)의 분화를 반영했다. 이슬람주의라는 토착 정치 사상이 강력한 조류를 형성하고 있던 중동에서는 마오이즘뿐 아니라 '좌파 이슬람주의' 또한 큰 세력을 이루었다. 이란의 경우에는 소련 사회주의를 지향하는 투데당과 학생조직 페다야네 할크가 있었고, 사회주의를 추구했지만 이슬람 전통과 도덕을 부활시키는 것을 궁극적 목표로 강조한 무자헤딘 할크 또한 크게 성장했다.

해 그들이 농촌을 방문하여 한국의 때 묻지 않은 전통문화를 발견하려고 했던 것, 학교에서 미국 자본주의 문화의 상징인 코카콜라를 거부하고 풍물패를 조직했던 것, 그들이 열망했던 정치·사회적 목표가 좌절된 이후에 많은 이들이 영성을 찾고자 종교나 무속을 비롯한 다양한 정신 수양 운동에 귀의한 것, 그리고 자본주의적 근대화에 물들지 않은 공동체의 이상향으로서 북한에 환상을 품게 된 것이 모두 같은 연원을 지니고 있는 셈이다.

그러니 그들의 가장 비슷한 친척은 멀리 서쪽의 사회주의적 이슬람주의자들이라고 할 수 있었다. 이런 활동들은 대학 인근의 쪽방에 모여 코란을 암송하며 이슬람의 '본래 의미'를 탐구하고자 했던, 혹은 법을 어겨가며 자발적으로 히잡을 쓰고자 했던, 그리고 미 제국주의를 몰아내자고 결의했던 터키, 이란, 이집트의 이슬람주의 학생들의 활동과 놀랍도록 유사했다. 『강철서신』의 저자로서 NL의 태두라고 할 수 있는 김영환의 사상에 1979년 미 대사관을 점거한 테헤란의 군중들이 큰 영향을 미친 것은 우연이 아니었던 셈이다.★

사실 그래서 학생운동 진영이 그들의 힘을 가장 선명하게 보여준 1987년의 민주화는, 그들에게는 기껏해야 '반쪽짜리 성공'에 불과했다. 30여 년이 지난 지금은 그들 스스로가 일부러 망각한 것처럼 보이지만 말이다. 운동권이 원한 것은 단순히 군부를 몰아내고 그 자리에 '부르주아' 지도자들을 앉히는 허울뿐인 민주화가 아니었다. 그들은 한국 사회를 전면적으로 개조하여 마치 (그들 환상 속의) 북한 같은 사

★ 우태영, 『82들의 혁명놀음』, 선, 2005
책에서 저자는 1979년 신부를 목표로 하던 고등학생 김영환에게 이란 혁명이 인상 깊게 각인되었다고 이야기한다.

회를 만들고자 했다.

한국은 미국과 일본으로부터 종속적인 관계를 끊어내야 했고, 매판 독점자본인 재벌은 해체하여 민족자본인 중소기업이 중심이 되는 경제로 전환해야 했고, 농촌은 한국의 전통이 살아 있는 공간으로서 영구히 그 모습을 보존할 수 있어야 했다. 그리고 부르주아 국가 기구의 기만책에 불과한 직선제 선거로는 이런 목표를 달성할 수 있을 리 만무했다. 대신 전면적이고 급진적인 혁명만이 과업을 달성하기 위한 해법이 될 터였다.

운동권의 통일 운동 또한 같은 맥락에서 이해될 필요가 있다. 운동권이 통일을 열망했던 것은 단순히 민족자주라는 추상적 구호를 달성하기 위해서가 아니었다. 그들에게 통일은 구체적인 사회혁명에 필수적인 수단으로 여겨졌기 때문이었다. 요컨대 미 제국주의로부터 자유로운 '해방구'인 북한은, 이미 이런 혁명을 1948년에 달성한 나라로서, 남한의 혁명화를 달성하는 데 필수적인 우군이자 궁극적 혁명을 위해 따라야 할 사령부였던 것이다. 이런 다양한 열망들은 1987년 이후에도 1996년 연대 사태까지 약 10년에 걸쳐 폭력적 학생운동과 '가투'(가두투쟁) 등을 계속해서 이어갈 동력을 제공했다. 민주화는 그저 징검다리였을 뿐, 그들의 진짜 목표는 계속해서 혁명이었던 것이다.

'386주의'는 애초부터 틀렸다

그러나 한국 사회로서는 다행스럽게도, 그들의 혁명론은 실현되지 않았다. 실제 그들의 혁명론이 실현되었을 때 가져올 결과물이 파괴적이었을 것은 차치하고, 애초에 이란과 같은 식으로 승리할 가망조차도 없었다는 점에서 이는 예정된 패배였다. 한국은 대신에 1990

년대에 X세대라 불리는 1970년대생들이 약진하여, 세련된 소비문화를 즐기는 선진화된 도시 사회로 나아갔다. IMF라는 위기가 중간에 찾아왔지만, 한국은 그 위기를 오히려 역으로 활용하여 세계적인 영향력을 갖춘 경제적·문화적 강국으로 부상했다. 2020년의 한국은 식민지보다는 오히려 제국에 가까워졌다. 사실 이미 1980년대부터 한국의 발전상과 풍요, 세련된 문화를 체감하는 사람들이 충분히 많아졌고, 무엇보다 1987년에는 이미 사회주의권의 쇠퇴와 붕괴를 누구도 부정할 수 없는 상황이었기에 혁명론은 결코 사회 다수를 설득할 수 없었다.

무엇보다 한국에서 혁명론이 뿌리를 내릴 수 없던 근본적인 원인은 한국 현대사 자체에 있었다. 전후 한국이 이룬 근대화가 여타 비서구 국가들의 근대화와는 본질적으로 달랐던 것이다. 20세기 후반 급진적인 신전통주의와 사회주의가 세력을 얻어 정치적 분열과 갈등이 극대화된 지역은 이중경제체제하의 문화적 분리가 가장 심하던 곳이었다. 예컨대 석유산업을 통해 얻는 이득이 서구화된 엘리트에게만 돌아가고 농민과 도시 빈민은 독실한 신앙을 유지한 채 계속해서 저발전 상태에 놓여 있던 이란이 대표적이었다.

하지만 한국에서는 근대화에 따른 필연으로 수출지향적 산업도시들이 먼저 발전하는 불균등발전이 일어나긴 했어도, 다른 국가들에서 공히 나타나는 이중경제체제가 등장하지는 않았다. 이중경제체제는 국가의 낙후된 지역에서 전근대적 사회구조가 그대로 온존했었기 때문에 나타났다. 미국의 개발 전문가들은 근대적 영역이 발전하면서 전근대적 사회 구조가 해체되고 근대화가 전국적으로 확산될 것이라 기대했으나, 실제 현실에서는 전통적 엘리트들이 자신들의 이득을 위해 과거의 사회구조를 유지하고자 하는 힘이 훨씬 강력했다.

한국은 이런 나라들과 다르게 독특하면서도 포용적인 발전을 이룰 수 있었다. 한국에서는 농촌 또한 근대화의 많은 수혜를 입었고, 많은 농민들이 도시로 이주해 노동자가 되어 가족을 부양하면서 중산층 대열에 합류할 수 있었다. 전국적 상향이동이 활발했으니 자연스레 엘리트와 대중 간의 문화적 분리가 일어날 틈도 없었다. 오히려 한국의 엘리트들은 다른 비서구 국가의 엘리트와 비교하면 지나치게 '공동체적'이며 '전통적'이라고까지 할 수 있었다. 한국인들의 불만은 따라서 1979년의 이란이나 이후의 태국에서 나타난 것처럼 주류 자체에 대한 불만이라기보다는, 그들이 주류로 진입하는 것이 차단된 데서 나타난 불만에 가깝다고 할 수 있었다.

그렇다면 한국이 다른 국가들과 차별되는 점은 무엇이었는가. 1910년부터 1953년까지 한국은 식민화와 분단, 처절한 내전을 거치면서 마치 공산혁명이라도 일어난 것처럼 전통적 사회구조를 일소할 수 있었던 데 있었다. 일본의 식민화는 민족을 지키지 못한 전통 엘리트들의 정치적·사회적 권위에 커다란 균열을 냈다. 독립 이후에는 바로 분단이 이어지면서, 공산권과의 체제 경쟁을 의식한 미국에 의해 토지개혁이 실시되었고, 이 지주들은 한국전쟁과 전쟁에 수반된 인플레이션으로 재산의 상당 부분을 손실하게 되면서 사회적·경제적 헤게모니를 완전히 잃어버렸다. 거기에 한국전쟁기에 이루어진 공산당 점령과 피란과 인구이동 또한 전통적 사회구조에 결정적 타격을 준 충격이었다.

일반적으로 이런 격렬한 사회혁명을 겪은 사회들이 대부분 공산권이었다는 것을 감안하면, 자본주의 세계의 일원으로서 수출 중심 성장을 추진한 한국은 대만을 제외하면 어디서도 보기 힘든 독특한 성장 경로를 걸었다고 할 수 있었다. 대부분 개도국이 채택한 수입대체산업화가 아니라 수출 중심 성장을 추진한 것은 아마 일제 시대에 형성된 인적 네트워크가 존재했고, 제국 내의 무역을 통한 수출에 익숙했기 때문이었던 것 같다. 원인이 무엇이었든, 자본주의와 수출 경제를 지향한 한국의 지배 엘리트들은 사회혁명과 개발을 통해 근대적 노동력으로 재편된 인구를 산업 경제에 투입했고, 미국과 일본이 제공해준 산업 네트워크와 수출시장을 최대한으로 활용할 수 있었다. 따라서 한국은 사회혁명을 완수했지만 자본주의 경제권에 편입되지 않아 정체될 수밖에 없었던 북한, 중국, 베트남이나, 수출에 매진했지만 전통 지배층의 헤게모니가 온존하여 이중경제체제가 등장했던 코트디부아르, 이란, 태국과 같은 국가들과도 다른, 발전을 위한 최적의 길로 나아갈 수 있었던 것이다.

그 결과 한국에서 수출을 통해 형성된 대자본들은 세계시장에서 날아올라 막대한 부를 벌어들였고, 1980년대 삼저호황★ 시기부터 IMF 이전까지 수많은 인구를 도시 중산층으로 편입시킬 수 있었다. 중산층과 소비경제의 풍요가 대다수 사람들의 목전에 다가온 시점에서, 소수의 '의식화된' 대학생들의 혁명론을 따라갈 사람들은 아무도 없었다. 그러니 진정한 '민중 후보'는 한 줌 운동권과 좌파 인사들 이외에는 관심도 없었던 백기완이 아니라, 새롭게 떠오른 도시 중산층을 위한 권리를 보장해줄 것을 약속한 김영삼과 김대중이었던 것이다.

혁명을 꿈꾸던 청년에서 노멘클라투라로

그러니 386 본인들부터가 대학 문을 나오자마자 국민 대다수에

★ 1980년대 중반 전 세계적으로 나타난 저유가, 저달러, 저금리 기조로 인해 국내 경제가 호황을 누렸던 현상.

게 풍요를 보장해주는, 충분히 성숙하고 번영하는 한국 경제에 적극적으로 참여한 것도 당연한 일이었다. 이들 대학 교육을 받은 35%가량의 60년대생 엘리트 그룹은, 혁명을 꿈꾸던 과거를 뒤로하고 이후 한국 사회의 각종 영역의 핵심 중추로 부상하게 되었다. 그들이 80년대 정권에 반대하는 막강한 힘을 구성할 수 있던 것은 그들이 **고등교육의 수혜를 입은 한국 사회 최초의 대규모 인구 집단**이었다는 데 있었다. 혁명론을 버리고 고도성장의 절정에 있던 한국 사회 각지에 참여한 순간부터, 그들이 사회 전반에 걸쳐서도 강력한 영향력을 확보하게 될 것은 예정되어 있던 것이었다.

특히 그들은 학생회 활동을 통해 좁은 집단을 넘어서는, 대학가 전반에 걸친 긴밀한 인적 네트워크에 접근할 수 있었고, 무엇보다 권력을 얻고 대중을 조직하고 의제를 선전하는 방법론을 훈련받을 수 있었다. 거기에 IMF 위기로 선배들이 전혀 예상치 못하게 대거 물러나게 되자 핵심적 의사결정에 참여하면서 더욱 지배력을 공고히 할 수 있었다. 머릿수도 점차 줄어들고, 고도성장의 수혜를 입지 못했으며, 넓으면서도 긴밀한 네트워크와 집단행동의 경험도 미약했던 후속 세대가 이들을 대체할 수 있을 리는 만무했다.

이렇게 86세대라는, 특정 세대의 특정 집단이 갖는 엄청난 지배력은 가히 소련 후기에 형성된 공산당 **노멘클라투라**nomenklatura에 비견될 수 있는 것이었다. 소련은 한국처럼 1917년의 혁명과 내전을 거치면서 사회혁명을 이루었고, 그 과정에서 구시대의 엘리트층은 한 번에 일소되었다. 공산당이 발탁한 농민과 노동자 출신의 청년 엘리트층은 스탈린의 경제개발과 독일과의 전쟁에 참여하면서 앞 세대의 빈자리를 메꾸었고, 이르면 30대부터 중요한 의사결정 직책에 참여하여 지도자급 인사들로 훈련되었다. '발탁자'라는 뜻의 비드비젠치Vydvizhentsy라고 불리는 이들 그룹은 대체로 1910년대에서 1920년대에 태어났다는 세대적 공통점과, 공산당에 의해 발탁되어 엘리트로 훈련되었다는 계층적 공통점을 모두 갖고 이후 소련 체제의 핵심적인 주역으로 부상했다.

그리고 한국에서와 마찬가지로, 이미 넘볼 수 없는 지배력을 확보한 이들 세대는 고령이 되어서까지 국가의 중요 직위를 놓지 않은 채 권력을 만끽했다. 그렇게 소련에서의 세대교체는 자유화를 원하는 전후 세대가 부상하고 이들 노멘클라투라들이 고령으로 퇴임하거나 사망하면서 물러날 수밖에 없었던 1980년대에 가서야 본격적으로 이루어졌다.

동질적 경험을 공유하는 특정 세대의 특정 계층으로서 넘볼 수 없는 지배력을 구축한 세력으로서 86세대와 노멘클라투라의 공통점은 여기서 그치지 않았다. 그들은 자신들의 지배력을 특권으로 활용하여 자신들의 욕망 중 하나였던 **계층 세습**을 실현하고자 했다. 이들은 자신들의 사회자본, 문화자본을 이용하여 자녀들에게 가장 좋은 교육과 가장 촉망받는 커리어를 물려주려고 노력했고, 자녀들은 그런 특혜를 거부하지 않았다. 때에 따라서는 편법이 동원되기도 하였다. 러시아 출신의 국민대학교 교수 안드레이 란코프는 이런 현상을 두고, "광부의 아들은 광부가, 간부의 아들은 간부가" 되는 사회가 출현했다고 꼬집었다.★

한국에서도 이런 현상은 크게 다르지 않았다. 대체로 대학을 가서 '86'에 편입될 수 있던 이들은 서울과 수도권의 아파트를 통한 자산 증식과 수월성 교육을 통해 자녀에게 높은 학력 자본을 물려주고자 기를 쓰고 노력했다. 많은 경우 그들의 노력은 큰 성공을 거두었다. 반

★ 전수일·안드레이 란코프, 「소련지도자들의 후손들 (2)」, 《자유아시아방송》 2019. 8. 20.

면 어떤 사정 때문인지 대학에 가지 못하여 '8'로 시작하는 학번을 달 수 없었던 약 3분의 2의 인구 집단★★은 이런 기회에 접근하기 어려웠다. 사회적 관계망을 통하여 유통되는 정보도 부족했고, 자산이나 자녀교육에 투자할 자원도 부족했다. 노멘클라투라에 의한 소련 사회의 계층화를 설명한 란코프 교수가 남긴 다음의 말은, 비단 한국뿐 아니라 계층적으로 평평한 사회에서 어떻게 세습이 출현하는지를 알려주는 서늘한 말이다.

> "옛날 소련 공산당 서기장들의 후손들이 오늘날 아주 잘사는 이유에는 제일 중요한 것이 두 가지 있습니다. 첫째는 교육이고, 둘째는 인맥입니다. 제일 먼저 권력자의 아들딸들은 어린 시절부터 좋은 학교를 다닐 수 있을 뿐만 아니라 집에서도 잘 배울 수 있습니다. 한편으로 권력자 아들딸들은 어린 시절부터 다른 고위 간부들과 관계를 맺을 수 있습니다. 뿐만 아니라 그들의 부모가 큰 권력이 있기 때문에, 다른 간부들이 많이 도와줍니다. 결국 그들은 처음부터 발전하기가 쉽습니다. 이것은 유감스럽지만 세계 어느 사회이든 불가피한 것이라고 생각됩니다. 상류층의 특권 세습화를 통제나 관리할 수 있지만, 없애는 것은 불가능합니다."★★★

★★ 통계청, 「한국교육개발원 교육통계분석자료집」, '취학률 및 진학률' e-나라지표 시계열조회

★★★ 전수일·안드레이 란코프, 「소련지도자들의 후손들 (2)」

선진국과 식민지 사이에서:
계층 세습과 이중사고

"그는 신경 안 써, 아직도 80년대에 살거든
그녀는 신경 안 써, 아직도 80년대에 살거든
그들은 신경 안 써, 아직도 80년대에 살거든
우리는 신경 안 써, 아직도 80년대에 살거든.
어디로 간 거야, 어디로 간 거냐고, 액슬 로즈!"
— SR-71, 〈Axl Rose〉

"네가 이같이 미지근하여 뜨겁지도 아니하고 차지도 아니하니, 내 입에서 너를 토하여 버리리라."
— 요한계시록

대한민국의 386은 그렇게 과거 그들이 꾸었던 혁명의 꿈을 잊고, 번영하는 자본주의 중심부 국가의 수출 대기업을 통해 유입되는 자본과 그로 인한 자산 시장의 상승을 즐기고, 자녀들에게는 과거와는 비교할 수 없는 수월성 교육, 과거에는 주어지지 않았던 해외 유학 등을 제공하는 명실상부한 엘리트층이 되어가고 있었다. 마치 마르크스와 레닌, 러시아 10월 혁명을 얘기했지만 뒤에서는 서독, 프랑스, 미국 등 자본주의 세계에서 수입한 사치품을 즐기고, 자녀들을 모스크바나 레닌그라드의 좋은 대학과 근무지로 보내고자 갖은 노력을 했던 노멘클라투라들처럼 말이다.

그러나 2010년대가 되면서, 이런 예상은 크게 잘못되었던 것으로 드러났다. 386이 지배층이 되지 않았다는 것이 아니었다. 문제는 386들이 노멘클라투라들과 달리 여전히 마음속으로 좌절되었던 혁명을 꿈꾸고 있었다는 데 있었다.

이제 완연한 중산층이자 사회의 주역을 맡게 된 그들이 다시 거리로 나왔다는 것은 아니었다. 혁명을 향한 그들의 꿈은 아주 소박하게 변해, 선거에서 민주당 계열의 승리를 바라는 정도로 축소되었다. 문제는 정책이었다. 386은 아직은 주류를 교체할 정도로 완전히 전면에 나서기엔 부족했지만 정치를 비롯하여 이미 많은 영역에서 두각을 나타내고 있었고, 자신들의 열망을 담은 정책을 요구하면서 한국 사회를 바꾸려고 했다. 이런 경향은 386에 흔들리기에는 너무 거물이었던 김대중 대통령 이후, 386과 더 잘 공명하는 후속 세대의 정치인인 노무현이 집권하고서 더욱 강해졌다.

특히 이 시기 국가보안법 철폐 시도와 같이 종래 강력하던 국가권력을 억누르고 공안 기구의 힘을 약화시키려는 시도가 이루어졌고, 햇볕정책이나 동북아 균형자론과 같이 미국 중심의 외교에서 탈피하고 독자적 노선을 걸으려는 민족주의 외교가 열렬한 호응을 얻었다. 예외가 있다면 노무현 정권에서 추진한 경제정책이었다. 노무현 시기의 경제정책은 대체로 당시 시장자유주의가 세계적으로 확산 일로였던 시대적 배경과 맞물려, IMF의 요구를 수용한 김대중 시대의 정책을 계승했다. 각종 민영화 프로젝트나 노동유연화, 한미 FTA 등이 이 무렵 대표적인 경제정책이었고, 386들은 노무현 정권을 지지하면서

도 이와 같은 '좌측 깜빡이 켜고 우회전하는 정책'만큼은 좋아하지 않았다.★

이런 상황은 노무현 정권이 정권 재창출에 실패하고 9년간의 이명박-박근혜 정권이 열리면서 극적으로 바뀌었다. 이명박 정권이 보수주의적 정치와 기업 친화적 경제정책을 들고나오자, 민주당은 언제 그랬느냐는 듯 신속하게 좌파적 논리를 수용하여 이명박 정권을 공격했다. 이 반전이 가장 극적으로 드러난 것은 2008년에 있던 광우병 시위였다. 미국산 소고기 수입 반대와 검역 주권 논의로 시작된 이 시위는 정권에 대한 총체적 반대 투쟁으로 비화했고, 그중에는 미국에 의한 경제적 식민화를 우려하는 FTA 반대 구호 또한 있었다. 본래 이런 구호는 좌파 운동의 길에 투신했던 386들이 주력이 된 정당인 민주노동당이 노무현 정권 때부터 밀던 것이었으나, 이제는 FTA를 추진했던 민주당마저도 합류해 이명박 정권의 FTA 추진을 비판하고 나섰다.

보수 진영에서는 "이명박의 FTA는 나쁜 FTA고 노무현의 FTA는 착한 FTA라도 되느냐"라면서 일관성의 부재를 지적했지만, 사실 많은 386들은 내심 노무현이 추진하는 FTA 또한 잘못된 것이라고 믿었을 확률이 높았다. 그들은 한 번도 그들이 80년대에 쌓았던 세계관을 내려놓은 적이 없었기 때문이다. 아마도 2008년 이후로 민주당의 본격적 좌회전이 시작되면서 386 정치인들이나 지지자들은 내심 마음의 큰 안도를 얻었으리라 추측해도 무리는 없을 것이다. 그들은 김대중이 기용하면서 민주당에 들어왔지만, 민주당 집권 10년 동안 추진되었던 각종 시장 친화적 정책에는 영혼에서 우러나오는 거부감을

★ 예컨대 이런 비판이 있었다. 선대식·권우성, 「"노무현은 왜 좌측 깜빡이를 켜고 우회전했을까?"」, 《오마이뉴스》 2009. 9. 18.

느꼈을 것이다.

민주당의 좌회전은 2010년에 복지가 본격적인 정치 의제로 떠오르면서 더욱 선명해졌다. 경기 교육감의 무상급식 추진과 그 뒤를 이은 서울 시의회의 무상급식 추진과 주민투표, 오세훈 시장의 사퇴로 이어지는 흐름은 전국적인 복지 논쟁을 촉발시켰다. 유력 대권 주자도 침몰시킨 이 일련의 정치적 사건과 논쟁은 국가로부터 제공받는 사회안전망과 공적부조로서 복지에 대해 한국인들이 집단적으로 눈을 뜨게 만들었다. 그리고 이즈음부터 민주당은 민주노동당 계열이 주장한 온갖 좌파적 의제를 수용하면서 지지를 모았다.

박근혜 정권 시기에도 이런 경향은 계속해서 이어졌다. 예컨대 박근혜 정부 출범 직후에 벌어진 2013년 철도파업도 한미 FTA를 둘러싼 논란과 비슷하게 흘러갔다. 당시 철도노조는 정부가 철도공사를 분사하고 수서고속선을 담당하는 SRT를 설립하고자 했던 시도에 반발하여 대대적인 파업을 일으켰다. 민주당은 이 파업이 철도 민영화를 저지하고자 한 정당한 시도라고 주장하며 철도노조를 지지하고 정부의 진압을 비판했다. 그러나 철도 민영화는 김대중, 노무현 정부 시절에 시장자유주의적 경제정책의 일환으로 먼저 추진되었다는 것은 많이 언급되지 않았다. 대신 그 시도가 민영화를 위한 게 아니었다는 궁색한 변명이 이어졌다.

그러나 이런 변명은 정략적인 것이 아니라, 진심에서 우러나왔던 것일 가능성이 컸다. 아마 그들 중 다수는 정말로 철도 민영화가 시장에 공공성을 팔아넘기는 부정적인 정책이라고 생각했을 것이고, 김대중·노무현 시절의 민영화에 대해서도 불편한 감정을 크게 가졌을 것이다. 이런 좌회전은 민주당 당내에서 호남 지역 인사에 기반을 둔 파벌이 최종적으로 패배하고, 이해찬과 문재인이 이끄는 운동권 출신 집단이 주도권을 쥐게 되면서 더욱 선명해졌다.

뉴라이트의 도전과 패배

민족과 역사에 관한 의제가 논쟁의 중심에 서게 된 것도 경제·사회 정책에서의 좌회전과 더불어 이명박, 박근혜 정부 9년 동안 있었던 아주 큰 변화 중 하나다. '역사 바로 세우기'는 『해방전후사의 인식』('해전사')과 『전환시대의 논리』('전논')라는 중요한 이론서를 통해 완전히 새로운 역사관을 갖게 된 86세대의 오랜 숙원 사업이었다. 1945년 이후 한반도 남쪽에 들어선 대한민국이라는 국가와 그 국가를 이끌었던 보수 세력의 정통성에 초점을 맞춘 공식적인 역사관은, 86세대가 학교나 야학, 자취방 등지에서 학습한 대안적 역사관으로 교체되어야만 했다.

이에 따르면 한국은 분단을 고착시킨 독재자 이승만이 제대로 된 친일 청산을 하지 않은 데서 시작부터 문제를 안고 있었다. 거기에 박정희는 분단을 이유로 독재 체제를 수립하고, 일본과 수교하고 미국에 고개를 숙인 지도자였으며, 결정적으로 그 역시 친일파였다는 점에서 근본부터 지도자가 될 수 없는 인물이었다. 보수에서 신화적 인물로 숭배하는 박정희의 권위를 끌어내리기 위해서, 그들은 박정희가 없었어도 한국의 고도성장은 충분히 가능했다는 여러 논리를 개발하였다. 친일과 독재를 이유로 기존에 한국 현대사의 주역들에 대한 평가가 점점 박해지는 가운데, 김원봉을 비롯하여 북한과 관련되어 있는 좌파 성향의 독립운동가들이 대중에게 재평가받기 시작한 것도 이 무렵이었다.

이러한 역사관 논쟁은 86세대가 학계의 주류를 형성하면서 자신들의 역사관과 부합하는 연구를 발표하고, 교육 현장에 진출한 86세대가 전교조를 조직해 대안적 사관을 학생들에게 가르치면서 더욱 격화되었다. 86세대가 민족주의에 기반한 매력적인 대안 서사를 만들면서 그동안 국가적 서사를 독점한 데서 왔던 보수 세력의 기반은 점차 흔들리고 있었다. 보수 세력은 기억을 둘러싼 싸움에서 그들이 뭔가 밀리고 있음을 직감했다. 보수 성향의 학자들이나 지식인들이 이에 맞서기 위해 새로운 논리를 개발하고자 한 것은 당연한 반응이었다.

그리고 이 시기 이런 새로운 보수 사관 설립을 위한 운동에 자양분을 제공한 것은, 역설적으로 우파로 전향한 주사파 출신 386들이었다. 이들은 보수 세력 내에서 입지를 얻고자 그 이전 보수 세력이 차마 내세우지 못했던 여러 논리를 전면에 내세웠고, 그 자극성과 좌파 사관을 정면으로 비판하는 데서 오는 쾌감으로 2000년대와 2010년대를 걸쳐 많은 지지자를 확보했다. 바로 뉴라이트 운동이었다. 이들은 2006년 다분히 86세대의 표준적 역사관을 반박하려는 의도가 선명한 『해방 전후사의 재인식』이라는 저서를 내고, 교육과 학술 현장에서 '86 사관'을 몰아내고자 도전장을 내밀었다. 이명박·박근혜 정권 시기 보수 주류에서는 점차 이런 뉴라이트 사관을 수용한 이들이 크게 늘어났고, 정권 또한 이들을 지원하면서 좌우 양편의 역사 전쟁은 더욱 격화되었다.

그러나 이 전쟁에서 보수는 패배, 그것도 처참하게 패배했다. 가장 큰 문제는 보수 세력의 핵심적 인물이 직간접적으로 친일과 연관되어 있다는 86 사관의 공격을 민족주의가 여전히 강력한 한국에서는 도저히 방어할 수 없었다는 데 있었다. 친일은 아니었다든가, 그가 직접 독립군 토벌을 하진 않았다든가 하는 반론을 내세웠지만, 박정희의 혈서를 통한 충성 맹세, 이를 통한 만주군관학교 입학 등의 강렬한 이미지가 주는 각인 효과를 파훼破毁하기에는 역부족이었다. 뉴라이트는 이런 공격을 어떻게든 회피하고자 최악의 수를 두었는데, 일제시대를 도리어 적극적으로 긍정하고, 조선왕조의 무능과 실정을 강조하면서 친일의 정당성을 내세우려 했던 것이다.

물론 이런 주장들이 무에서 등장한 것은 아니었고 그들도 나름의 학술적 계보는 갖고 있었다. 특히 조선을 자체적으로 근대화 관점에서 지나치게 긍정적으로 평가한 자본주의 맹아론이 학술적으로 근거가 빈약했고, 그런 전통적 주장들이 낙성대 학파의 실증 연구로 인해 반박되면서 경험적 자료에 근거한 논쟁이 시작된 것이 결정적이었다. 일제 시대에 대한 연구가 축적되면서 이 시대가 일방적인 제국과 식민지의 가해-피해 관계보다는, 식민지 사람들이 제국을 통해서 근대성에 노출되고, 독특한 정체성을 확립해가는 등의 더 복잡한 이야기가 숨어 있는 시대라는 것이 알려진 것도 역시 중요했다.

그러나 한국인의 일반적 감정을 고려하면 이 시대가 아주 섬세하게 다루어질 필요가 있는 것을 감안했을 때 뉴라이트의 역사 수정주의 기획은 지나치게 과감한 무리수였다. 뉴라이트의 기획은 한국 근대사를 조금 더 객관적으로 다루자는 조심스러운 접근이라기보다는, 아예 강한 가치 평가를 담아 조선을 부정적으로, 일제를 긍정적으로 재평가하고자 했던 아주 급진적인 시도였다. 이 시도는 애당초 친일의 불가피함을 강조하고자 했던 원래의 목적을 달성하는 데 도움이 되기는커녕, '역시 저들은 친일파의 후예'라는 반대파의 주장을 역으로 입증하는 것 같은 모양새로 다가와 민심을 잃을 수밖에 없었다.

이념적인 면에서도 뉴라이트 운동은 혼선을 빚었다. 민주당이 김대중과 노무현의 자유주의 성향을 버리고 좌파적 성향으로 비교적 큰 잡음 없이 전환한 것과 달리, 한나라당과 이후의 새누리당은 권위주의적 우파에서 시장자유주의적 우파로 제대로 전환하는 데 실패했다. 뉴라이트에서는 주로 자유주의를 논하면서 각종 자유지상주의적인 이념을 내세웠지만, 여전히 보수 정당은 군부 독재 시절의 권위주의 유산을 제대로 내치지 못했다.

게다가 그들이 진정 자유주의를 내세우려면 한국의 진정한 자유주의 거인인 김대중을 포용했어야 하는데, 그들은 반대파의 상징을 끌어안을 만한 포용력을 보여주지 못했다. 결국에는 이러한 이념적 혼선, 즉 자유주의를 이야기하면서 시민의 자유를 억압하고 경제에 대한 정부의 통제에 거리낌 없었던 것이 박근혜 정부의 중요한 실패 요인이었다. 북한이 천안함, 연평도 도발을 하면서 보수 정당의 전통적 강점인 안보 이슈가 활성화되긴 했지만, 한참 전에 북한과의 체제 경쟁이 완전한 승리로 끝난 상황에서 반공 메시지가 갖는 힘도 예전 같을 수는 없었다.

문재인 시대: 전면에 선 386과 그들의 혼미

그렇기에 탄핵도 중요한 계기였음에는 분명하지만, 이미 시대는 86 사관과 그들 세계관의 승리를 향해 달려가고 있었다. 마침내 2017년, 86세대가 완벽히 장악한 민주당은 좌파적 경제·사회 의제와 민족주의적 역사 바로 세우기를 내세우면서 문재인 정부의 이름으로 집권하기에 이르렀다. 그리고 이제는 50대가 되어 사회의 모든 영역에서 견고한 지배력을 장악한 '586'은 30년이라는 기나긴 세월 동안 묵혀둘 수밖에 없었던 그들의 옛꿈을 다시 한번 실현하고자 나섰다. 문재인 정부에서 등장한 많은 정책들은 이들이 청년기에 형성한 관념을 통해 본다면 아주 일관된 어떤 논리를 따르고 있다. 요컨대 이런 식이다.

> "한국 현대사의 발전은 분단과 독재를 거치며 기형적으로 이루어진 것이며, 외교는 미국과 일본 등에 종속되었으며, 이런 기형적 발전과 종속성으로 수혜를 본 기득권 세력이 여전히 한국 사회를 지배하고 있다. 검찰, 재벌, 보수언론은 그런 대표적인 기득권이니, 이를 바로잡

기 위해서는 검찰개혁을 해야 하고, 최저임금을 1만 원으로 올려야 하고, 비정규직을 없애야 하며, 투기 세력과 다주택자가 주택 가격을 끌어올릴 것이니 국가의 규제와 과세를 통해 이 시장을 통제해야 하고, 재개발로 공동체의 터전을 잃는 일이 없도록 공동체가 살아 있는 '마을'을 지원해야 하고, 북한, 중국과의 협력을 통해 동북아에서 자주적인 외교를 할 수 있어야 하고, 일본에 본때를 보여주어야 한다."

이런 일련의 정책들은 그들이 80년대에 형성했던 현실 인식과 그 밑에 흐르는 어떤 감수성과 결코 무관하지 않다. **한국의 근대적 발전에 대한 안티테제와 언더도그마를 핵심으로 하는 감수성이 그것이다.** 나는 여기서 문재인 정부와 그 핵심 집단인 586의 감수성과, 그에 기반한 모든 정책들이 전적으로 틀렸다고까지 하지는 않겠다. 위의 많은 정책들은 개별 정책으로 보자면 충분히 토론의 대상이 될 정책들이다. 최저임금을 조금 더 인상한다든지, 원자력발전소의 안전 기준을 더 강화한다든지, 검찰의 막강한 권한을 견제할 수단을 도입한다든지, 재개발과 자산 시장을 어디까지 통제해야 할지, 북한과 어떻게 협력을 도모할 것인지 등등.

그러나 이것이 개별 정책을 넘어서, 80년대에도 문제가 많았던 어떤 감수성에 근거해 아주 일관되게 추진된다면 그것은 분명 문제를 일으킬 수밖에 없다. 한국은 그때에도 운동권이 화려한 언어로 규정하던 '식민지 반봉건'이라든가 '신식민지 국가독점자본주의' 사회가 아니었다. 하물며 1인당 GDP가 3만 달러에 달하는 요즘 시대는 어떻겠는가? 그러니 안타깝게도, 충분한 숙고를 거치지 못하고 추진된 이런 정책은 사회를 상당히 분열시켰고 기대와는 다른 혼란을 만들어낸 것으로 보인다. 거기에 자신들의 과거를 제대로 청산하지 못하고, 새로운 정체성을 확립하지 못한 채 갈팡질팡하는 보수의 무능은 이런 분열을 더욱 확대하기만 할 따름이었다.

그리고 바로 이런 상황에서, 586 논쟁에 불을 지핀 '조국 사태'가 터진 것이었다. 조국 사태는 여전히 독재와 제국주의에 대한 저항의 뜨거운 심장으로 살아가는 586이 실제로는 **자산 증식과 계층 세습에 골몰하는 사람들이었다는 스테레오 타입**을 드라마보다 더욱 극적으로 보여준 사건이었다. 그들은 반일을 선동하는 노래인 '죽창가'를 부르면서 유니클로를 구매하는 청년들을 비난했고, 그러면서도 일제 렉서스 차를 타고 다니는 사람들이었다. 미 제국주의가 남북한 협력을 가로막는 것에 분개하고 중국이 미국을 몰아낼 것을 은연중에 기대하면서도 자녀를 어떻게든 미국에 유학 보내는 사람들이었다. 그리고 집은 '사는 것'이 아니라 '사는 곳'이라고 말하면서도 강남, 목동, 분당 등의 아파트 가격에 누구보다 민감한 사람들이었고, 특목고와 자사고를 폐지하고 교육 경쟁을 없애야 한다고 말하면서도 자녀들에게 갖은 스펙을 만들어줘 어떻게든 명문대에 들여보내는 그런 사람들이었다.

나는 이렇게 상위 1% 기득권을 비난하면서도 그들을 동경하고 모방했던, 그러면서도 자신들의 계층 세습에는 어떻게든 도덕적 면죄부를 주려는 상위 10%, 20%의 감수성에 질겁했다. 그들은 대체 자신들을 무엇이라고 생각하는 것일까? 충분한 숙고 없이 추진된, 젊은 날의 '로망'을 구현하고자 한 정책들이, 이미 자신들과는 상관이 없어져버린 이 나라의 다른 대중들에게는 해악을 초래하는 것은 대체 어떻게 설명해야 하는가? 그리고 끝내 그들의 **세습 프로젝트**가 완료된다면, 각자의 계층에 따라 전혀 다른 세상을 살고 있는 우리 90년대생들은 미래에 이 사회에서 어떤 존재로 자리 잡게 될까? 나는 이에 대해서 아직도 답을 찾지 못했다. 아마도 우리 모두가 계속해서 답을 찾아야 하는 그런 의문일 것이다.

과거를 돌아보지 않은 이들

지금까지 나는 이 글에서 86세대가 한국사와 세계사에서 갖는 위치, 그로 인해 형성된 그들의 감수성, 특정 세대-계층의 조합으로서 그들의 지배력, 최근 그들이 보여준 행보 등을 주관적으로 분석해보았다. 아마 이 글을 읽은 사람들 중에는 내 또래인 20대도 있을 것이고, 40대도 있을 것이고, 당연히 586 자신들도 있을 것이다. 어쩌면 그 시대를 살아보지도 않은, '새파랗게 어린' 내가 자신들이 걸어온 길을 내 주관에 맞게 난도질하고, 역사적 위치를 제멋대로 규정하는 것을 보며 불쾌함을 느꼈을 수도 있을 것이다. 반대로 일부는 동의하고 일부는 갸우뚱하면서 조금 다른 생각을 하게 된 사람들도 있을 것이고, 완전히 고개를 끄덕이며 무릎을 친 사람들도 있을 것이다. 나는 그런 독자들 중에서, 특히 나의 부모님뻘이라고 할 수 있는 586들에게 마지막으로 **더 주관적으로** 내가 하고 싶은 말을 전하면서 글을 마치려고 한다.

우리 세대에서 86세대에 대한 비난을 가할 때 가장 많이 언급되는 것은, 그들이 대한민국 역사에서 가장 편하게 산, 그러니까 '꿀을 빤' 세대라는 것이다. 나는 586의 위선적 행동을 싫어하고 그들이 갖는 지나친 지배력을 경계하지만 이 해석만큼은 결코 동의하지 않는다. 물론 우리 세대에서 86세대의 삶이 편했다고 말할 수 있는 심정이 무엇인지는 알고 있다. 특정 세대와 계층의 조합으로서 86세대는 고도성장기의 수혜를 입었고, 삶이 지금보다 훨씬 단순할 때 살았기에 인간의 생애주기에 요구되는 대부분을 충족하면서 살았던 것이 사실이다. 저성장 시대를 살아가며, 훨씬 복잡해진 현대 문명 속에서 길을 잃은 우리 90년대생들이 86세대의 단순하고 안정적으로 보이는 삶을 동경하고 때로는 그들을 질시하는 것은 어쩌면 당연한 감정일지도 모른다.

그러나 한국이 '국민소득 1만 불'을 달성할 무렵에 태어난 내가, 한국이 전쟁의 상흔이 여전히 생생한 극빈 농업 국가에서 태어난 그들에게 감히 '꿀을 빨았다'라고 할 수는 없을 것 같다. 좋든 싫든 간에 나는 후속 세대로서 내 앞에 서 있던 앞 세대의 노력에 빚을 지고 있다. 거기에는 당연히 86세대도 포함된다. 그리고 모든 세대가 그렇듯 86세대도 그들만의 어려움을 겪으며 살았으며, 그 어려움은 결코 가벼운 것이 아니었다. 앞서 말한 것처럼 그들은 한국이 극빈국이던 시절에 태어나, 현대화된 한국에서 태어난 세대는 상상도 할 수 없는 여러 일상적 결핍을 겪고 살았고, 폭력에 대한 감수성이 훨씬 낮았기에 각종 야만적 폭력에 노출되어야만 했었다. 세계적 대기업과 세련된 대중문화를 당연하게 생각하고, 부당한 폭력에 이전보다 더 적극적으로 항의할 수 있고, 과거에는 꿈도 꿀 수 없던 첨단제품과 고급 서비스를 싼 가격에 누릴 수 있게 된 오늘날의 세대가 그 시절의 결핍과 폭력을 견디는 것을 선택할 수 있을까?

게다가 그들 86세대가 지금 누리고 있는 그 사회적 지배력은 대부분 그들이 직접 쟁취하여 얻어낸 것들이었다. 스스로 무언가를 쟁취해서 얻어냈다는 바로 그 점이 여전히 이어지고 있는 그들의 자신감을 형성하고 있는 것이기도 하다. 어쨌든 그들은 대학가에서 뭉쳐 화염병을 들고 백골단과 맞서 싸웠으며, 학생회를 둘러싼 숱한 정파 투쟁 속에서 단련되었고, 이후에는 대학 시절의 경험을 자산으로 기업체나 정당의 윗사람을 들이받으면서 헤게모니를 장악했다. 어느 나라의 무슨 시대든, 모든 세대는 이런 과정을 통해 주도권을 장악한다. 소련의 노멘클라투라 핵심을 형성한 발탁자 세대 또한, 혁명과 내전의 힘을 빌긴 했지만 결국은 윗세대를 몰아내고 그들에게 주어진 과업을 완수하여 헤게모니를 장악한 세대였다. 그러니 그들은 마땅히 얻을 것을 얻어낸 것이고, 후속 세대가 그들로부터 주도권을 가져오기 위해 해야 할 일은 단순한 불평이 아니라 새롭게 뭉쳐 싸워 쟁취하는 일임은 틀림없다.

문제는 그다음부터다. 그들은 싸움을 통해 마땅히 얻을 것을 얻었고, 50대가 되어서는 주류를 교체하고 누구도 부정할 수 없는 한국 사회의 새로운 주류로 자리 잡게 되었다. 오직 그들만은 인정하고 있지 않지만 말이다. 586의 진짜 문제는 그들이 이미 사회의 새로운 주류임에도 여전히 주류는 따로 있다고 여기는 그들 고유의 자기규정과 **비주류의식**에 있다. 어쩌면 87년의 '반쪽 승리' 이후에도 기존 보수 세력의 헤게모니가 오랫동안 유지되었기에 비주류이자 저항자로서의 자기규정이 관성처럼 계속되었을 것이다. 그러나 적어도 그들이 40대가 된 2000년대에 이미 그들은 비주류나 저항자가 아니었다. 그들은 명확히 한국 사회와 체제의 일부분이었으며, 주류를 차지할 것이 예정되어 있는 엘리트 집단이었다. 2000년대에 역사 전쟁에서 보수파가 패배한 것은 이후에 벌어질 일들을 보여줄 단초였을 뿐이다.

마르크스는 "사회적 존재가 사회적 의식을 결정한다"라고 이야기했다. 그의 말을 빌리자면, 586의 경우 그들의 사회적 존재와 사회적 의식은 무언가 강한 불일치를 보이고 있었다고 보아도 무방하다. 그리고 지배 엘리트가 스스로를 당당한 지배 엘리트라고 인식하지 못하는 이런 불일치는 국가 공동체를 이끌 때 무언가 심각한 문제들을 만들어낼 수밖에 없다. 만약 586이 한국이라는 공동체가 재벌, 검찰, 보수언론의 연합체의 손아귀에 있는 것이 아니라 자신들의 손아귀에 있다는 것을 명확히 깨닫는다면, 그들이 체제를 통해 수혜를 입는 것을 자각하고 더 책임 있는 자세를 보여주지 않겠는가? 하지만 현실에서 586들은 책임을 지는 주류의 어려운 길보다는, 책임지지 않고 주류를 비판하는 쉬운 길을 택했다. 그 결과 각종 모험적인 정책들이 성급하고 무분별하게 실시되었고, 그 최종적인 후과가 어떨지 우리는 아직도 모르는 상황이다.

사실 돌이켜보면 1987년 이후에 그들은 언제나 쉬운 길만을 선택했다. 586은 자신들의 과거를 돌아보고 과오를 반성하는 어려운 일 대신에, 적당히 어물쩍 묻고 넘어가는 길을 택했다. 지난 청문회 때 태영호 의원이 이인영 통일부 장관에게 한 질의를 돌이켜보자. 태영호는 '전대협 의장으로서 이인영이 주체사상을 신봉하지 않았느냐, 이에 대해서 자신처럼 전향을 선언할 생각이 없느냐'고 물어보았다. 이인영은 이에 대해 전향을 강요하는 것은 남측 민주주의에 대한 태영호의 인식이 박약한 것을 의미한다고 맞받아쳤다. 586 진영에선 이인영이 이런 질문을 받은 사실 자체를 아주 불쾌하게 생각하며 태영호를 색깔론자로 비난했다. 그러나 대표적인 NL 조직인 전국대학생대표자협의회, 일명 '구국의 강철대오' 전대협의 초기 의장이 과거 북한을 해방구로, 평양을 혁명의 수도로 여기지 않았다고 생각하는 것이 더 이상하다.

태영호가 북한에서 들었다는 것처럼 이인영이 김일성에 대한 충성 맹세를 했는지 여부는 알 길이 없다. 그러나 이인영은 적어도 자신이 과거에 대한민국의 정통성과 독립성에 의문을 가졌고, 미 제국주의의 식민지라 간주했던 한국의 독립을 위해 친북적인 사상을 가졌으며, 이제는 그것이 잘못되었음을 알고 생각을 바꾸었다고 인정했어야 한다. 그러나 그는 그러지 않았고, 다른 586들도 마찬가지였다. 어찌보면 그들은 이미 과거의 과오를 인정할 적절한 시간을 놓친 것일 수도 있다. 과거 그들이 품었던 혁명론에 대해 이야기하면 겉으로는 "젊은 날의 치기였지" 정도로 웃으며 대충 넘기면서도, 내면에서는 여전히 그때의 감성을 품고 세상을 바라보며 살아온 세월이 30년 아닌가. 그들은 이미 생각이 굳고 과거 자신들의 행동을 성찰하기 어려워진

중년이 되어버린 것이다.

그러니 어찌 보면 독재자의 군홧발에 맞서는 것보다 더욱 큰 용기를 필요로 하는 것은 자신의 과거를 돌아보고 성찰하는 것일지도 모른다(사실 나 자신이 중년이 되었을 때 그런 용기를 가질 수 있을지는 나도 확신하지 못하겠다). 과거를 성찰한 뒤 과오를 인정하는 것은, 그 과오를 바탕으로 발전하기 위하여 빠져서는 안 될 일이다. 아마 그들이 좋아하는 "역사를 잊은 민족에게 미래는 없다"라는 말의 진짜 의미도 굳이 찾자면 성찰과 반성을 통해 더 나은 미래로 나아가자는 것에 가까울 것이다. 그러나 그들은 과거를 때로는 의도적으로 망각하고, 때로는 아예 언급하지 않으면서 자신들의 과오를 뭉개고 지나갔다.

87년에 그들이 바라던 것은 민주화가 아니라 민족해방 사회주의 혁명이었음을 그들은 인정하지 않았다. 그들은 대한민국보다 조선민주주의인민공화국이 더 정통성 있는 국가라고 생각했다는 것을 인정하지 않았다. 또 그들은 한국이 미국과 일본에 휘둘리는 준準식민지가 이전에도 아니었고 지금도 아니라는 것을 인정하지 않았다. 보수 세력이 이런 과오들에 대해서 비판하면 그들은 언제 적 색깔론을 꺼내느냐고 신경질적으로 대응하면서 논의를 봉쇄했다. 그러는 동안 586은 스스로를 성찰할 수 있는 귀중한 기회를 날려보냈다. 반대로 자신들이 틀렸다는 사실에 너무나도 집착한 소수는 대신 정반대로 나아가 뉴라이트가 되었는데, 사실 이들 또한 건전한 반성 대신에 자기비하의 늪에 빠지면서 건설적 논의를 오히려 방해했다.

차지도 뜨겁지도 않은 자: 386의 이중사고와 이중생활

80년대를 살아보지도 않은 내가 보기에는, 운동권은 그럴 만한 이유가 있었기에 잘못된 현실 인식을 했었고, 또 그 와중에도 중요한 역사적 진전을 일구어냈던 존재였다. 이런 논의 대신 망각과 자기부정이라는 극단적인 반응이 87년 이후 그들의 기억을 지배했다. 그리고 과거 20대의 자신과 마주할 용기가 없던 이들은, 결국에는 50대가 되어서도 여전히 20대 때의 사고방식과 감수성을 지닌 채 세상을 바라볼 수밖에 없었다. 그러니 그들은 중년의 자신들이 청년기에 그토록 치를 떨던 주류가 되었음을 끝끝내 인정할 수가 없던 것이다. 1980년의 악령이 여전히 2020년을 배회하면서 이 사회를 떠돌고 있는 것이다. 이인영에 대한 태영호의 질문이 그토록 큰 반발을 일으켰던 것은, 아마 탈북자인 태영호라는 존재가 그들에게 마주하고 싶지 않았던 과거를 들이밀었기 때문일 것이다.

이런 성찰의 부재는 어느새 그들의 이념마저도 뒤죽박죽으로 만들었다. 장관 청문회에서 조국은 자신이 "자유주의자이자 사회주의자"라는 정체를 알 수 없는 답변을 했다. 그러나 이는 586이 흔히 겪는 이념적 혼란의 한 단면일 뿐이다. 나는 이런 혼란이 운동권 특유의 조직 방법인 '언더'와 '오버'의 분리에서 기인한다고 생각한다. 운동권은 공안에 의해 체포되는 것을 방지하기 위해 언제나 대외적으로 내세우는 오버 조직과 실제 의사결정을 하는 언더 조직을 동시에 운영했다. 이 중에서 오버 조직은 급진적 사상에 익숙하지 않은 대중들을 상대로 더 온건하고 대중적으로 내세우기 쉬운 사상을 표방하는 경향이 있었다. 반면 이미 포섭되어 말이 통하는 사람끼리 모인 언더 조직에서는 급진적 혁명론이나 주체사상 등이 거리낌 없이 논의되었다.

그렇기에 그들은 언제나 실제 생각하는 것과 대외적으로 내세울 수 있는 것을 동시에 사고해야 하는 이중사고를 발전시켰다.

아마 졸업 후 사회에 진출한 586들은 이런 이중사고를 크게 신경 쓰지 않았을 것이고, 좋은 게 좋은 것이라는 정도의 감상만을 남겼을 것이다. 그러나 정치권이나 학술장에 남은 586들은 과거를 돌아보고 성찰하지 않았기에 여전히 이중사고를 유지했던 것 같다. 자신의 실제 생각과 일반 대중의 감수성을 고려하여 대외적으로 내세워야 할 말을 늘 구분했던 것이다. 이런 이중사고는 보수 진영 반대파에서 과거 운동권들의 전력을 비판하며 그들의 급진주의적 경향을 위험하다고 지적할 때 아주 유용한 면피 수단으로 활용되었다. 속마음으로는 미국에 의해 세워진 대한민국 자체의 정통성을 의심하지만 겉으로는 김구를 내세운다든가, 정말 하고 싶은 것은 반미지만 대중의 반미감정이 옅어지자 반일을 대신 외친다든가, 아니면 사회주의가 옳다고 생각하지만 자유주의를 부정할 수 없게 되어 '자유주의자이자 사회주의자'라고 대답하든가.

아마 어느 순간부터는 정치와 이론에 천착한 586들조차도 좋은 게 좋은 것이라는 식의 사고방식에 항복하면서 이중사고를 허물었을지도 모른다. 그 진실을 내가 알 길은 없을 테지만, 적어도 586이 자신들의 과거가 담겨 있는 좌익 민족해방론과 대중의 감수성에 부합하는 진보적 자유주의가 뒤섞인 혼란스러운 이념을 갖고 있는 것만큼은 확실해 보인다. 그리고 이런 혼란은 권위주의와 시장자유주의 사이에서 지리멸렬했던 보수의 이념적 혼란이 보수를 침몰시킨 것과 달리, 나름의 전략적 모호성을 유지하게 해주어 진보 진영의 집권에 크게 기여했다.

하지만 한국이라는 공동체에 더 위험한 것은 이런 이중사고보다도 그들의 **이중생활**이었다. 소련의 노멘클라투라와 같이, 혁명론을 말하면서도 동시에 상류 중산층으로서의 모든 혜택을 누리고자 했던 그 이중생활 말이다. 이런 이중생활은 자신들을 새로운 주류이자 기득권으로 인식하지 못하게 한 성찰의 부재, 그리고 과거의 급진적 면모와 현재의 대중적 면모가 혼재한 이중사고로 인해 형성된 것이었다. 그들이 자신들의 과거와 현재를 성찰하고 사고의 일관성을 지키기 위해 노력했다면 상류 중산층으로서 자신들이 만든 세습 사회에, 단순히 상위 1%만 비난한다는 그 이유로 자기 자신에게 손쉽게 면죄부를 줄 수는 없었을 것이다.

그들은 자신들 위에 있는 1%를 비난할 때는 과거 급진파이자 사회주의자로서의 논리를 동원했다. 누군가가 자신들의 계층 대물림과 세습 시도를 비판할 때는 '자식을 위해서 사유재산을 원하는 대로 쓸 수 있는 것 아니냐'는 대중적 자유주의 논리로 맞받아쳤다. 그들이 자신을 성찰하고 통일된, 새로운 인격으로 거듭났다면 이런 말도 안 되는 이중적 언사를 한 점 부끄럼 없이 당당하게 말하는 일은 아마 없었을 것이다. 그러나 애석하게도 그들은 과거를 돌아보지 않았기에, 신식민지의 고뇌하는 비판자이자 번영하는 자본주의 선진국의 상류 중산층이 공존하는 달콤한 이중생활을 어떤 거리낌도 없이 즐겼다.

문제는 이런 이중생활이 상위 10%, 혹은 20%로서 그들의 계급성과 세습 시도를 은폐하는 와중에 한국에 새로운 이중경제체제가 등장했다는 것이다. 앞서 줄곧 서술했듯 2000년 무렵부터 세계화가 거침없이 진행되면서 한국이라는 일국 차원의 가치 사슬의 상호 연결이 상당수 끊어졌다. 대신에 글로벌 영역에 연결되어 더 큰 부에 접속할 수 있는 경쟁력 있는 부문과 한국이라는 일국적 차원에 붙박여 있는 저생산성 부문 사이의 간극이 크게 벌어지면서, 한국은 일종의 새로운 이중경제체제를 향해 나아갔다. 그 이중경제체제의 간극을 가장 크게 느끼는 이들은, 586의 자녀 세대인 90년대생들이었다.

그리고 잘 알다시피 90년대생들은 586의 자녀만 있는 것은 아니었다. 그 시절 대학을 가지 못하여 학번을 갖지 못했던 65% 내외의 '56'들의 자녀도 있었고, 당연히 머릿수도 이들이 더 많았다. 그리고 인적 네트워크와 문화자본, 정보, 고소득과 자산 등을 통해 자녀를 경쟁력 있는 명문대에 진학시킬 수 있는 사람들은 대개가 586이었던 반면, 다수 56의 자녀들은 그보다 훨씬 더 적은 기회를 부여받게 되었다. 그 결과 60년대생들은 한국전쟁의 폐허 위에서 극도로 평평한 사회에서 태어난 반면, 그들의 자녀 세대인 90년대생들은 세계화와 맞물려 한국 사회가 가장 계층화된 시점에 청년기를 보내게 된 아이러니가 생겨났다.

586보다 두 배는 많은 수를 구성하는 56의 삶을 생각하면 이런 계층화는 정말 씁쓸한 일이 아닐 수 없다. 나는 앞서 586이 성취할 것을 제힘으로 성취했고, 나는 경험한 적이 없던 극심한 빈곤과 폭력을 직접 경험했기에 그들이 '꿀 빤' 세대가 아님을 강조했다. 그러나 대학에 가지 못하고, 부를 일구지 못한 다수의 56은 어떤가? 그들 또한 빈곤과 폭력을 경험했지만, 그들은 고등교육에 접근하지 못했다는 이유만으로 586에게 주어진 여러 기회에서 배제되지 않았던가? 그리고 그들의 자녀는 새로운 이중경제체제의 하부에서 길을 잃은 반면, 586의 자녀들은 부모의 지원 아래 더 나은 내일을 만들고자 노력하면서 정반대의 삶을 살고 있지 않은가? 이런 현실에 눈을 감고 이미 기득권인 스스로에 대한 책임 의식을 느끼는 대신, 계속 증오를 쏟을 수 있는 외부의 기득권을 찾아 움직이는 586의 모습을 보면 누구나 그들을 향해 비판적이 될 수밖에 없을 것이다.

그래서 나는 586들에게 진심으로 물어보고 싶다. 당신들이 청년 시절에 그토록 우려하던 불균등발전이 지금에야 이 땅에 도래했으며, 당신들이 바로 그 대표적인 수혜자 아니냐고. 만약 당신이 '사회주의자'로서 젊은 날의 뜨거운 심장에 충실하다면, 이 이중경제체제하에서 진짜 약자를 위해서 무엇을 해야 할지 진지하게 생각해보아야 하지 않을까? 아니면, 당신이 '자유주의자'로서 이 사회에서 책임 의식을 지닌 어른이라면, 공동체를 위해 진정으로 무엇을 해야 할지 고민해보아야 하지 않을까?

원하는 목표가 무엇이든 간에 사실 답은 똑같다. 중요한 것은 지금 이 순간 계층을 막론한 공동체 구성원 모두의 번영을 위해 진정 필요한 것이 무엇인지를 생각하는 것이다. 진지하게 생각을 시작하는 순간, 그들은 현실을 제대로 읽지 못하는 자신들의 안티테제와 언더도그마의 집합을 역사의 쓰레기통으로 보내야만 한다는 것을 깨달을 수 있을 것이다. 나는 이것이 바로 지금 이 순간에 필요한 "무엇을 할 것인가Что делать?"라고 주장하고 싶다.★

물론 나 또한 그렇듯 편한 길을 찾는 것은 정말로 거부하기 힘든 인간의 본성이기에, 당신들 대부분이 **그러지 않으리라는 것을 안다.** 그럴 사람들이었으면 애당초 태영호의 질문에 "아니다"도 아니고 "기억이 나지 않는다"라는 궁색한 답을 했을 리도 없고, "자유주의자이자 사회주의자"라는 궤변을 읊을 리도 없다. 진정한 자유주의자나 사회주의자로서 일관성을 지키는 것보다는 차지도 뜨겁지도 않은 자유주의자이자 사회주의자로 남아, 바깥으로는 1%를 목청 높여 비난하고 가정에선 자녀들에게 모든 것을 세습시켜주는 이중생활을 하는 게 편안하고 즐거울 수밖에 없다. 인간인 이상 그렇게 안주할 수밖에 없다는 것을, 나는 아직 20대지만 충분히 이해할 수 있을 것 같다. 다만 그

★ 레닌은 볼셰비키 혁명을 위한 전략적 목표와 전술적 방법론을 남겼고, 한국을 비롯한 세계 각지의 후대 공산주의자들에게 절대적인 영향력을 행사했다. 그중에서 가장 중요한 책이 바로 『무엇을 할 것인가』였다.

러한 편안함을 추구하는 정신의 상태가 모종의 위화감을 조성하여 사회의 다른 구성원들로부터 비난을 살 수밖에 없다는 것도 이해해주었으면 한다.

본디 거시적인 역사의 추세를 바꾸는 것은 아주 어려운 일이다. 그것이 특정 세대와 계층의 수준으로 커다란 문제라면 더더욱 그렇다. 어쩌면 어느 시점부터 386에서 출발했던 586세대가 이렇게 될 것은 이미 예견되어 있었는지도 모르겠다. 그리고 그들이 앞으로도 바뀌지 않을 것 또한 모두 예정되어 있었던 일인지도 모른다. 그렇다면 586이 686이 되어가는 2020년대에 그들의 생각에 동의할 수 없는 이들, 그리고 무엇보다 586이 주도하는 계층화에 문제의식을 갖는 이들이 해야 할 것은 무엇일까?

아마 그 답을 찾는 것이 조국 사태가 우리 사회에 제기한 진짜 과제일지도 모르겠다.

제5장

입시, 그리고 교육의 본질

출세라는 욕망, 개혁이라는 허상: 학생의 입장에서 본 입시

"널리 인식되고 있는 바와 같이 광적이기까지 한 교육열이 현대화의 전제조건이라면, 한국인들은 세계에서 가장 야망에 찬 국민에 속한다고 할 수 있을 것이다."

— 그레고리 헨더슨, 『소용돌이의 한국정치』(이종삼·박행웅 옮김, 한울아카데미, 2013) 중에서

"미연이 엄마가 보기에 엄마들이 아이들의 교육에 노력을 쏟는 가장 큰 이유는 '이 사회에서 살아남는 유일한 방법은 공부하는 것뿐'이라는 간단한 사실 때문이었다. 다른 여성들처럼 미연이 엄마는 한국에서 사람 대접을 받는 길은 교육받는 것뿐이라고 말했다. (…) 미연이 엄마는 (한국에서) 교육에 부여된 사회적 가치가 과연 합당한지에 대하여 상당히 양가적인 생각을 가지고 있었다. 앞서 말했듯이, 그녀는 시간이 지날수록 사람은 자유롭게 살아야 한다는 쪽으로 생각이 바뀌었다. 그녀는 '한국 교육은 암기 빼고는 아무것도 없다'며 비난했다. (…) 종합해보면, 이는 대단한 (자아) 비판이다."

— 낸시 에이블먼, 『사회이동과 계급, 그 멜로드라마』(강신표·박찬희 옮김, 일조각, 2014) 중에서

앞의 글들에서 간접적이나마 언급되긴 했지만, 2020년 한국 사회에서 논해진 중요 화두는 **'공정'**이었다. 인천국제공항 비정규직의 정규직 전환을 둘러싼 논란, 정부의 공공의대 설립과 그 정원 선발 방식에 관한 논란은 근본적으로 이 사회에서 자원을 어떤 식으로 분배하는 것이 바람직한 방향인지를 둘러싼 논쟁이었다.

그런 맥락에서 논쟁의 양측은 공정을 상당히 다르게 해석했다. 한쪽에서는, 표준화된 시험을 통해 수치화된 결과를 근거로 자원 분배의 우선권을 주는 것이 더 공정하다고 주장했다. 시험 이외의 다른 방식은 사회 구성원들의 신뢰를 얻기도 어려웠고, 조작될 여지도 많으며, 시험을 준비해온 이들이 투입한 노력을 배신하는 행위기에 불공정할 수밖에 없었다.

반면 반대쪽에서는, 시험에 대비하고 더 높은 점수를 취득하는 데 필요한 **'능력'**을 획득하는 데도 계층의 차이가 반영될 수밖에 없다며, 오히려 그런 시험 기반 능력주의는 불공정하다고 받아쳤다. 대신 인천국제공항의 경우 비정규직 근무를 통한 실무 경험, 공공의대의 경우 의료 행위에 필요한 어떤 자질을 바탕으로 선발하는 것이 시험보다 더 합당한, 즉 공정한 방식이라는 것이다. 이 두 사건 외에도 2020년에는 수많은 이슈에서 여러 방식으로 소위 **'능력주의'**에 관한 사회적 논의가 크게 유행했다.

그러나 사실 능력주의 논쟁이나 공정 논쟁은 한국 사회에서 절대 새로운 것이 아니었다. 오히려 이미 수없이 다루어진, 아주 익숙한 논쟁이었다. 2019년을 돌이켜보면 이를 금세 깨달을 수 있다. 그해 최대의 화두는 단연코 '조국 사태'였고, 조국 사태를 둘러싼 그 수많은 쟁점 중에서도 대중적으로 가장 큰 파급력을 가진 것은 무엇보다 딸의 입시 문제였다.

처음 이 문제에선 고려대 입시와 부산대 의학전문대학원 입시를 둘러싼 스펙 부풀리기나 조작에 조국과 정경심 부부가 어느 정도 가담했는지가 주요 쟁점으로 부상했으며, 이는 곧 정경심의 재판으로까지 이어졌다. 한편 나를 비롯하여 몇몇 이들은 조국 부부가 한 행동의 위법성과는 무관하게 한국의 계층 분화가 세대를 횡단하는 부와 사회적 지위의 이전으로 이어지고 있으며, 조국 일가는 그 상징과도 같은 존재라고 지적했다. 하지만 이보다 더 강한 열기를 뿜어내는 논쟁이 있었으니, 입시를 둘러싼 훨씬 더 대중적이고 오랜 전통을 지닌 논쟁, 즉 '입학 전형 논쟁'이 그것이었다.

입시 문제에 관한 폭로가 이어지면서, 많은 사람이 그가 대체 어떻게 고려대를 그토록 손쉽게 갈 수 있었는지에 대해 의문을 품었다. 그들이 물었던 것은 부풀려지거나 만들어진 스펙 이전의 문제에 관한 것이었고, 그 의문의 요는 과연 그런 스펙만으로 시험을 치지 않고 대학을 가는 것이 정당하느냐는 것이었다. 이는 한동안 상대적으로 잠잠했던, 수능을 통한 대학 진학 전형인 정시와 대비되는 수시, 그중에서도 입학사정관제와 그를 보완한 학생부종합전형, 소위 **'학종'**에 관한 논쟁에 불을 지폈다.

그리고 이후 2020년에 불거진 인국공과 공공의대 논란은, 이때 제기된 정시 대 수시 논쟁과 정확히 같은 구도로 전개됐다. 대학 입학 시 우선권을 부여할 기준은 무엇인가? 수능이라는 표준화된 시험인가? 아니면 학생의 교내 활동, 내신 성적 등을 종합적으로 판단하는 학종인가? 여기에 기회균등 전형이나 농어촌 전형 같은 소수자 배려 목적의 전형은 어떻게 판단해야 하는가?

그러나 이 일련의 논쟁들은 모두 지극히 소모적이었다. 어떤 긍정적 대안을 내놓지 못하고 금세 흐지부지되기 일쑤였으며, 대신 논쟁에 관련된 당사자들 사이의 적대감과 피로만을 늘려 놓는 것이 예사였다. 특히 전국적 관심의 대상인 입학 전형의 경우 그런 경향이 더욱 극심했다. 정권에 관련 없이 정부는 사회적 여론에 따라 정시와 수시 비율을 마치 목욕물의 냉·온수를 조절하듯이 바꾸어 놓았다. 정시에 대한 반발이 높아지면 수시를 늘리고, 수시에 대한 반발이 높아지면 다시 정시를 늘리는 식이었다. 그러는 사이에 제도는 점점 복잡해졌고, 널뛰기하는 제도에 학생들의 혼란만 가중되었다. 이번 조국 사태 이후에 정부는 교육부에 정시를 늘리라는 주문을 했는데, 그간 수없이 반복된 냉·온탕 오가기의 일환일 뿐이었다.

그러니 교육에 관심 있는 모든 사람이 제각기 답을 보태면서도 해결책은 전혀 나오지 않는 이 피로한 이슈에 대해서 생각조차 포기하는 사람들이 많아진 것은 분명하다. 그래서 학부모와 학생은 어떤 전형이 옳은 것인지를 따지기보다는, 정부가 제도를 손바닥 뒤집듯 뒤집는 것을 상수로 설정하고 그 안에서 최대한 잘 적응하여 입시에서 성공하는 것을 목표로 삼은 지 오래다. 그 결과 입시 문제는, 입시를 이미 경험한 사람은 입시가 끝났기 때문에 관심을 끄고, 입시의 당사자는 당장 좋은 결과를 얻기 위해 체념하고 적응할 수밖에 없는 상황을 낳았다.

이 논쟁이 이토록 소모적인 이유는 무엇일까? 두 전형이 모두 나름대로 가치를 지니고 있어서, 한쪽을 정답이라고 밀어붙이기보다는 어쩔 수 없이 계속 타협해 나가야만 해서 그런 종류의 문제일까? 아니면 공정한 정시나 교육의 원론에 부합하는 수시 둘 중 하나만 정답인데, 관련 이익집단의 압력에 부딪혀 이미 나와 있는 정답을 제대로 적용할 수 없기에 그런 것일까? 하지만 나는 이런 질문들은 그저 현재의 지리멸렬한 논쟁의 수준을 알려주는 것뿐이지, 진짜로 논의가 공회전하는 이유를 설명해준다고 보지 않는다. 정시나 수시는 불변의 시스템도 아니고 한국 사회가 만들어나간 구성물에 불과하다. 즉, 제도가 원래 설계된 목적과 기제를 다시 고민하고 그 목적이 과연 옳았는지,

혹은 실현 가능한 것인지를 따져보고 현시대에 알맞은 최적의 제도를 새롭게 그려낼 수도 있어야 한다는 것이다.

단도직입적으로 말해보자. 입시와 전형 문제가 언제나 답도 없고 결론도 나지 않는 이유는 문제 설정, 즉 질문 자체가 잘못되었기 때문이다. 요는 정시인가 수시인가가 아니다. 정말 중요한 것은 정시는 무엇이고, 수시는 무엇이며, 이 제도들은 어떻게 또 무슨 이유로 만들어졌는지, 그리고 사회의 다양한 구성원들은 교육에서 무엇을 원하고 교육을 어떻게 활용하고자 하는지에 관한 기초적 개념과 기제에 대한 분석이다. 바로 그런 분석 다음에서야 이 문제를 해결할 수 있는 실마리를 찾을 수 있을 것이며, 현행 교육제도를 넘어서는 다른 해결책과 선택지를 상상할 수 있게 되는 것이다.

한국 교육과 그 '표리부동'

그러니 먼저 가장 기초적인 부분부터 시작하도록 하자. **'한국 사회는 교육에서 무엇을 요구하는가?'** 이 질문이 중요한 이유는, 바로 이 질문에서 정시나 수시를 비롯한 모든 교육제도가 출발하기 때문이다. 다시 강조하자면, 정시나 수시는 절대적으로 주어진 제도가 아니며, 그저 구성원들의 합의로 만들어진 사회적 구성물에 불과하다. 이 말은 입시 전형과 각종 제도는 한국 사회의 다양한 구성원들, 특히 교육 당사자들이 교육에서 원하는 어떤 가치나 목표를 구현하기 위하여 여러 협상과 논의를 거쳐 만든 것이라는 뜻이다.

어쨌든 이 질문에 대한 일반적인 답은 우리에게 아주 익숙하다. 교육은 지식을 가르쳐 현대사회에 아이들이 적응할 수 있게 돕고, 학교생활을 통해 사회적으로 적절한 행동과 관습을 익히게끔 해주어야 한다. 그 과정에서 아이들은 각자 자아와 적성을 발견하여 그에 맞추어 더 상급 교육기관으로 가거나 자신이 원하는 직업을 선택해야 한다. 한편으로 이 시스템은 계층에 상관없이 모든 아이에게 공평하게 적용되어야 하고, 열심히 참여하는 아이들은 그에 합당한 보상을 받아야 하며, 공정한 평가는 정의로운 보상의 기반이 되어주어야 한다. 계층이동, 공정성, 공동체성 등의 개념과 이어지는 교육의 이런 공적 가치는 교육에 관한 제도권 논의의 핵심을 이루고 있다.

하지만 한국에서 조금이라도 교육을 경험해본 사람은 이런 제도권 논의는 말 그대로 **'좋은 말의 향연'** 이상도 이하도 아니라는 것을 알 수 있다. 수많은 교육 '개혁'과 정책들이 이런 가치에 입각해서 설계·공표되고 시행되지만, 현장에서는 전혀 다른 논리가 작동하기 마련이다. 그럴 수밖에 없는 것이, 한국에서 교육이 표방하는 **'겉의 가치'**와 교육 당사자, 특히 학부모와 학생이라는 수요자가 원하는 **'속의 요구'**는 서로 통하지 않기 때문이다. 그러니 시스템은 겉으로 표방하는 가치보다도 언제나 수요자들이 원하는 '속의 요구'와, 그에 맞추는 공급자의 편의를 고려하여 작동할 수밖에 없다. 이와 같은 불일치가 드러나는 순간은 수없이 많고, 오히려 이런 불일치가 상식과 일상에 가까운 편이라 할 수 있다.

그중에서도 괴리가 드러나는 상징적인 장면으로 나는 장학사 참관 수업을 꼽는다. 교육이 제도권에서 약속된 가치를 따라야 한다고 표방할 수밖에 없는 상급 기관이 현장의 수업을 참관할 때, 현장은 잠시 자신의 논리를 접어두고 상급 기관을 위한 '연극'을 수행해준다. 학생들은 교사가 그 전의 수업에서는 전혀 보지도 못한 '학습 목표'를 쓰는 것을 보게 되며, 수업 시간에 잘 펴지도 않는 교과서에 기반한 수업을 들어야 하며, 평소에는 눈길도 주지 않는 교과서 구석의 참여 활동도 성실히 수행해야만 한다. 그러나 이 모든 활동을 지켜보는 장학사들조차도 이 공개수업이 그저 겉보기뿐인 요식행위이며 정기적으로 돌아오는 연출 활동에 지나지 않는 것은 다 알고 있다. 그들도 과거에는 그런 연극을 충실히 수행했던 교사였기 때문이다.

한국의 교육과 교육을 둘러싼 논의는 모두 이런 식으로 돌아간다고 할 수 있다. 학생, 학부모, 교사는 때로 교육이 담당한다는 공적 가치를 겉으로 드러내는 연극을 수행한다. 그러나 스포트라이트가 꺼지는 순간부터, 겉으로 표방하는 가치와는 전혀 상관없는 내면의 요구를 반영한 현장의 논리가 다시 일상을 지배한다.

이것이 일종의 거대한 기만인 것 정도는 교육의 당사자라면, 심지어 초등학생까지도 누구나 알고 있다. 그러나 누구도 이것이 기만이라고 입 밖으로 꺼내지는 않는다. 어차피 겉으로 무엇을 표방하든 간에 현장에서는 구성원들이 원하는 내면의 요구를 잘 들어주기만 하면 그만이기 때문이다. 구태여 이 괴리를 문제 삼는 것보다는 이미 잘 돌아가는 현장의 논리에 충실히 따르며 각자가 원하는 것을 얻어내면 그만이다.

그렇다면 그 '겉의 가치'와는 다른 '속의 요구'는 무엇인가? 사실 교육과 관련된 당사자들의 구성이 다양하기에, 특정한 하나의 요구로 모든 것을 환원할 수는 없다. 그러나 우리 모두는 다양한 교육 당사자들의 내면의 요구가 무엇인지 아주 잘 알고 있다. 중위권에서 하위권을 구성하는 대다수 학생에게 학교는 나오라고 해서 나오는 곳이고, 수업은 들으라고 해서 듣는 것이다. 이들에게 교육이란 국가가 제공하는 의무이며 생애주기상 반드시 거쳐야 하는 통과의례 정도이다. 학교는 청소년기의 핵심적 교우관계를 제공해주는 장이긴 하지만, 막상 이런 기능은 교육 시스템과 직접적 관련은 없으며 학교에 그저 학생을 모아 놓았기에 생기는 부산물에 지나지 않는다.

많은 학부모의 생각도 비슷하다. 학교는 사회적 통과의례이기 때문에 가는 곳이고, 그다음의 통과의례를 위한 징검다리에 지나지 않는다. 오히려 교육보다 중요한 것은 낮 동안 아이들을 잡아두어 주며 친구를 사귈 수 있게 해주는 등 학교의 핵심적 '부가 기능'이다. 상위권 학생과 학부모에게도 학교를 바라보는 이런 인식은 큰 틀에서 다르지 않다. 제도권이 표방하는 교육의 가치에 별로 공감하지 않는다는 것이다. 하지만 그들 상위권 학생 및 학부모의 교육 인식에는 중위권 및 하위권 학생들과 결정적으로 다른 점이 한 가지 존재한다. **바로 교육을 '출세'를 위한 통로로 인식하며 그것을 적극적으로 활용하려 한다는 것이다.**

사실 교육을 출세의 길로 인식하는 것은 상위권뿐 아니라 한국 사회, 나아가 동아시아 사회 전반에서 기본 상식과도 같다. 동아시아 사회는 유교와 과거제 전통이 깊이 뿌리내린 지역으로서, 다른 지역에서는 찾아보기 힘든 **표준화된 시험에 대한 신뢰, 교육을 통한 신분 상승**에 대한 구성원들의 합의가 강하게 존재한다. 특히 한국에서는 근대의 혼란기를 거치면서 전통 지배층이 파괴되었으나, 그 과정에서 전통 지배층의 가치는 전 사회적으로 내면화되었다.

게다가 고도성장기를 거치며 실제로 구성원 일부가 교육을 통해 사회적 출세를 이루고 부를 축적했던 경험도 교육을 통한 출세를 구성원들의 인식 속에 더욱 깊이 각인시켰다. 처음에는 대가족이나 지역사회에서 두루 평등하였으나 점차 교육 수준에 따라 운명이 엇갈리는 것을 보면서 이들이 무슨 생각을 하게 되었을지는 크게 상상할 필요도 없다. 본격적인 계층 분화가 시작된 지 얼마 안 된 한국 사회에서는 가족들이 모이는 명절마다 이런 일화들을 확인할 수 있다.

특히 한국전쟁 직후와 군사정권 시절까지, 한국 사회가 상대적으로 평등했을 때는 교육은 누구에게나 기회가 열려 있는 계층 상승의 수단이라는 인식이 훨씬 굳건했다. 물론 당시에도 교육의 기회에는 차등이 있었고, 무엇보다도 남성에게 훨씬 더 개방적이었기에 결코 '누구에게나' 열려 있지는 않았지만, 어쨌든 대체로 인식은 그러했다. 이처럼 교육과 고도성장이 맞물려 실제로 교육을 통해 상전벽해 수준의 계층 상승을 이루어낸 사례들이 점차 누적되면서, 한국의 학부모들은 설령 자신들은 교육의 혜택을 받지 못했더라도 자녀에게만큼은 막대한 교육 투자를 실행해 계층 상승을 이루려는 목표를 공유하게 된 것이다.

그리고 이 같은 출세의 맥락에서, 사회 구성원들이 생각하는 교육의 목표는 스스로의 지식과 역량을 함양하는 것보다는 **남들보다 앞서는 것**이 되었다. 이런 목표를 위해서는 '겉의 가치'를 신경 쓰느라 경쟁에서의 우위를 효율적으로 보장해주지 못하는 학교교육 이외의 수단, 즉 내면의 요구에 최대한 충실한 우회 수단을 활용할 필요가 있었다. **한국의 거대한 사교육 시장은 수요자들이 공적 논리와 현장의 괴리를 해소하고자 만들어낸 것이었다.**

'진보' 교육이 만들어낸 혼란

그러나 출세의 수단으로서 교육이라는 관념은, 큰 틀에서는 유지되면서도 한국 사회가 빠르게 변하며 그 관념 또한 어느 정도 변화를 겪게 되었다. 사교육이 붉은 여왕 효과*를 발휘하며 통제 불능의 수준으로 발전하는 동안에도, IMF 이후 한국 사회에서 계층 분화의 폭은 점차 커지고 있었다. 따라서 계속해서 고도화되는 사교육을 활용할 수 있는 이들은 점점 줄어들고 있었다.

이런 분화는 '공부해서 출세하는 일은 누구나 가능하다'라는 종래의 인식도 바꾸었다. 애초 교육을 통한 출세라는 목표를 이룰 수 있는 것은 현실적으로 상위권을 구성하는 소수에 불과하다는 인식이 점차 확산된 것이다. 그리하여 사회 구성원들 사이에서는 교육이 출세를 위한 가장 정상적인 경로라는 것을 명확히 인식하면서도, 자신들이 그것을 달성할 수 있는지 없는지도 빠르게 인식하는 지금의 상황에 이르게 되었다. 따라서, 일정 시점부터 상위권 학생 및 학부모와 나머지의 학생 및 학부모가 교육에서 기대하는 바는 분화됐다.

학교의 선생님들은 어땠을까. 이처럼 교육 수요자의 요구가 분화하는 현실 속에서 교사들의 목표에는 자연히 열렬한 수요자들과 상급기관이 원하는 바를 문제없이 수행하는 것이 추가되었다. 3월부터 12월까지 이어지는 학년 주기 속에서, 교사는 수업 시 주어진 '진도'를 최대한 빼고 학급 학생들이 문제를 일으키지 않도록 관리해야만 했다. 상위권의 경우는 그들이 바라는 바를 만족시켜 줄 수 있도록 입시에 유용한 지도를 제공해줘야 했고, 하위권의 경우는 일정 수준의 학업 성취도를 요구하는 상급 기관의 목표에 맞추어 '최소한'은 끌어올려 주어야 했다.

이런 여러 목표를 문제없이 달성하기 위해서는 여러 편의적인 수단들이 필요했는데, 그 수단들은 시대에 따라서 양상을 달리했다. 이는 최대한 효율적으로 학업 성취라는 목표를 달성시키기 위해 교과서

★ 어떤 대상이 변화하려고 해도 주변 환경과 경쟁 대상 역시 끊임없이 변화하기 때문에 상대적으로 뒤처지거나 제자리에 머무는 현상을 가리킨다. 계속해서 발전하는 경쟁 상대에 맞서 끊임없는 노력을 통해 발전하지 못하는 주체는 결국 도태된다는 의미를 담고 있다.
루이스 캐럴의 동화《거울 나라의 앨리스》에서 앨리스는 붉은 여왕에게 묻는다. "계속 뛰는데 왜 나무를 벗어나지 못하나요? 내가 살던 나라에서는 이렇게 달리면 벌써 멀리 갔을 텐데." 이에 붉은 여왕은 답한다. "여기서는 힘껏 달려야 제자리야. 나무를 벗어나려면 지금보다 두 배는 더 빨리 달려야 해." (이한영, 『상식으로 보는 세상의 법칙』, 21세기북스, 2016)

를 사실상 활용하지 않는 수업이 될 수도 있었고, 상위권의 성취를 극대화하기 위하여 학교에서 제공해주는 각종 특혜가 될 수도 있었다. 이제는 과거의 일이 되었지만, **저비용으로 교실에서 문제가 발생하는 것을 막게 도와주는 결정적인 수단인 체벌**도 그런 예시 중 하나다.

물론 교육에서 동상이몽을 꾸고 있는 당사자들은 이보다 훨씬 많다. 그러나 어쨌든 큰 틀에서 현장의 논리는 상위권 학생과 학부모, 중하위권 학생과 학부모, 일선 교사, 상급 기관의 교육 공무원들 사이의 다층적 협상의 결과물이라고 할 수 있었다. 교육학 교과서에서 무엇을 말하건 간에, 대부분의 학생들은 수업 시간에는 시간을 죽이고, 쉬는 시간과 점심시간에는 급우들과 사회적 활동을 이어갔고, 소수의 상위권 학생들은 사회적 지위를 성취하기 위하여 입시에 최적화된 방식으로 학습에 몰두했다. 교사는 수요자와 상급 기관의 요구 사항 사이에서 줄타기를 하면서 문제없이 학급을 관리해내고, 가능하다면 상위권 학생 위주로 입시에서 좋은 성취를 보여주어야 했다.

그렇지만 이런 괴리가 소위 '진보 교육'의 옹호자들이 이야기하는 것처럼 한국 교육의 무조건적인 실패를 의미하는 것은 아니었다. 역설적으로 한국의 교육은, 그런 괴리 속에서, 혹은 어쩌면 그런 괴리 때문에 그간 아주 성공적으로 기능해왔다. 교육을 사회적으로 당연히 통과해야 할 의례라고 생각하는 문화적 풍토 덕택에 대부분 사회 구성원들은 안정적으로 중등교육을 이수했다. 거기에 경쟁적 분위기는 구성원 평균 수준을 전체적으로 끌어올렸고, 특히 입시 경쟁에 적극적으로 참여하는 상위권 학생의 수준을 크게 신장시켰다. 겉의 가치를 이루는, 제도권 교육의 공식적인 논의 또한 아무 역할을 하지 않은 것은 아니었다. 교육의 가치 지향은 사회 구성원 내면의 요구에 의해 교육이 경쟁적으로 폭주하는 것을 제한적이나마 막아주어 사회 통합에 기여했다.

그렇게 교육 덕에 한국은 최빈국이었음에도 인적자원의 평균적 수준을 빠르게 끌어올려 성장하는 경제의 적재적소로 투입할 수 있었다. 한국의 고도성장과 선진국 진입의 비결 중 하나는 다른 사회보다 강력했던 교육 전통과 문화였다는 것을 누구도 부정할 수 없을 것이다. 한국 교육, 더 넓게는 동아시아 교육의 이점은 이런 경쟁적 교육 전통이 부재하여 발전에 제약이 생긴 여타 사회와 비교하면 더욱 잘 드러난다. 무일푼으로 이주한 화교들이 동남아시아에서 원주민들을 제치고 거둔 성공 신화, 혹은 강제 이주를 당한 고려인들이 우즈벡인들보다도 소련 사회 내에서 이룬 급속한 지위 향상의 뒤에는 모두 교육이 있었다. 즉, 사회발전이라는 척도로 본다면, 교육 경쟁의 과열을 우려하는 것은 교육 전통의 부재나 단절보다 훨씬 낫다.

그러나 이런 역설적인 성공과는 별개로, 한국 사회의 고도화가 임계점을 넘으면서, 기존 교육 시스템이 감당하지 못하는 역기능들은 계속해서 누적되고 있었다. 첫째 역기능은 교육 현장의 과열된 경쟁이 가져오는 역기능이었다. 새벽같이 등교하여 모두가 교사의 엄격한 감독 아래에서 공부하고, 모든 학생의 석차가 일렬로 정렬되는 분위기는, 경쟁에 참여하는 청소년기 학생들의 심리에 막대한 부담으로 다가왔다. 더구나 한국 사회가 발전하고, 점차 자유화된 분위기 속에서 성장한 청소년들은 이런 학교의 권위주의적 통제와 경쟁 강조가 더욱 큰 심리적 압박으로 다가올 수밖에 없었다.

게다가 붉은 여왕 효과에 의해 가중되는 사교육비 부담 또한 그런 피로감에 크게 일조를 했다. 많은 학부모들이 자신의 자식 대에는 삶이 달라질 수 있을 것을 기대하며 사교육에 엄청난 돈을 쏟았으며, 수많은 학생들이 하교 이후에도 계속되는 학원과 과외의 연속에 역시 상당한 스트레스와 피로를 느끼고 있었다. 그러나 이런 경제적·심리적 부담을 감수하고도 성과를 얻어낼 수 있는 이들은 어쨌든 명문대에 진학할 수 있는 소수에 지나지 않았다. 한국 사회는 어느 시점부터 이 모든 노력이 과연 무슨 의미가 있는지에 대해서 질문하기 시작했다. 김대중 정권 시기부터 본격화된 각종 진보적 교육개혁 정책은, 유권자들이 호소하기 시작한 한국 교육의 역기능에 대한 피로감을 진보좌파 인사들이 자신들의 구상을 구체화할 계기로 활용하면서 시작된 것이었다.

둘째 역기능은 교육을 통한 출세의 실질적 의미가 점차 바뀌고 있는 것에 있었다. 과거 한국 사회가 상대적으로 훨씬 평등했을 때, 교육을 통한 출세가 의미하는 것은 '개천에서 용이 나는 것'이었다. 즉, 모두가 똑같이 가난했던 시절, 높은 교육 수준을 획득하여 높은 사회적·경제적 지위로 보상받는 것이 출세의 본질이었다. 그러나 출세는 점점 교육을 통한 계층의 상향이동이 아니라 계층의 고착화, 세습을 의미하는 쪽으로 바뀌어 나가고 있었다. 붉은 여왕 효과에 의해 입시 경쟁이 계속해서 고도화되면서, 경쟁에서 승리하기 위해 투입해야 하는 자원은 점점 많아지고 있었고, 학생들이 경쟁에 본격적으로 진입하는 시기도 점점 더 빨라지고 있었다.

그리고 이런 경쟁에서 유리한 고지를 차지하는 것은 당연하게도 더 많은 자원을 동원할 수 있는 상류층과 중산층들이었다. 이런 상류층과 중산층 학부모들은, 자신들이 그런 사회·경제적 지위를 누릴 수 있었던 것이 교육을 통한 지위 획득 덕택이라는 것을 누구보다 잘 알았다. 그러니 그들이 자녀의 교육적 성취를 통한 지위의 지속에 각별하게 관심을 가지는 것은 당연한 일이었다. 반면 교육 경쟁에서 밀려났고, 애초에 동원 가능한 자원이 부족한 하위 계층에서는 교육을 통한 계층 상향이동이 어려워지고 있음을 체감할 수밖에 없었다. 그들은 교육에 투자하는 비용을 줄였고, 경쟁에 참여하고자 하는 의지도 줄어들 수밖에 없었다.

21세기를 지나오며 그렇게 한국의 계층 간 교육 격차는 계속해서 확대되어, 이제 교육은 계층 상승의 도구가 아니라 세대 내 불평등을 재생산하고 고착화하는 수단으로 성격을 바꾸었다. 물론 여전히 교육에서의 성취가 사회·경제적 지위 획득, 즉 출세를 위한 가장 정석적인 수단이라는 인식은 확고했다. 따라서 교육 경쟁에서 실질적으로 탈락한 이들이 출세가 중산층 이상의 전유물이 된 것에 강한 반감을 형성하게 되며, 이 역시 진보 좌파의 교육정책이 추진될 수 있는 정서적 배경을 형성했다.

이런 역기능에 대한 반발은 한국 사회가 민주화되고, 김대중에 의해 실질적인 정권 교체가 이루어진 뒤 더 본격화되었다. 김대중 정부는 이런 불만을 수용하였고, 당시 교육부 장관을 맡은 이해찬이 강력한 교육개혁 정책의 추진을 맡게 된다. 이해찬표 교육개혁의 골자는 모의고사, 학력고사를 비롯한 각종 평가 시험, 아침 0교시 자습과 야간 자율학습과 같이 학생에게 과도한 학업 부담을 안겨주는 제도를 전면적으로 없애는 데 있었다.

이 정책은 훗날 **'이해찬 세대'**라는 이름을 한동안은 이해찬 본인보다 유명하게 만들 정도로 실패했다. 하지만 진보 정권에 의해 최초로 대대적으로 시행된 교육정책이라는 점에서, 이 당시의 시도들은 음으로든 양으로든 이후에 추진될 진보적 교육정책들을 암시하고 있었다는 점에서 중요했다. 진보 교육정책의 중요한 기지가 된 전교조가 합법화된 것도 이 시기였으며, 이해찬이 시도했던 체벌 금지도 당장 정착하지는 못했지만 2010년대를 지나며 전국적으로 확산되기도 했다.

물론 이해찬 개혁은 이처럼 긍정적으로 평가될 수 있는 면보다는 부정적인 면이 압도적으로 널리 기억된다. 이는 한국인들이 결국에는 교육에서 가장 중요하게 간주하는 입시제도를 그가 너무 섣부르게 건드리면서 대혼란이 초래되었기 때문이다. 소위 '단군 이래 최저학력'

이라는 말까지 나온 이해찬 세대의 등장이다. 이 글에서 당시 입시제도나 시험 체계가 어떻게 바뀌었고 그 결과 어떤 혼란이 초래되었는지를 세세히 설명할 필요까지는 없을 것이다. 중요한 것은 이해찬을 필두로 한 진보 교육계의 의제가 **'평가를 어떻게 바라보았는가'**이다. 그들이 일관되게 주장한 것은, 모의고사·학력고사·월말고사를 비롯한 각종 전국 평가는 불필요하게 학생들을 줄 세우게 만드는 잘못된 정책이며, 이런 경쟁을 위한 경쟁에서는 학생들이 진정으로 사회에서 요구되는 역량을 기를 수 없다는 것이었다. 그렇기에 학교가 가르쳐야 할 것은 시험장에서만 쓸모 있는 헛된 지식이 아니라 진정으로 중요한 학생들의 역량이었다.

이해찬 시대에 등장했던 '하나만 잘해도 대학 갈 수 있는' 교육 또한 이런 논의의 연장선상에서 나온 것이었다. 어차피 사회에서는 하나의 전문 능력을 발달시켜 직업으로 삼을 텐데, 구태여 복잡하게 모든 과목을 공부할 필요가 뭐가 있느냐는 것이다. 1999년에 도입된 **수행평가**도 마찬가지 맥락에서 도입된 제도다. 수행평가에는 수능을 비롯하여 전국 단위 시험으로는 평가할 수 없는 실질적인 '역량'이 존재하며, 학교는 그 역량을 기준으로 평가해야 한다는 사고가 담겨 있다. 어찌 보면 이 시기에 정립된 교육개혁론은, 그동안 '속의 욕망'에 의해 소외되어왔던 '겉의 가치'에 맞추어 교육을 개편해야 한다는 대대적인 이상론적 실험과도 같았다.

이해찬의 정책 추진을 가능하게 한 것은 분명 당시 교육에 대해 학생과 학부모 등이 갖고 있던 피로감이었다. 게다가 그들 또한 교육은 어떠해야 한다는 '겉의 가치'를 가치로서 공유하고 있다. 0교시부터 야자까지 하루의 대부분을 극도의 통제 속에 앉아서 공부하고 비싼 사교육까지 받아야 하는 상황을 유쾌하게 받아들일 수 있는 사람들은 거의 없다. 그러나 불만이 정당하다고 언제나 해결책이 올바른 것은 아니다. 정부가 야심차게 추진한 일련의 정책들은 정책 자체가 근거 없는 환상에 기반하여 수립되었다는 점, 실제 입시제도가 이미 정교하게 짜인 시스템으로 작동하고 있기에 성급한 변경은 예측 불허의 혼란을 초래할 수 있다는 점, '겉의 가치'가 추구하는 바와 사람들의 '속의 욕망'은 전혀 다르다는 점 때문에 처참히 실패했다.★

문제는 그렇다고 해서 많은 이들이 진보 교육을 지지하게 만든 원인은 전혀 사라지지 않았기에, 이해찬 체제를 개편하여 기존 체제로 회귀한다 하더라도 결코 교육 논의는 그 이전으로 돌아갈 수 없었다는 것이었다. 그 결과 이해찬 이후의 교육 논의는 이해찬 개혁 이전의 경쟁적 교육과 학생에 대한 강력한 통제를 옹호하는 보수파와, 중등학교의 평준화 및 학습 부담 경감, 학생 인권 존중의 기치를 걸고 나온 진보파가 일진일퇴를 거듭하는 양상을 띠게 된다(후술하겠지만 이것이 반드시 정치적 차원에서 보수와 진보를 의미하는 것은 아니었다). 한쪽에서는 진보 교육개혁이 모든 문제의 근원이라고 주장했으며, 반대쪽에서는 진보 교육개혁이 충분히 시행되지 않아서 한국 교육이 문제라고 받아쳤다.

이러한 갈등은 노무현 정부 시기에도 그대로 이어졌다. 노무현 정부는 2003년 출범한 직후에 교육혁신위원회를 발족하였고, 혁신위의 구상을 바탕으로 2004년 대입 개편안을 발표했다. 대입 개선안의 골자는 크게 두 가지였다. 첫 번째는 악명 높은 수능 등급제를 통해 수능을 무력화시키고 내신을 상대평가로 전환해 내신의 비중을 높이는 것, 두 번째는 입학사정관제를 도입해 수능이나 내신 성적에 구애받지 않고 대학이 자율적으로 학생을 선발할 수 있도록 하는 것이었다. 이 역시 대입에서 전국 단위 시험을 통한 '줄 세우기'를 막고, 학생의

★ 이호승·강봉진·정슬기, 「교육 평준화의 역설…'이해찬 세대' 되풀이되나」, 《매일경제》 2017. 6. 16.

'진정한' 역량을 신장시키며, 궁극적으로는 대학과 고교 서열화 현상을 통제하여 교육의 '진정한' 목표를 달성하고자 하는 이상의 발로였다. 그런 의미에서 2004년의 개편안 역시 큰 틀에서는 '못다 이룬' 이해찬 개혁을 완수하고자 한 시도였다고 볼 수 있을 것이다.

입학사정관제로 도래된 무한 세습 시대

비록 실패했다고 하더라도, 노무현 정권의 개편안 자체는 경로 의존성을 형성하여 이후의 입시제도에 상당한 유산을 남겼다. 그 시기 가장 큰 논란이 되었던 수능 등급제의 경우, 실제 시행된 직후 벌어진 대혼란 때문에 정부가 어쩔 수 없이 1년 만에 철회하여 큰 유산을 남기지는 않았다. 그러나 **내신의 상대평가화와 입학사정관제의 도입**은 훨씬 장기적인 유산을 남겼다. 고교 수준이 다르기에 내신을 입시에 적용하기 힘들다는 불평은 이어졌지만, 어쨌든 9등급의 상대평가 체계로의 변화는 그다지 변별력도 제공할 수 없던 절대평가 내신과는 다른, 새로운 위상을 내신에 부여했다.

이제 수능에 버금가는 평가의 지표로서 내신이 본격적으로 부상한 한편, 입학사정관제의 도입은 수능과는 상관없는 수시가 큰 폭으로 확산되는 계기가 되어주었다. 수능 등급제가 의도했던 만큼은 아니었지만, 참여정부는 '대학은 수능으로 간다'는 공식을 깨고자 하는 목표를 달성해가고 있었다. 본격적으로 오늘날의 정시-수시 논쟁이 자리 잡을 토양이 만들어지고 있던 셈이다. 입시제도가 일관되지 못하게 계속 오락가락하는 것은 교육 현장에 상당한 피로감을 안겨주었다. 그러나 상대평가와 등급 체계를 통한 내신의 부상은 일선 교사들에게는 상당한 이점으로 다가왔다. 그간 내신의 중요성을 뒷받침하는 강한 근거가 **'교실 정상화'**였다는 데서 그 이유를 짐작해볼 수 있다.

과거 학력고사나 수능 같은 전국 단위 평가가 입시의 주축이었을 때는 내신이 의미가 있을 이유가 없었다. 물론 내신도 입시에 반영되긴 하지만 실질적 변별력이 수능에 비하면 유의미하다고 보기 힘든 수준이었다. 이는 자연히 학교의 교육 현장과 실제 입시와의 괴리를 불러왔다. 어차피 한국 교육에서 속의 목표는 입시를 통한 출세였기 때문에, 진정 중요한 것은 입시에 도움이 되는 수능 성적을 잘 받는 것이지 교과서에 따른 수업과 그에 기반한 내신 성적 같은 것이 아니었다. 따라서 학교보다는 학원이, 학기 중간·기말고사보다는 모의고사가 더 중요할 수밖에 없었다. 한편 학부모, 학생, 학원은 고3 11월에 치는 수능이라는 최종 관문에 가장 효율적으로 도달하기 위한 각종 방법론을 발전시켰고, 그중 백미는 교육부에서 지정한 학년별 교육과정을 건너뛰면서 집약적으로 최대한 많은 범위를 공부하는 **'선행학습'**이었다.

이런 경향은 당연하게도 교사의 교실 통제력을 약화시킬 수밖에 없었다. 교육부의 지침에 따라 가르쳐야 하는 교사는 선행학습을 통해 자신이 가르치는 부분까지 미리 학습하고 온 학생들이 학교 수업은 듣지도 않는 것에 개탄했다. 사실 관료제하에서 각종 행정적 업무에 신경 써야 하는 학교 교사들과, 오직 성적을 최대한 끌어내는 것으로 시장의 선택을 받는 학원 선생들이 경쟁력에서 차이가 날 수밖에 없는 것은 당연했다. 더구나 21세기로 넘어오며 EBS를 비롯한 각종 수준 높은 인터넷 강의들도 공급되면서 일선 교사의 경쟁력과 그들만의 대체 불가능한 역할은 급격히 감소해나갔다.

그러나 이런 사실이 '당연'하다고 해서 교사가 그 현실을 저항 없이 받아들이라고 할 수는 없는 법이다. 그리고 대입에 내신이 반영되면서, 교사들은 상실했던 교실에 대한 통제권을 차츰 되찾아오기 시작했다. 내신을 구성하는 학교 시험은 교사의 수업에서 나오는 것이기에, 내신을 잘 받기 위해서는 수업을 1분도 안 들어도 수능 고득점을 받는 상위권 학생들마저 울며 겨자 먹기로 수업을 들을 수밖에 없었다. 체벌이 점차 힘들어지고 소위 '일진'이라 불리는 폭력적 학생들은 교사의 통제에서 더 큰 폭으로 떠나고 있었지만, 적어도 '건방진' 상위권 학생들만큼은 내신의 비중과 비례해서 교사의 권위에 거역하기 힘들어지고 있었다. 일부 교사들은 직역의 이익을 위한 주장을 유능한 이익 집단이면 으레 그렇듯 전체 교육을 위한 것이라며 이를 정당화시켰다. 현장, 혹은 현장을 대변한다고 하는 이익 집단의 논리가 강력하게 관철되면서, 한국의 입시제도는 과거 단순했던 시절로 다시는 돌아갈 수 없게 된다.

이야기를 더욱 흥미롭게 만드는 것은 노무현 정부의 정책 기조가 이명박 정권에 들어서 더욱 강화되었다는 사실이다. 이명박 정부는 과거처럼 수능과 정시 위주의 교육정책으로의 회귀를 주장하기는커녕, 노무현 정부가 기초를 놓은 입학사정관제의 대대적 확대를 추진하였다. 이명박 정부가 입학사정관제를 이렇게 선호한 이유는 당시 정권 초기 교육 논의를 보면 쉽게 알 수 있다. 이명박 정부는 기여입학제·고교등급제·본고사를 금지하는 '3불 정책'을 폐지하고자 했다. 이 세 정책은 한국 교육에서 내세우는 '겉의 가치'와 정면으로 배치되는 것이었다. 하지만 대학, 특히 학생의 선호도가 높아서 입시에서 '갑' 행세를 할 수 있던 대학들 입장에서 3불 정책은 눈엣가시나 다름 없었다. 대학은 더 좋은 고등학교에서 더 잘사는 학생을 선발하고 싶어하며, 선발 과정 전반도 자신들이 통제하고 싶어하기 때문이다. 전반적으로 평등이나 공동체성 같은 가치보다는 자율성·효율 등을 정책 기조로 내세웠던 이명박 정부 입장에서 어느 쪽 손을 들어줄지는 명백했다.

그러나 선발을 모두 대학에 맡긴 결과는 그다지 보기 좋은 것은 아니었다. 전체 입시에서 입학사정관제가 차지하는 비율은 아직 크지 않았지만, 그것이 교육 현장에 준 타격은 그 비중보다 훨씬 큰 것이었다. 선발을 자유롭게 할 수 있게 된 대학이 명문고 위주로 학생을 뽑을 것이 명약관화해지자, 안 그래도 심해지고 있던 특목고·자사고 선호 경향에 불이 붙었고, 중학생 때부터 고입을 준비하는 문화가 새삼스럽게 부활했다. 고등학생들은 수능과 내신보다는 전공 적합성과 여타 정성적 요소들이 중요하다는 대학과 정부의 공언에 부합하고자 수많은 교내외 활동에 참가하면서 생활기록부를 채우고 자기소개서를 써야 했다. 그러나 각 대학이 자신들만의 입시제도를 만들면서, 입시는 공부 싸움이 아니라 정보전이 되었고, 복잡해진 입시제도를 이해할 의지와 능력이 없는 학생들은 이 모든 논의에서 소외될 수밖에 없었다.

정리하자면 이렇다. 노무현이 뿌리고 이명박이 만개시킨 입학사정관 시대는, 태생 때문인지는 몰라도 진보와 보수를 가리지 않는 **무한 세습의 시대**가 된 것이다. 정말 생기부에 기재할 수 있는 내용에 어떠한 제한이 없었기에, 과외나 부모의 상당한 지원을 필요로 하는 성취부터, 정말 특별하거나 비정상적이라고 할 수 있는 항목이 마구잡이로 작성되었다. 이런 항목들을 잔뜩 끌고 와서 특목고·자사고의 입시 담당 교사나 아니면 사교육의 입시 전문가들이 컨설팅해준 자기소개서를 들고 가면 모두가 바라마지 않는 명문대에 갈 확률이 크게 늘었다. 진학하고 싶은 해당 학과를 3년 동안 너무나 애정해왔다는, 자기소개서와 면접에서 어필할 '스토리'를 만들기 위해 학생들의 기록은 기나긴 각본 같은 형태를 띠게 되었다. 이런 어처구니없는 현실은 학교가 수능이나 내신 같은 실질적이지 못한 교육이 아니라 사회에서 정말 필요로 하는 역량을 쌓게 해주도록 도와야 하며 대학도 그런 역량을 평가해야 한다는, 기존에 추구되던 '하나만 잘하면 대학 갈 수 있다'라는 논리의 연장선상으로 포장되곤 했다.

이 시기에 입학사정관제를 통해 명문대를 간 사람 중 가장 유명한 사람이 바로 조국 전 장관의 딸이다. 그의 입시를 둘러싼 논란을 보면 이 시대가 얼마나 질서와 규칙도 없던 시대였는지를 체감할 수 있다. 조국을 비판하는 쪽에서는 고등학생이 논문 제1저자로 등극하고 터무니없는 스펙을 특권으로 만들어서 기재한 것을 격렬하게 비판했고, 조국을 옹호하는 쪽에서는 그런 것은 당시 '초엘리트'들의 일반적 관행이기에 특별히 조국만의 잘못은 아니라고 반박했다.

사실 둘 다 맞는 말이다. 대학이 선발의 자율성을 확보했다는 것은 대학의 구성원들이 선발 과정에 음으로든 양으로든 개입할 수 있다는 것을 의미했고, 거기서 가장 유리한 것은 조국과 같은 명문대 교수들이었다. 이는 정치적 진영을 가리지 않고 벌어진 일이었다는 것이 중요하다. 사실 정치적 진영은 이 문제에서 전혀 중요하지 않은 것이었다. 그저 자녀에게 사회적 지위를 세습시켜주고 출세의 길을 열어주고 싶은 이들이 **세습의 황금기**를 최대한 활용하고자 했던 것이었다. 그러니 조국 딸 입시를 둘러싼 비판과 옹호는 역설적으로 모두 맞는 이야기를 하고 있는 것이었다.

물론 모두가 조국이나 그와 유사한 부류와 마찬가지로 특권을 쓰고 무리한 스펙을 만들었던 것은 아니다. 그러나 입학사정관제하에서 정말 '모든' 것을 다 제출할 수 있게 되었다는 것은 입시 경쟁을 위해 투자할 수 있는 자원의 상한선을 풀었다는 의미기도 했다. 즉, 불법과 특권을 동원하지 않고도 한국의 상류층들은 그들이 갖고 있던 어마어마한 **자원**을 그저 투여하는 것만으로도 이전에 비해서 압도적으로 유리한 고지를 차지할 수 있었다. 조국 같은 '초엘리트'는 특권으로 스펙을 만들 수 있었지만, 그 밑의 중산층들은 각종 사교육을 통해서 자녀를 특목고에 진입시키고, 거기서 막대한 투자를 통해 추가적 스펙을 만들어낸 뒤에 명문대로 밀어넣을 수 있었던 것이다. 여기에도 역시 보수와 진보는 없었다.

그러나 MB 시대의 무질서한 무한 세습 시대는 결국에는 장기적으로 지속될 수가 없었다. 이 시기 입학사정관제가 한국 사회에서 여전히 굳건한, 교육에 관한 '겉의 가치'와 너무나도 심각하게 위배되었기 때문이다. 오히려 이 시기는 1987년 이래로 한국 입시에서 '속의 요구'가 가장 극심하게 폭주한 시기라고 할 수 있었다. 더욱 격렬해진 경쟁과 가닥을 잡을 수 없을 정도로 난립하는 전형 이름은 다수의 학부모와 학생을 소외시켰고, 특권을 가질 수 없어 경쟁에 실질적으로 참여하는 이들마저도 피로하게 만들었다.

몇몇 능력 있는 학교를 제외하면 대다수의 교육 현장에서도 엄청난 혼란이 벌어졌다. 누구도 만족할 수 없는 이런 아노미에 대한 반발은 입학사정관제를 대대적으로 개혁해야 한다는 여론을 다수로 만들었고, 이명박 정권의 마지막 해인 2012년에 가장 적나라한 스펙 쌓기의 현장인 교외 활동과 수상 실적을 입시에서 배제하는 결정으로 이어졌다. 이 무렵부터 제기된 입학사정관제에 대한 불만은, 박근혜 정권에 들어서 입학사정관제가 학생부종합, 소위 학종으로 넘어가면서 그나마 사그라들었다.

박근혜 정권 시대의 입시는 입학사정관제가 학종으로 전환된 것 이외에도 여러 중요한 변화들이 동반되면서 어느 정도 안정된 균형을 찾아갔다. 본래 이례적인 전형이었던 수시가 이제 전체적으로는 65%, 주요 대학에서는 70% 이상의 비중을 차지하는 등 사실상 주요 전형으로 올라섰다. 수시는 내신에 더해 주로 생기부와 자기소개서를 보는 학생부종합과, 내신을 주로 보는 학생부교과로 나뉘게 되었다. 한편 수능은 2011년 이명박 정권이 수능 문제를 EBS 교재에서 출제하는 EBS 연계 정책을 시작한 이래로 꾸준히 그 비중과 변별력이 약화되었다. 수능이 입시 문화에서 차지하는 상징적인 면모는 여전히 그대로지만, 그 실질적인 기능은 과거와 비교하면 놀라울 정도로 소략해진 것이다.

비중이 줄어든 정시는 대신 수능 공부에는 도가 텄으나 내신에는 큰 미련이 없는 학생들, 그중에서도 특히 재수생과 반수생이 집중되는 전형이 되었다. 따라서 학생들은 대체로 다음과 같은 식으로 전략을 결정하는 일이 많아졌다. 3년 동안 내신을 잘 관리하고 가능하면 생기부도 잘 챙겨서 수시를 쓰든지, 아니면 빠르게 수능 공부에 집중하여 재수 정도는 감수하고 정시에 도전하든지. 물론 이쯤 되었을 때 이런 지지부진한 논쟁은 명문대와 출세라는 한국 교육의 실질적 슬로건에 관심 없는 대다수 학생들과는 전혀 상관없는 이야기가 된 지 오래였다. 명문대 입시에 모든 사회적 관심이 쏠리는 동안, 그보다 더 심원한 교육 문제를 겪고 있는 그들은 철저히 소외되었다.

매일매일이 곧 경쟁: 학생부와 내신 기반 입시

내신과 학생부 기반 수시를 주로 하고 정시를 종으로 하는 제도가 큰 잡음 없이 굴러가면서, 크게 보면 이해찬 개혁부터 15년 가까이 혼란을 겪어온 입시는 그제야 큰 변화 없이 안정될 수 있었다. 학생부 기반 입시가 비교적 안정적으로 수용될 수 있던 것은 이것이 그동안 한국 교육에서 문제라고 지적되어 오던 몇 가지 문제를 겉으로나마 해결했기 때문이다. 내신의 비중이 올라가면서 학교 수업은 **'정상화'**되었고, 학생들은 생기부를 잘 쓰기 위해서 시험에만 몰두할 수 없게 되어 독서, 봉사, 그룹 활동 등에도 성실히 참여해야 했다. 이런 모습은 그동안 한국인들이 전국 단위 평가에 기반한 경쟁 시스템에서 느꼈던 어떤 위화감보다는, 그들이 '겉의 가치'대로 생각하는 교육의 모습, 즉 **'마땅히 그래야 하는 모습'**에 더 가까웠다.

겉으로 보기에 좋았다는 것은 정책이 유지되는 데 상당한 힘을 발휘했다. 노무현 정권 시기에 상대평가화된 내신이 의구심의 눈초리가 없진 않아도 어쨌든 사회적으로 최소한의 신뢰를 갖고 수용된 것도 중요했다. 분명 내신이 갖는 몇 가지 문제가 있다손 치더라도, 9등급제에 기반한 내신 시스템은 과거 이해찬 개혁, 수능등급제, 입학사정관제처럼 정량 상대평가를 원천 무력화하려는 시도보다는 분명 예측 가능하고 적응할 수 있는 것이었다. 어차피 학부모와 학생 입장에서 진짜 중요한 것은 정의로운 입시를 만들기보다는 예측 가능한 시스템 하에서 최대한 잘 적응해서 좋은 결과를 거두는 것이었다. 학종의 이런 성격은 조국 딸 입시 논란이 수시 전반에 대한 논란으로 번졌을 때 "조국의 딸이 대학을 갔을 때 활용한 입학사정관제와 현행 학종은 전혀 다른 방식으로 운영된다"라는 논거가 되어주었다.

그러나 이것이 학종 옹호자들의 말처럼 한국인들이 원했던 교육에 대한 겉의 가치를 충족하는 것이었을까? 학생부와 내신 기반 시스템의 작동 양태를 하나하나 뜯어보면 전혀 그렇지 않다는 것을 알 수 있다. 기본적으로 한국의 교육은 고도의 경쟁을 강제하는 속의 요구가 유지되는 한 결코 어떠한 제도적 개혁으로 겉의 가치가 추구하는 바를 달성할 수 없다.

역설적으로 내신 중심 입시는 입시 경쟁에 참여하는 학생들에게 더 과중한 스트레스를 주게 되었다. 과거 경쟁적 교실 문화에 대해 비판으로 으레 나오곤 했던 말인 '옆자리 친구조차도 밟아야 할 경쟁 상대로 생각하게 만드는' 교육은 수능 중심 입시보다는 내신 중심 입시에서 더 노골적이 되었다. 수능에서 등급이나 표준점수라는 한정적 자원을 획득하는 것은, 수십만 명이나 되는 수험생 사이에서 몇만 등 안에 들어가는 아주 추상적인 문제였다. 본질적으로 이는 제로섬 경쟁 게임이었지만, 참여하는 학생 입장에서 봤을 때 수능에서의 경쟁자는 다소 모호할 수밖에 없었다.

내신은 이와 달리 등급이라는 자원을 획득하는 경쟁 범위가 온전히 학교로 제한되었다. 이는 등급을 획득하기 위한 경쟁이 순전히 같은 학교의 학생들 사이에서 벌어진다는 것을 의미했다. 내신은 비유적 표현에 불과했던 **'옆자리 친구들'끼리의 투쟁**을 문자 그대로의 의미로 만들었다. 따라서 경쟁의 심리적 거리는 더욱 가까워질 수밖에 없었다.

게다가 고등학교 1학년부터 3학년 1학기까지 치러야 하는 총 10회의 시험이라는 횟수도 문제였다. 계절이 바뀔 즈음 치러야 하는 열 번의 시험 동안 계속해서 일관된 성적을 거두어야 하는 것은 다른 의미에서 심리적 압박으로 작동했다. 그리고 이처럼 시험 주기가 짧은 것은 출제 패턴에도 영향을 주었다. 내신은 시험 사이의 간격이 짧다 보니 그사이 나갈 수 있는 진도도 짧고, 그러다 보니 시험 범위는 한정적일 수밖에 없다. 그런 시험에서 변별력을 만들기 위해서는 사고력을 요구하는 문제보다는 극단적 암기를 요구하는 문제를 낼 수밖에 없게 된다.

내신과 함께 수시의 양대 기둥이라고 할 수 있는 생기부도 마찬가지다. 수상 실적과 대외 활동으로 고삐 풀린 경쟁을 유도하는 입학사정관제에 비하면 교내 활동으로 모든 것을 제약하는 학종은 훨씬 더 양호해 보인다. 그러나 그렇다고 해서 학종의 생기부가 교육 현장을 겉의 가치가 실현되는 아름다운 장소로 정상화시킨 것은 아니었다. 경쟁적 입시라는 속의 요구가 계속해서 작동하는 한, 생기부는 그 학생의 생활을 가감 없이 기록한 상향식이 아니라, **시작부터 기획하여**

'만들어가는' 하향식으로 돌아갈 수밖에 없었다. 이는 고교 3년의 시간을 특정 전공을 너무나도 사랑했다는 가식적 '스토리'를 만드는 데 썼던 입학사정관제와 기본적으로 다르지 않다. 결국에는 변한 것은 경쟁의 양상이지 그 본질은 전혀 바뀌지 않았던 셈이다.

오히려 학교는 생기부에 쓸 수 있는 내용이 교내 활동으로 제한되면서 전적인 자율성을 얻었고, 그 자율성을 적극 활용하여 자신들의 독자적 이익을 추구하고자 했다. 명문대를 향하는 학부모와 학생의 욕망과, 명문대를 많이 보내야만 하는 학교의 의사가 맞아떨어지면서, 각 학교는 내신 성적이 괜찮은 상위권 학생 위주로 학생들을 대학에서 잘 뽑아갈 상품으로 기획하는 프로젝트를 시작했다. 많은 학교에서는 고등학교 1학년 1학기의 시험 결과에 따라, 내신 성적을 (그 고도의 압박을 뚫고서) 3년 동안 잘 획득할 것으로 보이는 학생들에게 교사들의 집중적인 지도와 기획이 들어가게 된다.

그러니 사실 **생기부를 기획하여 만들어주는 과정** 자체는 내신과 달리 '경쟁적'이라기보다는, 이미 입장권을 획득한 학생들에게 학교가 부여하는 특혜에 가깝다고 할 수 있다. 이 특혜를 받는 학생들은 교사들의 전폭적 지원으로 스토리에 도움이 되는 재료들을 구비할 수 있는데, 여기에는 단순 동아리 활동부터 토론대회, '학술 심포지엄', 교내 신문 발간, 기획적 봉사활동까지 망라하는 수많은 학생의 '창의적이고 자율적인' 활동들이 포함된다. 기획이 가미되는 정도의 차이가 있을 뿐이지 특혜에서 배제된 일반 학생들도 요식행위 활동에 구태여 매달려야 한다는 것은 크게 다르지 않다. 교육을 정상화해야 한다는 명목으로 강조되는 그 수많은 활동들은 그 자체적인 목적과 의미를 상실한 채 말 그대로 활동을 위한 활동이 되고 있는 셈이다.

정리해보자. 내신이든 생기부든 현행 입시 시스템의 본질은 한국 교육의 '속의 요구'가 외부로 발산하는 것을 막고 철저히 교실과 학교 안으로 가두는 것이라 할 수 있었다. 그러나 이것이 속의 요구가 사라졌다는 것을 의미하지는 않았다. 속의 요구, 즉 경쟁은 이제 교실 안에서 멈추게 되어 외부에서 잘 포착되지 않게 되었을 뿐이지 과거와 달리 여전히 강고했다(물론 그 또한 상위권 위주의 쏠림 현상을 보였지만 말이다). 내신을 잘 따기 위해서 학생들은 5학기 열 번의 시험에서 교사들이 나누어준 유인물을 달달 외워야 했으며, 생기부에 한 줄이라도 더 넣고자 전혀 의미 없는 요식 행위, 보여주기식 활동에 시간을 낭비했고, 제대로 읽지도 않은 책에 관하여 생기부에는 그 책을 읽고 인생이 바뀌었다고 작성했다.

그렇다면 수시는 원래 목표한 바를 성취하여 과거보다 더 평등한 입시를 만들었을까? 나 자신이 지방의 고등학교에서 농어촌 전형으로, 학생부와 내신에 기반하여 서울대학교에 갔기 때문에 이렇게 말하는 것은 조금 저어되지만, 현행 수시 또한 불평등을 유의미하게 해소할 수 없는 시스템인 것은 확실해 보인다. 물론, 각종 기회 균형 전형과 농어촌 전형 등을 통한 적극적 조치affirmative action 덕분에 상위권 대학교는 입시에 불리한 계층이나 지역의 학생들을 선발하려고 노력하고 있으며, 전국 단위에서 학교 단위로 평가의 준거가 옮겨간 내신과 생기부 시스템에서는 명문고에 가지 않은 일반고 학생들도 학교 내에서의 경쟁을 통해서 입시에서 성과를 낼 수 있는 것이 사실이다. 실제 수시를 지지하는 측에서는 공정하고 평등해 보이는 정시가 오히려 수능 경쟁에서 오래 버티고 재수까지 할 수 있는 중산층 이상 학생들의 전유물이라고 비판하기도 한다.

그러나, 그럼에도 불구하고 수시가 과거에 비해 유의미하게 입시와 교육에서의 불평등을 줄이지는 못한 것 같다. 일단 정시가 상류층의 전유물인 것이 설령 사실일지 몰라도 이는 정시 비중이 30%에서 심하면 20%까지 내려간 상황에서 벌어진 일이다. 과거처럼 수능이 입시의 중심에 올라서고 그에 맞는 제도들이 등장한다면 현행 수시가 보여주는 계층성과 별 차이 없는 결과가 나올 수 있다. 게다가 수시 또한 이미 계층을 반영하고 있다. 학생부 교과는 내신 위주지만, 학생부 종합에서 계층은 실질적으로 고교등급제의 형태로 작동한다. 학생 선발을 담당하는 쪽에서는 블라인드로 뽑는다고 하더라도 몇 가지 정보를 통해 지원자가 특목고와 자사고에서 온 학생인지를 알아낼 수 있고, 그들에게 암묵적 가산점을 줄 수 있다. 그리고 생기부 내용 자체가 그것을 작성하는 교사의 역량에 달려 있기에, 역량 있는 교사를 많이 확보한 학교들이 유리해질 수밖에 없기도 하다.

마지막으로 수시는 학교 안에서 벌어지는 불평등은 전혀 통제할 수 없다. 한국의 학교들은 오랫동안 '속의 요구'를 내면화해 명문대를 많이 보내는 것을 가장 중요한 성취의 기준으로 삼는다. 따라서 명문대에 진학시킬 만한 자질이 있는 학생들에게 생기부를 실질적으로 몰아주는 관행은 모든 학교에서 상식처럼 자리 잡고 있다. 1학년 1학기 성적이 좋아서 내신을 꾸준히 좋은 수준으로 확보할 수 있는 학생들은 학교에 의해 간택을 받고 기획된 상품으로 거듭날 수 있는 기회를 부여받지만, 그렇지 못한 학생은 수십 건의 생기부를 작성해야 해서 이미 업무량이 폭증한 교사에 의해 별다른 관심도 못 받는 것이 학종의 실제 작동 양태다. 그러니 수시 체제에서 학교 간 불평등은 겉으로는 줄었을지 몰라도 실질적으로는 여전히 남아 있고, 학교 내 불평등은 오히려 더 심해진 셈이다. 위에서 언급한 적극적 조치가 소득에 따른 불평등을 완화하는 데는 도움이 되었다는 말도 있다. 그러나 적극적 조치의 기준에 들지 못하는 중하층에게 이런 말은 전혀 위로가 되지 않는다. 아주 애매한 차이로 인해 그 수혜를 입지 못하는 셈이니 말이다(그리고 무엇보다 적극적 조치를 꼭 수시를 통해서 시행해야만 할 필요는 없다).

한 가지 재밌는 점은 이 새로운 경쟁 시스템, 진정 목표하는 바는 달성하지 못한 데다가 어찌 보면 이전보다 더 소모적이 된 시스템은 이전과 달리 큰 비판이나 '개혁 요구'를 맞닥뜨리지 않게 되었다는 것이다. 물론 교육계 일각이나 입시에 관심 많은 학생들 사이에서 현행 체제의 불합리함을 지적하는 경우는 있었지만, 이해찬 교육론이나 노무현 교육론 같은 국민적 관심사가 되는 비판은 나오지 않게 되었다는 것이다. 그 이유는 두 가지로 추측해볼 수 있다.

첫째, 경쟁의 범위가 전국 단위에서 교실로 급격하게 좁아지면서 학생 개개인이 겪는 스트레스는 늘었지만, 그만큼 입시 경쟁이 사회 전체에서 노출되고 관심을 환기하는 정도는 낮아졌다고 볼 수 있다. 수능이 재수까지 결심한 이들만 몰두하는 '그들만의 리그'가 되었고 대다수 학생이 내신과 생기부를 이유로 학교생활에 몰두하는 것은, 한국 교육에서 추구하는 '겉의 가치'에 학생을 억지로나마 맞춘 결과였다. 일단 보이는 것이 좋고 겉으로 문제 되는 게 없으면 그것은 문제가 되지 않는다는 식이었던 것이다.

둘째 이유는 더 중요한 이유인데, 바로 교육 현장의 주요 이해관계자인 교사가 현 시스템하에서 막대한 주도권을 쥐게 되었기 때문이다. 나는 앞서 내신의 상대평가화가 교사의 통제력을 강화하는 효과를 낳았다고 지적했다. 여기에 담임 교사가 작성하는 생기부까지 추가되고 이 둘의 조합이 입시를 좌지우지하게 되면서, 교사의 자율성은 이전에 비하면 비교도 안 될 정도로 높아졌다. 수능과 모의고사를 기계적으로 풀어주다가 EBS와 메가스터디의 부상 앞에서 무력할 수밖에 없는 일선 교사들에게 이는 당연히 큰 변화였다. 내가 가르치는 수업과 내가 써주는 생기부, 내가 지도하는 활동에 학생들이 전적으로 의존할 수밖에 없게 된 것 아닌가? 쌍둥이 딸들을 위해 시험지를 유출한 숙명여고 교사는 교사가 자율성을 범죄 수준으로 극한까지 추구했을 때 무엇을 할 수 있는지를 보여준 사례이기도 했다.

굳이 이런 극단적인 상황을 상상하지 않아도 된다. 내신을 일찌감치 포기하고 관심 없는 수업 시간에 늘 잠만 자다가 연세대학교에 간 내 친구는, 수업 시간에 대놓고 엎드려 자면서도 성적이 잘 나오는 자신을 보면서 교사가 표출한 불쾌감을 아직도 생생히 기억한다고 이야기했다. 이런 학생의 행동은 물론 권장할 만한 것이라고 할 수는 없었다. 그러나 교육제도 개편의 목표가 학생의 통제라는 일관된 방향으로 향한다면 그것은 분명 문제였다. 내신과 생기부 위주의 입시는 그런 '싸가지 없는 별종'들을 저 구석에 밀어 넣을 수 있었고, 다수의 학생들을 '말 잘 듣는 아이들'로 순치시킬 수 있었다. 이는 교사라는 직업의 근본적인 직업 만족도와 직결되는 것이었다. 교실 현장이 이렇게 운영된다면, 교육에 관해서 가장 크게 목소리를 낼 수 있는 직역이자 이해당사자인 교사들이 왜 교육이 문제라고 목소리를 내겠는가? 그리고 그들이 목소리를 내지 않는다면, 이슈가 달마다 터지는 대한민국에서 굳이 교육이 문제라고 사회 다른 구성원들이 누가 인식하겠는가?*

그런 상황에서 다시 한번 입시가 논란이 되었던 것은 조국 사태가 한국을 뒤흔들면서였다. 사람들은 조국 딸이 손쉽게 순차적으로 출세의 길을 걷는 것을 보며 기존의 입시제도, 특히 수시와 학종 제도가 심각한 문제가 있는 것이 아니냐고 질문했다. 그가 딸의 입시에 관

---

* 물론 학종으로의 변화와 생기부의 비중 증가로 전체적인 업무량이 폭증했다는 불만을 토로하는 교사들도 많다. 그러나 이런 교사들은 현행 입시제도에 대해 불만을 제기할 만한 조직적 기반과 통일된 메시지, 교육에 영향을 끼치고자 하는 학교 바깥의 제 사회 세력과의 네트워크가 없다.

여하던 때는 학종이 각종 제도적 제약으로 통제되던 시기 이전, 입시가 가장 세습 욕구에 충실했던 때였기에 조국에 대한 비판이 학종과 수시 전반에 대한 비판으로 직결되는 것은 다소 맞지 않는 측면이 있긴 했다.

그러나 여론의 기본 골자는 같았다. 신뢰할 수 없는 평가 지표인 내신과 생활기록부 대신 모두가 공정하게, 일관되고 정량화된 기준에 따라서 경쟁하자는 것이었다. 대통령도 이에 공감하여 정시 비중을 늘릴 것을 예고하기도 했다. 이를 둘러싸고 벌어진 논쟁은 과연 학종과 내신, 수시와 수능, 그리고 정시 중에서 무엇이 가장 공정한가, 무엇이 가장 교육적 가치에 부합하느냐였던 것이다.

그러나 지금까지 한국의 입시제도가 겪은 변천사를 생각하면 이런 논쟁이 실질적 의미가 없을 것이고, 어떤 입시 개혁안이 나와도 전체적 그림은 전혀 바꿀 수 없다는 것쯤은 알 수 있을 것이다. 한국 교육을 구성하는 가장 강력한 힘인 '속의 요구', 즉 입시를 사회적 지위 획득의 수단으로 생각하는 관념이 변하지 않는다면 결국에는 어떤 겉의 가치를 표방하고 어떤 제도를 갖고 와도 중산층과 상류층들의 해킹 대상이 될 뿐이다.

정말 중요한 것은 제도 자체보다도 입시 경쟁에 참여하는 플레이어들의 욕망이다. 입학사정관제는 그 욕망을 다른 방식으로 노골적으로 풀어보았고, 그 결과 대혼란을 빚었다. 내신과 생기부는 경쟁의 틀을 교실로 가두면서 사회적 관심을 입시에서 떼어 놓는 데는 성공했지만, 경쟁은 더욱 밀착적인 환경에서 전개되었다. 수능은 그러면 공정성을 담보할 수 있을까? 물론 객관적 기준으로 능력을 입증한 이들이 한정된 자원을 가져간다는 차원에서, 정시는 가장 잡음 없고 깔끔하게 입시를 운영할 수 있는 방식인 것은 사실이다. 그리고 현재 많은 청년 세대는 그냥 그렇게 간단하게 시험 치게 하면 그 결과를 수용하겠다고 주장하기까지 한다. 여기에는 동아시아 사회가 시험에 대해 갖는 문화적 친숙성부터 청년 세대가 예측가능성과 설득력에 대해 갖는 강한 선호가 영향을 끼친 것 같다.

하지만 정시가 한국 교육에서 추구하는 겉의 가치를 보장하는 데 성공하지 못했다는 것은 역시 유념할 필요가 있다. 특히 사교육 시장이 제한 없이 팽창하고 붉은 여왕 효과가 본격적으로 작동하면서, 수능이라는 게임은 점점 일반 학생들이 파훼하기 어려운 게임으로 갈 소지를 보이고 있었다. 초창기 IQ 테스트를 연상케 했던 사고력 중심의 수능 문제는 사교육에 의해 그 공략 방법이 등장하면서 최초의 암초에 부딪혔다. 이후 수능은 항상 변별력과 난이도 사이에서 고심했으며, 그해 수능이 물이었는지 불이었는지는 11월에 항상 사회 최대의 화두가 될 정도였다.

그리고 모든 경쟁에서 시행 횟수와 공략법이 누적되면 누적될수록 참가자들의 평균 기량이 향상되는 것이 당연한 것처럼, 수능 또한 역사가 길어지면서 같은 현상을 반복할 것이 확실했다. 이는 곧 시험 준비와 공략에 걱정 없이 몰두할 수 있는 이들이 가졌던 우위가 계속해서 확대될 것임을 의미했다(물론 이명박의 수능 EBS 연계 정책으로 이런 우려는 제한적인 수준에서만 현실화되었다). 수능은 경험의 누적에 따라 달라질 수밖에 없다. 다시 강조하자면, 정시든 수시든 속의 요구를 해결하지 못한다면 한국 교육은 겉의 가치를 구현할 수 없다는 것만큼은 명확하다.

'제대로 작동하는' 능력주의를 위하여

그렇다면 교육 문제에 대한 답은 결국 없는 것이고, 한국인의 문화적 특성에 대한 한탄 섞인 체념으로 이 글을 끝내야 하는 것일까? 나는 그렇지 않다고 본다. 그동안 숱한 입시 개혁을 거치면서 답을 찾지 못했다면, 먼저 한국 사회가 답을 얻기 위해 제대로 된 사고를 하고 있는지 먼저 물어야 하는 것 아닐까? 답을 못 찾는 것을 탓할 게 아니라 애당초 문제가 잘못되었음을 깨달을 필요가 있지 않느냐는 것이다.

내 가장 근본적인 물음은, 한국인들이 교육에 대해 갖고 있는 '속의 욕망'이 과연 부정해야 하는 것인지, 그리고 교육에서 추구한다는 그 '겉의 가치'가 과연 추구할 만한 가치가 있는지에 관해서다. 앞에서 살펴본 바처럼 한국 사회는 교육에서 추구하는 겉의 가치가 속의 요구에 의해 타락된다고 으레 비판해왔다. 그러나 이런 비판은 한국이 현재 세계적 선진국으로 성장해온 과정을 설명하지 못하며, 21세기에도 유지되는 한국, 나아가 동아시아 교육 전반의 우수성에 대해서는 더더욱 설명하지 못한다.

교육을 사회적 지위 획득의 수단으로 삼고, 그 획득을 위해 경쟁하는 것이 과연 잘못일까? 그런데 그 심리가 한국인의 지독한 상향 이동 의식과 관련이 있어, 이 사회를 역동적으로 만든 원동력이었다면 이걸 잘못이라고 보아야만 하는 것일지 먼저 질문해야 하는 것 아닐까? **그렇게 본다면 진짜 문제는 사회적 지위 획득의 수단이 사회적 지위의 세습 수단으로 변질되어 그 역동성이 가로막히는 데 있을 것이다.**

능력주의에 대해서도 마찬가지다. 최근 많은 식자들이 능력주의에 대해 으레 한마디씩 이야기를 얹고자 한다. 그러나 능력주의가 과연 그 자체로 나쁜 것일까? 중국의 과거제에서 시작된 능력주의는 본디 여타 정체성이나 신분 여하와 관계없이, 직무에 적합한 능력과 성과에 따라서 지위와 보상을 분배한다는 혁신적이고 해방적인 발상이었다. 한국 혹은 동아시아 과거제의 문제라면 능력주의 자체보다도 시험을 통해 단 한 번의 지위를 획득한 다음에 그것이 추가적 평가 없이 계속해서 '능력의 증거'로 기능한다는 데 있을 것이다. 그러나 이것은 능력주의가 제대로 작동하지 않아서 생기는 문제이지 능력주의 그 자체의 결함이라고 보기는 어렵다.

오히려 사회가 더 **고도화**될수록, 적재적소에 가장 적절한 인력을 배치하는 작업은 중요해지는 경향이 있고, 이를 위한 가장 일차적인 작업은 해당 지원자들의 능력을 측정하는 일이다. 성적을 통해서 줄을 세우는 것이 그 능력을 정확히 입증한다고 할 수 없을지는 모른다. 다만 과거제에서 시작된 지금의 숱한 시험 시스템이 이룩한 성과를 보면 정확히까지는 아니더라도 누군가의 능력을 필요한 수준에서 적절하게 입증하는 것은 성공한 것 같다. 모든 시스템에서 중요한 것은 완벽한 100%가 아니라 시스템이 유지되는 데 필요한 수준의 수율이다.

반면에, 교육에서 우리가 흔히 논하는 겉의 가치는 어떨까? 그것이 정말 진지하게 추구되어야 하고 교육의 근본적 목표가 되어야 할까? 물론 그런 겉의 가치가 아무런 쓸모가 없다고까지 할 수는 없을 것이다. 그러나 입시 중심 교육이 우리 교육을 망치고 있으며 이것이 우리 사회 전체를 갉아먹고 있다고 비난하는 이들이 말하는 것만큼 쓸모가 있지는 않은 것 같다.

학생들은 학교에서 무엇을 얻어가야 할까? 사회성? 윤리성? 역사의식? 적성 탐구? 독서 경험? 교양? 그 어느 것도 속 시원한 답을 제공해주지는 않는다. 소위 교육개혁론자들의 이야기를 들어보자면 애초에 학교가 이런 것을 온전히 제공할 수 있는지, 혹은 제공할 필요조차 있는지 의심스러운 것들이 많다. 이는 내 경험이라 충분히 일반화할 수 없는 것일지도 모르지만, 내가 학교에서 가장 크게 배운 것은 교실에 30명의 남자 아이들을 몰아넣었을 때 생기는 사회적 긴장과 친교를 경험한 것이었다. 그 과정에서 교사가 어떤 역할을 했을지는 모르지만, 적어도 그것이 교육청에서 제시하는 교과서 가이드라인과 '학습목표' 따위와는 별 관련이 없었던 것은 확실하다.

대신 내신과 생기부 위주의 입시가 펼쳐지면서 변한 학교의 풍경을 보자면 '겉의 가치'가 무엇이었는지를 충분히 짐작 가능하게 한다. 바로 학생들이 교실에 앉아 교사의 수업에 집중하고, 어른들이 보기 좋은 허울 좋은 프로젝트를 같이 수행하는 모습을 **연출**하는 것이다. 그러나 이런 활동들이 실질적으로 어떤 의미가 있는지 알기란 여전히 어렵다. 한국의 교육을 근본적으로 구성하는 상향 의식을 비판하기 전에, 그 비판의 준거가 되는, 무언가 아름답고 듣기 좋은 말로 가득한 교육의 '원론'이 추구하는 게 고작해야 '보시기에 좋았더라'인 것 아니었을까 먼저 의심해야 한다.

그렇다고 내가 한국의 현재 교육이나 입시 위주 교육을 모두 긍정하는 것은 아니다. 기존의 체제는 분명 유지될 수 없었기 때문에 붕괴했다. 고도의 경쟁적 교육은 구성원들에게 엄청난 스트레스를 안겨주었고, '행복은 성적순이 아니잖아요'라는 비극적인 문구를 남기기도 했다. 게다가 입시 경쟁에서 붉은 여왕 효과가 작동하면서 어느새 어떤 시험이든 교육의 본 목적을 상실한 채 시험 그 자체와 변별력만을 위한 시험이 되기도 했다. 그 경주에 따라가기 위해 사교육 시장은 또 거대한 수준으로 팽창했으니 사람들이 과연 이런 비생산적인, 경쟁만을 위한 경쟁에 이렇게 많은 자원을 쏟아야 하는지 묻는 것은 아주 자연스러운 일이었다. 이해찬 개혁과 노무현의 개편안이 처참한 결과에도 불구하고 애초에 추진될 수 있었던 데는 사회 저변에서 이미 공유되고 있던 현행 교육 시스템에 대한 불만이 있었기 때문이다.

지금껏 시행되었던 그 모든 개혁안이 한국인들이 갖는 속의 요구를 극복할 수 없다면, 기존에 행하던 최적의 시스템으로 회귀하는 게 정답이 될 수 있지 않을까? 실제 많은 이들은 이런 생각을 갖고 있으며, 아마 여기까지 읽은 독자분들 중 몇몇은 나도 이런 생각에 공감하고 있다고 여길지도 모르겠다. 나는 진보 좌파의 교육 철학과 그들이 추진하는 정책을 비판하지만, 그렇다고 이미 유지가 불가능해진 과거 시스템으로 돌아가자는 복고주의자도 아니다.

나는 분명 교육 문제에는 새로운 해법이 있다고 생각한다. 지금까지 한국 사회가 해법을 찾지 못한 것은 해법이 없어서가 아니다. 당연하지 않은 것을 아무런 의심 없이 당연하다고 여기고, 부조리한 것을 어쩔 수 없는 것으로 여기고, 또 반대로 어쩔 수 없이 존재하는 것을 부조리하다고 여겼기 때문이다. 교육에 대해서 늘 반복되는 뻔한 소리를 하지 않기 위해서는, 먼저 왜 교육이 문제가 되는지를 물어야 하고, 당연하다고 생각했던 모든 것을 의심할 수 있어야 한다. 그러기 위해서 가장 먼저 필요한 것은 **과연 교육이란 무엇인가**에 답하는 것이다.

학벌 체제의 기원과 교육의 변화에 관한 제언

"옛사람의 자취를 좇지 말고, 옛사람이 구하던 바를 좇아라."

—마츠오 바쇼

교육의 정의에 관해서는 수많은 사람들이 내놓는 답이 있겠지만, 가장 단순하고 근본적인 정의를 내리자면 교육은 사회에 필요한 인적자원의 생산을 의미한다. 이 문장에서 의미하는 사회가 무엇인지, 혹은 사회가 필요로 하는 인적자원이 무엇인지는 시대에 따라서 바뀔 수 있고, 사회 구성원 사이에서도 이견이 있을 수 있지만, 사회와 인적자원과 생산이라는 개념은 결코 빼놓을 수 없다. 과거 수렵채집사회에서 생존에 필요한 기술과 부족의 신화를 배우는 것부터 현대 정보사회에서 필요한 복잡한 코딩 능력을 배우는 것까지, 교육은 언제나 사회에서 적절한 인적자원을 생산하는 기능을 담당해왔다. 어떤 방식을 통해서든 간에 개별 교육은 서비스를 제공받는 이의 뇌에 교육하고자 하는 지식을 뉴런의 연결망 형태로 생산하고, 총체적으로는 두뇌에 그 뉴런을 갖춘 이를 제 기능을 하는 부품으로 생산하여 사회에 공급하는 것을 목표로 한다.

따라서 우리가 흔히 교육 문제를 논한다면서 이야기 소재로 삼고 하는 평가나 연구는 엄밀히 말하자면 교육이라고 할 수 없다. 평가는 교육의 성과를 측정하여 개별 인적자원에 그에 걸맞은 지위를 분배하는 작업이다. 즉 이미 생산된 인적자원에 어떤 가치를 분배하고 그 가치를 기반으로 인적자원을 사회로 분배하는 것이지, 그 자체가 교육이라는 생산 활동은 아닌 것이다.★ 연구도 마찬가지다. 연구는 교육과 유사하게 생산 활동이라고 볼 수 있다. 그러나 연구가 생산하는 것은 인적자원이 아니라 인적자원에 새겨넣을 지식 그 자체다. 교육을 논의하는 데 있어서 가장 중요한 출발점은 이렇게 기존에 통용되어 있던 모호한 개념들을 더 명확하게 규정하는 것이다.

그렇다면 현대사회에서 사회적으로 적절한 인적자원이 되기 위해서 갖추어야 할 것은 무엇일까? 뒤집어서 말하자면, **교육은 무엇을 생산해야 할까?** 산업혁명과 대중사회의 등장 이래로 한정하자면, 교육이 생산해야 하는 품목은 세 가지라고 할 수 있다. 첫째는 교양교육이다. 전문화된 지식을 배우기 이전에, 사회인이라면 누구나 갖출 것으로 기대되는 상식과 관행, 가치 체계 등을 가르치는 것이다. 둘째는 개념교육(혹은 지식교육)이다. 반드시는 아니지만 교양교육은 적절한 개념교육을 받는 데 기초가 되어준다. 개념교육에서 가르치는 것은 수학적 개념, 경제학 지식, 화학식을 읽는 법, 민법과 형법 등의 명제적 지식이 주가 된다. 이런 지식은 개별 인적자원이 실제 직무에서 직간접적으로 활용된다. 또한 평가로 측정된 인적자원의 지식에 대한

★ 물론 평가의 기능이 온전히 분배에만 있는 것은 아니다. 평가는 추가적인 교육을 어떻게 실시해야 할지 피드백을 제공해줌으로써 교육이라는 생산 과정에 필수적인 도구로 기능하기도 한다. 이 글에서는 생산의 도구로서 과정 평가와 분배로서 결과 평가를 개념적으로 구분하지만, 실제는 두 모습이 조금 혼재되어 있는 측면이 있다.

이해도는 해당 지식을 사용하는 직무에 있어서 인적자원의 수준을 파악하는 데 필수적인 지표가 된다. 셋째로는 노동 현장에서 쓰이는 암묵지 교육이다. 개별 인적자원들은 개념교육을 통해 습득한 지식들을 기초로 하여, 해당 지식을 실제 업무에 적용하는 경험을 통해서 명제로 쉽사리 기술할 수 없는 실무적 이해도를 함양한다.

즉, 교육이 생산해야 하는 것은 언제나 지식이 주가 되어야 한다. 혹자는 지식 이외의 다른 것을 논하기도 한다. 교육이 인성이나 창의력 등에 집중해야 한다고 강조하는 진보교육론자들이 대표적이다. 그러나 이런 주장들은 교육에 대한 잘못된 가정과 근거 없는 막연한 감상에 기대고 있는 경우가 대부분이다. 언제나 사회는 실질적인 기능과 지식을 갖춘 이들을 우대했으며, 인류의 역사는 시대 변화에 더 적합한 기능과 지식을 갖춘 양질의 인적자원을 확보한 사회가 승리해온 역사였다. 인성과 창의성은 언제나 교육의 진짜 목표와 기능에서 부가적인 수준만을 담당했을 따름이다.

물론 이것이 인성이나 창의성이 중요하지 않다는 것을 의미하지는 않는다. 모든 종류의 지식과 자질 습득을 광의의 교육이라 할 수 있다면 이 둘을 함양하는 것도 교육의 중요한 기능일 것이다. 그러나 제도권 교육으로 논의를 한정한다면, 인성과 창의성은 생산해야 하는 주된 목표가 될 이유가 없다. 첫째, 인성과 창의성은 개인의 기질적인 면에 의존하는 면이 크며, 표준화된 절차를 통해 생산해낼 방법이 마땅치 않다(체계화하여 공급할 수 있는 방안이 없는 것은 아니다). 둘째, 근대교육에서 요구하는 표준화된 지식은 과학혁명 이후 정립된 인위적 산물이다. 각종 명제적 지식은 기본적으로 인간의 일상생활과는 무관하며, 그렇기에 인위적인 주입을 필요로 한다. 그렇기에 지식교육은 필연적으로 교수자, 교실, 교재 등 각종 인프라를 요구한다. 인성, 창의성은 반면 인간 종과 함께해온 오랜 역사를 갖고 있고, 그렇기에 일상을 통해 아주 자연스럽게 습득된다. 즉 제도권 교육에 수반되는 거대한 인프라를 구태여 필요로 하지 않는다.

게다가 인성교육론자와 창의성교육론자, 큰 틀에서 역량교육론자들까지도 그들이 강조하는 인성, 창의성, 역량이 무엇이고 인간이 이를 어떤 식으로 획득하는지에 대한 잘못된 이해에 기초하여 주장을 펼치고 있다. 먼저, 사회적 관계에서 적절히 처신하는 능력을 의미한다. 그러니 인성교육에서 흔히 강조되는 독서나 예체능, 각종 단체 활동 같은 것은 사실 인성과 직접적인 연관이 아무것도 없다. 책을 많이 읽거나 그림을 잘 그리는 것이나 축구를 잘하는 것은 그 학생의 도덕성을 전혀 보장해주지 않는다(심지어 체육의 경우는 어쩌면 반비례라고도 할 수 있는 경향성도 보여준다). 시대 변화를 따라가지 못하는 구태의연한 도덕교육이 인성교육이라고 치장되거나, 무슨 무슨 감수성 교육이 현대사회에 필요한 새로운 인성교육이라고 논해지기도 하지만, 이런 교육이 실질적으로 인성 함양에 도움이 된다고 간주할 수 있는 증거는 어디에도 없다.

인성이 적절한 사회적 처신을 의미한다면 우리는 인성을 어른과의 상호작용, 결정적으로 소속된 또래집단에서의 사회적 활동을 통해서 습득하지 요식행위식 교육을 통해서가 아니다. 인격이 형성되는 5세에서 15세까지의 기간에는 더 넓은 의미에서 사회적 윤리와 도덕의 준거를 가르쳐줄 필요가 있을 수는 있겠으나, 이 또한 지식교육의 맥락에서 주입되어야 할 것이지 잡다한 활동을 통해 획득되는 것은 아니다. 게다가 그 후라면 인성은 이미 형성되어 있기에 더더욱 제도권 교육에서 공급할 필요가 없다. 굳이 제도권 교육이 역할을 할 수 있다면 교사가 또래집단의 교우관계에 개입하여, 또래집단 논리가 사회적으로 적절한 방향으로 형성될 수 있도록 유도하는 것이라 할 수 있는데, 애초에 현행 교육 시스템에서는 불가능한 일이다.

창의성과 역량 또한 마찬가지다. 오랫동안 많은 이들이 주입식 교육이 학생을 수동적 존재로 만들기에 새로운 정보사회에는 적합하지 않고, 그러니 지식보다는 창의성과 역량에 교육이 초점을 맞춰야 한다고 이야기해왔다. 이들은 학생이 자신의 창의성을 활용하는 능동적 참여를 통해 실질적 역량을 신장시킬 수 있다고 보았다. 수행평가는 이런 교육 철학이 담긴 대표적인 제도 중 하나이다.

그러나 이는 창의성과 역량에 대한 오해에 기반한 주장에 불과하다. 실제 창의성은 한 가지 과제에 몰두하는 것보다, 다양한 과제를 넘나드는 과정에서 발현된다. 여기까지만 보면 입시 위주 주입식 교육이 창의성을 길러주는 것은 불가능하다는 기존의 이야기가 맞는 것처럼 보인다. 하지만 그 다양한 과제를 수행하기 위해서는 먼저 그 과제를 수행할 지식과 능력을 갖춰야만 한다. 그렇지 않고서 학습량을 오히려 줄여버리면, 창의적인 학생 대신 허무맹랑한 학생만 만들어질 따름이다. 바꿔 말하자면, 창의성을 배양하기 위해 해야 하는 것은 여러 과제에 대한 진지한 몰입이며, 그 몰입을 위해 필요한 것은 지식의 형태로 습득해야 하는 기본기들이다. 즉 대부분의 경우 창의성은 통념과 다르게 제도권 지식교육을 통해서 아주 효율적으로 공급될 수 있는 것이다.

인류의 역사를 바꾼 창의적인 이들은 오늘날에도 가십거리로 등장하곤 하는 '고등학생 천재'들이 아니었다. 제도권 교육을 충실히 이수하고, 다양한 삶의 경험을 통해 그것을 보충한 뒤, 자신의 영역에서 10년은 몰두한 이들이 진정으로 창의적인 결과물을 내놓는 것이 대부분이다. 창의적 인재를 키우기 위한 체계적 방법론을 혹시 만들 수는 있을지라도 그것은 지식교육에 따라가는 종속적 존재여야지 결코 지식교육을 대체해서는 안 된다. 역량 또한 창의성과 유사한데, 실제 역량은 지식을 갖고 본인이 암묵지를 배우는 현장에서 시행착오를 거치며 축적하는 것이지 애초 지식이 부족한 중등교육 수준에서 함양시킬 수 있는 것이 아니다. 중등교육 시기에는 역량에 필요한 기본적 지식에 집중하기에도 시간이 모자라다. 창의성과 역량을 위해서 필요한 것은 학습량의 증대가 될 수는 있어도(다양한 분야를 알아야 하니) 학습량의 저감일 수는 없는 것이다. 학습부담을 줄이는 것의 가치는 오로지 학습부담에 따른 고통이 줄어든다는 것 자체에 있지 창의성과 역량의 획득이 될 수 없다.

프로이센식 교육과 미국의 통합형 대학

그렇다면 교육의 핵심이라 할 수 있는 지식교육은 어떤 식으로 구성되어 있을까? 현대 세계의 많은 것들이 대개 그렇듯, 현대의 지식교육도 1870년대에 시작된 2차 산업혁명의 산물이었다. 전기, 화학, 기계 면에서 엄청난 진전을 이루어낸 2차 산업혁명으로 인류는 정말로 본격적으로 농업 사회와 단절하기 시작한다. 전기로 움직이는 대공장은 그 공장에서 일할 대규모 노동력을 요구하게 되었고, 공장이 위치한 도시는 농촌에서 이주해온 사람들을 빨아들였다. 한편 통신의 발전은 관료 조직의 힘을 키웠고, 이는 국가, 기업, 노동조합, 그리고 군대에 이르는 모든 조직이 수직적으로 움직이는 대형 조직으로 바뀌게 되었음을 의미했다. 이는 1차 산업혁명과는 질적으로 다른 수준의 변화였다.

문제는 조직이 커지고 인력 수요가 늘어나는 반면에 구시대적인 교육 시스템은 인적자원을 수요에 부응할 만큼 생산하지 못하는 데 있었다. 따라서 각국은 어떻게 하면 근대 사회에 필요한 지식을 갖춘 인력을 육성할 것인가를 둘러싸고 고민했다. 그런 다양한 시도와 실험 끝에 세계적으로 채택된 것은 두 가지였으니, 바로 19세기 초 독일에서 탄생한 프로이센식 교육과 남북전쟁 후 미국에서 탄생한 통합형 대학이었다.

프로이센은 우리에게 너무나 익숙한 대중교육의 골간을 거의 대부분 고안한 나라라고 해도 과언이 아니다. 나폴레옹 전쟁에서 프랑스에 처참히 패배한 프로이센은 국가 주도의 강력한 근대화 개혁들을 추진했고, 질 좋은 인적자원을 확보하는 것은 그 프로이센 개혁의 핵심에 있다고 해도 과언이 아니었다. 프로이센 국가는 무상 초등교육 실시와 그 의무화, 사범학교를 통한 교사의 체계적 양성, 커리큘럼에 대한 통제 등을 적어도 1830년대부터 본격적으로 시행했다.

이는 영국과 프랑스에서 국가가 교육에 깊게 관여하지 않은 것을 생각하면 엄청난 혁신이라고 할 수 있었다. 프로이센, 훗날 독일의 아이들은 프로이센 교육 덕택에 읽고 쓰기와 연산, 기술 등에서 다른 국가의 아이들보다 훨씬 앞서갈 수 있었다. 이런 능력들은 공장에서 기계를 만지거나 문서화된 자료를 읽고 이해하고 상급자의 지시사항을 따르는 데 필수적이었다. 그런 독일 노동자들과 기술자들은 유럽에서 제일가는 인적자원을 구성했고, 독일을 미국과 함께 2차 산업혁명의 주역으로 만들었다.

독일 교육의 힘은 훗날 벌어진 대전쟁에서 독일군과 나머지 병사들이 보여준 역량 차이로도 명확히 드러났다. 프로이센 교육은 2차 산업혁명으로 대량생산과 대중사회가 열리게 되면서 근대적 교육을 받은 인적자원이 대규모로 요구되는 시점에 유럽, 미국, 일본 등지로 전파되었다. 1870년대와 1880년대의 급속한 변화와 독일이 보여주는 엄청난 성취를 보면서, 그들로서도 프로이센 교육의 우위를 인정하지 않을 수 없었던 것이다.

프로이센 교육에 밝은 면만 있는 것은 아니었다. 독일의 인적자원이 전쟁에서도 높은 효율을 보여주었다는 데서 쉽게 유추할 수 있듯이, 프로이센 교육은 다분히 군사적이었다. 이것은 그들이 군사훈련을 가르쳤다는 뜻이 아니라, 학교를 군 관료제와 부대를 다루듯이 운영했다는 뜻에 가까웠다. 이는 프로이센이 '군대를 소유한 국가가 아니라 국가를 소유한 군대'라는 말을 들을 정도로 군사주의가 뿌리 깊은 국가임을 반영한 것이기도 했지만, 마치 공장처럼 기초적 인적자원을 생산하는 데 군사적 방법론보다 좋은 것이 없어서이기도 했다. 막사와 비슷하게 설계된 학교 건물, 정해진 시간과 일과에 맞춰 통제되는 학교생활, 모두에게 일괄적으로 적용되는 단일 커리큘럼. 흔히 한국 학교에 대한 부정적인 인식을 형성하는 이런 수직적이고 전체주의적인 면모는 독일에서 시작되어 일본을 거쳐 한국으로 이식된 것이라 할 수 있었다. 어쨌든 이런 시스템은 품질 좋은 인적자원을 대규모로 생산할 수 있는 가장 효율적 수단이었고, 독일의 성공이 바로 이를 입증했기에 전 세계로 확산된 것이었다. 요약하자면, 프로이센 교육은 군사적 방법론을 적용한 최적의 '공장식 교육'이었고, 이는 공장이 세계의 중심에 서게 된 산업사회를 위한 교육이었다.

그러나 초·중등 교육을 넘어서면 얘기는 달라지게 된다. 고등교육부터는 지식이 더 전문화되기 때문에 일괄적 커리큘럼으로 인적자원을 생산할 수 없다. 고등교육에 들어서는 개별 인적자원은 더 특수한 지식을 습득해 더 전문적인 인력으로 스스로를 특화시켜야 한다. 이를 우리는 전공이라고 부른다. 즉, 프로이센 교육은 글도 읽지 못하고 사칙연산도 어려워하는 농민의 자식들을 공장의 일꾼으로 만들 정도의 교육에는 최적화되었지만, 그것을 넘어선 단계, 요컨대 지식을 정말 전문적으로 활용하는 고급 인적자원을 만들어내는 데는 적용하기는 어려웠다. 그리고 2차 산업혁명으로 본격적인 기술 사회가 열리면서 이런 고급 인적자원을 필요로 하는 곳은 갈수록 더 많아지고 있었다. 그리고 그 무렵 고급 인적자원을 더 효과적으로 생산, 공급해낼 제도가 등장하고 있었으니, 그 장소는 대서양 건너편의 미국이었다.

2차 산업혁명의 전야인 1860년대, 파괴적인 남북전쟁이 끝나면서 미국은 다가올 경제 호황을 준비하고 있었다. 1870년대로 넘어가면서 미국은 독일과 함께 2차 산업혁명을 선도했으며, 영국을 뛰어넘는 최강의 경제 대국으로 자리매김했다. 그리고 역시 미국 또한 급격한 산업 팽창을 맞이하여 산업 경제의 요구를 맞추는 우수한 노동력을 필요로 하게 되었다. 미국은 이 무렵 프로이센에서 벌어지고 있는 교육적 실험을 주목했으며, 선도적인 교육개혁가들의 영향 아래에서 독일의 영향을 진하게 받은 교육정책을 도입하고 있었다.

문제는 중등교육을 넘어서는 전문 인력을 양성하는 고등교육이었다. 물론 미국에는 중세 영국의 대학을 모방한 역사가 오랜 대학들이 이미 있었다. 이 대학들 중 일부는 영국 식민지 시대에 건설되어 미국보다도 더 오래된 역사를 자랑하기도 했다. 그러나 이런 대학들의 커리큘럼은 여전히 중세의 의학, 법학, 순수학문 위주의 커리큘럼을 고수하고 있었기 때문에 산업 경제에 걸맞은 인적자원을 생산하는 것과는 거리가 멀었다. 미국에는 이제 더 전문화되고 더 실용적인 지식을 가르칠 기관이 필요했다. 한편 산업과 기술에서 우위를 점하기 위해 미국은 인적자원뿐 아니라 연구를 통한 지식 생산에도 더 적극적으로 임할 필요가 있었다. 즉, 대학은 이제 중세의 한정된 역할을 벗어나 새로운 시대에 맞게 더 많은 분야에 뛰어들 필요가 있었다.

뉴아메리카 재단의 교육정책분석가인 케빈 캐리에 따르면, 이처럼 남북전쟁 이후에 제기된 복수의 요구는 미국의 대학을 이전보다 더 다양한 기능에 복무하도록 재편해냈다.* 비록 널리 채택된 개념은

---

* 케빈 캐리, 공지민 옮김, 『대학의 미래』, 지식의날개, 2016

아니지만, 그는 이 시기 등장한 대학의 새로운 모델을 두고 '통합형 대학'이라고 명명했다. 대학은 먼저 과거 중세에 설립된 취지에 맞게 사회 엘리트를 길러내고 그들이 필요로 하는 수준 높은 교양을 제공할 필요가 있었다. 많은 종합 대학에서 교양liberal arts이 필수적인 것은 이런 경로의존성을 어느 정도 따르고 있는 셈이다.

이에 더하여 팽창하는 산업 경제에 적절한 전문 지식을 학생들에게 교육시키는 역할이 추가되었다. 여기에는 전공이라는 이름으로 전문화된 지식 커리큘럼이 큰 역할을 했다. 더불어 그런 전공 지식을 갖춘 인적자원만이 실제 업무 현장에서 제대로 일할 자격을 갖는다는 합의도 동시에 자리 잡게 된다. 대학은 여기에 더해 각종 전문대학원들을 추가하여 전문적 직무를 수행할 수 있는 인적자원들을 생산했다.

세계적 고도화와 대학의 위기

그러나 오늘날 대학은 교육이라는 인적자원 생산만 하는 기관이 아니다. 어쩌면 그보다 더 중요하게도, 대학은 연구를 통해 지식을 생산해야 한다. 사실 대학이 처음부터 지식 생산의 중심에 섰던 것은 아니었다. 과학혁명 초창기에 대학은 아리스토텔레스 세계관을 재생산하는 기관에 불과했고, 당시 많은 이들은 정치인이나 재력가의 후원을 받으며 연구를 했다. 대학이, 특히 미국 대학이 본격적으로 연구에 나선 것은 남북전쟁기 독일을 방문한 미국 학자들이 뛰어난 수준을 자랑하는 독일의 연구 중심 대학들을 본 뒤에 그것을 미국 대학에 벤치마킹한 뒤부터였다.

이런 통합형 대학 체제에서 교수는 고급 인적자원에 필요한 교양과 전문지식을 학생들에게 전달하는 교육 기능과 지식을 계속해서 생산하는 연구 기능을 동시에 요구받게 되었다. 세 가지 기능을 통합한 이런 통합형 교육은 한국의 대학을 포함하여 오늘날 여러 대학에서 아주 익숙한 시스템으로 자리 잡게 되었는데, 이는 프로이센 교육이 초·중등 교육에서 그랬던 것처럼 고등교육에 있어서도 미국식 대학이 인적자원과 지식 생산에 있어서 그 효율성을 입증해보였기 때문이다. 세부적인 내용은 각 국가의 고등교육 전통에 따라 달라질 수는 있어도, 전반적인 골자는 같았다. 대학은 전공이라는 형태로 중등교육을 넘어서는 고등교육을 제공해야 하고, 동시에 연구에 매진하여 지식을 끝없이 생산해내야 했다.

19세기 후반에 완성된 프로이센 교육과 통합형 대학이라는 두 제도는 20세기에 그 놀라운 위용을 입증해 보였다. 20세기는 19세기 후반에 태동한 대량생산 체제와 대중사회가 본격적으로 만개한 시대로서, 산업 발전과 국민 형성, 과학기술 경쟁과 총력전에 이르기까지 모든 분야에서 인적자원 수요가 폭발적으로 급증한 시대였다. 프로이센 교육을 통해 형성된 인력은 그렇게 공장에서 제품을 쏟아냈고 전장에서 승리를 거두어냈다. 그러나 위대했던 20세기 교육은 전성기를 지나 점차 각종 문제점을 노출하고 있었는데, 이는 20세기 교육이 발을 딛고 서 있던 2차 산업혁명 체제 자체가 위기를 맞이하게 되었기 때문이다. 모든 사회 제도와 관념이 그렇듯이, 인류 사회가 새로운 국면에 접어들면서 20세기의 답이었던 20세기 교육도 새로운 시대와 점점 불협화음을 내게 된 것이다.

20세기 교육이 맞이하게 된 위기의 근본적 원인은 1945년 이후에 인류 문명이 진입하게 된 거대 가속Great acceleration의 결과로 사회가 전례 없이 고도화된 데 있었다. 과거 프로이센 교육은 무지한 농민들을 근대적 산업 인력으로 대량생산하는 수준에서 만족했고, 통합형 대학은 그보다는 조금 좁고 깊은 수준으로 예비 전문인력을 양산하는 기능을 꽤 잘 수행했다. 그러나 1945년 이후 적어도 선진국 사회가 도시화를 완료하고, 고도화된 경제 전반에서 요구하는 지식 수준이 계속해서 높아지면서, 기존의 대중교육은 새로운 요구를 점차 따라가지 못하고 있었다.

특히 1980년대 이래로 세계화가 진전되면서 이 괴리는 더욱 심해졌다. 과거에는 제조업에 종사한다면, 초·중등 교육 정도의 지식만 갖추어도 중산층이 되기에 충분한 임금을 받을 수 있었다. 그러나 이런 제조업 일자리들이 이미 그 정도 교육은 받은 데다가 훨씬 저렴한 임금으로 일해주는 중국으로 빠져나가면서 이야기가 달라졌다. 이제 선진국 사회에서 적응하기 위해서는 더 많은 지식을 더 짧은 시간에 더 집약적으로 쌓아야 했고, 심지어 그 지식을 평생에 걸쳐서 업데이트해야만 했다. 이런 상황에서 과거의 공장식 교육을 답습하는 것은 현대사회가 요구하는 방대한 지식을 쉽사리 쌓지 못하는 하위권을 순식간에 배제하는 것을 의미했다.

커리큘럼 자체도 큰 문제가 있었다. 사회에서 필요로 하는 지식과 자질은 빠르게 바뀌고 있었는데도, 현행 커리큘럼은 지나치게 경직적이었다. 기존 사회에서 요구하던 것들을 아무런 문제의식 없이 가르치고 있는 것이나 다름없었는데, 이는 사회가 기껏 교육이라는 생산활동에 자원을 투자해서 부적합한 결과물을 만들었다는 것을 의미했다. 쉽게 말해 교육은 낭비적인 것이 되었다.

과거에는 커리큘럼이 그렇게까지 큰 문제는 아니었다. 우선 과거의 커리큘럼은 과거의 사회가 요구하는 것에 부응해서 만들어진 면이 있었다. 그리고 과거 사회는 애초에 요구하는 지식 수준이 그렇게 크지 않았기 때문에, 커리큘럼을 통해 배운 내용이 사회의 요구와 다소 어긋난다 하더라도 충분히 그 차이를 메꿀 수 있었다. 그러나 변화의 속도가 갈수록 빨라지는 현대사회에서 그런 어긋남은 치명적이 될 수밖에 없다. 단적으로, 오늘도 실업난에 시달리는 숱한 문과생들이 그 시간에 이과 공부를 했다면 지금 사정은 조금 더 나았으리라.

급변하는 사회와 복지부동의 교육 시스템 사이의 모순은 대학 체제에서 가장 극명하게 드러났고, 실질적으로 여기서 교육과 입시와 관련된 모든 문제가 파생되게 된다. 1945년 이후 전반적인 교육 수준이 높아지고, 상향의식을 가진 구성원들이 너도나도 대학을 계층 상승과 지위 획득의 수단으로 생각하게 되면서, 소수 엘리트 교육기관이었던 대학은 대중교육기관이라고 해도 될 정도로 엄청난 팽창을 거듭했다. 하지만 이 팽창은 결코 향후의 사회변동을 고려한 계획적인 결과물이 아니었고, 더 높은 수준의 인적자원을 쌓고자 하는 사회의 요구에 허겁지겁 대응한 것에 가까웠다. 자연히 양적인 팽창 수준에 비해서 대학 교육의 질적인 수준은 이를 전혀 따라가지 못하고 있었다.

연구에 있어서 이 문제가 가장 잘 드러난다. 이미 인류의 지식이 기하급수적으로 팽창하고 있었기 때문에, 새로운 지식을 생산하는 연구 활동은 점점 더 어려워지고 많은 자원을 요구하게 되었다. 그런 상황에서, 많은 대학들은 적절한 연구 역량을 갖춘 연구자들을 확보하기도 버거워했고, 실질적인 기능을 지식교육에 맞추곤 했다. 그러나 계획적이지 않게 설립된 대학의 수많은 학과들은 사회가 요구하는 지식을 제대로 교육할 역량이 없었고, 이는 지식의 종류와 수준 양쪽에서 모두 그러했다. 엄청난 자원을 잡아먹으면서도 그 투자 효율 면에서는 처참한 하위권 대학이 양산된 것이다.

거기에 상위권 대학 또한 종류는 다르지만 어려움을 겪게 되었다. 연구를 중심으로 교원을 선발하는 대학의 특성상, 연구가 점점 어려워지고 훨씬 더 전문화되고 있는 것은 교수들이 학부 교육에 제대로 신경을 쓸 수 없게 되는 것을 의미했다. 통합형 교육의 두 축인 전공 지식교육과 연구에 모두 뛰어난 사람을 찾기란 이제 인류의 지식이 급팽창하며 점점 어려워지고 있었다. 이런 모든 소식은 4년이나 시간을 쏟아야 하는 대학 생활의 투자수익률이 급격하게 낮아지는 것을 의미했다.

학벌은 왜 생기는가?

하지만 이런 변화에도 아랑곳하지 않고 **상위권 대학 졸업장이 갖는 프리미엄**은 지난 수십 년간 더욱 큰 폭으로 늘었으며, 상위권 대학에 진학하기 위한 경쟁은 더욱 격해졌다. 이는 한국뿐 아니라 한국이 평등한 입시의 천국이라 생각했던 서구에서도 모두 마찬가지로 벌어진 일이다. 그 이유는 로버트 라이시가 '상징분석가'라고 칭한, 전문적 교육을 받은 지식 노동자들의 보수가 세계화를 맞이하여 점차 높아진 데 있었다. 대학의 투자수익률이 어찌되었든 간에 그런 지식교육을 제공해줄 수 있는 기관은 상위권 대학, 소위 명문대학들밖에 없었다.

반대로 명문대에 가지 못했을 때 떠안아야 하는 페널티는 더욱 커졌는데, 세계 경제가 양극화되면서 높은 보수를 받는 상징분석가가 되지 못한 상당수 이들의 임금이 정체하거나 심하면 낮아졌기 때문이다. 명문대 졸업장이라는 학벌을 획득하지 못한 대부분의 이들은 평생에 걸쳐 지속적인 소득과 자산에서의 불리함을 감수해야 할 운명이었으니, 학벌을 쟁취하기 위한 경쟁이 격화되는 것은 당연한 일이다.

한국 입시가 결국에는 학벌을 둘러싸고 전개되는 것도 정확히 같은 이유다. 한국의 입시는 경쟁적이지 않았던 때가 없었으나, 학벌이 갖는 중요성은 오히려 과거에 비해서 더욱 크게 늘었다. 물론 "서울대 나온다고 예전처럼 다 출세하는 거 아니더라"라는 말이 널리 통용되고 있기에, 학벌의 중요성은 과거에 비해서 줄었다는 시각도 있다. 그러나 과거 서울대를 나온 모든 이들이 출세할 수 있던 이유는 한국이 저발전국에서 고도성장을 이루면서 높은 수준의 인적자원을 스펀지처럼 빨아들이고 있었기 때문이다. 한국이 세계화에 상위 플레이어로 참여하는 오늘날은 사정이 전혀 다르다. **학벌은 출세를 위한 충분조건이 아니라 이제는 고소득을 위한 필요조건 중 하나가 되었다.** 즉, 학벌이 있다고 더 이상 성공을 보장하는 것은 아니지만 학벌이 없으면 더욱 어려워지는 상황에 봉착한 것이다. 이는 과거 공고나 지방대 출신도 얼마든지 노릴 수 있었던 중산층으로 향하는 길이 급속도로 쪼그라든 결과였다.

현대 교육의 문제를 종합하자면 이렇다. 20세기 후반부터 현대사회는 더욱 많은 지식을 요구하고 있으며, 지식을 가진 자와 갖지 못한 자 사이의 **양극화**가 심해지고 있다. 이런 와중에서 사회가 요구하는 지식을 갖추지 못한 하위권은 적절한 인적자원으로 성장하지 못한 채 방치되고 있고, 여기에는 경직적이고 보수적인 커리큘럼에 의한 교육이 양산하는 비효율이 큰 역할을 하고 있다. 그런 와중에 대중의 요구를 수용하여 만들어진 상당수 대학은 제 기능을 하지 못하며 낭비적 운영을 이어가고 있고, 상위권 대학 또한 연구에 급급해 수준 높은 교육 서비스를 제공하는 데 갈수록 더 어려움을 느끼고 있다. **그러나 그런 와중에도 상위권 대학의 졸업장, 즉 학벌이 갖는 프리미엄이 존재하기 때문에, 입시 경쟁에 참여하는 사람들끼리의 경쟁은 점점 더 격화되고 있다.**

그리고 진짜 문제는, 이 경쟁에 참여하는 상위 계층의 학생들은 사교육을 비롯한 각종 수단을 적극 활용하면서 빠르게 앞서나갈 수 있게 된 반면, 다수의 나머지 학생들은 이제는 비효율적이 된 공교육에 의지한 채로 학교에서 쓸데없는 지식을 머리에 채우며 시간만 죽이게 됐다는 것에 있다. 학벌 경쟁에서 한 번 밀려났을 때 이를 뒤집는 것이 사실상 불가능해지는 것은 문제를 더욱 악화시킨다. 사실 지금까지의 이 글을 포함하여 한국의 교육 논의에서 가장 문제는 이 버려진 거대한 인구 집단을 사실상 논의에서 배제하고 있다는 것이다. **모든 교육 논의는 입시, 그것도 명문대 입시를 위한 이야기로 채워진다.** 그러나 그 경쟁에 참여할 수 있는 이들은 과연 몇 퍼센트인가. 그러니 모든 국민을 교육을 통해 표준화된 인적자원으로 생산해내겠다는 프로이센 교육의 원대한 꿈은 이미 붕괴한 것이나 다름 없는 셈이 되었다.

사정이 이렇게 된 이유는 사실 간단했다. 현대사회는 2차 산업혁명기가 시작될 때와 마찬가지로 적절한 지식을 갖춘 인적자원 생산과 공급에 실패하고 있었다. 선진국 사회에서 주로 필요로 하게 된 인력은 어느 정도 수준이 되는 대학에서 교육을 받은 이공계 인재였다. 그러나 기존 교육제도와 커리큘럼의 경직성은 이공계 교육이 충분히 이루어지는 것을 막고 있었고, 대학은 양적 팽창에도 불구하고 충분히 높은 수준의 교육을 제대로 제공해주지 못하고 있었다. 그러므로 '학벌 프리미엄'은 결국 제대로 된 학벌(적절한 수준의 교육을 받았다는 지표)이 충분히 공급되지 않아서 발생한 일종의 공급 참사라고 할 수 있다. 학벌을 향한 경쟁이 격화되고, 초·중등 교육이 모두 학벌을 획득하기 위한 입시 경쟁에 초점이 맞추어지게 된 것도 다 같은 맥락에서다.

그렇다면 지금의 교육 문제를 해결하기 위해서는 다른 대학의 수준을 끌어올리는 등의 조치를 취해서 학벌 프리미엄을 줄이는 것이 답일까? 대학교 평준화나 국공립 네트워크 제도 같은 개혁을 통해서 학벌을 억제하는 것이 그 해법이 되어야 할까? 그러나 해법이 그렇게 간단했다면 한국을 비롯해 수많은 국가들이 학벌 문제로 고민할 이유는 없었을 것이다. 학벌은 현행 고등교육 시스템에서 필연적으로 발생할 수밖에 없는 현상이며, 학벌을 뜯어고치겠다고 시도한 숱한 개혁들이 무위로 돌아간 것은 당연하다. 개혁가들이 학벌이 지금의 고등교육 시스템과 불가분의 것임을 이해하지 못했기 때문이다. 그러니 학벌이라는 문제를 해결하기 위해 진정 중요한 것은 **학벌이 생기는 원인**을 이해하는 것이다.

처음에 학벌이 생긴 이유는 단순했다. 고등교육은 애초에 대중교육을 의도하고 만들어진 것이 아니었다. 고등교육은 국가를 이끌 엘리트를 양성하기 위한 교육이었고, 최초에는 아주 소수의 교육기관만이 고등교육을 제공했다. 국가의 전폭적 지원 아래에서 최상급 인재를 공급 받으면서 이런 대학들은 국가 엘리트들을 양성해냈다.

이후 대중교육으로 고등교육 자체의 성격이 변화하는 와중에 이런 명문의 위상을 획득한 학교들이 더 생겨났다. 그러나 전체적인 구조에는 흔들림이 없었다. 고등교육은 소수의 학교가 국가의 지원과 상급 인재의 선호 모두를 독식하는 피라미드 구조다. 이 구조는 학벌을 획득한 인재들이 사회에서 더 성공하고 자녀들도 자신이 누린 학벌을 누릴 수 있도록 자녀교육에 막대한 투자를 하면서 세대를 거듭할수록 강화된다.

그렇다면 상위권 대학에 들어가는 지원을 줄이고 나머지 대학들의 수준을 끌어올리는 등 대학 간 차이를 지우면 되지 않을까? 그러나 이는 두 가지 이유에서 불가능하다. 첫째, 과거 대학이 갖는 상징성 때문에 대학은 초·중등 교육과 달리 정부의 간섭으로부터 자율성을 보장받는다. 심지어 사립대가 아닌 국공립대조차도, 중·고등학교와 비하면 무엇이든 할 수 있을 듯한 자율성을 갖고 있다. 이런 자율성은 필연적으로 대학 간의 특화, 차이를 불러올 수밖에 없고, 자연히 초기에 획득한 명문대로서의 지위가 결정적 역할을 하게 된다. 정부가 대학 간 차이를 없애고자 한다면 모든 고등교육 기관을 정부의 통제에 넣고 커리큘럼과 교직원 배치에서 대학의 자율성을 박탈해야 하며, 학생은 선발되는 것이 아니라 '배치'되어야 한다.

그러나 설령 이런 정책을 추진한다 하더라도, 대학 간 위계를 근본적으로 없앨 수는 없다. 도시의 위상이 현대사회에 들어 더욱 커지면서, 학생부터 교수까지 모든 이들은 대도시의 삶을 원하고 있다. 당연하게도 고등교육을 공급할 정도로 유능한 인재일수록 서울과 같은 대도시 거주를 압도적으로 선호할 것이다. 따라서 교수와 학생 가릴 것 없이 상급 인재들은 대도시의 특정 구역에 모이면서 그들이 집중된 지역의 학교가 새로운 명문대로 떠오를 것을 예상해볼 수 있다. 정부가 모든 교육을 통제한 소련에서도 최고의 명문대는 모두 모스크바와 레닌그라드 같은 대도시에 몰려 있던 것도 같은 이치다.

대학의 자율성은 더 중요한 두 번째 문제, **평가**의 문제를 파생시킨다. 대학을 졸업한 이들은 본격적으로 노동시장에 뛰어들어 구직활동에 나선다. 문제는 대학교가 개별 학생을 평가하는 지표인 학점이 이 학생의 실제 역량을 어느 정도로 반영하고 있는지 객관적으로 알 길이 없다는 것이다. 이는 학점이 그 자체로 무용한 지표라는 뜻이 아니라, 학점이 대학 간 호환될 수 없다는 뜻이다. 명문으로 알려진 대학에서 학점 2점대를 받은 것과 그리 선호가 높지 않은 대학에서 학점 4점대를 받은 학생 중 우리는 어느 학생이 더 우수하다고 판단할 객관적 근거를 제시할 수 있는가? 교육의 내용과 평가가 자율적으로 이루어진다는 뜻은 개별 대학마다 천차만별의 기준을 갖고 인적자원에 가치를 분배한다는 이야기이기도 하다.

구인을 하는 입장, 특히 한국처럼 경직된 노동시장을 갖는 나라에서 이 문제는 결코 허투루 넘길 수 없는 문제가 된다. 고용주가 해고가 쉽지 않다면, 직원 개개인을 들이는 리스크는 아주 커진다. 해당 직원이 업무에 태만할 수도 있고, 아니면 기대와 달리 적성과 능력이 전혀 업무에 부합하지 않을 수도 있다. 그런데 이런 부적격 직원을 해고할 수 없다면 고용주는 막대한 손실을 계속해서 떠안고 가야 하는 것이다. 즉, 이런 상황이라면 고용주가 인력을 채용할 때는 최대한 신중한 태도로 임해야 한다. 이 인력이 가져올 잠재적 이득을 노리는 것보다는 혹시 모를 잠재적 손해를 더 피해야 하는 게 합리적인 전략이 된다. 노동시장이 한국처럼 경직적이지 않은 사회에서도 이 기본 틀은 변하지 않는다(인간은 손실에 더 민감하기에).

그러나 구직을 하겠다고 몰려온 그 수많은 인력을 전부 일일히 평가하는 것은 역시나 많은 자원이 들어간다. 가장 좋은 것은 일을 시켜보는 것이겠지만, 경쟁률이 100:1이라면 100명에게 어떻게 전부 일을 시켜보겠는가? 면접 또한 시간과 예산을 엄청나게 잡아먹는 것은 마찬가지다. 즉, 채용자는 안정적인 결과를 기대할 수 있을만큼 신뢰도가 높으면서도, 가장 효율적으로 지원자의 정보를 제공하는 '신호'를 요구하게 되고, 그 신호에 따라 1차적인 평가를 마쳐야 한다. 그 신호 중 우리에게 가장 익숙하고 보편적으로 활용되는 것이 바로 학벌인 것이다.

인간의 인지능력이나 기질적 특성이 20대에 들어서 크게 뒤바뀌지는 않을 것이기에, 중·고등학교에서 학업에 얼마나 집중해서 경쟁적 입시에서 성과를 거두었는지는 해당 인력의 지력과 성실성을 판단하는 데 완벽하지는 않지만 그럭저럭 괜찮은 지표가 되어주는 셈이다. 거기에 대학의 평가가 대학마다 천차만별의 기준으로 이루어지는 반면, 고등학교는 국가의 통제 아래에서 모두에게 일괄되게 적용되는 보편적 평가라는 믿음이 있기 때문에 학벌은 학점에 우선하는 위상을 지니게 된다.★

★ 물론 신호로서 학벌의 신뢰도나 학점의 위상은, 수시 모집의 확대나 대학 내 경쟁 증가와 같은 구체적 맥락에 따라서 유동적으로 변할 수 있다.

즉, 노동시장에서 학벌을 대체할 수 있는 더 효율적이고 정확한 **신호**를 확보하지 못하는 이상, 채용자들은 계속해서 학벌에 의존할 수밖에 없는 것이다. 학벌을 해결하기 위한 각종 시도가 번번이 실패하는 이유 또한 여기에 있다. 공기업에서는 학벌을 가리는 블라인드 채용이 도입되기도 했지만, 채용 담당자들은 기존에 편하게 쓰던 지표를 못 쓰게 되면서 불편함을 토로했고, 면접 과정에서 외모의 영향력이 상당히 늘었다는 지적이 있기도 했다. 한편 블라인드 채용을 도입했음에도 큰 변화가 없는 명문대 출신 입사자들의 비율은, 기존의 학벌이 완벽하지는 않더라도 꽤나 유용한 신호였음을 입증한다(몇몇 기업에서는 SKY 출신 입사자의 비율이 늘기도 했다). 그렇기 때문에 정부가 학벌 기재를 막고자 해도 우회적으로 학벌을 유추할 수 있는 정보를 지원자가 흘리고, 채용자가 그것을 확인하는 식의 방법은 오히려 더 성행할 것임이 틀림없다.

최근에는 지원자와 학벌을 공유하는 기존 입사자를 통해 평판을 확인하는 경향도 크게 늘었는데, 이 또한 노동시장에서 신뢰성 있는 정보를 효율적으로 얻고자 하는 노력의 일환이다. 그러니 학벌에 대한 숭배는 겉으로 보기엔 비합리적이지만 학벌이 생긴 원인을 생각해보면 이는 오히려 사람들이 체득한 자연스러운 직관과 논리에 가까운 것이다. 대학 교육과 평가가 자율적으로 운영되는 한 학벌의 발생은 필연적이다.

학벌은 왜 문제인가?

학벌을 생각할 때 우리는 학벌의 이런 기능을 결코 무시해서는 안 되지만, 이것이 완벽하지 않은 임시변통이라는 사실도 잊어서는 안 된다. 학벌이 사회에서 받아들여지고 당연한 것으로 수용되고 있는 현실과는 별개로, 학벌은 그 자체로 막대한 부조리와 비효율을 양산하고 있는 시스템인 것은 명확하기 때문이다.

학벌의 가장 큰 문제는 그것이 특정 대학 입학이라는 지위재를 한 번 획득한 것이 영구적인 혜택으로, 심지어 역전조차 불가능한 카스트처럼 기능한다는 데 있다. 사실, 채용자 입장에서 진짜 중요한 것은 지원자의 수능 점수나 대학교 간판이 아니다. 채용 와중에 그들이 확인하고 싶은 것은 해당 지원자가 어떤 교육을 받아왔고 어떤 역량을 갖추고 있는지다. 그러나 임시변통의 학벌 시스템은 20대 이후의 성취에 대해서는 지나친 평가절하를 하고 10대 후반과 20살 남짓의 입시에 특권적 과대평가를 부여한다.

경직된 교육 체제로 인해 역전이 거의 불가능에 가까운 것도 학벌의 부조리함을 극대화시킨다. 재수와 삼수로 학벌을 역전시키는 경우는 흔하다. 그러나 대다수의 경우는 그렇지 못하며, 한 번 학벌이라는 지위재를 획득하는 데 실패하면 그 손실은 반영구적으로 이어진다. 이는 사회 구성원 대다수가 질 좋은 교육을 받을 기회를 한 번의 평가를 통해 박탈한다는 것과 다름없는 이야기다. 수능 날 한 번의 실수로 자신의 능력과 기대에 맞는 학벌을 획득하지 못하고 그보다 아래 학벌을 얻게 된 이들이 겪는 심리적 고통은 입시에 관한 이야기에서 단골처럼 나오는 소재인 것도 이와 상통한다.

반면 한 번 학벌을 얻게 된 이들은 그 혜택을 계속해서 누리게 된다. 명문대를 다니는 사람들이 대학만 합격하면 놀기 바쁘다는 철 지난 소리를 하려는 것은 아니다. 명문대생들은 명문대에 가서도 안주하지 않고 다른 어떤 학생들보다 치열하게 노력하고 인적자본을 축적한다. 그러나 명문대의 교육을 10대 막바지에 치른 입시 결과 하나로 독식하고, 그 독식의 결과로 노동시장에서 가장 효율적으로 기능하는 신호를 확보하는 것은 명백한 지대의 독점이 맞다. 이런 경직성 때문에 학벌은 필연적으로 고등교육의 과소공급으로 이어지고, 학벌 프리미엄은 더 강화된다.

학벌의 문제점은 여기서 그치지 않는다. 학벌은 폐쇄적 네트워크를 의미하기에, 지대를 독점하고 내집단 의식을 공유하는 이들끼리의 카르텔 형성을 유도한다. 과거보다는 나아졌다곤 하지만, 파벌과 라인을 형성하고 자신들끼리 정보를 공유하는 이런 행태는 그 카르텔에 속하지 못한 이들에게도 손해가 될 뿐 아니라, 사회 전체에 있어서도 분파주의를 비롯한 불필요한 갈등을 낳을 따름이다. 사법시험에 합격하여 이미 충분한 역량을 입증한 노무현이 기껏해야 10대 후반에 성취하는 지위인 학벌이 없다는 이유만으로 무시당했다는 일화는 그런 카르텔 의식이 만들어내는 사회적 비용을 상징한다.

게다가, 역전이 불가능하다는 특성으로 인해 학벌이 갖는 절대적 지위는 중등교육 전체를 오직 대학 입시만을 위한 교육으로 변질시킨다. 사실상 기초 교양에 더 가까운 중등교육은 엄청난 경쟁 속에서 뒤틀려버렸고, 학생들은 굳이 알 필요 없는 수준까지도 중등교육의 커리큘럼을 집중적으로 공부해야 했다. 이는 고등학교의 내신과 수능이 단순한 평가의 결과로서 지위가 아니라 평생을 가는 지대를 분배하는 평가가 되었기 때문이다. 그런 경쟁적 분위기 속에서 붉은 여왕 효과가 작동하면 변별력을 내기 위한 난이도 요구치가 계속해서 상승할 수밖에 없다.

이 과정에서 상위권을 따라가지 못하는 이들은 경쟁에서 탈락하게 되며, 그들은 낙오자 취급을 받고 사회의 교육 논의에서 완전히 사라지게 된다. 그렇지만, 여기서 질문해보자. 만약 이런 중등교육에서의 낭비적 경쟁을 사라지게 한다면 어떨까? 유능한 10대들은 아예 일찌감치 뗀 중등교육을 넘어 고등교육 과정을 배우는 데 시간을 할애

할 수 있을 것이고, 평범한 나머지 학생들은 자신만의 속도로 중등교육 과정을 학습할 수 있을 것이다. 그러나 현대 교육은 소수의 낭비와 다수의 배제를 본질로 운영되고 있다.

정시와 수시, 할당제 등의 논쟁이 공허한 이유가 여기에 있다. **우리의 현 시스템에서 가장 부조리한 체제인 학벌을 그대로 용인하며** 공정을 논해보았자 그것이 교육의 문제를 해결하는 데 의미 있게 기여할 수 있을 리는 만무하다. 학벌이 존재하고 사회 구성원들이 학벌의 획득을 통해 지위를 획득하고자 경쟁하는 분위기가 그대로라면 그 어떤 교육개혁 시도도 주변에서 변죽만 울리다 끝나는 셈이 되는 것이다. 개혁이랍시고 시도되는 각종 실험과 변화 속에서 혼란을 느끼는 학생들, 생각이 다른 구성원들 사이에서 유발되는 사회적 갈등과 스트레스는 그에 부수적으로 따라오는 비용이다.

그렇다면 학벌의 본질을 다시 한번 들여다보자. 한국인들의 속의 욕망에서 교육은 출세를 위한 지위 획득의 수단이다. 그 지위는 일반적으로 높은 소득과 사회적 지위를 보장해주는 직업이다. **즉, 교육 문제는 본질적으로 노동시장 문제의 연장선상이다.** 여기서 바로 학벌이 등장한다. 노동시장에서 구직자와 채용자의 정보비대칭 문제를 해소하기 위하여 신뢰성이 높고 비용 면에서 탁월한 학벌이 신호로서 역할을 하게 된다. 그러나 그런 신호를 제공해줄 수 있는 학벌은 대학 교육의 자율성과 피라미드 형태의 구조 때문에 필연적으로 과소공급이 될 수밖에 없으며, 경직적인 시스템은 학벌을 역전 불가능한 카스트로 만들어버린다.

이런 구조하에서 학벌을 극복하기 위해서 필요한 것은 두 가지다. 첫째, 양질의 고등교육 공급이 큰 폭으로 늘어야 한다. 둘째, 학벌보다 더 나은 신호 체계를 만들어서 노동시장이 활용할 수 있도록 해야 한다. 그리고 이 두 가지 목표를 달성하기 위해 필요한 것은 단 하나다.

바로 기존 대학에서 평가 기능을 분리시키는 것이다. 이는 곧 학부 교육기관으로서 대학이라는 제도를 사실상 훨씬 더 축소하고, 대학을 우리가 알던 것과는 근본적으로 다른 무언가로 변화시켜야 한다는 뜻이다.

마주할 수밖에 없는 대학 개편

다시 한번 지적해두자면, 학벌을 비롯한 각종 고등교육 문제가 생기게 된 이유는 단순하다. 대학이 교육과 평가에 있어서 자율성을 가지고 있기 때문에 대학이 차등화되기 때문이다. 그리고 대학이 자율성을 갖게 된 것은 경로의존성과 시대적 한계 때문이었다.

중세 이래로 대학은 자유의 보루로 여겨지는 공간이었다. 그리고 전문화된 지식을 표준적으로 공급하기에는 국가의 역량은 턱없이 모자랐다. 정부는 몇몇 엘리트 교육기관에 전폭적 지지와 전공이라는 형태의 특수한 커리큘럼을 자율적으로 가르칠 수 있는 권한을 위임했다. 그 결과 평가되는 학생들의 능력에는 차이가 생겼고, 고등교육이 대중교육으로 확대되자 '대학생'이라는 정보만으로는 알 수 없는 것들이 너무나 많아졌다. 이런 한계는 대중사회를 건설해낸 2차 산업혁명 체제의 역량으로는 어쩔 수 없는 것이었고, 사실 이런 한계에도 불구하고 그 체제는 매우 잘 작동했다.

하지만 오늘날의 세계는 급격히 바뀌었다. 우리는 작금의 사회를 2차 산업혁명 사회가 아니라 **정보사회**라고 부른다. 정보기술은 인류를 새로운 단계의 문명에 진입하도록 만들었다. 교육에서 이는 2차 산업혁명 시대의 교육(프로이센 교육과 통합형 대학)이 내비치는 역기능이 커져가는 반면, 구시대 교육의 한계를 극복할 수 있게 해주는 다른 기술적 기반이 출현하고 있음을 의미했다. 다시 말해서, 우리는 이미 과거 교육에서 어쩔 수 없는 한계로 치부하고 넘어갔던 것들을 극복할 대부분의 수단을 갖고 있다.

그렇기 때문에 진짜 문제는 새로운 제도를 설계하여 그 수단을 어떻게 최대한 활용하느냐이고, 그런 제도를 설계하고 실제 적용할 수 있게끔 해주는 상상력과 추진력이라고도 할 수 있다. 이는 전혀 새로운 것이 아니다. 기술적 변화는 언제나 교육과 지식을 바꾸었고 그 결과 사회도 바뀌었다. 메소포타미아에서 문자의 발명은 최초로 제도권 교육이라는 것을 탄생시켰고, 유럽에서 도시의 발전은 대학을 만들어 냈다. 인쇄술의 확산은 과학혁명을 촉발시켰으며, 2차 산업혁명의 산물인 거대 관료 조직과 통신 기술은 프로이센 교육과 통합형 대학의 세계적 확산을 가져왔다.

당연하게도, 오늘날의 세계에서 이전의 기술적 충격에 대응할 수 있는 대상을 찾자면 이는 인터넷이다. 1991년에 월드와이드웹이 본격적으로 시작된 이래로 인류의 정보처리 능력과 속도, 양은 이전 사회가 만들고 축적해온 정보를 모두 합한 것과도 비교할 수 없을 정도로 증대되었다. 정보혁명은 현대 교육에 가중되는 부담과도 연관이 있다. 요구되는 지식은 갈수록 많아지고, 새로운 지식을 생산하기 위한 한계비용은 갈수록 커지고 있다. 그렇기에 진정 필요한 것은 정보기술에 맞추어 교육을 완전히 새롭게 재편하는 것이라 할 수 있다.

이는 기껏해야 교실에 태블릿 PC를 비치하는 것에서 끝나는 것이 아니다. 그런 식의 정보화 교육은 실질적으로 아무런 쓸모가 없는 것은 수많은 교육 실험을 통해서 이미 드러났다. 기술적 변화는 그 자체로 혁명을 초래하지 않는다. 기술적 변화를 가장 잘 활용할 수 있는 제도와 시스템을 만들어냈을 때, 그 기술이 갖는 진짜 의미가 드러나며 그제야 진정 혁명이 시작된다. 따라서 필요한 것은 정보 인프라의 보급 이전에 **학교라는 시스템 자체의 전면적인 개편**이 되어야 한다. 이 전면적 개편이라는 말은 교육이 이루어지는 주된 공간을 아예 온라인으로 옮겨야 한다는 것까지 포함한다.

우리는 '교육' 하면 교실과 칠판, 학생과 교사를 떠올리기 마련이지만, 대면 교육이 교육의 당연한 정상 상태라고 가정되어야 할 이유는 없다. 대면 교육은 정보를 전달할 수 있는 수단이 교실에 학생들을 모아 놓고 교사가 학습할 내용을 가르치는 것밖에 없었을 때의 표준이다. 이는 마치 책이 매우 비쌌던 중세시대에 강의의 의미가 그저 교수가 책을 낭독해주는 것과 크게 다를 바 없었던 것과 유사하다. 모두가 교재를 지참하고 교수는 그 교재를 해설하는 강의가 익숙한 인쇄술 이후의 학생들은 그런 중세 대학의 풍경을 보며 기이하다고 생각했을 것이다. 그리고 그런 기이한 모습은 지금의 우리 모습일 수도 있다.

이러한 말이 너무 급진적이고 허무맹랑하게 들리는가? 아니다. 사실 인터넷 강의의 보편화는 이미 교육이 다른 시대에 접어들었음을 암시한다. 나는 대학에서 제공하는 학부 교육의 민간화는 이미 현실이라는 점을 짚어두고 싶다. 다만 윌리엄 깁슨의 말처럼 그 정도가 고르지 않을 뿐이다("The future is already here–it's just not evenly distributed").★ 과거 막대한 비용을 내야만 접근할 수 있던 고급 정보들을 얻는 데 들어가는 비용이 이제는 놀라울 정도로 낮아지고 있으며, 수많은 플랫폼에서 실력 있는 강사들이 활동 중인 민간 온라인 교육 시장은 대학의 등록금과 비효율적인 학사제도에 비하면 놀랍도록 싼 가격과 유연성을 보여주고 있다.

중요한 것은 교육의 가장 근본적인 정의이자 본질이다. 이 장의

★ William Gibson, David Brin, 「The Science in Science Fiction」, 《NPR》 2018. 10. 22.

서두에서 밝혔듯, 한 사회에서 교육의 진정한 임무는 인적자원의 생산이며, 노동시장에서 자신의 능력을 충분히 입증하기 위한 지식의 전수다. 더욱이 고등교육에서는 사회성을 비롯한 교육의 여타 목표가 전혀 요구되지 않는다. 중등교육은 몰라도, 고등교육의 목적은 오로지 전공에 적합한 지식을 가르치는 것에 있다. 그럼 우리 대학들은 우리 사회에서 살아남을 수 있는 지식, 이 시대에 가장 필요한 지식을 학생들에게 전수하고 있는가? 그렇지 못한 게 현실이라면 정부는 대학 밖의 민간 교육이 경직되고 비효율적인 현행 대학교육과 충분히 경쟁할 수 있는 장을 마련해주어야 한다.

그러기 위해서 대학의 무분별한 자율성을 적절하게 제어하고, 인적자원에 대한 평가와 분배 권한을 사실상 독점한 대학으로부터 평가의 기능을 일정 부분 회수해오는 건 필수적이다. 나아가 개별 과목에 대하여 공신력 있는 평가 시스템을 개발하고 이 평가를 인프라로써 공급하는 일이 해법이 될 것이다. 대학은 사회가 필요로 하는 인적자원을 노동시장에 공급하지 못한 채 연구와 교육, 평가라는 세 가지 요소의 게으른 공존 속에서 오로지 '학벌 프리미엄'이란 관성에 기대고 있다. 더욱이 비대한 학부 교육은 21세기 정보사회에서 지식이 기하급수적으로 팽창함에 따라, 갈수록 어려워지는 연구에 점차 방해가 되고 있다. 지식 생산자로서 교수들은 이제 학부 교육에 시간을 낭비하기보다는 연구에 더 많은 시간을 할애해야 한다. 자의든 타의든 대학은 이제 학부 교육이라는 불필요한 짐에서 해방되어야 하고, 학생들도 그 족쇄에서 놓아주어야만 한다.

어떤 형태의 대학 개편안이 적용되든 간에, 현재 대학과 고등교육의 변화는 결코 막을 수 없는 필연이다. 변화라는 말도 모자라고, 해일이라는 말이 오히려 더 어울릴 것이다. 한국의 한 해 출생아 수는 현재 30만 명을 밑도는 지경에 이르렀다. 에코 세대로서 대규모로 태어난 최후의 세대인 90년대생의 끝자락, 1999년생이 올해 대학교 4학년이 된다. 이제부터 들어오는 신입생의 수는 가파르게 내려가고 있으며, 조만간 심하면 대학 지원자 수는 내 또래의 절반 수준까지 내려올지도 모른다. 적절한 학벌 프리미엄을 제공하지 못하는 지방대들은 존폐의 위기를 겪고 있다. 하지만 그 위기는 곧이어 모든 대학을 집어삼킬 것이다.

대학의 변화에 관해서 제언하고 싶은 것은 이것 말고도 많으나, 이 글에선 작금의 대학 및 고등교육의 상황을 짚어두는 일로 마무리하고 싶다. 코로나19로 촉발된 비대면 기술의 확산은 교육에 특히 엄청난 영향을 미쳤고, 2020년은 모두가 어떤 적응도 안 된 채로 비대면 수업을 힘겹게 이어나가야 했다. 그리고 대학과 공교육은 이런 비대면 수업에 가장 적응이 안 되어 있던 기관들이었다. 나는 작년에 들었던 비대면 수업들을 아주 또렷하게 기억하고 있는데, 거의 대부분의 교수들은 줌을 통한 온라인 수업을 그저 기존의 강의실 수업을 공간만 온라인으로 분산시켜 놓은 것처럼 여기고 있었다(그들을 비난하려는 것은 아니다. 그런 수업은 우리 사회가 얼마나 온라인 교육에 고민과 대비가 안 되어 있는지를 상징할 뿐이다).

내가 듣는 수업은 사교육 시장이 형성되어 있는 수업들은 아니었지만, 만약 사교육이 제공되는 수업을 듣는 학생이었다면 대학 자체의 효율성에 심각한 회의를 품고도 남았을 것이다. 지난해 꾸준히 이어졌던 대학생들의 등록금 환불 요구는 대표적인 해프닝 중 하나이며, 결코 가볍게 넘겨서는 안 되는 일이다. 사람들은 이제 대학만이 갖는 절대적 권위를 의심하기 시작했다. 이런 상황에서 외국의 더 뛰어난 온라인 교육 플랫폼과 인증 시스템이 한국어로도 서비스를 시작한다면, 그리고 그게 국내 학벌에 비견할 만한 신호 체계를 보장한다면 소위 명문대라고 하더라도 위기에서 완전히 자유롭지는 못할 것이다.

이런 변화의 시대에 정시와 수시를 갖고 논쟁하는 것은 얼마나 비생산적인가. 지난 25년간 한국 교육의 역사는 겉의 가치와 속의 욕망의 괴리를 어떻게든 해소하고자 하는 실험으로 가득차 있었다. 그러나 바로 그 실험이 진행되는 동안, 우리 발밑의 세상은 세계화와 정보화로 완전히 뒤바뀌고 있었다. 이제 필요한 것은 새로운 사회를 과거 교육에 억지로 맞추는 것이 아니라, 과거의 교육을 벗어던지고 새로운 사회 시스템에 적합한 새로운 교육을 설계하는 것에 있다.

그 새로운 교육 체제하에서 겉의 가치와 속의 욕망은 어떻게 되어야 할까. 사실 답은 명확하다. 겉의 가치는 근거가 없는 허울뿐인 좋은 말인 경우가 대부분이었다. 그런 말의 향연으로는 한국 사회 깊숙하게 뿌리박혀 있는 속의 욕망, 출세와 입신, 지위 획득의 욕망을 꺾을 수 없었다. 그러나 여기서 되물어볼 필요가 있다. 그런 욕망은 과연 나쁜 것인가? 돌이켜보면 한국을 최빈국에서 이런 발전한 부국으로 만든 것은 구성원 모두가 노력하면 성취할 수 있고 그것은 교육을 통해 가능하다는 믿음을 공유하고 있었기 때문이다. 개천에서 용이 되고자 하는 것이 한낱 세속적 욕망을 위해서라고 폄하할 수는 있어도, 우리의 삶을 개선하고 어제보다 나은 내일을 만들어나가는 원동력은 바로 그 한낱 세속적 욕망들이다.

현행 학벌 체제의 문제는 그 욕망이 비생산적인 방향으로 발산된다는 것에 있었다. 이는 그런 욕망을 적절히 소화하지 못하는 지금의 경직된 교육 체제 때문이다. 피라미드형 대학 체제에서는 노동시장에서 인정받을 수 있는 양질의 교육을 누릴 수 있는 이는 소수밖에 없고, 교육 논쟁은 오직 그 소수의 자원을 어떻게 분배할 것인지만을 두고 이루어진다. 이것이 우리가 원하는 사회상인가?

이제 우리에게 필요한 일은 그 속의 욕망이 다시 발전의 기관차가 될 수 있도록, 교육의 시스템을 전면적으로 손보는 것이다. 그 구체적인 방안이 무엇이 되었든 학벌이라는 지대가 폐쇄적인 카스트가 되지 않도록, 양질의 교육이 과소공급되지 않고 불필요한 교육을 받은 이들이 양산되지 않도록 고등교육을 유연화하는 작업이 무엇보다 시급하다. 그리고 온라인 기술은 바로 그 과업을 달성하는 데 가장 필수적인 도구가 되어야 한다.

이 장을 시작할 때 나는 공정과 능력주의 논쟁에 대해서 잠깐 짚고 넘어갔다. 사실 노동시장과 관련해서도 같은 논제를 이야기할 수 있다. 능력주의는 능력과 실적, 성취에 따라 자원을 분배한다는 것이지, 시험을 한 번 통과했다고 영구적으로 지속되는 지대와 특혜를 주는 것을 의미하지 않는다. 그렇다고 능력주의 자체를 의심하는 흐름에도 나는 반대한다. 고도로 발전하고 전문화된 현대사회에서, 적합한 능력을 측정하고 그에 맞게 인력을 배치하는 것은 모든 사회 구성원들의 후생에 직결되는 일 중 하나이다. 현재의 능력주의는 진정한 능력주의가 아니라 일종의 시험-지대주의인 것이 문제인 것이다.

교육에 있어서, 그리고 노동시장에 있어서도 우리가 추구해야 할 것은 능력주의의 함정에 대해 고민하는 것보다, 능력주의의 진정한 이상이 실현될 수 있도록 노력하는 것이 되어야 한다. 일회적 시험이 아니라, 계속해서 스스로의 능력을 측정하고 그에 맞춰 보상이 유연히 분배될 수 있도록 하는 사회, 그것이 아마 경쟁과 상향의식을 뼛속까지 내면화한 한국인들이 그들의 잠재력을 가장 제대로 뽐낼 수 있는 사회가 아닐까 한다.

감사의 말

대저 인간의 많은 것들이 그러하듯이, 이 책 또한 주변 많은 분들의 도움 없이는 결코 쓸 수 없었을 것이다. 나는 그들에게 비단 책을 직접적으로 쓰는 것을 넘어서, 일상을 문제없이 살아가는 것부터 세상을 바라보는 시야를 넓히고 정서적으로 지지와 응원을 받는 것까지 헤아리기 힘든 도움을 받았다. 이 자리에서 부족하나마 그에 대한 감사를 표하고자 한다.

먼저 이 책을 낼 수 있게 해준 도서출판 사이드웨이의 박성열 대표께 감사드린다. 그동안 내가 써오던 글에 대한 박성열 대표님의 세심한 관심과 호의 덕택에, 평소에 단상만 갖고 있던 다양한 주제들로 단행본 한 권 분량의 글을 쓰게 되었다. 이 책 이후에도 그가 펴내는 좋은 책들이 사회에 널리 알려지기를 바란다.

다소 늦게까지도 학생의 신분으로 책을 쓰는 것에 부담이 없었다고 하면 거짓말일 것이다. 이런 상황에서 가장 크게 도움을 준 곳은 2019년과 2020년에 학업을 위한 장학금을 지원해준 조준장학재단이었다. 장학재단의 지원 덕택에 여유롭게 학교생활에 임할 수 있었고, 결과적으로 이 책의 집필에도 결정적인 도움이 되었다. 어려운 경기 속에서도 믿고 지원해주신 재단의 조성달 이사장님, 이근태 이사님, 선발해주신 김형균 이사님께 감사드린다.

조준장학재단이 학생들에게 주는 것은 단순한 장학금 이상이었다. 재단을 중심으로 뭉친 인연은 지원금보다도 더 값지고 귀한 선물이었다. 늘 서로 돕고 응원해주는 재단의 선배님들, 조대인 실장님, 이재훈 회장, 장학생 동기들인 류경석, 방영준, 최보한, 박성우, 전계현에게도 감사를 표하고 싶다.

이 책에서 강조하고자 했던 넓은 시야는 많은 부분 서울대학교 아시아언어문명학부에서 배운 것이었다. 특히 서아시아 역사를 균형 있게 가르쳐주신 이은정 교수님과 어느 한곳에 국한되지 않는 세계적 시야를 가르쳐주신 시야바시 사파리 교수님의 강의는 너무나 큰 도움이 되었다. 부족한 모습을 많이 보여드렸음에도 늘 격려해주시는 학부와 학부 선생님들께도 깊은 감사를 드린다. 학과는 비록 다르지만 응원해주신 성원용 전기공학부 교수님과 칼럼 내용에 기초한 발표 기회를 주신 정용덕 행정대학원 교수님께도 감사드린다.

복학 이후 20대 후반까지 이어지는 기나긴 학교생활에서 학교 친구들, 선배들과의 교류도 큰 도움이 되었다. 이들이 없었다면 복학한 후 학교 다니는 것이 매우 힘들었을 것이다. 그중에서도 서아시아 지역을 연구하며 언제나 재밌는 아이디어를 건네주는 선배 김건하와 조백경, 역사와 문화를 망라하는 다양한 주제에서 즐거운 이야기 상대가 되어주는 전민규와 안상윤에게 감사의 말을 전한다.

생각하는 법을 가르쳐주고 다양한 시각을 접하게 도움 준 사람들께도 감사의 말씀을 드린다. 김영준과 김선길은 2014년 이래로 7년째 숱한 주제에서 독창적인 해석을 보여주면서 내가 미처 보지 못하는 것들을 보게 도움을 주었다. 역사, 진화, 사회, 심리, 과학 등 모든 분야에 걸쳐서 배움을 나눠준 이 둘이 아니었다면, 나는 책을 내는 것은커녕 글로 조금의 인기를 얻지도 못했을 것이다.

페이스북을 통해 알게 된 여러 인연들께도 감사하다. 이들은 내 글을 재밌게 읽어주고 응원해주는 것은 물론이고, 만나서 격려와 칭찬, 여러 조언까지 아끼지 않아 주셨다. 사회 및 경제의 다양한 영역에 관해 출중한 통찰력을 보여주는 "JP당" 모임은 그중에서도 대표적인 모임이다. 모임의 유일한 학생을 언제나 초대해주시고, 늘 이야기를 들려주시는 정성태 '당수님'과 이한상 교수님, 이하 모든 구성원들에게 감사한다. 이 시대의 가장 중요한 국가인 중국에 대해서 항상 고민을 놓지 않도록 도와주시는 한청훤 님, 경제와 산업의 구체적인 양태에 대해서 이야기해주시는 권순우 기자님, 에너지 이슈를 친절히 알려주시고 많은 인연을 소개해주신 김선교 박사님께도 감사드린다.

이 책을 쓰는 데는 먼저 다른 곳에 기고했던 경험도 매우 중요했다. 책의 많은 내용은 기존의 기고문들에서 제시된 아이디어를 구체화시켜 더 확장하면서 쓰였다. 그 같은 기고의 기회를 주신 분들께도 감사드린다. 2016년 이래로 5년째 장문의 글을 정성스러운 편집과 함께 실어주는《슬로우뉴스》와 민노 편집장님께 정말 감사드린다. 2018년부터《서울신문》의 2030 칼럼란에 기고할 수 있는 기회도 너무나 귀중한 것이었다. 기회를 주신 문소영 논설실장님, 그리고 같이 마감을 맞춰가며 기고하는 필진들에게도 감사드린다.

양동신 님은 인문학을 공부하는 내가 잘 생각하지 않곤 하는, 문명의 물리적이고 실제적인 기반에 대한 통찰을 보태주셨다. 김영준 님은 이 사회에서 돈과 정보, 상품과 욕망 등이 어떻게 흘러가는지에 대해 생각해보게끔 하신다. 한승혜 님은 거시적 시야를 너무 좋아하는 내가 놓칠 수 있는 사회와 개인의 미시적 결, 그리고 느낌에 대해서 잊지 않도록 해주신다. 균형 잡힌 시야를 갖추는 데는 이분들의 도움이 컸다. 2020년에는 계간《지구와 에너지》에도 기고할 수 있는 기회를 얻었는데, 여기에 글을 기고하며 쓴 글은 팬데믹과 중국, 세계화와 포퓰리즘 등에 대한 나의 의견을 정리하는 데 큰 도움이 되었으며, 이 책에 녹아들었다. 기회를 주신 전영기 국장님, 천영준 박사님, 기고를 추천해주시고 늘 응원해주신 김환학 박사님께 감사를 드린다.

내가 성장한 고향이 조치원인 것은 세종시에 계신 여러 훌륭하신 분들과 자주 뵐 수 있었기에 의도치 않게 큰 행운이 되었다. 멋진 집에서 언제나 편안하고 즐거운 모임을 주선해주시는, 내 글 최고의 애독자이신 장한별 님께 큰 감사를 드린다. 장한별 님과의 모임 덕택에 알게 되거나 더욱 친해진 분들이 많아서 더욱 그렇다. 인간 심리에 대한 탁월한 이해와 통찰을 보여주시는 유정곤 님, 가장 실제적인 일이라 할 수 있는 건축에 대한 이야기를 들려주신 이양재 소장님, 아프리카의 현대사부터 경기도 모 지역의 인프라 현황까지 숱한 주제를 섭렵하고 계시는 최준영 박사님 등이 대표적이다. 귀한 이야기를 들려주시는 이분들께도 모두 감사드린다.

원고를 읽어주시고 귀한 추천사를 써주신 양승훈 교수님과 홍기빈 소장님께도 깊은 감사의 말씀을 드린다. 추천사와 별개로, 청년·지역·산업의 문제를 고민하시는 양승훈 교수님의 접근법은 한국 사회, 특히 내 또래 90년대생 문제를 바라보는 데 있어서 소중한 나침반이 되어주었다. 에너지·환경·기술 체제를 통해 현대 문명을 설명하시고자 하는 홍기빈 소장님의 글은 거시적인 변화의 흐름을 읽고 해석하는 데 큰 도움이 되어주었다. 두 분의 가르침에도 감사드린다.

책을 쓸 때는 굳이 책과는 상관없어 보이는 글이나 대화에서 많은 것을 배워갈 때가 있다. 조언과 격려를 아끼지 않으시고, 책까지 선물해주시는 심준보 판사님, 날카로운 문장으로 본질을 꿰뚫는 말씀을 해주시는 박종욱 변호사님, 학생으로서 알 수 없는 산업 현장의 여러 풍경을 소개해주시는 황광조 대표님, 교육에 대한 통찰과 동아시아 근현대사에 대한 양질의 글을 올려주시는 박석희 선생님께 감사드린다. 특히 이 책에서 폴 발레리와 마츠오 바쇼의 말을 인용할 수 있었던 것에는 아포리즘에 박식하신 심 판사님의 도움이 결정적이었다.

인문학을 공부하는 입장에서 인간의 몸과 생명을 다루는 의료인들의 시각과 경험은 평소 생각하지 못했던 방식으로 생각해보는 데 큰 도움을 준다. 에릭 호퍼의 아포리즘을 같이 나눈 윤성용 원장님, 의료 이슈뿐 아니라 사회와 인간에 대한 통찰을 나눠주시는 권복규 교수님, 장학재단 선배이시며 늘 큰 격려를 해주시는 김제균 원장님께도 감사드린다.

김두얼 교수님께서는 응원해주시는 것은 물론이고 SNS에 올리는 단상에 대해서도 귀중한 코멘트를 남겨주시면서 내 생각이 너무 지나치게 널을 뛰는 것을 막아주셨다. 만주국과 방역에 대한 글에 정성스레 남겨주신 비판은 다른 어떤 칭찬보다도 내게 더 큰 도움이 되었다. 남겨주시는 응원과 비판 모든 것에 깊이 감사드린다.

인남식 교수님께는 나의 전공 지역인 서아시아 지역에 대한 통찰은 물론이고, 세계 속에서 인간과 사회, 그리고 삶과 종교에 대한 문제의식을 배울 수 있었다. 대륙 건너편에서 벌어지는 일을 이해하고자 노력할 때도, 그것이 인간의 구체적 삶과 어떤 연관을 맺고 있는지, 또 한국인으로서 그 지역을 공부할 때는 어떤 자세로 임해야 하는지 선생님의 가르침을 통해서 조금이라도 더 생각해볼 수 있었다.

2014년에 수업에서 민족주의와 동원의 문제를 가르쳐주신 이정하 선생님께도 큰 감사를 드린다. 이정하 선생님의 수업은 역사를 자원, 권력, 동원이라는 실질적 관점에서 보게 하는 데 결정적인 도움이 되었으며, 국가와 민족주의의 문제에 대한 생각의 근간을 형성했다. 이후로도 계속 이어지는 선생님의 격려도 큰 힘이 되어주었다. 현재 우크라이나 드네프르에서 논문을 쓰고 계시는 고광열 님과는 2019년 여름에 캅카스, 우크라이나 여행을 함께하며 소련사와 20세기 현대사에 대한 대화를 나눌 수 있었다. 그 여행과 이어지는 대화의 경험 모두가 큰 도움이 되었다. 두 분께도 큰 감사를 드린다.

386을 이해하는 데 크게 도움을 주신 분들도 있다. 주대환 선생님, 민경우 소장님, 나연준 선생님은 386에 관한 원고를 읽고 귀중한 코멘트를 남겨주셨다. 한국 좌파 운동에 대한 이들의 글은 386을 어떻게 바라보아야 하는지에 대한 내 생각의 기초를 형성했다. 한국과 동아시아 사회의 근간에 대한 임건순 작가의 탐구도 큰 도움이 되었다. 이분들에게 모두 감사드린다.

2012년부터 거의 10년째 알고 지내고 있는 전윤석에게 받은 도움도 이루 말할 수 없다. 거대한 세계적 현상부터 가장 미시적인 문화 현상까지 각종 주제를 놓고 그와 한 대화 또한 내가 생각하는 방법을 형성하는 데 큰 영향을 미쳤으며, 생각의 균형을 조금이나마 잡는 데 늘 도움을 주고 있다. 정민철은 그 자신의 경험, 특히 미국 현장 근무의 경험을 전해주며 역시 내가 생각해볼 수 없던 것을 생각하게끔 도움을 주었고, 과학에 관한 김지훈과의 대화도 사고를 넓히는 데 도움이 되었다. 이분들에게 감사드린다.

한양대학교 사학과의 정종원은 민족과 민족주의에 관한 글을 읽고 귀중한 코멘트를 해주었으며, 한국 민족주의의 형성에 대해서 내가 놓치고 있던 점을 짚어주었다. 민족주의 문제에 대해서 그가 보여준 관심은 이 책에서 민족주의를 다루는 데 큰 영향을 주었다. 격려에 감사드린다.

고유찬은 대학에서 알게 된 친구 중에서 가장 오래 인연을 이어가는 친구이다. 동양사학과 외교학 전공자로서 역사와 국제정치에 관해 그와 나눈 대화는 내가 생각을 형성하고 가다듬는 데 늘 큰 도움이 되고 있고, 그와 함께했던 세 번의 여행은 매번 깊은 인상을 남겼다. 그와 함께 보았던 오호츠크해의 바다나 우즈베키스탄의 사막은 알게 모르게 이 글에 녹아들어 있을 것이다. 그 외에도 고유찬에게는 여러 귀중한 인연을 소개받았다는 데서도 빚진 것이 너무 많다. 숱한 주제에 대해서 번뜩이는 통찰을 촌철살인의 평으로 보여주는 나정환, 철학과 과학의 가장 근본적인 질문에 대해서 많은 가르침을 주었던 최린범이 대표적이다. 이 두 분께도 감사드린다. 서울대 외교학과에서 유라시아를 공부하는 이수빈과 정민기 또한 고유찬에게 소개받았는데, 콘텐츠에서 역사와 국제정치에 이르기까지 다양한 주제로 이루어지는 이들과의 대화 또한 큰 자극이 되었다. 모든 분들에게 감사드린다.

역시 8년째 인연을 이어가고 있는 조대현 형님은 주로 고유찬과 함께 만나며 전공 분야인 유라시아 각지의 역사와 현안에 대해서, 인간과 사회에 대해서도 많은 통찰을 나누어주셨다. 그의 도움과 응원에 감사한다.

이 책의 원고 대부분을 읽어주고, 꼼꼼한 평을 아끼지 않은 정우진 씨에게도 큰 감사를 드리며 무사히 복무를 마칠 수 있기를 기원한다.

고유찬을 통해 알게 된 정창욱 박사님께서는 모종의 일로 어려움을 겪고 있을 때 따뜻한 조언과 격려를 해주셨다. 안보와 기술을 넘어서 인간과 그 심리에 대해서도 귀중한 통찰을 내어주시는 데서 배우는 것이 많다. 그 외에도 늘 좋은 사람과 좋은 술이 가득한 좋은 자리를 만들어주시는 데 너무나 큰 감사를 드린다. 모임을 통해 알게 된 박지윤에게도 여러 도움을 받을 수 있었고 이에 감사드린다.

항상 사고의 전제를 깨고 파격적인 의견을 통해서 생각의 지평을 넓혀

주는 친구들인 이재원, 염동희, 조성환에게도 감사의 말을 전한다. 이재원은 모든 원고를 읽어주고 세심한 평을 남겨주었으며 특히 90년대생론을 쓰는 데 결정적인 도움을 주었다. 과학과 인문학을 바라보는 시각에 큰 영향을 주기도 한 염동희에게는, 특히 교육과 대학에 관한 통찰에서 큰 빚을 졌다. 이 글에는 그의 생각이 많이 녹아들어 있다. 조성환은 이재원, 염동희와 함께 콘텐츠부터 철학적인 문제에 대하여 창의적 의견을 제시하면서 아이디어를 만드는 데 도움을 주었다.

현대 한국이라는 독특한 시공간을 이해하는 데 특별히 더 도움을 주신 분들께도 감사드린다. 이문원 선생님이 기고하신 글들과 그와의 대화는 콘텐츠에 대한 생각을 정립하는 데 정말 결정적인 기반이 되어주었다. 같이 대화를 나누어준 최시원, 박한슬, 손경호, 윤상호, 이건희, 이진호 선생님들께도 모두 감사드린다. 이분들은 각자 다양한 시각으로 한국인과 한국 문화에 대한 통찰을 덧붙여주셨다.

성기승 대표님과 김병준 대표님은 일찍이 이전에 내가 쓴 책을 보고 같이 작업을 제의해주셨으며, 그 집필 준비 과정에서 이 책의 아이디어들이 나올 수 있었다. 작업이 늦어지는 데 대한 죄송함과 넓은 해량에 감사함을 표하며, 빨리 작업을 이어갈 것을 약속드리고 싶다.

이규열에게는 경제에 대한 그의 알기 쉬운 해석과, 한국의 '진짜' 문화에 대한 통찰에서 늘 많은 도움을 받는다. 이정수는 유라시아 각지에 대한 그의 현장감 넘치는 이야기, 무엇보다 문화와 콘텐츠에 대한 대화를 해주면서 이 책의 넓은 주제 의식에 기여했다. 구디 스튜디오의 서승택 선생님은 만화, 소설, 영화를 가리지 않고 현대 대중문화와 콘텐츠에 대한 대화 상대가 되어주셨고, 그 대화 덕택에 90년대생의 문화에 대한 글이 나올 수 있었다. 황서미 작가님과의 대화 또한 현대 한국의 일상사부터 콘텐츠에 이르는 너른 범위에서 큰 도움이 되었다.

한국 사회의 새로운 변화를 항시 논하며 가르침과 통찰을 주는 박찬훈 변호사님, 최병천 선생님, 윤범기 기자님께도 감사드린다.

역사책방의 백영란 선생님은 출간된 지 비교적 시일이 지났음에도 이전 작을 소재로 강연을 여는 기회를 주셨으며, 역사 공부에 대한 격려를 해주셨다. 국내외 할 것 없이 양질의 역사책을 펴내시는 너머북스의 이재민 대표님과 너머학교의 김상미 대표님은 너머북스에서 펴낸 책들을 선물해 주셨고 역시 공부에 대한 응원을 보내주셨다. 이분들께도 감사드린다.

학교에만 갇혀 있다 보면 사회에 대한 더 넓은 시야를 망각할 때가 많다. 이런 한계를 극복하는 데 큰 도움을 준 사람들이 있다. '등대의 집'에서 공익 생활을 같이한 오세준은 내 좁은 시야를 지적해주면서 같은 사안을 다른 방식으로 생각하게 하는 데 큰 도움을 주었다. 인천, 안양, 안산 등 수도권 곳곳에서 나로서는 상상도 하기 힘든 귀중한 경험들을 나누어주시는 김경환, 이선규, 이병모, 윤석희, 어훌러단 형님들에게도 감사의 말씀을 드린다.

평소 사회운동부터 인터넷 밈meme까지 다양한 분야의 지식을 나누어 주시는 손찬국 님께는 사이드 쿠툽의 『진리를 향한 이정표』의 인용문을 추천받는 등 많은 도움을 받았다. 이에 감사드린다. 서울대입구역에서의 만남 이후 계속해서 관계를 이어가며 유·무형의 많은 도움을 주고 있는 클래스 101의 공대선에게도 감사를 표한다. 날카로운 논리와 따뜻한 시선, 예술에 대한 감각으로 무장하신 법률사무소 리버티의 이지은 대표님께도 많은 도움을 받았으며, 좋은 인연들을 소개받을 수 있었다.

행정과 정책이 어떤 식으로 작동하는지 엿볼 수 있게 해준 박우형 선생님, 서구 세계의 포퓰리즘에 대하여 생생한 목소리를 전달해주신 김재민 대표님께도 감사의 말씀을 드린다.

앞서 언급한 황광조 대표님과 종종 모여 말씀을 나눠주시면서 집필에 응원을 해주신 『세습 중산층 사회』의 저자이시기도 한 조귀동 기자님, 중앙일보의 강혜란 기자님께도 감사의 말씀을 드린다. 특히 『세습 중산층 사회』는 90년대생론을 쓸 때 큰 도움이 된 책이었다.

과학기술서를 같이 읽으며 역사와 과학에 대한 의견을 나누어준 이동민과 원지호에게도 감사한다.

네이버 블로거이신 산타크로체 님께도 감사드린다. 산타크로체 님이 쓰신 양질의 블로그 글을 통해 세계적 흐름을 쫓아가는 데 도움을 받았다. 그러나 무엇보다도 페이스북에서 나를 '데뷔'시켜주시고 계속 응원해주시는 것에 대한 감사함이 크다.

앞에서 말했던 JP당의 몇몇 '중진'분들을 통해 알게 된 백지윤 대표님과의 인연도 소중했다. 칭찬과 격려, 무엇보다 응원에 큰 감사를 드린다.

응원과 지원을 아끼지 않아 주신 김지만 원장님께도 깊은 감사를 드린다. 덕택에 부족함 없이 책을 사고 읽을 수 있었다.

부족한 이전의 도서를 소재로 강연에 불러주신 서울대학교 고전읽기 모임과 언제나 응원해주시는 임준형 변호사님께도 감사를 드린다.

역시 의료인으로서 삶과 죽음의 문제부터 종교와 영성의 문제에 대해서 너른 대화 상대가 되어주신 부산대학교 병원의 최병현 교수님께도 감사드린다.

중도입국 자녀를 위한 교육에 매진하시는 두드림재단의 이승우 대표님과의 대화는 다문화와 이주 문제에 대한 생각을 정리하는 데 매우 큰 도움이 되었다. 찾아와주시고 귀한 경험과 통찰을 나눠주신 데 감사를 드린다.

상기한 모든 분들에게 원래라면 생각지도 못한 정도로 큰 도움을 받았지만, 역시 가장 크게 도움을 준 사람들은 가족들이다. 단순히 공부와 생활에 대한 지원을 넘어서, 가족들은 내가 생각지 못하고 경험하지 못한 것들을 언제나 일깨워주었고, 나의 인격과 생각의 형성에 지대한 영향을 끼쳤다. 그런 자산이 없이는 나만의 색을 가진 책을 낼 수 없었을 것이다. 부모님과 형의 건강과 행복을 기원한다. 1926년에 태어나셔서 격동의 20세기를 대부분 보내시고, 21세기를 20년 넘게 지켜보신 할머니께도 감사의 말씀을 드린다. 할머니와 나 사이에 있는 70년의 세월에 관하여 듣는 것은, 한국과 나아가 세계가 겪은 변화가 얼마나 심원한 것이었는지 깨닫게 해주었다. 안타깝게도, 할머니께서는 이 책이 출간되기 얼마 전에 돌아가셨다. 이 자리를 통해서 할머니의 평안을 빈다. 끝으로, 할머니를 보살펴주시며 책의 집필과 학업을 응원해주시고 또 지원해주신 고모님들께도 깊은 감사를 드린다.

참고문헌 및 더 읽을거리

서문

마누엘 카스텔의 〈정보시대〉는 『네트워크 사회의 도래』(박행웅·오은주·김묵한 옮김, 한울 2014), 『정체성 권력』(정병순 옮김, 한울 2008), 『밀레니엄의 종언』(이종삼·박행웅 옮김, 한울 2003) 3부작으로 이루어져 있다. 그 밖에도 이 책은 내가 태어날 무렵인 세기 전환기에 등장한 몇 가지 저작들의 영향을 받았는데, 그중에서도 서문은 로버트 D. 캐플런의 『무정부 시대가 오는가』(장영걸 옮김, 들녘 2001)와 테오도르 존 카진스키의 『산업사회와 그 미래』(조병준 옮김, 박영률출판사 2006), 새뮤얼 헌팅턴의 『문명의 충돌』(이희재 옮김, 김영사 2016)에 큰 영향을 받았다.

제1장 90년대생은 누구인가

세계화라는 충격, 서구 사회에 세계화가 끼친 영향에 대해선 많은 책이 나와 있다. 다니얼 예르긴의 『시장 대 국가』(주명건 옮김. 세종연구원 1999)는 국가 주도 경제의 쇠퇴를 다루고 있다. 에드워드 스타인펠드의 『왜 중국은 서구를 위협할 수 없나』(구계원 옮김, 에쎄 2011)는 중국의 향방을 예측하는 데는 실패했지만, 생산 영역의 세계화를 아주 친절히 가르쳐준다. 리처드 볼드윈의 『그레이트 컨버전스』(엄창호 옮김, 세종연구원 2019)도 이와 관련하여 재밌게 읽을 수 있는 책이다.

엔리코 모레티의 『직업의 지리학』(송철복 옮김, 김영사 2014)과 에드워드 글레이저의 『도시의 승리』(이진원 옮김, 해냄출판사 2011)는 세계화가 빚어낸 지리적 분화를 다룬다. 에릭 브린욜프슨과 앤드루 맥아피의 『제2의 기계시대』(이한음 옮김, 청림출판 2014)는 세계화와 함께 진행된 자동화가 초래한 불평등을 논한다. 최근의 불평등을 다룬 영국의 사례는 오언 존스의 『차브』(이세영·안병률 옮김, 북인더갭 2014), 데이비드 굿하트의 『엘리트가 버린 사람들』(김경락 옮김, 원더박스 2019)이 좋다. 한국 90년대생의 불평등에 집중한 책은 조귀동의 『세습 중산층 사회』(생각의힘 2020)로서, 이 장을 쓰는 데 중요한 기초를 제공해주었다. 양승훈의 『중공업 가족의 유토피아』(오월의봄 2019)는 21세기 들어 변화하는 산업 환경과 지역 제조업 일자리의 문제를 조선업의 사례로 설명하는 가이드다.

정보화의 심리적 영향 일반에 관해서는 수전 그린필드의 『마인드 체인지』(이한음 옮김, 북라이프 2015)를 참조했다. 스마트폰 세대가 새로이 겪게 되는 심리적 문제는 진 트웬지의 『#i세대』(김현정 옮김, 매일경제신문사 2018)와 조너선 하이트, 그레그 루키아노프의 『나쁜 교육』(왕수민 옮김, 프시케의숲 2019)에 많이 기댔다. 세계적으로 대중문화 콘텐츠와 온라인 활동이 일상의 핵심에 들어서게 된 최근의 경향은 프레데릭 마르텔의 『메인스트림』(권오룡 옮김, 문학과지성사 2012)과 『스마트』(배영란 옮김, 글항아리 2016)에서 자세히 볼 수 있다.

팬덤 문화에 대해서는 강준만과 강지원이 쓴 『빠순이는 무엇을 갈망하는가?』(인물과사상사 2016)가 기초적인 입문서가 될 수 있으나, 최근의 트렌드, 무엇보다 팬덤 문화의 그림자를 보기에는 불충분하다. 에릭 호퍼의 『맹신자들』(이민아 옮김, 궁리출판 2011)은 대중운동의 형태로 표출되는 현재의 한국 대중문화를 이해하는 데 큰 도움을 준다. 그 밖에 K-팝 일반에 관해서는 강준만의 『한류의 역사』(인물과사상사 2020), 김성민의 『케이팝의 작은 역사』(글항아리 2018)를 참조했다. 정보화로 인해 생긴 집단 극화와 건전한 의견 교환 기반의 붕괴에 관해서는 톰 니콜스의 『전문가와 강적들』(정혜윤 옮김, 오르마 2017), 크리스 샤퍼의 『데이터, 민주주의를 조작하다』(김선 옮김, 힐데와소피 2020)를 참고했다.

탈가치 경향은 90년대생들을 바라보는 나의 관찰에 주로 입각하였다. 직접적 연관은 미약할 수도 있으나, 미국 사회가 더 이상 공적 가치를 추구하지 않는다는 패트릭 J. 드닌의 『왜 자유주의는 실패하였는가』(이재만 옮김, 책과함께 2019)는 공동체와 가치에 관하여 생각거리를 던져주는 책이다.

제2장 K-방역이 말해주는 것

전염병과 역사 일반에 관해서는 윌리엄 맥닐의 『전염병과 인류의 역사』(허정 옮김, 한울 1998), 재러드 다이아몬드의 『총, 균, 쇠』(김진준 옮김, 문학사상 2005), 스티브 존슨의 『감염지도』(김명남 옮김, 김영사 2008)가 읽어볼 만하다. 특히 『감염지도』는 콜레라에 대응하여 19세기 영국 사회가 어떤 식으로 감염 정보를 수집하고, 위생을 개선하기 위해 국가 기구를 어떻게 확장했는지에 관한 이야기를 흥미진진하게 전해준다.

국가와 방역, 20세기 동아시아 전반에 관해서는 한석정의 『만주 모던』(문학과지성사 2016)에 크게 의존했다. 한국의 총력전 대비에 관해서는 김형아의 『박정희의 양날의 선택』(신명주 옮김, 일조각 2005), 그렉 브라진스키의 『대한민국 만들기 1945-1987』(나종남 옮김, 책과함께 2011) 등을 참조했다. 동아시아에서의 총력전과 국가의 확장을 보여주는 책으로 사사다 히로노리의 『일본 발전국가의 기원과 진화』(박성진 옮김, 한울 2014), 제니스 미무라의 『제국의 기획』(박성진 옮김, 소명출판 2015)의 도움을 받았다. 디지털 시대의 프라이버시와 평판에 관해서는 다니엘 솔로브의 『인터넷 세상과 평판의 미래』(이승훈 옮김, 비즈니스맵 2008)가 주목할 만하다.

국가 권력의 약화를 전망하는 대표적인 책으로는 파라그 카나의 『커넥토그래피 혁명』(고영태 옮김, 사회평론 2017), 90년대 당시의 전망 중에서는 다나카 아키히코의 『새로운 중세』(이웅현 옮김, 지정 2000), 중앙 통제 권력의 약화로 인한 불안의 확산은 모이제스 나임의 『권력의 종말』(김병순 옮김, 책읽는수요일 2015)에서 많은 도움을 받았다. 유럽연합에 관해선 얀 지엘론카의 『유럽연합의 종말』(신해경 옮김, 아마존의나비 2015), 중동에 관해선 무함마드 아유브의 『중동, 불의 여정』(신해경 옮김, 아마존의나비 2016)이 가볍게 읽기 좋은 책이다.

자원 축적과 동원에 있어 최적의 조직체로서 근대 국가의 역사에 관해서는 찰스 틸리의 『유럽 국민국가의 계보』(지봉근 옮김, 그린비 2018)가 기본이 되어준다. 국가 발생과 전쟁을 통한 진화 등의 주제는 제임스 C. 스콧의 『농경의 배신』(전경훈 옮김, 책과함께 2019), 이언 모리스의 『전쟁의 역설』(김필규 옮김, 지식의날개 2015), 폴 케네디의 『강대국의 흥망』(이일주 옮김, 한국경제신문사 1997), 아자 가트의 『문명과 전쟁』(오은숙, 이재만 옮김, 교유서가 2017), 로널드 핀들레이, 케빈 H. 오루크의 『권력과 부』(하임수 옮김, 에코리브르 2015)에 잘 소개되어 있다.

근대화와 정보 수집과 관련해선 대니얼 R. 헤드릭의 『정보화 혁명의 세계사』(서순승 옮김, 너머북스 2011)가 탁월하며, 20세기 근대 국가의 성장과 국가의 정보 수집과 통제를 탁월하게 다룬 책으로는 제임스 C. 스콧의 『국가처럼 보기』(전상인 옮김, 에코리브르 2010)를 권한다. 에드워드 로스 디킨슨의 『21세기 최고의 세계사 수업』(정영은 옮김, 아름다운사람들 2020)도 관련 내용을 다루고 있다.

21세기의 정치적 위기와 안정 희구가 만들어낸 민주주의의 후퇴에 관하여는 조슈아 컬랜칙의 『민주주의는 어떻게 망가지는가』(노정태 옮김, 들녘 2015), 이반 크라스테프와 스티븐 홈스가 쓴 『모방 시대의 종말』(이재황 옮김, 책과함께 2020)에서 많은 도움을 받았다. 서방 세계의 포퓰리즘이란 현안에 대해선 존 주디스의 『포퓰리즘의 세계화』(오공훈 옮김, 메디치미디어 2017), 야스차 뭉크의 『위험한 민주주의』(함규진 옮김, 와이즈베리 2018), 티머시 스나이더의 『가짜 민주주의가 온다』(유강은 옮김, 부키 2019)의 내용을 참조했다.

정보시대의 국가가 처한 딜레마는 마누엘 카스텔의 〈정보시대〉 중에서도 『정체성 권력』에 잘 나와 있다. 권위주의 국가의 개방성과 안정성 사이의 딜레마는 이언 브레머의 『J 커브』(진영욱 옮김, 베리타스북스 2007), 자유와 안전의 교환이 기술과 맞물려 어떻게 심화될지는 에이드리언 레인의 『폭력의 해부』(이윤호 옮김, 흐름출판 2015)에서 훌륭하게 확인할 수 있다. 데이비드 라이언의 『감시사회로의 유혹』(이광조 옮김, 후마니타스 2014)은 감시와 안전, 편의성의 관계를 다룬다.

제3장 민족주의와 다문화에 관하여

레몽 아롱의 인용구는 토니 주트의 『지식인의 책임』(김상우 옮김, 오월의봄 2012)에서 재인용했다. 민족의 실재에 관하여 내가 가장 동의하는 입장은 아자 가트가 알렉산더 야콥슨과 함께 쓴 『민족: 정치적 종족성과 민족주의, 그 오랜 역사와 깊은 뿌리』(유나영 옮김, 교유서가 2020)이다. 조금 더 온건한 입장으로서는 앤서니 스미스의 저작들이 있으며, 국내에 여러 책들이 번역되어 있다.

민족의 객관적 실재 여부보다도 현실에 영향을 미치는 공유된 상징의 중요성을 강조하는 책은 많다. 리사 펠드먼 배럿의 『감정은 어떻게 만들어지는가』(최호영 옮김, 생각연구소 2017)는 감정뿐 아니라 사회적 실재에 대하여 아주 기초적인 수준부터 친절히 알려준다. 역사 속 사회적 실재의 힘에 대해서는 유발 하라리의 『사피엔스』

(조현욱 옮김, 김영사 2015)를 참조했다. 인간 종의 생물학적 조건과 그에 기반한 공유된 상징으로서 문화를 모두 강조하는 책으로는 에드워드 슬링거랜드의 『과학과 인문학』(김동환·최영호 옮김, 지호 2015), 조세프 헨릭의 『호모 사피엔스, 그 성공의 비밀』(주명진·이병권 옮김, 뿌리와이파리 2019)이 유용하다.

집단적 협력과 그 기반인 부족주의적 본능에 관하여는 많은 책들이 있다. 조너선 하이트의 『바른 마음』(왕수민 옮김, 웅진지식하우스 2014), 로빈 던바의 『멸종하거나 진화하거나』(김학영 옮김, 반니 2015), 매튜 D. 리버먼의 『사회적 뇌』(최호영 옮김, 시공사 2015), 마이클 토마셀로의 『생각의 기원』(이정원 옮김, 이데아 2017)은 집단 협력이 인간 진화에 기여한 바를 다룬 책들이다. 공유된 상징을 통해 집단 간 경쟁에서 생존을 강조하는 책으로는 피터 터친의 『제국의 탄생』(윤길순 옮김, 웅진지식하우스 2011), 『초협력사회』(이경남 옮김, 생각의힘 2018)가 훌륭하다. 아라 노렌자얀의 『거대한 신, 우리는 무엇을 믿는가』(홍지수 옮김, 김영사 2016)는 협력을 위한 상징으로서 고등 종교를 논한다.

최적 협력체로서 근대 국가와 그 기반으로서의 민족주의는 폴 콜리어의 『전쟁, 총, 투표』(윤승용·윤세미 옮김, 21세기북스 2011)와 『엑소더스』(김선영 옮김, 21세기북스 2014)에서 잘 제시되어 있다. 국가의 민족적 단일성과 협력 수준에 관해서는 알베르토 알레시나와 에드워드 글레이저의 『복지국가의 정치학』(전용범 옮김, 생각의힘 2012)의 도움을 받았다.

토니 주트의 『포스트워 1945-2005』(조행복 옮김, 플래닛 2008)는 전후 유럽에 형성된 민족적 단일성이 유럽사에서 전례 없는 안정적 시대의 기반이 되었다고 평가한다. 로버트 거워스의 『왜 제1차 세계대전은 끝나지 않았는가』(최파일 옮김, 김영사 2018)와 마크 마조워의 『암흑의 대륙』(김준형 옮김, 후마니타스 2009)은 그런 민족정 단일성과 반대되는 다민족 질서의 갈등과 불안정을 보여준다. 세계화와 코스모폴리턴 정체성의 부상에 대해선 마누엘 카스텔의 『네트워크 사회의 도래』, 하름 데 블레이의 『공간의 힘』(황근하 옮김, 천지인 2009), 데이비드 굿하트의 『엘리트가 버린 사람들』, 크리스티아 프릴랜드의 『플루토크라트』(박세연 옮김, 열린책들 2013)을 참고했으며, 세계주의와 토착주의의 갈등에 관해선 이언 브레머의 『우리 대 그들』(김고명 옮김, 더퀘스트 2019)을 참고했다.

전근대 한국 민족주의와 관해선 김자현의 『임진전쟁과 민족의 탄생』(주채영 옮김, 너머북스 2019), 분단과 남북한 정체성의 분리에 관해서는 안드레이 란코프의 『리얼

노스 코리아』(김수빈 옮김, 개마고원 2013)에서 도움을 받았다. 이주 및 이주노동자의 문제는 책보다는 주로 개인적인 경험을 통하여 접하고 풀어갔으나, 읽은 책 중에서는 폴 콜리어의 『엑소더스』에 큰 영향을 받았다. 하름 데 블레이의 『공간의 힘』이나 로렌스 C. 스미스의 『2050 미래쇼크』(장호연 옮김, 동아시아 2012)는 지리적 차원에서 향후 국제 이주가 어떻게 전개될지 가늠하게 해준다.

제4장 대한민국 386의 일대기

한국 현대사 전반에 관하여는 그렉 브라진스키의 『대한민국 만들기 1945-1987』가 가장 좋았다. 지구적 좌파 운동, 특히 민족해방 운동의 부상은 오드 아르네 베스타의 『냉전의 지구사』(옥창준 옮김, 에코리브르 2020)를 참조했다. 탈식민주의의 물결과 그 세대의 부상은 에드워드 로드 디킨슨의 『21세기 최고의 세계화 수업』에서 전반적으로 개괄되어 있다. 1970-1990년대의 세계적 청년 운동과 민주화는 새뮤얼 헌팅턴의 『제3의 물결』(강문구·이재영 옮김, 인간사랑 2011)이 잘 분석하고 있다.

신전통주의의 부상은 에드워드 로드 디킨슨의 책에 잘 나와 있다. 이슬람주의의 부상은 파와즈 게르게스의 『지하디스트의 여정』(장지향·신지현 옮김, 아산정책연구원 2011)을 참조했다. 문화적 정체성이 향후 국제 정치의 핵심으로 부활하리라 예측한 책은 새뮤얼 헌팅턴의 『문명의 충돌』로, 이 책에서는 인구 성장과 세대 문제도 중요하게 언급되어 있다.

한국 내 주사파와 관련해선 우태영의 『82들의 혁명놀음』(선, 2005)을 참조했다. 탈식민 국가의 불완전한 사회혁명과 공산주의의 역할은 브랑코 밀라노비치의 『홀로 선 자본주의』(정승욱 옮김, 세종서적 2020)에 잘 나와 있다. 유종성의 『동아시아 부패의 기원』(김재중 옮김, 동아시아 2016)과 조 스터드웰의 『아시아의 힘』(김태훈 옮김, 프롬북스 2016)은 성장의 밑바탕으로서 토지개혁을 강조한다. 이란을 비롯한 중동 전반의 내용은 아이라 M. 라피두스의 『이슬람의 세계사』(신연성 옮김, 이산 2008), 태국에서 보이는 수도와 지방의 격차는 파숙 퐁파이칫과 크리스 베이커의 『탁신』(정호재 옮김, 동아시아 2010)을 참조했다. 아프리카의 사례는 리처드 리드의 『현대 아프리카의 역사』(이석호 옮김, 삼천리 2013)와 마틴 메러디스의 『아프리카의 운명』(이순희 옮김, 휴머니스트 2014)에서 많은 도움을 받았다.

세습과 불평등이 불가피하다는 주장은 발터 샤이델의 『불평등의 역사』(조미현 옮김,

에코리브르 2017), 386의 세습은 조귀동의 『세습 중산층 사회』, 불평등의 확대가 사회를 취약하게 만들고 불안정과 폭력을 유발한다는 내용으로는 피터 터친의 『제국의 탄생』을 참고했다. 세습과 불평등에 대한 인간의 태생적 반감은 켄트 플래너리와 조이스 마커스의 『불평등의 창조』(하윤숙 옮김, 미지북스 2015), 크리스토퍼 보엠의 『숲속의 평등』(김성동 옮김, 토러스북 2017)에 잘 담겨 있다.

제5장 입시, 그리고 교육의 본질

한국의 경쟁적 교육 문화와 사회 이동을 염원하는 정서를 관찰한 훌륭한 책으로는 낸시 에이블먼의 『사회이동과 계급, 그 멜로드라마』(강신표·박찬희 옮김, 일조각 2014)가 있다. 교육을 통한 세습 시도는 조귀동의 『세습 중산층 사회』, 능력주의가 세습의 수단이 된다는 미국의 사례는 대니얼 마코비츠의 『엘리트 세습』(서정아 옮김, 세종서적 2020)을 참조했다. 영국의 코호트 연구로 생애 전반에 걸친 불평등이 확인되는 이야기를 다룬 헬렌 피어슨의 『라이프 프로젝트』(이영아 옮김, 와이즈베리 2017)도 볼 만한 책이다.

또래집단 효과와 그 속에서의 경쟁압력은 주디스 리치 해리스의 『개성의 탄생』(곽미경 옮김, 동녘사이언스 2007)과 『양육가설』(최수근 옮김, 이김 2017)을 참조했다. 불평등이 정책 수단으로 통제되기 힘들다는 주장은 발터 샤이델의 『불평등의 역사』, 붉은 여왕 효과와 관련해선 매트 리들리의 『붉은 여왕』(김윤택 옮김, 김영사 2006), 과거제를 중심으로 동아시아의 시험을 통한 엘리트 선발이 서구와 구별되는 것을 강조하는 책으로는 알렉산더 우드사이드의 『잃어버린 근대성들』(민병희 옮김, 너머북스 2012)을 참고했다.

지식교육의 중요성을 강조한 책으로는 데이지 크리스토둘루의 『아무도 의심하지 않는 일곱 가지 교육 미신』(김승호 옮김, 페이퍼로드 2018), 프로이센 교육과 그에 대비되는 온라인 교육을 강조하는 책은 살만 칸의 『나는 공짜로 공부한다』(김희경·김현경 옮김, RHK 2013), 통합형 대학과 대학의 온라인화를 강조하는 책은 케빈 캐리의 『대학의 미래』(공지민 옮김, 지식의날개 2017)가 있다. 앞서 몇 차례 언급했던 에드워드 로드 디킨슨의 책은 2차 산업혁명부터 1945년 이후의 거대한 가속까지 전반적인 경향을 개괄해준다.

제임스 E. 메클렐란 3세, 해럴드 도른의 『과학과 기술로 본 세계사 강의』(전대호 옮김, 모티브북 2006)는 역사 속 과학과 기술의 위상 및 교육 전반에 관해 알려준다. 피터 디어의 『과학혁명』(정원 옮김, 뿌리와이파리 2011), 조엘 모키르의 『성장의 문화』(김민주·이엽 옮김, 에코리브르 2018)는 중세 대학이 애초에 과학혁명과 친화적이지 않았음을 이야기한다.

1945년 이후 세계적 변화에 따라 고등교육이 겪게 된 위기는 이매뉴얼 월러스틴의 『유럽적 보편주의』(김재오 옮김, 창비 2008)에서도 개괄되어 있지만, 그의 관점은 익히 알려져 있듯 좌파적이다. 오드라 J. 울프의 『냉전의 과학』(김명진·이종민 옮김, 궁리 2017)은 냉전 이후 고도화된 과학기술이 대학에 끼친 영향을 보여준다. 지식의 고도화에 따른 수확체감을 다룬 책으로는 새뮤얼 아브스만의 『지식의 반감기』(이창희 옮김, 책읽는수요일 2014)가 있다.

책의 1장에서 살펴본 세계화에 관한 책들은 기술 발전과 사회 시스템의 고도화 경향을 지적하고, 그 속에서 교육 접근성을 두고 불평등이 심화되는 현상을 공통적으로 지적한다. 세계화와 자동화의 진전이 어느 정도 파급력을 가져올지에 대해서는 제각각 입장이 다르지만, 수준 높은 이공계 교육의 보급이 필수적이라는 것은 거의 대부분의 저자들이 지적한다. 에릭 브린욜프슨과 앤드루 맥아피의 『제2의 기계시대』, 엔리코 모레티의 『직업의 지리학』, 제리 카플란의 『인간은 필요 없다』(신동숙 옮김, 한스미디어 2016), 마누엘 카스텔의 『네트워크 사회의 도래』, 칼 베네딕트 프레이의 『테크놀로지의 덫』(조미현 옮김, 에코리브르 2019), 대니얼 서스킨드의 『노동의 시대는 끝났다』(김정아 옮김, 와이즈베리 2020) 등이 읽을 만한 책들이다.

K를 생각한다

90년대생은 대한민국을 어떻게 바라보는가

발행일 2021년 5월 7일 초판 1쇄
2021년 12월 22일 초판 5쇄

지은이 임명묵
편집 박성열, 정혜인
디자인 김진성
인쇄 민언프린텍
제본 라정문화사

발행인 박성열
발행처 도서출판 사이드웨이
출판등록 2017년 4월 4일 제406-2017-000041호
주소 서울시 영등포구 당산로42길 16, 506동 901호
전화 031)935-4027 팩스 031)935-4028
이메일 sideway.books@gmail.com

ISBN 979-11-973204-4-6 03330